W0202451

TOUT POUR ÊTRE *freelance*

LISE SLIMANE

[caliopea] éditions

Direction éditoriale
Pauline Bley

Assistante d'édition
Pauline Babin

Couverture et principe de maquette
Mathilda Perrot — mathildaperrot.com

Mise en page
Julien Bremard — dumkit-graphic.com

© Caliopea, 2021** – **ISBN : 978-2-491790-02-8
Tous droits de reproduction (même partielle) et de traduction réservés.

Achevé d'imprimé en France, à Condé-sur-Noireau (14), par Corlet Imprimeur.
N° d'impression : 2105.0325

Dépôt légal : octobre 2021

Certifié PEFC
Ce produit est issu de forêts gérées durablement et de sources contrôlées.
PEFC 10-31-1510
pefc-france.org

Caliopea est une maison d'édition qui s'engage pour la préservation de l'environnement et qui utilise du papier issu de forêts gérées de manière responsable.

Éditions Caliopea
211 rue de Créqui 69003 Lyon
contact@caliopea.fr
caliopea.fr

Ce livre est dédié aux professionnels qui ont soif de liberté.

À tous ceux qui se sentent incompris parce qu'ils n'arrivent pas à se satisfaire d'une vie de routine.

Aux aventuriers, aux créatifs, aux curieux et aux esprits rebelles qui ont le courage d'emprunter des chemins tortueux pour honorer leur nature profonde et pour enfin se sentir vivants.

Cette expérience va peut-être vous isoler, vous faire douter et mettre vos nerfs à rude épreuve, mais je vous le promets : ***ça en vaut la peine !***

Préface

Lorsque je me suis essayée au « freelancing » en 2014, j'étais bien loin d'imaginer la révolution qui était en train de se produire.

La fin de mes études approchait, et j'étais anxieuse à l'idée de devoir choisir une voie professionnelle. Rien ne semblait pouvoir concilier tous mes intérêts ou pouvoir m'offrir le style de vie de voyageuse dont je rêvais si ardemment.

Un jour, je suis tombée par hasard sur une plateforme de « freelancing ». J'ai créé un profil, parcouru les offres, postulé à tout ce qui était dans mes cordes et ai trouvé une première mission.

Il n'y avait pas de quoi se payer un restaurant, mais j'étais conquise ! Une graine avait été plantée dans mon esprit : je pouvais gagner de l'argent sur internet, à l'aide d'un simple ordinateur et de jus de cerveau.

Depuis, mon parcours entrepreneurial a été mouvementé. Au fil de mes explorations, j'ai perçu le pouvoir réconfortant des mots. Je me suis sentie seule à bien des reprises. Mais il n'y a aucune solitude qu'un livre n'a su combler. Parfois, les auteurs visaient juste, en m'apportant des réponses concrètes. Mais le plus souvent, l'énergie qui émanait des pages suffisait à me porter vers la prochaine étape de mon business.

Rien ne me prédestinait à devenir auteure, ni formatrice indépendante d'ailleurs.

Mon histoire n'est pas celle d'une vocation. J'ai mis du temps avant de dessiner les contours d'une activité professionnelle qui me plaisait vraiment. J'y suis arrivée en suivant mon cœur, mes curiosités et les opportunités que la vie m'offrait. La clarté est venue progressivement, en connectant ensemble tout ce qui m'animait. L'écriture de ce livre s'inscrit dans la même dynamique.

J'ai eu envie d'abandonner régulièrement. Chaque jour, même.

Le salariat me tentait, parce que je pensais qu'il pourrait apaiser mes angoisses face à l'incertitude. Pourtant, je savais bien au fond de moi qu'un job ne me rendrait pas heureuse. C'était la solution de facilité. L'autre option consistait à faire face à mes peurs pour honorer mon besoin de liberté. C'est le choix que j'ai fait et que je continue de faire tous les matins. Les doutes sont toujours présents, mais je sais désormais y faire face.

C'est cette capacité de résilience que j'ai souhaité nourrir en chacun avec cet ouvrage. Les freelances n'ont pas besoin d'une énième stratégie entrepreneuriale. Du moins, les milliers d'indépendants avec lesquels j'ai échangé m'ont plutôt exprimé leur envie d'être guidés, compris, rassurés et, à certains moments, pris dans les bras avec le sentiment que tout se passera bien. Faire naître ces émotions dans un livre est possible : il suffit de rappeler que business et humanité vont de pair.

J'ai souhaité que ce livre devienne un compagnon pour ton aventure entrepreneuriale.

Lorsque tu perdras pied, il te suffira d'en tourner les pages pour te sentir connecté et pour passer à l'action. Se lancer à son compte est terrifiant, mais c'est aussi terriblement exaltant. Ce projet va bouleverser tes certitudes et t'emmener vers de nouveaux horizons.

Tout est possible et, si tu fais confiance à l'avenir de façon aveugle, le « freelancing » deviendra l'une des plus belles expériences de ta vie !

Lise.

Sommaire

* À TON TOUR Ce sont des **exercices** pour mûrir son projet, à faire à la première lecture, et à refaire pour piloter son activité au fur et à mesure...

* INTERVIEW Ce sont des **portraits de freelances** à découvrir au fil de la lecture.

Partie 2 – Oser se jeter à l'eau

Partie 3 – Trouver suffisamment de clients

Partie 4 – Adopter le bon état d'esprit

Partie 5 – Greffer le « *freelancing* » à sa vie

Pour aller plus loin

Pour en apprendre encore plus, rendez-vous sur https://laminutefreelance.fr/bonus-livre
Vous y découvrirez notamment d'autres interviews de la communauté et des actualités sur le monde des freelances...

Partie 1

Ton projet liberté !

Ceci est peut-être le premier jour du reste de ta vie.

Ce livre que tu tiens entre les mains te fera découvrir un nouveau champ des possibles. Alors que tu entames à peine ta lecture, tu ouvres déjà la boîte de Pandore. Quand tu comprendras qu'une autre vie est possible, tu ne pourras plus jamais revenir en arrière.

« La liberté, même chère payée, est addictive. »

Pour autant, il faut construire son projet avec le sens des réalités, au risque de se casser les dents dès les premières difficultés et de tout abandonner. Oui, le « freelancing » est tendance. Oui, dans les faits, tout le monde pourrait créer son activité indépendante. Mais non, ce n'est pas pour tout le monde.

Pour réussir, il faut **avoir une résilience** à toute épreuve. Avant de quitter ton job (#AdieuPatron), de risquer toutes tes économies ou d'investir massivement dans ton activité, **tu dois comprendre dans quoi tu mets les pieds**. Ensuite, tu pourras prendre des risques mesurés.

Si tu décides, après avoir lu cette partie, que le « freelancing » n'est pas fait pour toi, tu auras aussi gagné (et tu seras libre de changer d'avis plus tard).

Le but de la vie n'est pas de choisir le chemin le plus en vogue, mais **celui qui nous rend heureux**. Même si le « freelancing » paraît glamour, ce n'est pas la seule voie vers l'épanouissement professionnel.

Let's go.

CHAPITRE 1

C'est quoi un freelance ?

Lorsque je me suis lancée à mon compte, j'ai voulu partager ma joie avec mon entourage. Mais je n'ai pas reçu le soutien espéré.

- Pourquoi ? Tu n'as pas trouvé de CDI ?
- Ah, mais du coup tu as fait Sciences Po pour rien ?
- Ça va faire un trou sur ton CV. Tu n'as pas peur ?

J'ai pris conscience de toutes les idées reçues qui existaient autour du « freelancing ». À chaque fois que je parlais de ma nouvelle vie professionnelle, j'entendais **les pires clichés possible** : le freelance travaille en pyjama (ou il ne bosse pas du tout) et vit dans la précarité (voire sans rémunération, pour le plaisir ou en échange de visibilité[1]). C'est simplement hallucinant ! Mais ces fausses croyances sont largement répandues.

Cette expérience, je sais que je ne suis pas seule à la vivre. Même si le « freelancing » prend de l'ampleur, l'incompréhension est souvent au rendez-vous. Il suffit de vouloir faire un prêt immobilier ou de louer un appartement pour se rendre compte que **seuls les freelances comprennent vraiment ce qu'ils font de leurs journées**.

Je décide donc de commencer ce livre par **une définition du « freelancing »**, et pas n'importe laquelle. Il s'agit de LA mienne. Elle sera certainement différente de celle d'un autre auteur, et tu as aussi le droit de ne pas être d'accord. Ce qui compte, c'est de nous assurer que nous pensons bien à la même chose lorsque j'utilise le mot « freelance » dans ce livre.

Et qui sait ? Tu pourrais même adopter cette définition pour (enfin) réussir à expliquer à ta grand-mère ce que tu fais dans la vie au prochain repas de famille, entre le fromage et le dessert.

---

1 — La compensation « en visibilité » consiste à travailler gratuitement. En échange, le « client » promet une mise en avant du travail du freelance pour l'aider à gagner en notoriété. Ce type de demande est à fuir ! (Voir « Le travail gratuit ou bradé n'est jamais une obligation » p. 138)

Ma définition du freelance

Selon moi, être freelance c'est :

- **un mode de travail** au même titre que le salariat,
- **un choix professionnel** qui nécessite de privilégier la liberté plutôt que la certitude,
- **un sentiment d'appartenance** avec une revendication de son identité de freelance,
- **une activité rémunérée** au-delà du stade symbolique,
- **un lien de collaboration** (et non de subordination) avec le client,
- **et enfin, une proactivité** dans la définition de sa vie professionnelle.

Ces 6 critères sont cumulatifs. S'il en manque ne serait-ce qu'un seul, alors il ne s'agit plus de « freelancing ». Et comme une image vaut mille mots, j'ai matérialisé cette définition par la matrice suivante.

Si tu as bien suivi les cours de maths à l'école, tu remarqueras que ce schéma est un hexagone régulier.

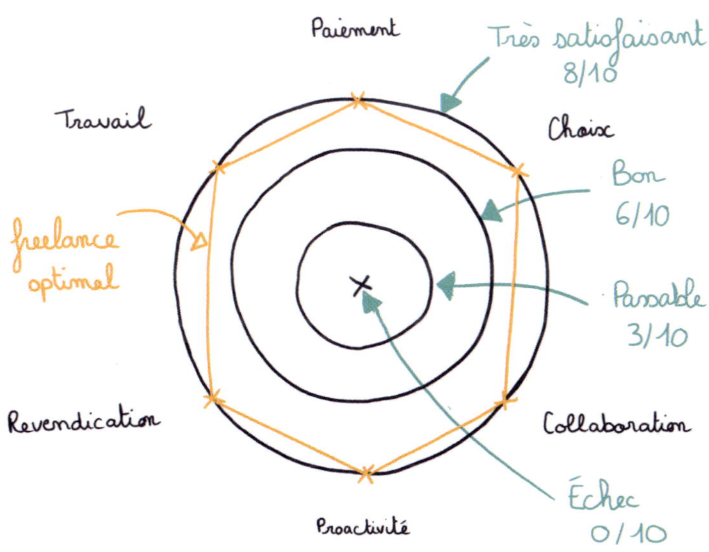

Chacune de ces 6 caractéristiques est présente avec la même force. Dans ce cas, je parle de « **freelancing optimal** » !

En réalité, il peut exister un déséquilibre. Par exemple, un freelance qui vivote sera peu satisfait de sa rémunération. Même s'il est comblé par les autres aspects de son activité, sa situation n'est pas optimale. Pour autant, malgré ce déséquilibre, il n'en demeure pas moins un freelance !

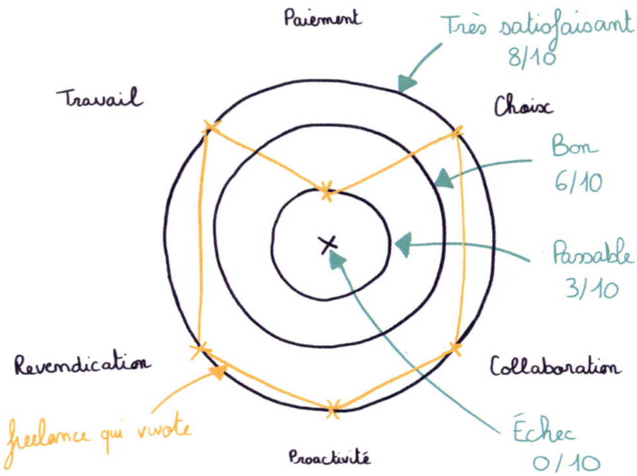

Le rentier a peut-être construit son patrimoine à la sueur de son front, mais aujourd'hui il n'a plus besoin de travailler pour générer des revenus. Même s'il gère ses biens de façon indépendante, il n'est pas dans la même catégorie que les prestataires de services freelances.

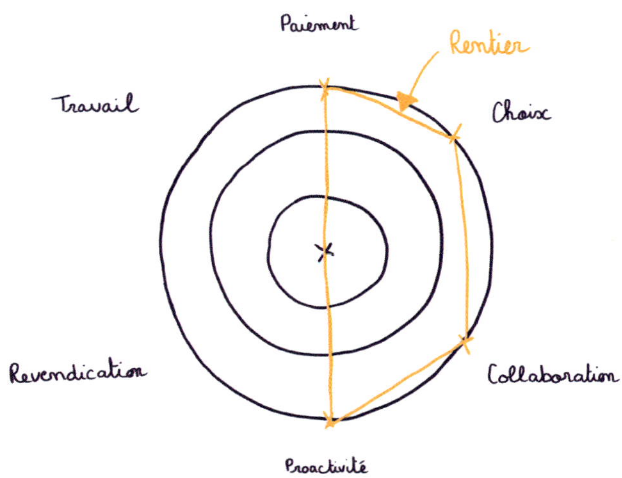

Certains freelances s'installent à leur compte parce que ce statut leur est imposé par un employeur, le plus souvent pour réduire les charges sociales et patronales (au détriment de la protection de l'indépendant). Dans ce cas, le freelance ne l'est presque que de nom ! D'autres se lancent uniquement par défaut, pour éviter une période de chômage, pour renflouer leurs finances ou pour attendre leur départ à la retraite. Ils sont sous contraintes et reprendraient certainement un CDI si une belle opportunité se présentait !

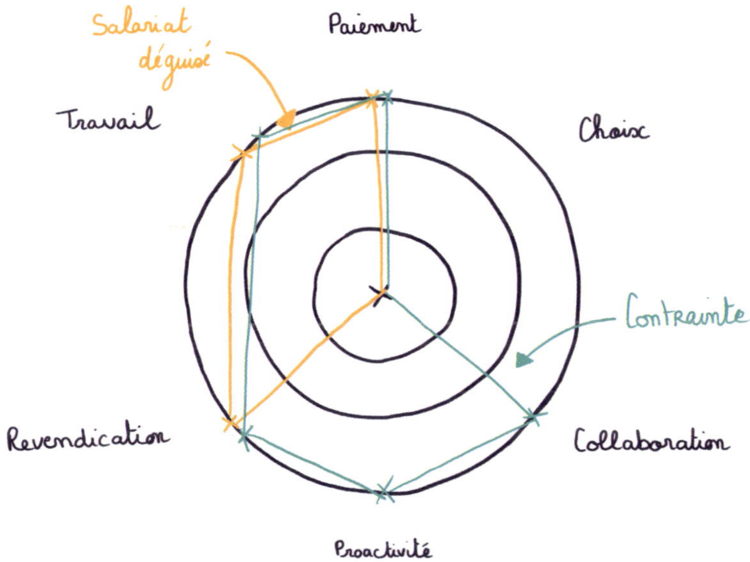

Une fois lancé, cette matrice sera un bon outil pour identifier les défis que tu devras relever et atteindre **le nirvana du « freelancing »** dans chacun des 6 critères suivants.

Critère 1 : le « freelancing » est un mode de travail (à l'image du salariat)

Il est aujourd'hui aussi « facile » d'être freelance que d'être salarié. **Les deux activités répondent au même besoin sur le même marché : celui de l'emploi.** Pour se développer, les entreprises dépendent de la force de travail de leurs collaborateurs. Recruter des talents est une nécessité, quel que soit le type de contrat (CDI, CDD, intérim ou encore... freelance) !

Pourtant, aux yeux de la société, se lancer à son compte semble déraisonnable et risqué. Et c'est bien normal : **l'éducation conventionnelle nous forme à trouver un job plutôt que des clients**. De la même façon, le salariat a structuré notre modèle économique pendant plusieurs générations. Le « freelancing » semblait alors inaccessible car les entreprises étaient réfractaires à l'idée de faire appel à des talents en externe.

Désormais, le marché de « l'emploi » est mature : il est prêt à nous accueillir, nous, les freelances. Mais une principale difficulté demeure : **il faut réussir à se faire connaître auprès de ses clients idéaux**.

Critère 2 : le « freelancing » est un choix professionnel

Devenir freelance est le fruit d'un arbitrage. Il s'agit de privilégier sa liberté plutôt que la certitude d'un revenu qui « tombe » à date prévue au travers d'un contrat de travail (CDI, CDD, intérim). D'ailleurs, 90 % des freelances se sont lancés parce qu'ils avaient envie d'être à leur compte, et non pas par contrainte[2].

Cependant, le « freelancing » et le salariat ne sont pas les seules manières de gagner de l'argent. Il est possible de faire d'autres choix : celui de l'entrepreneuriat et celui de l'investissement professionnel. Ces choix ont été matérialisés dans « le quadrant des flux de trésorerie » par l'auteur américain Robert Kiyosaki[3].

Il considère que l'investissement est le Graal des activités économiques car il permet d'être libre financièrement. Il n'a pas tort. Mais si (presque) tout le monde a envie de devenir rentier et de passer ses journées à jouer au golf, la prise de risques n'est pas la même d'une catégorie à l'autre. De plus, nous n'aspirons pas tous à arrêter de travailler. Pour certains, le monde professionnel est épanouissant. J'ai donc repris son schéma à ma sauce.

---

2 — Source : article « Le freelancing en France 2019 : 90 % des freelances le sont par choix » paru sur Malt.com en juin 2019, https://bit.ly/3lyGTDi

3 — Robert Kiyosaki introduit la notion de « cashflow quadrant » dans son ouvrage *Père Riche, Père Pauvre*, paru aux éditions Un monde différent en 2017, 336 pages.

Pour choisir ton gagne-pain, je t'invite à te poser les bonnes questions.

- ***Souhaites-tu créer de la valeur à l'échelle individuelle ou t'insérer dans un projet à dimension collective ?***
- ***As-tu envie de produire un service ou de faire travailler des ressources (financières ou humaines) aussi appelées « capital » ?***

Bien entendu, tu pourras te réaliser dans plusieurs catégories en même temps ou changer d'activité tout au long de ta vie !

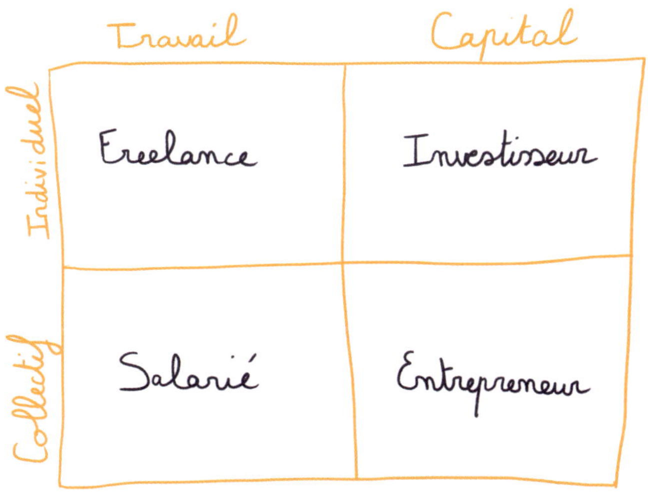

Critère 3 : le « freelancing » est un sentiment d'appartenance

Il n'existe pas de définition juridique du « freelancing ». Par conséquent, chaque individu peut décider de se coller cette étiquette sur le front ou en choisir une autre (indépendant, entrepreneur, libéral, etc.). Ce choix se fait souvent en fonction de sa propre perception du mot « freelance » ou de celle de ses clients.

J'ai toujours considéré qu'être freelance était prestigieux. J'évolue dans un écosystème qui valorise ce mode de travail. Je revendique mon identité de formatrice freelance haut et fort. Mais pour certains, le terme donne l'image d'une activité précaire et amatrice.

À mon sens, le mot « freelance » est davantage utilisé par les professionnels du numérique et de la communication, ainsi que les créatifs, en particulier les profils « junior » qui vendent leurs services en ligne.

Dans ce livre, j'utilise les mots « freelance », « travailleur indépendant », « indépendant », « à son compte » et « entrepreneur » pour **illustrer une même réalité** (et éviter la redondance[4]) : il s'agit d'exprimer le choix d'un prestataire de services qui travaille seul, à la mission et avec des clients.

Si d'autres profils se reconnaissent dans la définition de freelance, ils sont les bienvenus ! Les concepts marketing sont généraux et consolideront les stratégies de tout porteur de projet. Quant à toi, **tu seras appelé « freelance » uniquement si tu le décides !**

Je t'invite à utiliser le mot avec lequel tu te sens le plus à l'aise, mais par pitié, évite d'inscrire « CEO »[5] sur tes cartes de visite alors que tu travailles seul dans la prestation de services. Dans le meilleur des cas, tu auras l'air ridicule. Et dans le pire, tu feras fuir les clients à la recherche d'indépendants (ceux qui souhaitent collaborer avec un talent en direct plutôt qu'avec une agence ou une grosse entreprise). Mais peu importe l'étiquette que tu te choisis, je t'encourage à trouver et rejoindre des communautés de freelances : elles sont dynamiques, bienveillantes et pleines d'entraide.

Critère 4 : le freelance est payé pour son travail

Certains freelances choisissent de travailler gratuitement au démarrage, pour se faire la main et avoir de premières références[6]. Si tu rends un service sans être rémunéré, c'est un passe-temps (aussi appelé « hobby ») et non une activité professionnelle.

---

4 — D'ailleurs, dans ce livre, on retrouve 407 fois le mot « freelance », 185 fois le mot « indépendant » et 129 fois le mot « entrepreneur ».

5 — CEO : acronyme du mot anglais « *Chief Executive Officer* », équivalent de président-directeur général. Souvent utilisé par les dirigeants de startups pour nommer leur rôle.

6 — Pour découvrir mon avis sur le travail gratuit, tu peux lire « Le travail gratuit ou bradé n'est jamais une obligation », p. 138.

Comme tu as des factures à payer, tu te doutes bien que la seule solution pour rester freelance longtemps, c'est d'être rentable. Cela implique non seulement d'être payé, mais aussi de **dépasser le stade d'une gratification symbolique**. Tu dois pouvoir vivre dignement de tes revenus d'indépendant et t'assurer une vraie protection sociale[7].

Critère 5 : le freelance ne connaît pas de lien de subordination

Le contrat d'un salarié fait mention d'un lien de subordination qui repose sur plusieurs critères : la position d'autorité de l'employeur (qui peut donner des directives), la possibilité de contrôler l'exécution du travail et l'existence de sanctions en cas de manquements aux ordres.

En langue française, qu'est-ce que ça veut dire ? Que si un client se comporte comme un employeur, tu pourrais **demander la requalification de cette mission en contrat de travail** auprès de la juridiction compétente.

La subordination repose sur un faisceau de preuves : il peut s'agir d'une situation de dépendance économique, le fait d'imposer des tarifs, horaires ou outils spécifiques au freelance, la géolocalisation de celui-ci ou l'existence de pénalités en cas de rythme trop lent. Ainsi, des plateformes comme Uber ou Take Eat Easy ont été condamnées pour ces pratiques[8].

Lorsqu'un indépendant se retrouve dans cette situation de salariat déguisé, il récolte tous les inconvénients d'un contrat de travail sans en percevoir les avantages (comme les congés ou la protection sociale). Pour rétablir l'équilibre, tu dois chercher des clients avec lesquels tu auras **un lien de collaboration**, d'égal à égal.

---

7 — Pour t'assurer d'avoir les bons revenus, rendez-vous à « Calcul ton TJM », p. 140.

8 — Source : article « Take Eat Easy, Deliveroo, Uber » paru sur cgt.fr le 05/03/20, https://bit.ly/3m8J0Hm

Ainsi, **tu dois pouvoir décider de ta propre organisation**. Seul le cahier des charges[9] devrait être élaboré sur ordre des clients[10]. Seth Godin, gourou en marketing, illustre d'ailleurs très bien ce lien de collaboration avec la définition suivante.

« Être freelance, c'est avoir un job sans patron. »

En théorie, l'indépendant est donc libre de fixer ses horaires, de choisir les méthodes employées pour produire les services et de définir ses tarifs. Mais en pratique, de nombreux freelances acceptent des situations de subordination afin de ne pas perdre de contrats.

Critère 6 : le freelance est proactif dans le choix de ses missions

Lors de ton lancement, il pourrait être tentant d'accepter « tout » ce qu'un client voudra bien te donner pour renflouer tes comptes. Le cas le plus fréquent ? Devenir sous-traitant pour une agence qui t'enverra des missions régulièrement, ou dépendre des plateformes de « freelancing ».

Ces missions sont en général trop peu rémunérées, il faut leur dédier un temps plein pour pouvoir se dégager un salaire. Le risque, c'est qu'il ne reste plus de temps au freelance pour **développer sa propre communication afin de trouver des clients en direct**, plus qualitatifs.

C'est le début d'un cercle vicieux dans lequel on se crée une nouvelle prison dorée : celle qui ressemble étrangement à son ancien job ! On quitte alors le salariat pour se créer des conditions de travail qui en sont proches, sans les avantages, alors que l'idée de départ était de choisir des missions créatives, valorisantes et stimulantes plutôt que d'être une « petite main » dans le rouage d'une organisation.

Pour y remédier, **il faut oser dire non aux opportunités qui ne sont pas alignées avec ses valeurs**, et être intentionnel sur ses services et ses clients idéaux (c'est-à-dire les choisir plutôt que les subir).

---

9 — Aussi appelé « brief client » par les freelances, notamment les créatifs.

10 — Bien entendu, il existe un rapport de force autour des tarifs, délais de livraison et méthodes qui fait que certains indépendants acceptent parfois des contraintes pour remporter un contrat, par peur de perdre la mission face à la concurrence.

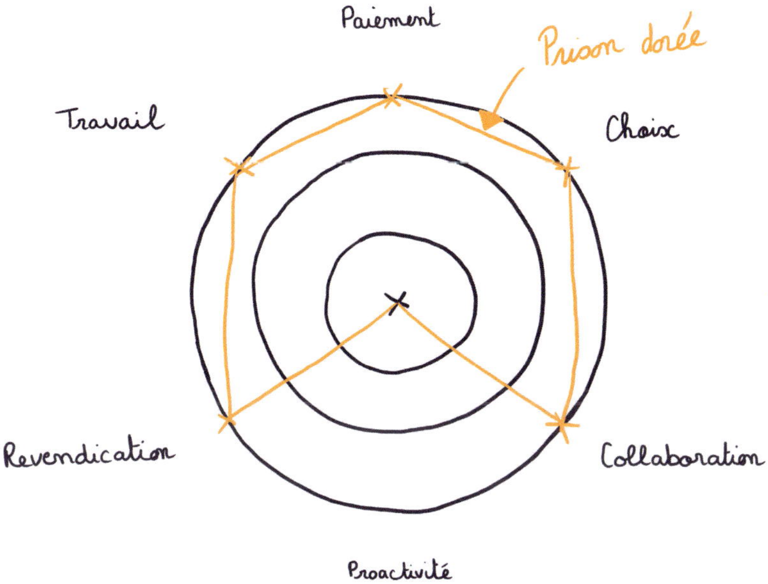

Certaines personnes voient dans le « freelancing » un manque de noblesse. D'ailleurs, dans l'écosystème entrepreneurial, il existe un mythe : échanger son temps contre de l'argent serait le mal absolu.

Idée reçue*

LE « FREELANCING » SERAIT LE FRÈRE PAUVRE DE L'ENTREPRENEURIAT…

Pourquoi cette (fausse) croyance ? Le « freelancing » souffre de cette image de précarité parce qu'on devient vendeur de son propre temps. On devient donc plafonné, à défaut, par nos disponibilités.

Mais qu'est-ce qui empêche de vendre ce temps à un tarif élevé ? Prenons le cas d'un consultant reconnu dans son secteur d'activité. Après avoir construit sa notoriété et son portefeuille clients, il pourrait vivre très confortablement. Ces profils facturent souvent + 1 000 €/jour.

Alors, c'est noble ou pas ?

À TON TOUR

Deviens un freelance optimal

Réussir, c'est être pleinement satisfait de sa vie. Quoi de plus logique que de chercher à être heureux en freelance en se créant une situation de travail optimale ?

Dessine ton hexagone en indiquant les critères que tu remplis et pour quel niveau de satisfaction. Ainsi, tu pourras identifier les défis à relever pour être pleinement aligné avec tes envies professionnelles.

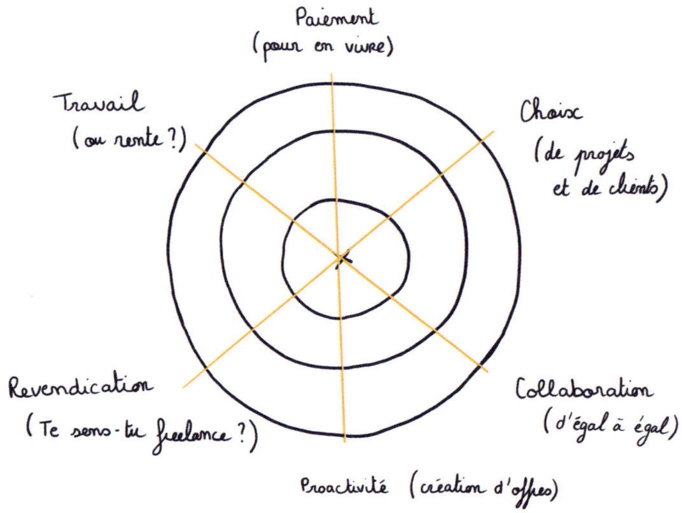

Que dois-tu modifier pour être un freelance optimal ?

Je t'invite à répéter cet exercice régulièrement pour t'assurer que tes actions reflètent tes aspirations.

Fonder une startup semble beaucoup plus glamour que le « freelancing », mais 90 % d'entre elles échouent[11]. La pression liée à la gestion d'équipe n'est pas à négliger. Certes, leurs fondateurs sont plus facilement médiatisés et semblent mener la belle vie. Et lorsque leur entreprise fonctionne, ils gagnent gros. Mais la rémunération n'est pas toujours à la hauteur des sacrifices, et leur santé mentale en prend aussi un coup[12] !

Je pense que le choix doit s'effectuer en fonction de la vision que tu portes. **Être entrepreneur n'est pas plus glorieux qu'être freelance.** C'est différent, et tu pourras passer d'une catégorie à l'autre à souhait. J'en suis la preuve !

J'ai commencé par des petites missions de traduction en freelance pendant mes études. Cela m'a donné l'idée d'une startup que j'ai cofondée et développée avec un associé. Nous l'avons revendue en moins de 3 ans. Mais à la fin, j'étais épuisée physiquement, émotionnellement et intellectuellement. Je me suis rendu compte que je n'étais pas prête à porter la responsabilité d'un projet collectif et que j'aimais davantage ma liberté.

Après cette expérience, j'ai décidé de redevenir indépendante. Je suis donc ce que j'appelle une « freelance boomerang » : j'y suis revenue parce que c'est **le mode de travail qui me correspond le plus** (pour le moment). Je t'invite à faire le même choix : celui qui est le plus aligné avec tes envies !

Les indépendants ne sont pas soumis à la précarité

Les médias mettent souvent tous les freelances dans le même panier : nous sommes présentés comme les victimes d'une ubérisation[13] de la société dans laquelle le salariat et les droits sociaux disparaissent au profit d'une exploitation des individus.

---

11 — Source : article « Startup : cachez cette faillite que l'on ne saurait voir » paru sur mediapart.fr le 13/06/2018, https://bit.ly/3u3Nguw

12 — Une étude réalisée auprès de 242 fondateurs de startups de la Silicon Valley montre que 49 % souffrent de problèmes de santé mentale contre 7 % de personnes souffrant de dépression dans la population américaine. Source : article « #Prozac Land, le monde invisible des startups ! » paru sur wydden.com le 16/03/2017, https://bit.ly/39sdUp2

13 — Ubérisation : tiré du nom « Uber », l'application de taxis qui est accusée de précariser les chauffeurs VTC en proposant des tarifs fixes, décidés par Uber, et une flexibilité qui laisse peu de visibilité aux taxis.

Je te recommande le film « *Sorry We Missed You* »[14] du réalisateur Ken Loach, qui expose la dure réalité de certains indépendants exploités (ils existent bel et bien !). Le film présente une famille prête à basculer dans la précarité. Après une période de chômage, le père décide d'investir dans une camionnette et de devenir livreur indépendant. Bien entendu, le statut est précaire. Le chauffeur-livreur est pénalisé s'il manque une journée et n'est payé qu'en fonction du rendement de sa tournée. L'humiliation est complète lorsque l'indépendant est agressé. Il repart travailler aussitôt malgré ses blessures, car il est endetté et ne peut pas se permettre d'arrêter, même le temps d'une journée.

Ce film fait le portrait de ce que certains économistes redoutent dans le « freelancing » : la précarisation du monde du travail. La pratique ultralibérale et sauvage de l'emploi où le risque repose sur l'indépendant et non sur les propriétaires des capitaux. Cette idée a été reprise par la théorie de Guy Standing[15] : **il existe une nouvelle classe sociale, celle des contrats précaires**. Ce n'est pas un néo-prolétariat, puisque cela touche aussi des professions de type CSP+, mais plutôt une tranche de la société dont le quotidien est rythmé par l'incertitude économique.

C'est ainsi que l'on découvre qu'**il existe une économie freelance à deux vitesses : celle des petits boulots mal rémunérés** (souvent trouvés sur des plateformes) et **celle des carrières bâties sur un métier passion** avec une rémunération satisfaisante à la clé. Cette différence a été théorisée par Paul Estes, qui distingue l'économie des petits jobs dite « *Gig economy* » et de la passion dite « *Talent economy* ».

Dans la première catégorie, les travailleurs sont précaires. Ils vivotent de missions courtes, parfois sans parler au client final. Contrairement à ce que l'on pourrait penser, il ne s'agit pas uniquement de métiers peu qualifiés. On retrouve notamment des journalistes payés à la pige. Dans la seconde catégorie, le freelance se lance par envie, par choix, par passion. Il sélectionne ses contrats et ses clients et arrive à vivre convenablement de son activité. Il est néanmoins possible de passer d'une catégorie à l'autre en étant bien informé et en établissant ses propres stratégies.

14 — « *Sorry We Missed You* » réalisé par Ken Loach (2019).

15 — *Le Précariat. Les dangers d'une nouvelle classe* de Guy Standing, paru aux éditions de l'Opportun en 2017, 461 pages.

Une économie freelance à deux vitesses

LA « *TALENT* » ET LA « *GIG* » *ECONOMY*

S'il y a bien une personne qui connaît l'économie freelance, c'est Samuel Durand.

Nous nous sommes rencontrés à Singapour il y a quelques années. À l'époque, il avait un projet incroyable : faire le tour du monde pour interroger les professionnels de l'économie freelance. Et j'ai fait partie des heureux élus !

Aujourd'hui, il explore le futur du travail avec plusieurs casquettes, notamment celles de consultant et de réalisateur.

Ses projets du moment ?
Partager sa vision au travers du « Billet du Futur » (sa newsletter) et promouvoir « *Work In Progress* »[16], son premier documentaire sur le futur du travail.

---

16 — Voir « Ressources » p. 395 pour en savoir plus.

Les mots de Samuel Durand

Il existe deux camps dans le « freelancing » : la « *Gig Economy* »[17] et la « *Talent Economy* ». Lorsque j'ai commencé mes recherches sur les travailleurs indépendants, j'avais prévu d'étudier uniquement les profils ultra-qualifiés (les « talents » difficiles à recruter). Puis, en arrivant aux États-Unis, je me suis rendu compte qu'il existait une autre économie freelance : celle des petits boulots ou *gigs* en anglais.

Dans le premier cas, les freelances sont *price makers*[18] et dans le second, *price takers*[19]. Cela s'explique parce que les freelances de la « *Gig Economy* » sont facilement remplaçables. Ils sont (fortement) mis en concurrence. Comme certains sont prêts à tout pour obtenir une mission, c'est la course au prix le plus bas. Sans compétences fortes ni marque personnelle pour se différencier, ces freelances ne peuvent compter que sur des tarifs faibles pour trouver des clients.

Cette dynamique de « petits jobs » touche tous les types de prestations. Ce n'est pas juste l'apanage des chauffeurs Uber ! Les freelances de métiers dits créatifs ou intellectuels sont aussi concernés, soit parce qu'ils délivrent une qualité insuffisante, soit parce qu'ils ne savent pas se vendre.

Du côté de la « *Talent Economy* », la différenciation se fait aussi par la compétence et la qualité des services rendus. Par exemple, un *Data Scientist* va se différencier naturellement, parce que sa compétence est rare. Un rédacteur devra, quant à lui, se positionner sur une niche pour rejoindre la « *Talent Economy* ». Sans oublier les *soft skills*[20] qui feront aussi la différence.

Évoluer dans la « *Gig Economy* » n'est pas une fatalité. Un freelance n'est jamais bloqué dans un camp ou dans l'autre. La « *Gig Economy* » peut être un tremplin pour démarrer, mais pour en sortir, il faut **changer d'état d'esprit** et se concentrer sur sa vision

---

17 — Cette dichotomie de *Gig Economy vs Talent Economy* a été théorisée par Paul Estes, que Samuel a interrogé pour son étude « *Going Freelance* ». À l'époque, Paul Estes travaillait chez Microsoft et gérait l'intégration des freelances.

18 — *Price makers* : anglais pour « faiseurs de prix ». Ils décident de leur rémunération.

19 — *Price takers* : anglais pour « preneurs de prix ». Ils prennent ce qu'on veut bien leur donner.

20 — *Soft skills* : anglais pour « savoir-être ». Se dit des compétences comportementales (comme savoir communiquer, travailler en autonomie ou encore adopter une démarche analytique).

à long terme. Cela implique notamment d'avoir le courage de refuser des missions mal rémunérées et d'avoir un fil conducteur (que j'appelle « niche »[21]). Cette stratégie permet de se dégager du temps pour se former et ainsi pouvoir trouver mieux !

D'ailleurs, la principale **qualité d'un freelance est d'apprendre, de se renouveler et de s'améliorer en permanence**. Cela est possible avec des formations (qui peuvent être prises en charge), mais aussi des articles de blog, YouTube ou encore en sollicitant les conseils de freelances meilleurs que soi.

Enfin, plutôt que de se comporter en « mercenaires »[22], les freelances de la « *Talent Economy* » bâtissent des relations fortes avec leurs clients. Ils entretiennent leurs liens, se constituent un carnet d'adresse et obtiennent ainsi des contrats régulièrement. Ils ne fonctionnent pas en *one-shot*[23].

21 — La « niche » d'un freelance va être sa spécialisation, son positionnement précis sur son marché.

22 — On distingue souvent le profil « mercenaire » qui vient pour faire un travail ponctuel du « missionnaire » qui est profondément impliqué dans ses réalisations.

23 — *One-shot* : anglais pour « ponctuel ». Terme utilisé quand un freelance ne fait qu'une seule vente par client, plutôt que de le fidéliser.

Sortir de la « *Gig Economy* », c'est aussi la responsabilité des entreprises. Pour cela, il est important de reconnaître et de valoriser les travailleurs indépendants en interne. Google est un bon exemple. Ses salariés sont bien rémunérés et ont de nombreux avantages. Comme 50 % de sa force de travail repose sur des indépendants, ils ont décidé de fixer une rémunération minimum ainsi que des avantages à cette « force de l'ombre »[24]. C'est un premier pas dans **la reconnaissance et la valorisation du statut de freelance**. D'autres entreprises investissent dans la formation de leurs réseaux d'indépendants[25].

La société a aussi un rôle à jouer. L'idéal serait le revenu universel. En recevant le minimum vital, les freelances n'auraient plus besoin d'accepter des tâches ingrates.

Une part de responsabilités repose aussi sur les plateformes de mise en réseau. À l'origine, les applications telles qu'Uber ou Airbnb étaient conçues pour générer des compléments de

24 — Ce qui est appelé en anglais « *shadow workforce* », littéralement « les travailleurs de l'ombre ».

25 — C'est le cas de la plateforme Toptal, qui a noué un partenariat avec General Assembly (une école dédiée aux métiers du numérique) pour aider ses prestataires à monter en compétences.

revenus, en rendant de petits services ou en accueillant des voyageurs chez soi. L'idée de cette économie du partage n'était pas de générer des occupations à temps plein.

Mais il existe aussi des plateformes pour la « *Talent Economy* ». Elles mettent aussi en relation des clients avec des indépendants sur des missions qualitatives et, pour continuer d'exister, elles ont besoin de prendre soin de leur communauté de freelances.

Le mot de la fin

Il faut très bien s'entourer, avec un cercle de personnes partageant le même état d'esprit. Certains mentors peuvent sembler inaccessibles, notamment s'il s'agit de personnes médiatisées ou déjà bien lancées. Mais ces professionnels sont généralement ouverts. C'est le cas chez les freelances qui valorisent l'esprit de communauté.

Si tu t'entoures de fusées, tu vas décoller avec elles !

CHAPITRE 2

Tous les métiers (ou presque) pourraient s'exercer en freelance

Au démarrage, les néo-indépendants se posent tous la même question : « Est-ce que mon métier peut être exercé en freelance ? » Oui ! Mille fois oui. Mais peut-être pas sous la même dénomination que pour le salariat. Les jobs portent souvent des noms rattachés à des fiches de métier qui se ressemblent d'une organisation à une autre.

Un chargé de communication en CDI sait qu'il pourra trouver des opportunités dans d'autres entreprises en cherchant le même nom de métier. Ce réflexe est conservé en freelance, et c'est une erreur. Un client ne cherche pas un profil de chargé de communication, mais un freelance capable de **réaliser les missions traditionnellement reliées à ce job** : gérer les relations presse, rédiger et envoyer une newsletter, définir la ligne éditoriale du blog de l'entreprise…

Ainsi, de nombreux indépendants baissent les bras après avoir exploré les annonces postées sur les plateformes pensant que leur métier n'existe pas en freelance. Or il suffit simplement de changer la façon de se présenter, c'est-à-dire de se vendre.

Plutôt que de chercher des fiches de poste auxquelles postuler, le freelance devra davantage **mettre en avant ses compétences**. Nous revenons à la sempiternelle proactivité. **Les meilleures opportunités sont celles que tu vas créer.** Et il y en a pour TOUS les jobs !

Certains métiers ont la cote en freelance

Dans l'économie freelance, certains métiers sont plus représentés que d'autres. Attention : cela ne veut pas dire que ce sont les seules carrières possibles en tant qu'indépendant. Cependant, ces activités connaissent une demande dynamique car les entreprises ont pris l'habitude de recruter ce type de profils en freelance.

Quelques métiers connus dans l'économie freelance

Communication et média Journaliste (pigiste) Attaché de presse Rédacteur web Écrivain public Traducteur Relecteur Copywriter Community manager Social media manager Chargé d'événementiel Créateur de contenus Influenceurs	**Technologies de l'information (IT)** Développeur (web, mobile, full-stack, front-end, back-end) DevOps Architecte Data scientist / data engineer / data analyst QA - Quality - Testeur Intégrateur Product owner Chef de projet digital Product manager
Design UX/UI design Product designer Graphiste Illustrateur Webdesign Directeur artistique Designer textile Styliste	**Business et finance** Apporteur d'affaires Commercial Business developer Traffic manager Growth hacker Consultant SEO/SEA Leveur de fonds Analyste
Conseil, accompagnement et formation Coach (sportif, de vie, d'affaires) Formateur Consultant en stratégie Consultant en management Consultant RH Consultant IT	**Image et son** Photographe Scénariste Motion designer Sound designer Cadreur Monteur
Support à l'entreprise Assistant virtuel Secrétaire Recruteur Assistant administratif et financier Chef de projet	**Immobilier** Agent immobilier Architecte Décorateur Gestionnaire de patrimoine

Si tu ne trouves pas ta profession dans cette liste, ne te décourage pas. Elle est loin de représenter le potentiel incroyable de l'économie freelance.

Sois créatif dans le nom de ton métier

Laisse-moi te partager l'histoire de Marion[1]. Au départ, elle avait des doutes sur sa capacité à se lancer comme assistante virtuelle pour aider les dirigeants à se libérer du temps sur les tâches chronophages.

À cette période, ce métier avait encore peu de visibilité en France. En faisant son étude de marché, Marion s'est rendu compte qu'elle trouvait très peu de concurrents sur son créneau. En général, ce n'est pas bon signe, cela veut dire que le marché n'existe pas.

Mais finalement, **le besoin était formulé différemment** : « secrétaire à distance », « assistant de direction freelance », « bras droit CEO »... autant de façons de désigner les mêmes services. Plutôt que de baisser les bras et de laisser tomber, Marion a décidé de mettre en avant la valeur ajoutée de son offre.

En expliquant qu'elle pouvait gérer l'administratif, les réseaux sociaux et le support client pour les entrepreneurs débordés, elle aidait ses prospects à se projeter et à comprendre l'intérêt d'avoir recours à ses services. Moins de 6 mois après son lancement, Marion affichait « complet » ! Elle avait trouvé tous les clients dont elle avait besoin pour vivre de son activité de freelance.

Nous avons tous l'impression d'être unique et que l'adaptation de nos compétences en freelance est impossible. C'est le « *snowflake effect* »[2] ! Chaque indépendant qui se lance pense être le seul à connaître des difficultés ou imagine avoir une situation trop complexe pour être résolue par les concepts de base de l'entrepreneuriat. Ne tombe pas dans ce piège. Peu importe ton métier actuel, **tu peux valoriser tes compétences en tant qu'indépendant**.

---

1 — Retrouve le parcours de Marion, « Construitre sa visibilité dès le démarrage », p. 199.

2 — *Snowflake effect* : anglais pour « l'effet flocon de neige ». Signifie que l'on se sent unique alors que le monde est rempli de cas similaires.

Idée reçue*

EN FREELANCE, IL FAUT 20 ANS D'EXPÉRIENCE
POUR ÊTRE LÉGITIME.

Ah ! Le fameux syndrome de l'imposteur qui vient ruiner nos rêves ! Mais non, avoir de l'ancienneté dans un métier n'est en aucun cas synonyme de légitimité pour fournir des services de qualité.

Si tu as envie de te lancer, le bon moment, c'est maintenant. **Tu pourras signer des clients à tous les stades de ta carrière.** Si tu es capable de trouver un job en CDD ou en CDI, tu es capable d'apporter de la valeur sous un autre type de contrat.

Un freelance ne crée jamais le besoin

Soyons clairs sur un point : tu peux créer ton job, choisir une formule spécifique pour nommer ton activité, **mais non créer la demande sur ton marché**. Les besoins doivent exister.

Imaginons que tes clients soient des entreprises locales ayant envie de réaliser des ventes en ligne. Le besoin existe : celui de générer du chiffre d'affaires sur internet. Mais toi, tu pourrais y répondre de nombreuses façons différentes.

Tu pourrais créer un site e-commerce bien référencé sur les moteurs de recherches, lancer une campagne de publicité sur Facebook, mettre en place une prise de commandes sur les réseaux sociaux... les possibilités sont nombreuses.

Mais si demain internet disparaissait ? La demande cesserait alors d'exister, et il serait impossible de vendre ces mêmes prestations de services. C'est en cela qu'un freelance doit **rester agile** et **se former régulièrement** pour faire évoluer son offre de services. Il doit suivre le besoin au fil des innovations.

Apprends à vendre ta valeur ajoutée

Puisque les indépendants répondent à des besoins, **le nom de métier qu'ils se donnent n'a que peu d'importance**. Ce qui compte, c'est que le client comprenne que toi et ta matière grise pourrez l'aider à résoudre son problème. C'est en cela que **ta présentation et ta posture doivent changer**.

Le plus dur, c'est de comprendre que personne ne nous doit rien. Peu importe tes diplômes ou le nombre d'années d'expérience dont tu disposes : cela ne sera pas un argument de choix pour trouver des clients ou négocier tes tarifs. À partir du moment où tu quittes le monde du salariat et ses codes, tu perds les privilèges qui y sont associés.

> *« En freelance, ce sont les compétences et non les métiers qui permettent de gagner sa vie. »*

Pour montrer la valeur ajoutée de ton travail, **tu devras mettre en avant des résultats précédents tangibles ou quantifiables** (avec des chiffres, des comparaisons ou des avis et témoignages de clients).

Ce changement est difficile à opérer, mais c'est une bonne nouvelle. Cela veut dire que si tu sais valoriser d'anciennes compétences, tu n'auras pas forcément besoin de passer par une réorientation pour trouver une activité à réaliser !

Salarié		Freelance
Diplômes	⇒	Portfolio
Expériences	⇒	Résultats
Résultats	⇒	Marque personnelle
Gravir les échellons	⇒	Témoignages de clients

Sois créatif pour construire ton propre job

Si tu as du mal à imaginer comment devenir freelance, prends un joli carnet et fais la liste de toutes les tâches que tu as accomplies lors de tes précédents jobs, pendant tes études ou dans ta vie personnelle.

Voici l'exemple d'un chargé de clientèle en banque qui souhaite se réorienter vers le « freelancing ». Appelons-le Louis !

Compétences utilisées au travail

- **Gestion d'un portefeuille clients** : accueil en agence, réponse aux e-mails et appels, suivi de dossiers (demandes de prêts).
- **Gestion des négociations et des litiges** (découverts, frais bancaires, facturations contestées).
- **Propositions commerciales** (vente de produits bancaires).
- **Suivi d'objectifs personnels** (chiffre d'affaires, traitement de dossiers, satisfaction client).

À priori, Louis n'a aucun des métiers cités plus tôt dans la liste des professions les plus répandues. Pourtant, en cherchant « mission freelance accueil client », il tombe sur des offres portant les noms de « business developer » et « chargé de support client ». Elles semblent correspondre à ce qu'il est capable de délivrer. Sans avoir besoin de suivre une formation longue ni de se réorienter complètement, Louis a plusieurs pistes de « métiers » à explorer !

Cet exercice vient avec du temps, plusieurs essais et de la créativité. En freelance, tu auras toujours le droit d'explorer et de changer d'activité si, un jour, certaines tâches ne te plaisent plus.

Lorsque j'ai lancé ma microentreprise, je ne savais pas vraiment quel métier choisir. Alors j'ai dit oui à toutes les missions qui venaient à moi, et j'ai répondu à des offres variées.

Il m'a fallu presque deux ans pour choisir ma spécialisation. En passant à l'action, je me suis progressivement rendu compte que ma zone de génie à moi, c'était la formation en création d'entreprise et l'écriture de contenus.

Et c'est ça, la beauté du « freelancing » : tu ne vas pas simplement gagner ta vie, **tu vas aussi apprendre à te connaître !**

À TON TOUR

Explore ta liste de compétences professionnelles

Rédige ta liste de compétences professionnelles.

______________	______________	______________
______________	______________	______________
______________	______________	______________

Fais une recherche sur internet avec les mots clés « job freelance » + le nom des tâches que tu as réalisées dans ton passé professionnel.

En t'y reprenant plusieurs fois et en trifouillant parmi les résultats de recherche, tu vas réussir à identifier le jargon utilisé pour désigner un métier que tu pourrais exercer en tant qu'indépendant.

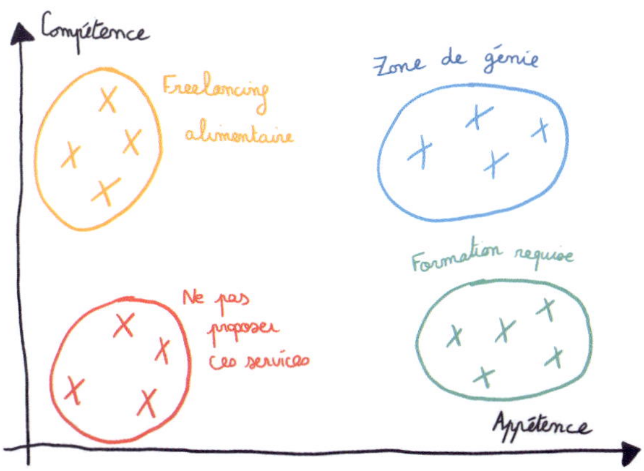

Ordonne tes idées de missions selon ton niveau de compétences et l'envie de les réaliser (ou l'appétence). L'objectif ? Identifier ta zone de génie, cette activité que tu as envie de faire et pour laquelle tu es déjà compétent !

Une disruption du modèle salarial

VERS UN NOUVEAU MODE DE TRAVAIL

Les jeunes diplômés devraient-ils quitter le salariat ? Oui, et en fuyant si l'on en croit Stéphane Mallard. Auteur et conférencier[3], il s'intéresse au futur du travail et intervient notamment auprès des grands groupes.

Il y présente les ruptures de modèles, aussi appelées « disruptions », qui risquent de bouleverser notre façon de travailler et de consommer. Et pour Stéphane, cela passe par le « freelancing » !

---

3 — Auteur de *Disruption*, paru aux éditions Dunod en 2019, 256 pages.

Les mots de Stéphane Mallard

Pendant longtemps, le salariat était la façon la plus rentable de recruter. Il fallait de nombreuses ressources pour trouver une main-d'œuvre qualifiée, intégrer chaque collaborateur à l'organisation et faire face aux coûts du contrat. Un indépendant coûtait donc plus cher qu'un salarié.

C'est une des raisons qui nous fait prendre la route toute tracée du CDI, avant même de savoir si cette route est bien faite pour nous. Pourtant aujourd'hui, ce modèle n'est plus favorable aux salariés, qui deviennent des marges pour leur employeur. En effet, dans de nombreux secteurs, les talents sont vendus au plus cher et rémunérés le minimum acceptable.

Pour chaque métier, les meilleurs professionnels auront davantage intérêt à être indépendants plutôt que salariés, car l'arrivée de nouvelles technologies et de plateformes peuvent les mettre en relation directement avec le client final, au plus près du besoin. Ils sont alors connectés à la demande, directement et instantanément. C'est déjà le cas pour les développeurs web qui, le plus souvent, préfèrent s'installer à leur compte plutôt que d'être salariés.

La flexibilité devient donc plus rentable et cela fragilise le salariat, puisqu'il sera plus facile et moins coûteux de recruter à la demande. C'est la théorie mise en avant par l'économiste et prix Nobel Ronald Coase : les entreprises n'existent encore que parce que les coûts de transaction sont toujours élevés. Lorsqu'ils seront moindres, le système de production sera principalement constitué d'indépendants connectés en réseau. Les entreprises n'auront plus le choix car les talents seront déjà freelances ! Seules quelques entreprises, telles que les GAFAM, pourront recruter des « stars », car elles auront les moyens de les rémunérer à prix d'or.

Et si le « freelancing » n'est pas pour tout le monde, c'est néanmoins **la voie royale pour les plus talentueux et motivés d'entre nous**, qui pourront trouver de plus en plus d'opportunités à l'avenir. Avant de passer au « freelancing », **il faut être honnête avec soi-même**. Ce mode de travail n'est pas qu'une question d'envie. C'est aussi une question de potentiel. Pour se lancer et durer, il faut se poser deux questions :
1 – Es-tu compétent ?
2 – Existe-t-il une demande pour le job que tu fais ?
Si la réponse est doublement positive, tu peux tenter ta chance.

L'âge et les besoins personnels jouent également beaucoup. Un cadre plus âgé et expérimenté est certainement déjà très bien rémunéré. Il n'a aucun intérêt à changer. Par contre, un jeune diplômé pourra gagner davantage à son démarrage que s'il avait un poste en entreprise.

Enfin, **il ne faut pas faire confiance aux grosses entreprises qui promettent « d'apprendre » un métier**. À moins d'être en hypercroissance, l'expérience ne sera pas formatrice. Si l'objectif est de monter en compétences, il vaut mieux se lancer à son compte.

À l'avenir, nos capacités relationnelles seront les plus précieuses. Un jour, les algorithmes traiteront les informations à notre place en nous fournissant de meilleures réponses. Ce qui aura le plus de valeur sera humain : l'empathie, la connexion, la confiance...

Les recrutements internationaux sont également massifs. Pour la prestation de services, nous sommes passés du salariat aux indépendants nationaux puis internationaux. Le cadre salarié d'un grand groupe pourra être mis en concurrence à l'échelle mondiale contre un indépendant sur un marché moins cher.

Le futur du travail pourrait avoir une dimension très darwinienne. La différenciation entre les profils ne se fera plus sur les compétences de base. La barrière à l'entrée sera simplement d'être au top dans son métier. Dès qu'une prestation deviendra trop courante, elle ne vaudra plus rien. Il faut donc mettre en avant sa vraie valeur ajoutée, celle que l'on possède et qui ne peut être copiée. Être moyen ne suffira plus. La marque personnelle prendra aussi de plus en plus d'importance dans nos vies professionnelles.

Le mot de la fin

Il ne faut pas avoir peur du futur du travail. Si un jour nous devenons tous inutiles dans la chaîne de production, un revenu universel sera certainement instauré. Nous pourrons faire les choses qui nous plaisent et nous libérer des contraintes. Ceux qui travailleront encore seront les plus talentueux. Les autres s'occuperont d'une façon épanouissante, en dehors d'un métier.

D'ici là, si vous avez du talent, fuyez le salariat. Les expériences proposées par la plupart des entreprises ne sont pas à la hauteur, qu'il s'agisse des salariés ou des clients.

Il y a de nombreuses opportunités enrichissantes en entrepreneuriat !

CHAPITRE 3

Construire sa carrière autour de sa vie personnelle

Privilégier sa vie personnelle et la placer avant sa vie professionnelle ? C'est presque un luxe de penser ainsi. Pourtant, nous n'avons qu'une vie ! Ne serait-il pas logique de vouloir en profiter au maximum ?

On accuse la génération Y, les fameux « *millennials* », de manquer d'ambition ou de ne pas avoir le goût de l'effort. Mais peut-être qu'on a simplement envie de vivre, plutôt que d'accumuler des biens matériels qui, de toute façon, ne nous suivront pas dans la tombe.

De plus, **notre génération aspire à trouver du sens au travail !** Il existe une vraie rupture par rapport à nos parents et grands-parents qui réussissaient à accepter de faire carrière toute leur vie dans la même entreprise, sans forcément (pouvoir) privilégier leur épanouissement au travail !

> *Il n'y a jamais eu de meilleur moment qu'aujourd'hui pour devenir freelance*

La liberté est en train de devenir un nouvel acquis social. Notre génération a deux chances extraordinaires :

- pour la première fois dans l'histoire de l'humanité, il est socialement acceptable de privilégier un travail plaisant plutôt que rémunérateur.
- nous vivons l'âge d'or de l'entrepreneuriat. Les barrières à l'entrée sont très faibles. Démarrer une entreprise coûte peu en capitaux !

La brève histoire du travail

Dans la majeure partie de l'histoire de l'*Homo sapiens sapiens*, le travail ne structurait pas la société. Dans les sociétés primitives, on ne retrouve pas de mots pour désigner d'occupations en dehors des activités du quotidien[1]. Il fallait se nourrir, se vêtir, se protéger... mais cela faisait partie de la vie courante.

À partir de l'Antiquité, les sociétés se sont organisées autour du travail à la fois pour son côté productif, mais aussi pour **structurer les relations sociales**. Et la mauvaise nouvelle, c'est qu'avoir un « travail » n'était pas très positif...

Devoir travailler pour gagner sa vie était très mal perçu. Lorsque l'on n'était pas propriétaire de biens permettant de subsister, on devait prêter labeur à quelqu'un d'autre en tant qu'esclave. 40 % de la population dans la Rome antique était dans ce cas, et à Athènes un homme sur deux était esclave[2]. Seuls les propriétaires (hommes uniquement) avaient le droit d'être citoyens et de participer à la vie politique de leur cité. Il n'y avait ni noblesse ni mérite à travailler pour gagner sa croûte.

Au Moyen Âge, ce n'était pas mieux. Le travail était considéré comme une conséquence du péché originel. Les valeurs chrétiennes ont reproduit une organisation sociale similaire avec les trois ordres : prier, faire la guerre et travailler (le fameux servage)[3]. Les paysans échangeaient une partie de leurs récoltes contre protection. L'Église condamnait l'esclavage, sauf pour les « païens », ce qui légitimait la traite négrière. L'esclavage a continué à exister jusqu'au XIXe siècle en se basant sur des théories raciales.

À partir du XVIIIe siècle, il est possible d'acheter les services d'un artisan en dehors du foyer et du servage. Le travail va **structurer la société et créer du lien social**. Le sentiment d'utilité et de contribution au

1 — *Le travail* de Dominique Méda, paru aux Presses Universitaires de France en 2018, 128 pages.

2 — Source : article « De l'Antiquité au Moyen Âge : l'esclavage une pratique ancienne » paru sur lumni.fr le 26/03/2013 et modifié le 20/11/2020, https://bit.ly/3deQaWw

3 — *Les trois ordres ou l'imaginaire du féodalisme* de Georgea Duby, paru aux éditions Gallimard en 1978, 432 pages.

monde par son labeur va se développer. Malgré tout, à l'époque moderne, le travail n'était guère glorieux.

Au XIXe siècle, les travailleurs sont toujours ceux qui ne possèdent rien. Les horaires sont intenses et il n'y a ni protection sociale, ni congés rémunérés, ni contrat de travail. En 1898, une loi reconnaît le principe de responsabilité de l'employeur en cas d'accident du travail. C'est le début d'une longue série de luttes pour ce qu'on appelle aujourd'hui **les acquis sociaux**.

« Il a fallu beaucoup de temps pour que le travailleur devienne un homme libre. »

À l'époque, les travailleurs n'avaient que très peu de choix. C'est ce qui a structuré la lutte des classes des prolétaires (qui n'avaient que leurs bras) contre les capitalistes propriétaires des moyens de production. Il était quasi impossible de s'extraire de ses conditions d'origine.

De nos jours, **il est possible d'entreprendre avec zéro euro !** Depuis 2009, la France permet aux indépendants de se lancer gratuitement avec la microentreprise. Comptabilité simplifiée, création et radiation gratuite, paiement de cotisations uniquement lorsqu'on a encaissé un chiffre d'affaires… se lancer n'a jamais été aussi facile !

De plus, **nous bénéficions de nombreuses ressources à moindre coût !** Les formations courtes permettent de changer de métier facilement afin d'en choisir un qui permet de devenir indépendant.

Grâce aux réseaux sociaux, il est possible de parler à son client idéal de façon ciblée. Il y a encore quelques générations, il fallait investir dans des publicités radio, magazines ou télévisées, et le moindre site internet coûtait une fortune.

Pour nous lancer, nous n'avons besoin de rien d'autre qu'un ordinateur, une connexion internet et un cerveau. Et pour la première fois dans l'Histoire moderne, **il est socialement acceptable de choisir un travail pour le plaisir** qu'il nous apporte plutôt que pour simplement subsister.

Privilégier sa liberté au détriment de sa sécurité n'a rien de rationnel ou de naturel

Rationnellement, choisir le « freelancing » plutôt que le salariat n'a aucun sens. Notre cerveau aime la certitude, la sécurité et la collaboration. Aujourd'hui, nous vivons en sécurité.

Mais pendant la majeure partie de l'histoire de l'humanité, les conditions de vie étaient très inconfortables. Nous n'avions pas à manger de façon régulière. Nous risquions de nous faire dévorer par des bêtes sauvages. Si le groupe nous rejetait, nous risquions la mort car il était impossible de se défendre seul.

C'est pour cela que **nous avons toujours nos réflexes primitifs** : nous avons besoin de plaire aux autres, d'être aimés par le groupe, et nous choisissons les options présentant le minimum de risques pour le maximum de récompenses afin de préserver notre énergie.

Le « freelancing » n'est donc pas du tout naturel. Le choix n'est possible qu'avec des filets de sécurité mis en place. Lorsqu'on est occupé à survivre, sans savoir si on mangera le lendemain, les priorités sont différentes. La fameuse pyramide de Maslow permet de comprendre cela.

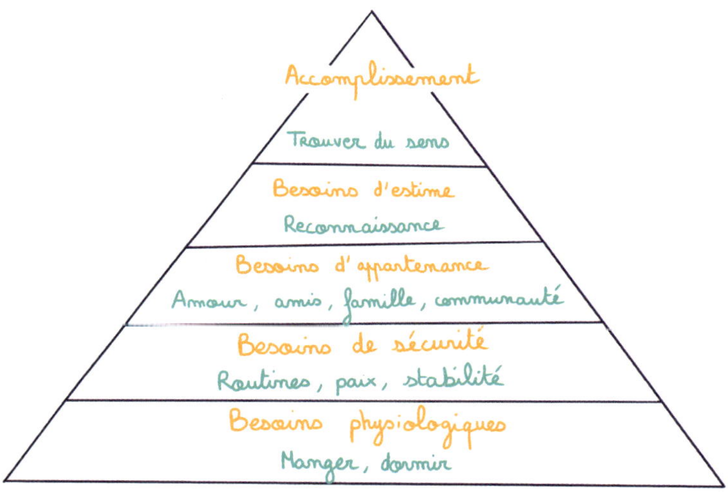

Avant de se lancer, il faut (en général) savoir comment se nourrir, vivre en paix, avoir un entourage personnel et se sentir doué dans son métier. Vouloir créer une vie professionnelle autour de sa vie personnelle est à la fois possible grâce aux infrastructures, mais aussi **grâce au changement de mentalité** d'une grande partie de la population.

Vouloir trouver du sens au travail est devenu pertinent. Une partie de la structure de production se réorganise autour de cet objectif. Les freelances étant davantage dans la catégorie CSP+[4], ils sont les premiers à bénéficier de ce changement de mentalité.

S'il est philosophiquement indispensable de rappeler que tout le monde mérite de trouver du sens dans son travail, c'est aujourd'hui encore un privilège réservé aux professionnels éduqués et étant dans un état d'esprit qui leur permet de sauter le pas.

Alors pourquoi ces professionnels, qui ont déjà tout, choisissent-ils la liberté plutôt que le confort d'un revenu salarial ? Parce qu'ils font un arbitrage. **Ils préfèrent la liberté à la certitude.**

La liberté des uns n'est pas celle des autres

Les motivations des freelances sont très variées. Si la plupart d'entre eux font le choix du « freelancing » pour être libres, ils n'ont pas tous les mêmes besoins. Leur liberté peut prendre une forme différente. Cela peut être :

- **s'occuper d'enfants ou de parents dépendants** grâce à des horaires flexibles ;
- **suivre un conjoint** au bout du monde en continuant sa carrière ;
- **avoir du temps pour une pratique sportive** importante ou des loisirs à horaires particuliers ;

4 — D'après l'étude Malt et OuiShare « Le Freelancing en France » (2017), les freelances sont des professionnels qualifiés. 27 % ont des métiers créatifs, 26 % sont développeurs IT, 24 % travaillent dans le marketing et la communication, 12 % sont chefs de projet et consultants (et 11 % entrent dans une catégorie « autre »). 36 % des freelances se retrouvent dans deux types de métiers (source : https://bit.ly/3yrhRFt).

- **rêver de vivre de son art** et travailler pour financer sa passion ;
- utiliser le « freelancing » **à côté d'une autre activité en CDI** comme complément de revenu ;
- **adapter son travail à son handicap** ou à une maladie ;
- **choisir uniquement des projets très créatifs** et décider de ne faire que du bon travail ;
- **travailler la nuit** et dormir en journée parce qu'on aime ce rythme ;
- **vivre en pleine campagne** et télétravailler pour éviter de passer sa vie dans les transports.

Et puis, il y a toutes les petites tâches du quotidien à gérer, celles qui nécessitent d'habitude de poser un jour de RTT ou de demander l'autorisation à son employeur. Qu'il s'agisse de récupérer un colis ou d'aller chez le médecin, **un freelance aura la possibilité de travailler autour de ces autres priorités**.

Sur toute ma carrière et en dehors de mes jobs étudiants, je n'ai vécu que 4 mois de salariat. J'ai vite démissionné, car ça ne me convenait pas. Cela n'avait rien à voir avec mon employeur, mais je me sentais oppressée. L'idée de devoir demander l'autorisation pour quoi que ce soit me tuait à petit feu.

Pourtant, j'en fais plus aujourd'hui. Je travaille depuis l'étranger, mais je prends moins de vacances. Je suis nomade digitale, juste à côté de la plage, mais je n'y vais qu'une heure par jour. Le reste du temps, je suis dans un bureau climatisé à prendre des appels ou à créer du contenu. Dans les faits, je pense tout le temps à mon business.

De façon objective, je suis moins libre qu'un salarié qui peut prendre 5 vraies semaines de congés payés. Je prends plus de risques, et en cas de problème, je ne peux compter sur personne. Je n'ai pas de patron, mais j'ai de nombreux clients auxquels je dois rendre des comptes.

Toutefois, **mon énergie et ma charge mentale sont différentes**. À la fin de la journée, je suis rechargée et non plus éprouvée. J'ai trouvé beaucoup de sens et de joie dans le « freelancing ». Mais surtout, c'est ce besoin d'accomplissement qui est comblé (le top de ma pyramide de Maslow).

Le « freelancing » n'est pas le seul chemin vers la liberté

Devenir entrepreneur requiert d'avoir le feu sacré. Ce n'est pas un choix pour fuir. **C'est l'envie de produire des services à son compte parce qu'on y trouve du sens.** Se lancer juste pour la liberté, c'est risquer bien des désillusions !

Le « freelancing » implique d'aller chercher ses clients, de gérer son administratif et de devoir gérer l'incertitude des revenus qui peut être stressante. **Ce n'est pas pour tout le monde.**

« Pour devenir vraiment libre,
il faut oser se prioriser ! »

Tu peux lire tous les bouquins de business et suivre toutes les formations sur le sujet, à la fin, seul ton travail sur le terrain te montrera si tu as les épaules pour durer. Il y aura certainement des moments difficiles : des doutes, des clients mécontents, des périodes sans revenus et beaucoup de « non » avant d'avoir un « oui »...

Le salariat peut aussi permettre d'aménager son job autour de sa vie personnelle. En voyageant, j'ai rencontré plus d'employés que de freelances qui adaptaient leurs horaires à leur style de vie.

C'est le cas de Valeria, que j'ai rencontrée au Costa Rica. Cadre dans une multinationale, elle a un poste à fortes responsabilités. Son lieu de travail est à New York où elle dispose d'un appartement, mais elle a demandé un aménagement pour pouvoir voyager souvent et télétravailler.

Véritable *business woman*, Valeria s'est révélée dans le monde « *corporate* » qu'elle n'entend pas quitter de sitôt. Elle aime le management, avoir des collègues, bosser sur des projets de grande envergure et naviguer dans les organisations complexes. Les revenus tombent tous les mois, et Valeria fait des projets grâce à **cette sécurité financière**.

Même si elle est salariée et moi indépendante, **nous avons une liberté similaire**. Nous allons surfer ensemble, nous nous retrouvons au yoga ou devant le coucher de soleil régulièrement. De l'extérieur, rien ne laisse transparaître d'une différence de style de vie. Pourtant, nous n'échangerions nos places pour rien au monde. Ce qui me correspond est différent de ce dont Valeria a besoin.

Elle n'est pas freelance, mais elle a bel et bien construit sa vie professionnelle autour de sa vie personnelle. Et je vois, dans son sourire radieux lors des départs pour nos sessions de surf, qu'elle apprécie profondément son existence ! Finalement, la liberté repose sur la construction de sa carrière autour de Soi, de ses besoins puis ceux de ses proches.

À TON TOUR

Imagine ton projet liberté

Avant de te lancer, je te conseille de réfléchir posément à ce que tu veux. Tu dois être capable de quantifier l'argent dont tu as besoin (ce montant doit être réaliste), et tu dois savoir comment tu aimes travailler.

Complète cette liste en fonction de tes envies.

- Je veux gagner ______ €/mois
- Mon type d'activité :

☐ temps plein ☐ temps partiel
☐ stratégie ☐ opérationnel
☐ entrepreneuriat ☐ missions alimentaires
☐ à distance ☐ sur site
☐ freelance un jour (temporaire)
☐ freelance toujours (long terme)

- Ma date de lancement souhaitée : ____ /____ /________
- Si je gagnais au loto, est-ce que je ferais la même chose ?

☐ Oui ! ☐ Non !

Si tu as coché non, alors tu as un souci d'alignement entre tes envies et ta réalité. Demande-toi donc plutôt ce qui te ferait lever tous les matins à 6 heures sans ronchonner.

À quoi ressemblerait ta journée idéale ?

Adapter sa carrière à la maladie

CRÉER SON MODE DE TRAVAIL

Construire une carrière lorsque l'on n'est pas certain de pouvoir se lever en pleine forme et d'avoir l'énergie physique ou mentale pour travailler peut être difficile.

C'est le cas de Séverine, rédactrice et community manager en freelance. Elle souffre du syndrome de Gougerot-Sjögren, une maladie auto-immune qui se révèle éprouvante au quotidien. Pour elle, le « freelancing » est devenu un allié pour continuer à garder un semblant de normalité. Il lui permet de travailler à son rythme, entre les crises.

Une étude a en effet montré que 46 % des freelances interrogés avaient fait le choix de l'indépendance pour s'adapter à des circonstances personnelles, et il s'agissait pour 43 % d'entre eux de problèmes de santé[5].

De plus, en France, les clients travaillant avec des travailleurs indépendants handicapés (TIH)[6] peuvent bénéficier des mêmes avantages que lorsqu'ils recrutent des salariés RQTH[7].

---

5 — Source : article « *Freelancing with a disability: Designing an accessible work from home space* » paru sur mymove.com le 16/12/2020, https://bit.ly/3u8CVxB

6 — TIH (Travailleur Indépendant Handicapé) : statut réglementé donné aux travailleurs à la fois indépendants et reconnus en situation de handicap (source : article L.5212-13 du Code du travail).

7 — RQTH (Reconnu de la Qualité de Travailleur Handicapé) : statut donné à un professionnel reconnu de la qualité de travailleur handicapé.

Les mots de Séverine Desmet

Pour moi, c'était soit le « freelancing », soit l'invalidité[8]. Je n'avais pas le choix. Il y a quelques années, j'ai obtenu un visa pour le Canada. Je m'y suis rendue et, une fois sur place, j'ai intuitivement senti que quelque chose n'allait pas. Je suis tombée malade moins d'un an après. Mon organisme s'est progressivement déréglé. Ma tête et mon corps ont divorcé. Émotionnellement, j'ai vécu ce voyage comme un échec, et je suis rapidement rentrée.

À mon retour, je suis devenue professeure d'anglais avec un statut de contractuelle. À l'époque, j'avais de plus en plus de soucis de santé, mais le diagnostic de la maladie n'avait pas encore été posé. Une fois que les médecins ont trouvé ce que j'avais, j'ai été soulagée. Je savais ce qui m'attendait. Je pouvais désormais m'organiser.

Le « freelancing » n'était pas mon plan initial. Personne n'avait vu que j'étais malade, et j'étais trop fière pour en parler. Je combattais les symptômes, mais on me reprochait mes faiblesses telles que ma grande fatigue. C'était de ma faute, je ne disais rien. Cela ne pouvait plus durer. J'aimais enseigner. J'étais douée pour ça. Mais j'ai dû penser à une autre carrière.

Sans la maladie, je n'aurais pas eu le courage de quitter mon job, car le salariat était confortable. Je ne me considère pas non plus comme une bonne gestionnaire financière, ce qui ne me destinait pas à l'entrepreneuriat.

Finalement, mon diagnostic a été un coup du sort, mais aussi un coup de pied aux fesses pour oser entreprendre. J'ai beaucoup perdu à cause de la maladie. Ma vie s'est effondrée comme un château de cartes. Que pouvait-il m'arriver de pire ? Je n'avais plus rien à perdre et cela m'a donné le courage de me lancer. Derrière cette épreuve, je vois le positif !

J'ai appris mon métier de façon autodidacte, grâce à internet. Lorsque je me suis lancée, je ne savais même pas ce qu'était un community manager, l'une de mes activités actuelles. J'aimais l'écriture, je parlais bien anglais et je me servais des réseaux sociaux depuis des années. J'ai connecté tous ces éléments et je me suis mise en recherche d'informations.

---

8 — Le statut auquel fait référence Séverine est celui des personnes en invalidité, touchant une allocation d'adulte handicapé (AAH) chaque mois en raison de l'impossibilité de travailler (souvent par manque de flexibilité ou d'offres accessibles aux professionnels en situation de handicap).

J'ai commencé à proposer mes services sur les plateformes, en rédaction, en traduction et en community management. Ces services étant complémentaires, certains clients débutaient avec une prestation pour ensuite m'en confier d'autres.

Au départ, j'ai cassé les prix pour avoir mes premiers clients, et je ne le regrette pas. J'ai eu l'opportunité de prouver mes compétences et d'avoir des retours du marché. Je ne connaissais pas non plus ma valeur. C'est l'un de mes clients qui m'a dit que je valais bien plus. Une fois que j'ai obtenu des résultats positifs de mes missions, j'ai pris confiance en moi.

Au niveau de la maladie, ce n'était pas tout rose non plus. J'avais peur de m'engager sur de longues missions, au cas où mon état se dégraderait. Mes clients ont joué le rôle de mentor, ils m'ont rassurée avec beaucoup de bienveillance.

Aujourd'hui, je suis payée pour faire ce que j'aime. J'ai plusieurs clients internationaux qui me proposent des missions régulièrement. Je vis de ma passion !

Mais mon équilibre est fragile : quand je force, j'en paie le prix. Néanmoins, sans la maladie, je ne serais jamais devenue entrepreneure, alors que c'est la meilleure option pour mon tempérament.

Le mot de la fin

On a le droit d'être différent. L'entrepreneuriat est le meilleur mode de travail pour cela, puisqu'on nous répète souvent qu'il faut se démarquer, se différencier. On peut le faire en restant simplement soi-même. Le client se reconnaît ainsi en nous et dans nos valeurs. Malgré la maladie ! D'ailleurs, certains clients m'ont choisie pour cette raison, car ils résonnaient avec moi. Il y a donc une vie après le diagnostic. Il est possible d'être heureux, ambitieux, et d'avoir une carrière malgré les soucis de santé.

Si des personnes traversent la même chose, je souhaite leur montrer que c'est possible : j'en suis la preuve !

CHAPITRE 4

Travailler d'où on veut, une utopie ?

Le travail en dehors d'un bureau fermé fait rêver. Qu'il s'agisse de pouvoir bosser en pyjama, tranquillement installé dans son canapé, ou de partir au bout du monde pour gagner sa vie sous les cocotiers, **disposer d'une liberté géographique est enviable**.

Chaque mois, on compte 22 000 recherches sur Google rien que pour la catégorie « travail à domicile ». C'est un chiffre bien supérieur à celui des recherches de CDI ou de missions en freelance. Mais le plus souvent, **c'est l'idée du télétravail qui nous fascine**.

Réussir à générer des revenus 100 % à distance n'est pas tâche facile. Maintenir ce style de vie en gardant sa motivation et son équilibre personnel l'est encore moins. Sans oublier la solitude face à son travail.

Pour savoir si le travail à distance te plaît vraiment, **je t'invite à l'explorer de façon ponctuelle** dans un premier temps. Demande à ton employeur quelques journées de télétravail chaque semaine. Pars en vacances avec ton ordinateur pour travailler sur des projets personnels. Rejoins des cafés ou des espaces de coworking le temps d'une journée. Cela te permettra de savoir si tu as vraiment envie de travailler à distance ou si tu es simplement amoureux de l'idée (et du glamour) du style de vie « *remote* »[1].

De plus, **le travail à distance demande de la discipline**. Être productif sur un coin de table, ce n'est pas possible. Mais si tu arrives à te fixer des routines, tu pourras vite apprivoiser un style de travail 100 % à distance !

---

1 — *Remote* : anglais pour « à distance ». Adjectif qui désigne les équipes et les professionnels en télétravail, qu'ils soient entrepreneurs, freelances ou salariés.

Un freelance n'est pas forcément libre géographiquement

Avant de te lancer à corps perdu dans le « freelancing », pose-toi la question suivante : as-tu envie de développer ta propre activité ou souhaites-tu simplement pouvoir travailler à distance ?

S'il s'agit de la seconde option, tu atteindras ton objectif plus rapidement en cherchant un job salarié. Plutôt que de devoir trouver des clients régulièrement, tu n'auras qu'à **chercher un unique employeur acceptant le télétravail** et tu seras ainsi assuré de revenus réguliers.

De plus, depuis la pandémie de Covid-19, les opportunités de CDI en télétravail augmentent. Les entreprises ont dû se restructurer pour pouvoir collaborer à distance, et le futur du salariat sera certainement ancré dans une culture « *remote* », de façon partielle ou totale.

Si ta seule motivation est de pouvoir travailler de chez toi, le « freelancing » n'est clairement pas la bonne solution. En étant à ton compte, tu vas connaître des hauts et des bas. La seule façon de tenir, c'est d'**être porté** autant par le métier que tu exerces que par l'entrepreneuriat.

« Le "freelancing" ne doit jamais être un choix par défaut. »

Le « freelancing » va te faire grandir, te pousser hors de ta zone de confort et faire évoluer ton état d'esprit et ta créativité. C'est très enrichissant, mais ce n'est pas de tout repos. Et surtout, **« freelancing » n'est pas synonyme de « télétravail »**. Certains indépendants doivent se rendre chez leurs clients. On appelle cela le travail « sur site » ou « en clientèle », et ce n'est pas un phénomène isolé.

De la même manière, si ta profession exige que tu te déplaces, tu ne pourras pas être à 100 % en télétravail. Par exemple, si tu es photographe, tu devras sortir de ton appartement pour aller faire des shootings avec tes clients. Si l'envie te prend d'être entièrement en ligne, tu devras changer ton offre. Tu pourrais ainsi proposer des services de retouche photo à des magazines, vendre tes propres clichés sur des banques d'images ou encore proposer des formations en ligne pour aider les photographes amateurs à progresser.

Selon ton métier, tu pourrais aussi être amené à travailler sur une tranche horaire imposée ou dans une zone géographique donnée. Cela limitera considérablement ta capacité de mouvement. Si tu as envie de déménager à Tahiti alors que tes clients ont besoin de toi de 9 h à 17 h, fuseau horaire de France métropolitaine, alors tu devras travailler de nuit.

Le chemin le plus rapide vers le travail à distance n'est donc pas d'opter pour le « freelancing », mais de **trouver une annonce de job de télétravail qui te correspond**, et de candidater. C'est pour cela que si ton souhait est avant tout d'être à la maison pour travailler, reste (ou deviens) salarié !

« Le champ des possibles est large, mais il faut innover ! »

Mon intention n'est pas de te décourager, mais de te montrer que **c'est un processus qui peut prendre du temps**. Devenir libre géographiquement est bien plus difficile que ce que les profils Instagram édulcorés veulent le faire croire, tant au niveau de la recherche de clients que dans la mise en place de ses propres routines pour être productif.

Choisir son style de télétravail

Nombreux sont ceux qui font l'amalgame entre mission freelance et télétravail. Pour autant, **un indépendant a toujours le choix** : il peut décider de son style de vie, de ses missions et des clients qu'il souhaite accompagner. Mais pour cela, il devra changer d'état d'esprit.

Si tu as envie de vivre dans une yourte au fin fond du Périgord, peut-être qu'il te faudra plutôt cibler des petits clients. Il sera plus facile de les convaincre de ta capacité de délivrer le service à distance, plutôt que des entreprises du CAC40 qui voudront te voir plusieurs fois par mois dans leurs locaux à La Défense.

Je pousse la caricature pour que tu puisses comprendre que si TOUT est possible, **tu obtiendras ce que tu seras parti chercher**. Si tu ne définis pas une stratégie de façon intentionnelle et réfléchie, ton style de vie te sera imposé. **En freelance, il faut devenir proactif dans la construction de son offre.**

« Plutôt que de te demander ce à quoi tu pourrais prétendre, prends les devants en construisant une offre adaptée à ton style de vie idéal. »

On croit à tort que le freelance doit absolument rencontrer ses clients pour signer des contrats. Or tu auras plusieurs points de contact avec tes clients. Il s'agit des phases suivantes :

- **la phase commerciale** qui permet de rencontrer des prospects ;
- **la signature** pour valider l'accord sur le projet et le prix ;
- **le brief** (ou briefing), parfois réalisé en même temps que la signature, qui détaille en profondeur les attentes du client ;
- **la production du service** que le freelance peut réaliser en autonomie ou en relation avec une équipe ;
- **la livraison finale** de la prestation dans les délais impartis ;
- **l'itération** ou la modification d'éléments à la demande du client (pour peaufiner le livrable final) ;
- éventuellement, une phase de **maintenance** pour mettre à jour le projet ou rajouter des prestations régulières par la suite.

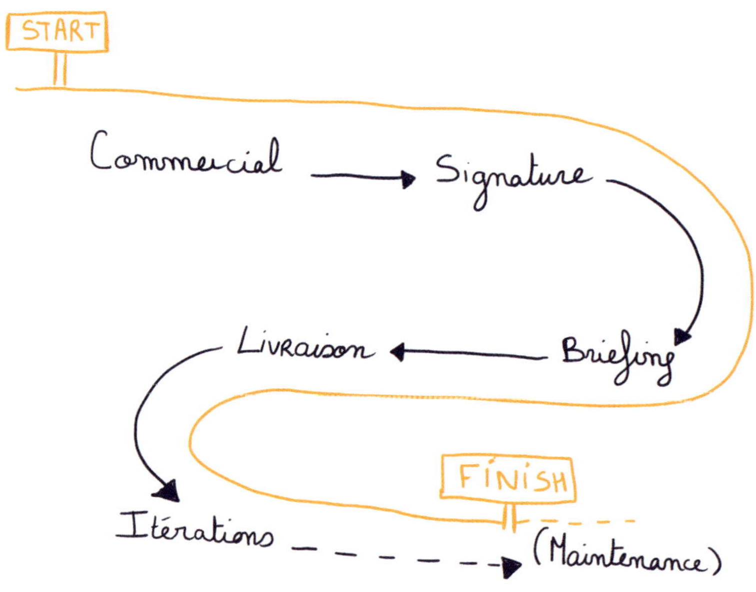

Du début à la fin d'une mission, **tout peut être réalisé à distance**. Absolument TOUT ! Il existe des stratégies et des outils qui permettent de trouver des clients 100 % sur internet, de communiquer avec eux avec fluidité, de livrer des prestations (même si les fichiers sont lourds) à distance. L'exemple le plus flagrant est celui des plateformes proposant des missions aux freelances. Sur celles-ci, la plupart des clients ne rencontreront jamais leurs prestataires. La plateforme joue le rôle d'intermédiaire de confiance qui rassure chaque partie. Le client sait qu'en cas de travail bâclé, il pourra solliciter l'aide de la plateforme. Le freelance sait qu'il sera payé s'il fait et livre le travail[2].

Sans intermédiaire, **il faut s'équiper seul d'outils permettant de rassurer ses prospects**. C'est faisable. Tous tes prospects ne seront pas forcément d'accord avec une collaboration 100 % en ligne, mais tu n'as pas besoin de travailler avec tout le monde.

Si ton objectif est d'être libre géographiquement, concentre-toi sur ce que tu peux faire de ton côté pour attirer des clients alignés avec ce mode de collaboration.

Choisir l'endroit pour travailler qui nous correspond

Choisir son lieu de travail pour les indépendants dépend de plusieurs caractéristiques :

- **du métier en freelance** : par exemple, un dépanneur informatique ne pourra pas réparer des ordinateurs à distance. S'il souhaite travailler depuis les plages de Bali, il devra adapter son activité ;
- **le besoin d'être entouré** (ou pas) : certains lieux permettent de rencontrer d'autres indépendants et de sociabiliser un peu durant les pauses-café ;
- **de la nécessité d'être au calme** pour se concentrer ou pour pouvoir passer des appels. Par exemple, dans mon métier de formatrice, je fais beaucoup de visioconférences. J'ai d'autant plus besoin de m'isoler pour ne déranger personne car je parle fort ;

2 — Mais travailler sur des plateformes n'est pas si facile, voir pp. 167-168.

- **du type de clientèle** : certaines entreprises sont attachées à la présence des freelances dans leurs locaux, par crainte d'une baisse de productivité ou parce que la mission requiert un travail fluide en équipe.

Le lieu de travail peut être un modèle hybride entre plusieurs de ces solutions, sélectionnées au fil des envies.

Les lieux les plus courants pour travailler en freelance

- **Le travail en clientèle**, aussi appelé « sur site ». Dans ce cas, il faut se déplacer dans les locaux du client. Souvent, des horaires ou journées sont imposés. C'est souvent le cas pour les missions IT[3] (développeurs, product managers, chargés de projets web...) et pour les contrats à long terme (plusieurs mois à temps complet).
- **Le travail chez le client du client**, aussi appelé « travail en régie ». C'est commun pour les métiers techniques, notamment pour les missions en sous-traitance avec des agences de développement web ou logiciels.
- **La location d'un bureau privé** en dehors de son domicile pour pouvoir recevoir des clients et travailler dans un lieu dédié.
- **La location d'un espace de coworking** à la journée ou au mois avec un bureau dédié ou fonctionnant avec le principe du « *hot desk* »[4].
- **Les *working* cafés.** On paie l'accès à l'heure, à la journée ou au mois. Les boissons sont généralement comprises dans le prix. Il est parfois possible d'y louer une salle de réunion ou d'y passer des appels depuis des cabines insonorisées.
- Travailler d'à peu près partout est également possible grâce à **un abonnement 4G/5G** (via son opérateur de téléphonie mobile).

---

3 — IT (*Information technology*), anglais pour « informatique ». Se dit du secteur des technologies de l'information et des métiers liés à leur développement (comme l'ingénierie de logiciels, d'infrastructures, d'applications et de sites internet).

4 — *Hot desk* : anglais pour « bureau chaud ». Se dit d'un bureau sans place assignée. Les membres de ces espaces partagés s'assoient aux endroits libres chaque jour et repartent avec tout leur matériel en fin de journée.

- **Les bibliothèques**, dont l'accès est gratuit, permettent également de produire du travail dans un environnement studieux. Par contre, il faudra être silencieux.
- Si tu te fais des amis freelances, pourquoi ne pas **les inviter à travailler chez toi ? Ou les rejoindre chez eux** ;
- **Les espaces de coliving** permettent de voyager en France ou à l'étranger, en vivant dans un hôtel disposant d'un espace de *coworking*. C'est la meilleure option pour les freelances à distance qui souhaitent rencontrer des confrères internationaux et disposer d'un confort lors des horaires de travail.
- **Des modes de vie alternatifs** sont aussi envisageables, comme de vivre dans des camionnettes aménagées (pour mener la fameuse « *vanlife* ») ou dans des petites maisons mobiles (appelées « *tiny houses* ») tout en gagnant sa vie sur internet.
- **S'installer à l'étranger**, à l'image d'un expatrié, mais en générant des revenus de façon indépendante plutôt qu'en étant rattaché à un employeur.
- Enfin, dernière option en télétravail – la moins originale mais qui peut être la plus confortable : **rester à domicile**.

« En construisant ta liberté, tu pourras choisir tes lieux de travail préférés. »

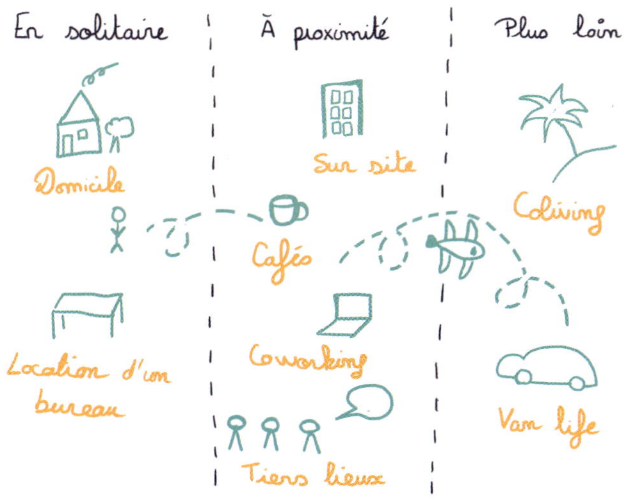

De mon côté, mon équilibre repose sur le mouvement. Mes besoins évoluent, et mon mode de travail aussi. En ce moment, je suis nomade digitale à temps partiel : je voyage et je rentre en France de temps en temps pour des périodes plus ou moins longues.

Idée reçue*

PENDANT SA JOURNÉE DE TRAVAIL, LE FREELANCE
FAIT DES LESSIVES ET BOSSE EN PYJAMA !

Tu dois absolument séparer la sphère domestique de ton temps de travail et communiquer auprès de tes proches qu'être freelance, c'est du boulot ! Il faudra t'affirmer et poser des limites, ou tu risques d'être sollicité pour faire toutes les corvées de ton entourage : t'occuper des enfants malades, récupérer quelqu'un à l'aéroport, faire des papiers... Non ! **Ton temps de travail n'est pas la variable d'ajustement dans la division des tâches domestiques.** Dans le cas contraire, tu risques:

- moins bien gagner ta vie, puisque tu auras moins de temps à vendre (pour produire tes services) ;
- devoir compenser en travaillant les soirs et weekends et ne plus avoir un seul moment pour toi.

D'ailleurs, l'une de tes difficultés en freelance sera de trouver ton rythme pour pouvoir fermer l'ordinateur de temps en temps. Puisque tu pourras certainement travailler de n'importe où et à toute heure, **ne tombe pas dans le piège de faire bouger ton emploi du temps** pour accommoder ton entourage.

Travailler sur un coin de table ne fonctionne pas

Comme tu vends ton temps, tu dois absolument bien le gérer pour assurer les revenus que tu désires. Cela passe par **une organisation professionnelle** (un planning, une routine de travail, des moments de calme), mais aussi par **un vrai espace de travail** avec du bon matériel.

Être avachi sur un fauteuil qui explose ton dos, en travaillant depuis un vieil ordinateur qui plante toutes les 5 minutes, aura des répercussions sur ta santé et tes résultats.

Personnellement, j'aime sortir avant de commencer ma journée. Parfois, je vais dans un espace de coworking pour changer d'environnement. Sinon je fais du sport ou une marche pour éviter d'être devant l'écran dès le réveil. Je suis abonnée à beaucoup de logiciels et services : la facture est salée, mais **je gagne du temps et du confort de travail**.

J'ai appris à me connaître pour être productive quoiqu'il advienne. En freelance, c'est indispensable. La clé pour travailler autour de ses priorités personnelles repose sur l'aménagement de l'environnement suivant :

- **du calme** pour produire sans être dérangé,
- **un espace lumineux** pour éviter de se saigner les yeux à la lumière bleue de l'écran,
- **une bonne ergonomie** pour préserver son dos, ses poignets et toutes ses articulations,
- **un lieu propre et rangé** pour n'avoir aucune distraction visuelle et garder sa clarté d'esprit,
- l'option de **s'isoler** pour passer des appels sans avoir de gêne.

Devenir nomade digital pour pouvoir voyager

Les nomades digitaux (ou « *digital nomads* » en anglais) sont des professionnels (salariés, entrepreneurs ou freelances) qui travaillent depuis l'étranger, de façon ponctuelle ou à temps plein. Pour certains, **garder un pied-à-terre peut être rassurant** (mais coûteux).

Il existe un peu partout sur la planète des endroits adaptés aux nomades digitaux. On peut parler de « *hubs* » ou de « *hot spots* ». Il s'agit de lieux avec une bonne infrastructure (connexion internet fiable, logements confortables) et où se trouvent des communautés dans lesquelles il est facile d'être inclus et de créer du lien.

Les lieux les plus appréciés des nomades digitaux

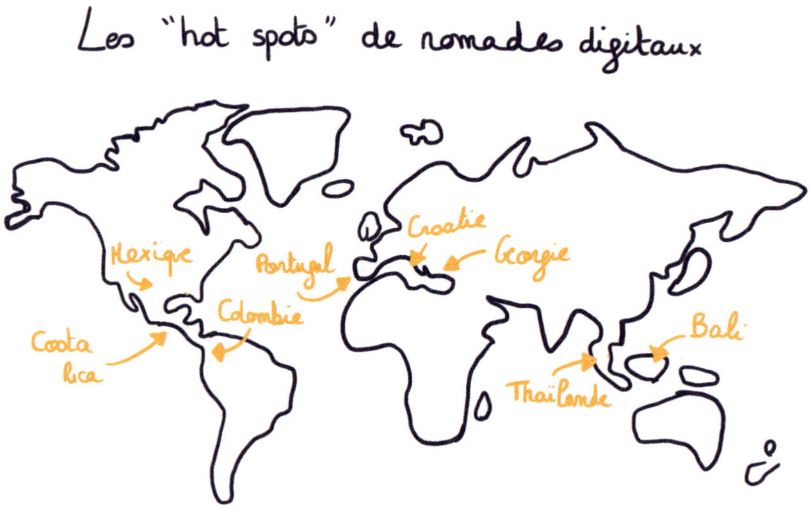

- **La Thaïlande**, notamment Chang Maï, ville réputée pour son coût de la vie très bas,
- **Bali** en Indonésie, et plus particulièrement Canggu, jadis un petit village composé de rizières dans lequel les hôtels et espaces de *coworking* se sont développés à une vitesse folle ces dernières années, pour devenir le premier *hub* nomade au monde,
- **Santa Teresa** au Costa Rica, un spot bien connu des surfeurs, qui compte des routes en terre et la fibre optique,
- **le Mexique**, avec la ville de Mexico, Sayulita, Playa Del Carmen ou encore Tulum,
- **la Croatie** et la beauté de ses plages et de son architecture,
- **la Géorgie**, pour ses paysages incroyables et son coût de la vie très faible,

- **le Portugal**, notamment Lisbonne, pour son faible décalage horaire et sa vie plus douce,
- **Playa Venao** au Panama, un village très calme avec des vagues appréciées des surfeurs de tous niveaux,
- **la Colombie**, avec Medellín ou Cartagena, pour leur ambiance festive et énergisante,
- **l'Espagne**, avec Majorque et Barcelone pour leurs températures agréables toute l'année et la proximité avec la France.

S'il est possible de travailler partout où une bonne connexion internet le permet, **l'expérience pourrait néanmoins être solitaire si tu es au mauvais endroit**. Je me souviens d'un voyage au Nicaragua, dans la petite ville de Popoyo. J'y suis allée hors saison et l'endroit était déserté. J'ai passé 2 semaines à m'ennuyer. Les locaux étaient bien occupés, entre leur vie familiale et leur emploi. Les touristes étaient pour la plupart des couples qui souhaitaient rester entre eux. Je me suis sentie très seule.

Alors, comment choisir les lieux où se rendre pour travailler ? Assure-toi de vérifier les éléments suivants :

- **le confort** : en travaillant, on ne peut pas se permettre d'avoir une panne internet ou une coupure d'électricité. De même, si l'ordinateur tombe en panne, il faut avoir une solution de secours ou les moyens de vite le remplacer ;
- **le fuseau horaire** : il doit être compatible avec tes clients ;
- **la communauté** : être entouré de personnes ambitieuses et de professionnels qui travaillent va booster ta productivité ;
- **le coût de la vie** : souvent, on peut vivre bien mieux à l'étranger. Mais toutes les destinations ne sont pas moins chères, surtout si l'on souhaite garder un confort à l'Européenne ;
- **la qualité de vie** : pour certains, il s'agit d'être en ville pour accéder à des divertissements, même au milieu de la nuit. Pour d'autres, il s'agit d'avoir un studio de yoga à proximité, voire d'être en pleine nature.

Avant de t'engager à vivre longtemps à un endroit précis, prévois quelques jours sur place. Cela te permettra de comprendre la dynamique du lieu. Si tu voyages en dehors de la haute saison, tu trouveras des logements sans grande difficulté.

Ne sois pas un mauvais nomade digital

Ce style de vie, c'est un peu le « *Neverland* » des Temps modernes. À l'image d'une année Erasmus qui ne se termine jamais, il peut s'agir d'un rêve éveillé… mais beaucoup s'y cassent les dents.

Les mauvais nomades sont aussi ceux qui voyagent sans argent. Le voyage n'est pas réservé aux personnes fortunées, mais il faut au moins pouvoir subvenir à ses besoins.

Dans certains pays, il n'est pas rare de croiser des touristes qui voyagent en mode routard et qui vendent des bijoux pour se faire quelques pièces ou qui négocient les prix au centime près parce qu'ils sont fauchés. Mais dans ce cas, quid de la population locale ?

> ***« Si je ne paie pas d'impôts dans un pays dans lequel je voyage, je peux au moins me fixer l'objectif d'aider l'économie locale et ses acteurs. »***

Ce mode de voyage, bohème pour nous, entre en concurrence avec les mécanismes de survie de certaines populations. Lorsqu'on fait partie des 20 % de l'humanité qui se partage 80 % des ressources, voyager sans argent est plutôt indécent. De plus, beaucoup de nomades (comme moi) restent résidents fiscaux dans leur pays d'origine.

Voyager en travaillant n'est pas de tout repos

Il existe un phénomène chez les voyageurs à long terme : le « *travel burn-out* »[5]. C'est un état dans lequel on devient presque blasé d'être à l'étranger. Les causes peuvent être multiples, mais cela montre que **le nomadisme a ses limites**.

---

5 — *Travel burn-out* : anglais pour « épuisement du voyage ». Désigne l'épuisement qui arrive généralement après avoir été en voyage pendant un certain temps.

Selon le pays dans lequel tu vas voyager, tu pourrais faire l'expérience de problèmes logistiques. Surtout si tu voyages avec un petit budget ou hors des sentiers battus.

Douches à l'eau froide, coupures d'électricité fréquentes, cohabitation difficile avec les moustiques et cafards, instabilité du réseau internet, corrosion de son matériel informatique liée à l'air iodé ou à l'humidité, bruit des constructions aux alentours des zones en développement touristique... **Il faut s'armer de patience et d'un bon sens de l'humour** afin de voyager et travailler sans être stressé.

Pour garder mon zen, **j'ai appris à faire face aux imprévus, à lâcher prise et à m'adapter**. Je prévois toujours un plan de secours. J'allonge mes délais pour rendre un projet, je voyage avec deux ordinateurs, j'ai une carte 4G locale pour pallier les déconnexions éventuelles du WiFi...

En tant que nomade, on doit forcément accepter de « perdre » un peu au change : moins de confort, moins de revenus car moins de temps disponible pour travailler. Ce n'est pas forcément volontaire, mais à l'étranger, il faut **composer avec un environnement différent** et en comprendre son fonctionnement.

Enfin, il vaut mieux construire un minimum son activité avant de partir, histoire d'avoir les reins solides sur place. **Le nomadisme digital n'est pas aussi idyllique qu'on le pense.** Mais est-ce que ça en vaut la peine ? Absolument !

CHAPITRE 5

Choisir son activité freelance

Lorsqu'il s'agit d'idées de business, il n'y a pas de demi-mesure. Soit tu débordes d'envies, quitte à t'éparpiller et à partir dans tous les sens, soit tu n'as pas encore d'inspiration concernant ta future activité.

Dans les deux cas, il n'y a pas de recette miracle. La clarté viendra en te lançant, en essayant de trouver des missions que tu pourrais réaliser, puis en gardant ce qui te plaît et en éliminant le reste. Mais il faut bien commencer quelque part.

« Vivre de sa passion n'est pas possible pour tout le monde ! »

Tout le monde n'a pas la chance d'avoir une passion, et encore moins un hobby qui peut être monétisé. Tu peux aimer faire du tricot au coin du feu pendant l'hiver, mais est-ce pour autant une carrière à poursuivre ?

Vouloir à tout prix aimer son travail 24 heures sur 24 et 7 jours sur 7 est source de frustrations. Attention ! C'est tout à fait possible, mais cela n'arrive pas à tout le monde. En revanche, il est possible de trouver **une occupation plaisante, épanouissante, flexible** et qui nous laisse de l'énergie dans la journée pour **faire ce qui nous anime profondément**. C'est parfois une solution plus réaliste, et c'est celle pour laquelle j'ai opté.

Je suis davantage passionnée par le surf que par mon métier. Mais je dois bien me rendre à l'évidence : vu mon niveau et mon âge, j'ai peu de chances d'en vivre un jour. Par contre, mon activité de formatrice indépendante me laisse de la flexibilité pour pouvoir déménager au bout du monde, près des vagues, et d'organiser mes horaires pour aller à l'eau tous les jours. Que demander de plus ?

À la recherche de l'ikigaï

C'est le « *buzzword* »[1] du développement personnel ces dernières années. Le fameux ikigaï, cette activité qui nous conviendrait parfaitement, sur tous les points.

Cet outil, largement répandu dans la culture japonaise et présenté en occident par un best-seller du même nom[2], propose une grille de lecture des options professionnelles selon 4 catégories :

- les métiers pour lesquels nous sommes doués,
- ceux dont nous pouvons tirer une rémunération,
- les activités dont le monde a besoin,
- et enfin, celles que nous aimons !

Un même métier peut rentrer dans plusieurs catégories : il devient alors une passion, une vocation, une mission ou une profession. Avec un peu de chance, il entre dans les 4 catégories pour décrocher le saint Graal du job : l'ikigaï !

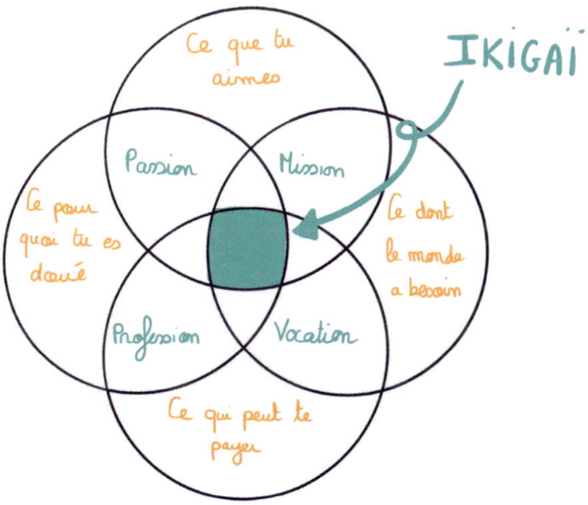

1 — *Buzzword* : anglais pour « mot tendance ».

2 — *Ikigaï* de Francesc Miralles et Héctor García, paru aux éditions Fleuve en 2017, 192 pages.

Sur le papier, c'est le rêve absolu ! Se lever le matin avec l'envie irrésistible de se plonger dans son boulot et d'avoir l'impression que le temps passe vite... Mais lorsque l'ikigaï ne vient pas, l'expérience peut être très frustrante. Que faire lorsque l'on n'a vraiment aucune idée ? Ou lorsqu'au contraire, on en a beaucoup trop ? Il faudra faire un choix et **s'y tenir suffisamment longtemps pour obtenir des résultats**. Cela ne veut pas dire que ta première idée de business sera ancrée dans le marbre, mais plutôt que de rêver de te lancer, tu passeras à l'action.

Trouver du sens dans son activité

Nous passons un tiers de notre vie au travail. Même s'il n'est pas nécessaire d'être motivé à 100 % tous les jours, autant choisir **une occupation alignée avec nos valeurs**. C'est le sens, et non la passion, qui te portera dans les hauts et les bas de l'entrepreneuriat. Pourquoi ? Parce que l'humain fonctionne ainsi.

Il suffit de faire la comparaison avec la vie de couple pour le comprendre. **Être passionné ne suffit pas sur la durée.** Même pour les amoureux, la longévité vient de valeurs partagées qui donnent du sens au quotidien, et non des sentiments qui peuvent aller et venir au fil du temps. À l'inverse, si tu as eu une relation passionnée sans projets communs, tu y as peut-être perdu des plumes (et tu comprendras d'autant plus mon point).

« La meilleure façon d'aimer son quotidien professionnel, c'est d'y trouver du sens et de se sentir utile. »

La bonne idée business, ce n'est donc pas obligatoirement de choisir sa passion, mais plutôt de **choisir ce qui fait sens**.

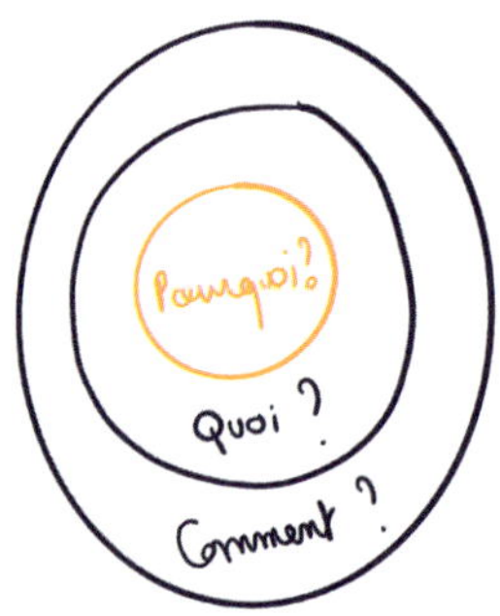

Le conférencier et auteur américain Simon Sinek appelle cela le « Pourquoi »[3] ! Il s'agit de la raison pour laquelle nous faisons les choses.

3 — *Start With Why* de Simon Sinek, paru aux éditions Penguin en 2009, 256 pages.

Peut-être que tu te lances parce que tu es passionné par l'écriture et que tu as envie de faire cela au quotidien. Ou peut-être que tu as simplement envie d'aller récupérer tes enfants à la sortie de l'école tous les jours et de passer le mercredi avec eux. **Le sens que tu trouves dans ton activité freelance peut être professionnel ou personnel.** L'un n'est pas plus louable que l'autre. Tu pourrais même avoir une motivation purement financière, comme gagner plus d'argent.

Une fois que tu as trouvé ton « Pourquoi », tu peux imaginer une stratégie autour du « Quoi » (ce que tu vas proposer) et du « Comment » (les modalités de ton activité). Voici quelques exemples d'activités ayant du sens, pour ceux qui raisonnent avec le « Pourquoi ».

Pourquoi *(raison)*	**Quoi** *(solution)*	**Comment** *(modalité)*
Travailler en faisant un tour du monde	Trouver des missions alimentaires en freelance	Parcourir les sites avec des jobs freelances
Explorer sa créativité artistique tous les jours	Devenir artiste-peintre en freelance	Proposer des toiles sur commissions (à la demande)
Pouvoir s'occuper d'un parent âgé et dépendant	Travailler à mi-temps et à distance (sur internet)	Trouver plusieurs missions longues à distance
Écrire tous les jours sur des sujets variés	Devenir rédactrice web pour rédiger des articles de blog	Se lancer en freelance et travailler avec de nombreux clients, toute industrie confondue
Reprendre confiance après un *burn-out*	Choisir un environnement de travail bienveillant	Filtrer les demandes de clients pour préserver son énergie
Protéger l'environnement	Travailler avec des associations et entreprises écoresponsables	Faire le même métier, mais en freelance, pour choisir des clients portant ces valeurs
Finir tôt pour assister à ses entraînements sportifs	Quitter son job de graphiste salarié pour travailler en freelance autour du sport	Trouver des missions flexibles et planifier ses réunions tôt en journée
Augmenter significativement ses revenus	Devenir consultant pour les grandes entreprises	Utiliser son réseau pour prospecter

Peut-être que le sens viendra de plusieurs raisons. À l'inverse, plusieurs solutions (le « Quoi ») et modalités (le « Comment ») pourraient découler d'un sens seul.

Il n'y a rien de mal à choisir de créer un business « *lifestyle* » qui a surtout de l'impact sur soi-même. De même, il est tout aussi honorable de vouloir lancer une entreprise qui fonctionne toute seule pour se dégager du temps libre.

C'est ce que Tim Ferris nomme une « muse » dans son ouvrage *La semaine de 4 heures*[4]. Il explique comment il a créé une entreprise au service de ses loisirs. Grâce à cela, il est devenu avide voyageur et a participé aux championnats du monde de tango, sans pour autant avoir pratiqué cette danse très longtemps.

Néanmoins, je ne suis pas toujours alignée avec la thèse de l'auteur : il propose de tout déléguer dans des pays à bas coût pour en faire le moins possible. Ce n'est pas ma vision de l'entrepreneuriat, qui pour moi consiste avant toute chose à créer de la valeur. Mais dans le fond, il fait partie des personnes heureuses qui ont réussi à trouver des idées autour d'un « Pourquoi » très fort. Et il reste inspirant pour cela !

4 — *La Semaine de 4 heures* de Tim Ferris, paru aux éditions Pearson en 2010, 320 pages.

À TON TOUR

Qu'est-ce qui fait sens pour toi ?

Prends un moment pour réfléchir à tes motivations en t'inspirant de la théorie de Simon Sinek.

En posant ton « Pourquoi », ton « Quoi » et ton « Comment », tu commenceras à y voir plus clair et ta stratégie commencera à se dessiner.

Pourquoi ai-je envie de devenir freelance ?

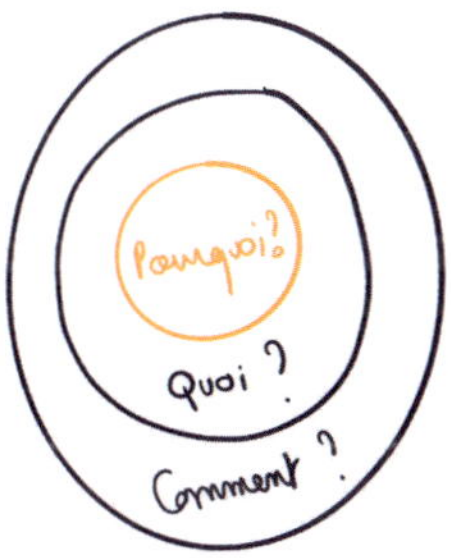

Quels services vais-je proposer ?

Comment vais-je travailler et structurer ces services ?

N'oublie pas, le sens que tu trouves dans ton activité peut être professionnel comme personnel !

Idée reçue*

DANS LA VIE, ON NE FAIT PAS CE QU'ON VEUT !

S'il existait une phrase pour tuer toute joie de vivre, ça serait celle-ci ! Bien sûr qu'avoir l'expérience humaine que tu souhaites est possible. Tu fais partie des personnes qui ont le choix et qui peuvent créer le style de vie qui leur convient.

Si tu souhaites devenir milliardaire, peut-être que ce sera un peu plus corsé. **Mais vivre de prestations de services selon des modalités flexibles, c'est plus que réaliste !** La seule contrainte à respecter, c'est de trouver une idée qui a de la valeur sur le marché.

Penser à long terme en adoptant une attitude de missionnaire

L'idée de business peut changer. Mais la notoriété, le portefeuille de contacts et l'expérience sont des briques sur lesquelles on peut construire un empire. Le plus important au démarrage, c'est de **fuir la pensée court-termiste** qui consiste à trouver une mission, faire ce qu'on nous dit, prendre le chèque et couper court avec le client.

Cette attitude de « mercenaire »[5] te permettra de gagner de l'argent à l'instant *T*, mais pas de développer une activité pérenne. Si tu t'impliques, tu vas non seulement fidéliser ta clientèle, mais aussi trouver d'autres idées encore plus rémunératrices ou créatives et ainsi évoluer dans ta carrière d'indépendant.

Pour cela, il faut devenir « missionnaire » et y mettre du cœur. Ce qui permet d'en venir à la différence entre les deux types de freelances : ceux qui font ce qu'on leur demande et ceux qui ont un rôle de conseil.

---

5 — La différence entre les entrepreneurs mercenaires et les entrepreneurs missionnaires a été théorisée par l'investisseur américain John Doerr.

Pour résumer, **le mercenaire fait le travail demandé**. Il exécute sans remettre en question les ordre comme un bon soldat qui ne discute pas avec la hiérarchie.

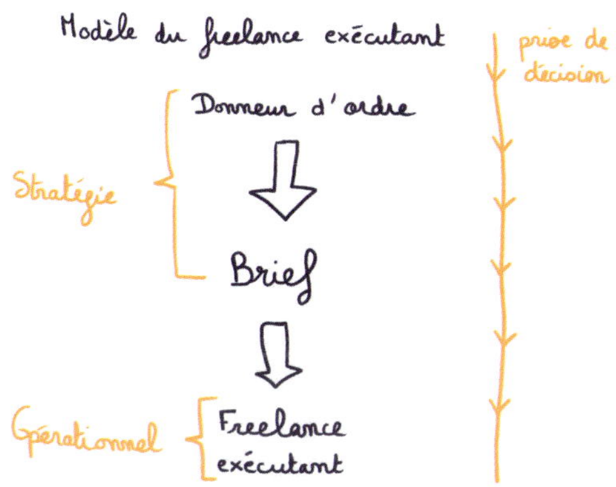

Le freelance missionnaire, quant à lui, va mettre du cœur à l'ouvrage. Il veut vraiment générer un impact, du changement. Il va choisir des causes qui l'inspirent plutôt que de dire oui à tout. Il aura un véritable rôle de conseil pour son client, et lui dira s'il va droit dans le mur.

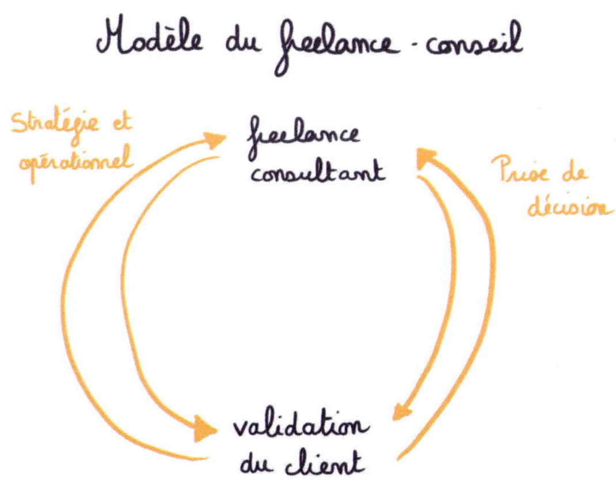

En tant que professionnel, il est beaucoup plus enrichissant d'être consulté et impliqué dans la prise de décision. **Mais cette confiance se gagne.** Ce n'est pas possible dans certains rapports de force comme la sous-traitance et les contrats sous-payés ou automatisés, pour lesquels le freelance n'est qu'un maillon de la chaîne.

Être missionnaire, c'est donc **choisir ses clients** et leur inspirer suffisamment confiance pour qu'ils acceptent de nous laisser **une marge de manœuvre**, à la hauteur de notre implication.

Être mercenaire, c'est choisir des missions alimentaires. Il n'y a rien de mal à cela. Celles-ci peuvent d'ailleurs être très rémunératrices. Mais prépare-toi à être un simple numéro plutôt qu'un être humain valorisé pour ses compétences. Avec ce type de positionnement, ça sera la jungle. Le plus fort imposera son point de vue !

Alors quel rapport avec l'idée ? Eh bien, si tu te présentes comme un simple exécutant (sans travailler ton offre de services), il ne faudra pas t'étonner qu'on te traite comme de la main-d'œuvre et non comme un partenaire privilégié.

Choisir c'est renoncer mais c'est aussi avancer

Si tu débordes d'idées, définir ton offre ne va pas être facile. Mais si tu ne prends pas de décision, tu risques de rester bloqué dans le rêve. Les Anglo-saxons appellent ce type d'entrepreneurs les « *wantrepreneurs* »[6] (ou « *wannabes* ») : ceux qui veulent créer un business mais qui ne passent pas à l'action. Et tu n'as pas envie d'être celui qui répète depuis des années qu'il va quitter son job un jour pour lancer l'idée du siècle.

D'ailleurs, l'idée parfaite n'existe pas. Les médias aiment glorifier les entrepreneurs qui, comme par magie, auraient trouvé l'inspiration au travers d'un éclair de génie. Et boom : l'idée à un million leur tombe dessus, sans crier gare. Sauf qu'en réalité, la plupart des *success stories*[7] ont commencé par des projets peu glamour.

6 — *Wantrepreneur* : du verbe « *want* » (vouloir) et « trepreneur » (la contraction d'entrepreneur).

7 — *Success stories* : anglais pour « histoire à succès ». Se dit de l'histoire d'une personne qui a réussi, en dépit de conditions défavorables.

Facebook, par exemple, était simplement un annuaire qui permettait aux étudiants de Harvard de se connecter entre eux et de partager des photos. Au fur et à mesure, les fonctionnalités du site ont évolué pour intégrer d'autres campus universitaires, jusqu'à toucher un large public. L'ancêtre d'Instagram était une application pour professionnels de la photographie uniquement. Sophia Amoruso, la fondatrice de GirlBoss Médias et de Nasty Gal (une marque de vêtements qui a généré 100 millions d'euros en 2020) a commencé par vendre des articles vintages sur eBay depuis son appartement.

Toutes les entreprises dans lesquelles tu es client et tous les entrepreneurs que tu admires ont commencé de zéro, avec une idée qui n'était certainement pas glorieuse. Comment sont-ils arrivés à ces réussites extraordinaires ? Par l'action. Dans le jargon des startups, on appelle cela « **l'exécution** ».

C'est aussi pour cela que **tu ne dois pas avoir peur qu'on te pique ton idée**. Sans exécution, elle ne vaut rien. Il peut arriver que deux personnes aient la même idée, mais seul le passage à l'action compte. Beaucoup de gens n'ont pas l'envie ni l'énergie de développer des projets entrepreneuriaux.

Parler de ta future activité n'est pas dangereux. Par contre, tout préparer dans ton coin sans savoir si des débouchés existent, c'est l'assurance de te planter royalement. Au démarrage, tu vas devoir sortir du secret pour confronter ton projet à un maximum de personnes, de préférence des clients potentiels. En posant des questions et en restant curieux, tu tomberas tôt ou tard sur une offre de services ayant du potentiel ! À l'image d'un scientifique, tu partiras avec une hypothèse à aller tester sur le terrain.

Ne passe pas au plan B avant d'avoir testé le plan A

L'histoire de Lucile est inspirante. Après avoir géré une activité de chambres d'hôtes, elle a décidé de proposer des services de communication pour aider les professionnels du tourisme à augmenter leurs réservations.

Mais au fond, elle avait envie d'autre chose. Passionnée par les sports de plein air, Lucile avait un « Pourquoi » très fort : celui de pouvoir travailler de n'importe où afin de concilier vie professionnelle et pratique du surf. En même temps, elle souhaitait lancer son podcast autour des femmes et de l'océan. C'était ça, son plan A !

Pourtant, Lucile a décidé de donner une chance à son plan B d'abord, parce qu'elle connaissait mieux le secteur du tourisme. Ce choix était lié à son expérience, et non pas à ce qu'elle voulait profondément faire. C'est ce qu'on appelle « **le poids du chemin passé** »[8].

Il est parfois plus facile de partir sur une page blanche que d'essayer de faire un effet levier avec ses ressources passées. Par exemple, les touches d'un clavier d'ordinateur seront certainement toujours à la même place, parce que nous avons tellement l'habitude de cette disposition que nous aurions du mal à en changer.

Nous restons emprisonnés dans le passé par peur de changer ou parce que nous manquons de perspective pour imaginer un autre champ des possibles. En voulant garder un fil conducteur, Lucile a risqué de se créer une activité par défaut plutôt que par envie. Jusqu'au jour où elle a opéré un virage dans sa stratégie pour revenir vers son plan A. Aujourd'hui, Lucile crée du contenu sur le surf au féminin et travaille dans un *surf camp*[9] !

Si tu as envie d'un vrai changement, **donne-toi la permission de repartir sur une page blanche**. Peut-être que tu devras reconstruire ton réseau ou te former pour acquérir de nouvelles compétences. Ces changements peuvent sembler terrifiants. Mais c'est mieux que de passer les prochaines décennies de ta vie à te demander si tu n'as pas raté ta vocation.

---

8 — Concept théorisé en sciences sociales pour comprendre les choix réalisés à cause d'une dépendance aux choix précédents.

9 — *Surf camp* : anglais pour « camp de surf ». Séjour touristique dédié à la pratique du surf, avec le plus souvent hébergement inclus.

À TON TOUR

Définis ton plan A

Ici, je te propose de définir tes intentions. Créer ton *vision board* te poussera à visualiser la vie dont tu rêves. Il t'aidera à garder une certaine motivation dans l'élaboration de ton projet, sans jamais perdre de vue ton objectif !

Sur une grande feuille, colle tout les mots et images qui t'inspirent pour te lancer en freelance.

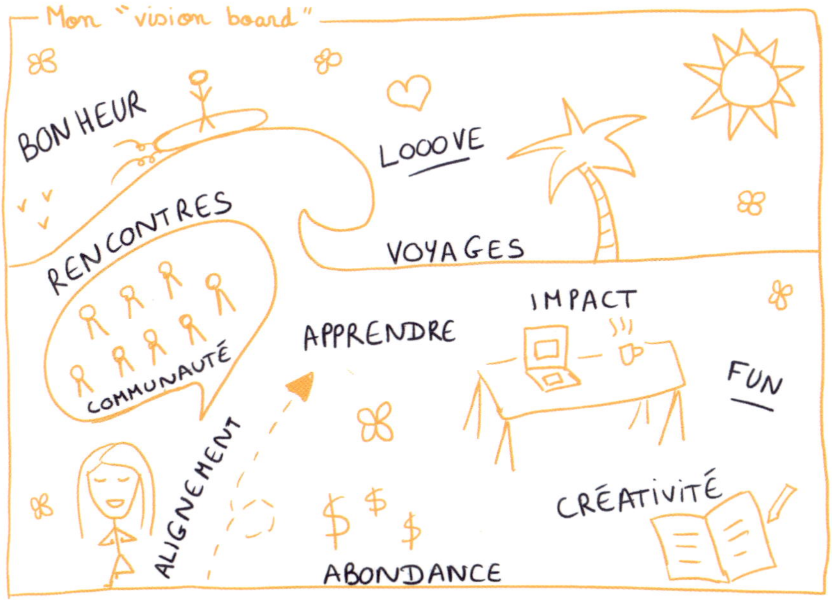

Alors, c'est quoi ton plan A ? Si l'argent n'était pas un problème, qu'est-ce que tu voudrais entreprendre ?

Mener plusieurs activités de front

REVENDIQUER SON MULTIPOTENTIEL

On dit d'eux que ce sont des « *slasheurs* »[10] : ils refusent de choisir une seule activité et en mènent plusieurs de façon parallèle. Créatifs, multipotentiels ou simplement curieux de nature, ces professionnels arrivent à porter plusieurs casquettes avec brio !

C'est le cas de Margaux Roux, une entrepreneure freelance qui vit entre Paris et des destinations tropicales. Elle partage son quotidien entre son activité d'associée chez Chacun Son Café (entreprise B Corp), de consultante en communication B2B, de fondatrice du collectif Le Hub Nomade et de coach pour les freelances et nomades digitaux.

Tout comme nous, Margaux ne dispose que de 24 heures dans sa journée. En ayant plusieurs activités, elle n'a pas fait le choix de la facilité. Son parcours incarne une liberté qui n'est pas donnée, mais qui peut être si enrichissante…

---

10 — *Profession Slasheur* de Marielle Barbe, paru aux éditions Marabout en 2017, 320 pages.

Les mots de Margaux Roux

J'ai toujours été bonne élève, mais je ne me suis jamais sentie à ma place. Ma scolarité a été fluide : j'ai fait Sciences Po, enchaîné mes stages et signé mon premier CDI juste après. Le jour où je suis arrivée dans mon nouveau bureau, je me suis dit : « Est-ce que ça va être ça, ta vie, pendant 40 ans ? » Ça me semblait impossible.

À l'époque, je pensais que c'était de l'immaturité ou que j'avais besoin d'explorer avant de démarrer ma carrière. J'ai décidé de faire un tour du monde avec pour thème les sports de glisse, ma passion. J'ai monté un blog et j'en ai profité pour faire des interviews de sportifs de haut niveau au fil de mes destinations.

Ce projet a bien fonctionné : j'ai créé une audience autour du surf. Je sentais que je touchais quelque chose qui avait du potentiel. J'ai contacté un magazine spécialisé *lifestyle* et surf féminin pour leur proposer d'écrire des articles bénévolement.

Je souhaitais participer à l'aventure. Je me suis investie et j'ai adoré avoir ce *side-project*[11]. À mon retour en France et malgré une reprise de CDI, j'ai continué ces activités le soir et le week-end.

J'aimais mon job, mais je me sentais aliénée par les codes du salariat ! J'ai intégré une grande chaîne de magasins sportifs où je suis devenue responsable de communication interne pour les 4 enseignes du groupe (qui comptent 5 000 collaborateurs). Ce poste était classique et institutionnel et, forcément, il venait avec des règles. J'étais tiraillée : d'un côté, j'aimais mon travail. De l'autre, j'avais l'impression que le cadre ne me correspondait pas. Comme si je devais me trahir, en m'habillant ou en m'exprimant d'une certaine façon.

J'ai perdu l'étincelle, je me sentais éteinte dans cet univers. Plus le temps passait, moins je me reconnaissais. C'était quoi le sens de tout cela ? D'autres personnes décidaient du moment où je me levais et où je mangeais, quand je pouvais rentrer chez moi ou avoir du temps libre... C'était contre nature pour moi. J'ai compris que mon besoin de liberté n'était ni un caprice ni une phase.

J'ai complètement rejeté le monde « *corporate* ». À l'époque, les médias commençaient de plus en plus à parler de reconversion, d'entrepreneuriat et de nomadisme digital. En parallèle, pendant mon tour du monde, j'ai eu un énorme coup de cœur pour Bali.

---

11 — *Side-project* : anglais pour « projet parallèle ». Se dit d'une activité réalisée à côté d'un job ou d'une occupation professionnelle, sur son temps libre.

Tout s'est agrégé ! Je me suis vue y retourner pour ouvrir un bar à noix de coco ou un *surf camp*. Le lieu m'attirait : la communauté, la spiritualité, l'univers du bien-être, les sports de glisse et le yoga.

Finalement, j'ai lancé une marque de textile et je me suis concentrée sur l'écriture, que j'adorais. J'ai pensé à rédiger des articles pour des blogs et sites en me disant que quelqu'un serait bien d'accord pour me rémunérer. J'ai trouvé une première mission sur Instagram grâce à un entrepreneur qui aimait mon style rédactionnel.

J'ai commencé avec quelques déboires et des petites missions alimentaires. Je suis nulle en administratif. Au moment de déclarer mes premiers revenus, mes allocations chômage ont été coupées car je n'avais pas fait les bonnes démarches. Je me suis dit que si je voulais retourner à Bali, il faudrait que je trouve un moyen de travailler en ligne.

Je me suis inscrite sur toutes les plateformes de freelances. Je n'ai pas pris le temps de travailler sur mon positionnement. Je savais écrire et gérer un compte Instagram. J'ai donc pris tout et n'importe quoi sur ce thème, à n'importe quel tarif. J'avais assez d'argent pour vivre à Bali, cela me suffisait.

Même si j'étais peu payée, je ne me mettais pas la pression. Je me suis dit que c'était le moment de tester ce que je valais dans ce secteur. **J'ai sécurisé mon activité au fur et à mesure**, en lâchant les clients qui ne me plaisaient pas pour accueillir ceux qui pouvaient me payer à la hauteur de mes compétences.

Après quelque temps, je suis revenue vers mon profil institutionnel avec la communication B2B[12] et j'ai développé un nouvel intérêt pour le thème de la motivation et du sens, à l'échelle professionnelle. J'ai commencé à explorer cela sous le prisme du futur du travail et j'ai lancé un collectif d'indépendants : Le Hub Nomade.

Toutes mes activités se sont imbriquées au fur et à mesure ! J'ai envie de faire et d'apprendre. J'ai lancé beaucoup de projets car j'aime raconter une histoire, fédérer une communauté... et je trouve cela dans chacun de mes projets. Quant au coaching, c'est venu tout aussi naturellement : on me demandait des conseils, j'ai longtemps fait cela gratuitement

12 — B2B (*Business to Business*) : anglais pour « commerce entreprise à entreprise ». Se dit des activités entre professionnels, à la différence du B2C (*Business to Consumer*) qui concerne la vente aux particuliers.

autour d'un café. J'ai professionnalisé cette pratique pour m'y retrouver en temps et en argent.

Aujourd'hui encore, j'ai toujours cette envie dévorante de faire, tester, inspirer, rencontrer et partager. Cela fait partie de mon cheminement pour me trouver. **J'ai réalisé que le mouvement dans lequel je m'inscrivais me permettait de modeler mon propre destin**. Il y a une cohérence entre tous mes projets et, en même temps, mon quotidien est varié. Je serais incapable de travailler sur un seul poste à la fois.

Pour autant, cela demande de l'organisation et de la rigueur. Il faut être prêt à y passer du temps. Le piège, c'est de rester dans le rêve. Parfois, j'observe la façon dont certaines personnes gèrent leur quotidien et je me rends compte qu'ils manquent de volonté et de détermination. **Pour avoir cette vie, il faut sortir les rames, s'imposer un rythme et savoir dire « non »**. Tout le monde n'est pas prêt à assumer ces contraintes.

Le mot de la fin

Je me suis lancée à 28 ans : c'est jeune. À cet âge, notre développement personnel et professionnel est loin d'être terminé. Et c'est génial de pouvoir compter sur des clients ou des collègues plus âgés pour nous pousser vers le haut.

De nombreux freelances travaillent sur des missions ponctuelles, sans perspective d'amélioration de leurs compétences. Ils passent à côté de ce mentorat ; c'est dommage. De mon côté, j'utilise mes projets pour monter en grade ! Quant à l'avenir, j'aimerais garder un fil rouge autour du futur du travail.

Notre époque est compliquée : on ne peut plus vivre d'amour et d'eau fraîche. Certains défis se présentent à nous avec urgence : la réalité économique, sociale et environnementale nous pousse à nous remettre en question.

J'aimerais aider les autres à repenser leur rôle et à y trouver du sens et un équilibre. Par contre, je ne sais pas encore sous quelle forme ça sera !

Partie 2*

Oser se jeter à l'eau

À ce stade, tu as presque pris ta décision.

Tu veux te lancer en freelance. Tu sais que c'est un mode de travail que tu as envie d'explorer. Mais une fois posé derrière ton écran, te voilà bien avancé. Tu ne sais pas par où commencer pour te mettre à ton compte ni pour trouver tes premiers clients. Ta liste de tâches à effectuer s'allonge et tu n'arrives pas à les prioriser. Après avoir écumé tous les blogs sur le sujet, tu es encore plus confus qu'avant !

Comme beaucoup d'indépendants à ce stade, tu souffres certainement d'une **paralysie décisionnelle**. À force d'entendre tout et son contraire, c'est la panique à bord et tu ne fais rien. C'est bien normal : ce n'est pas le manque d'information mais **le manque de structure qui rend un lancement délicat**. En entrepreneuriat, personne ne va te prendre la main et te dire exactement ce que tu dois faire. Ça serait rassurant, mais ça ne serait pas fun.

Tu te rendras vite compte qu'en entrepreneuriat, personne ne pourra te porter. Les livres, les blogs, les formations, le soutien d'un coach, l'avis de proches et de confrères sont des aides précieuses. Par contre, **toi seul seras responsable de tes actions et de tes résultats**. C'est pour cela qu'on se sent aussi seul en tant qu'indépendant. Comme dans la vie, il existe très peu de vérités universelles. Tu devras assumer les choix que tu feras, et il faudra bien souvent **oser te lancer** avant que tu te sentes prêt.

Pour te donner un petit coup de pouce, je te partage **une feuille de route** : elle va te permettre de poser ton cerveau et de valider des étapes clés pour devenir freelance à temps plein ! Libre à toi de suivre cette structure à la lettre ou de t'en extraire pour œuvrer dans l'ordre qui te conviendra.

CHAPITRE 6

Le choix du statut est un faux problème

Ce livre ne traite pas de la gestion administrative d'une activité indépendante et cela pour plusieurs raisons. Tout d'abord, écrire un tel ouvrage serait une sacrée prise de tête : les règles changent tout le temps ! Suivre ces évolutions représente un travail à temps plein. De plus, la situation de chaque indépendant est unique. S'il fallait lister tous les scénarios possibles, un seul livre ne serait pas suffisant. Il faudrait plusieurs tomes. Et comme beaucoup d'indépendants, je souffre de phobie administrative...

Finalement, c'est beaucoup plus pratique et rapide de **déléguer le choix du statut et la gestion de ses obligations** à quelqu'un dont c'est le métier. Avant de démarrer ton activité, prends rendez-vous avec un expert-comptable ou avec un avocat spécialisé dans la création d'entreprise. Par la suite, délègue au maximum cette tâche. Oui, ça demande un petit budget. Mais si tu n'es pas **prêt à investir dans ton activité** pour te libérer un précieux espace mental et te consacrer à ta zone de génie, alors tu n'as pas encore l'état d'esprit entrepreneurial et cela va rapidement te poser problème !

> *« Si tu n'es pas prêt à mettre quelques centaines d'euros dans ton business chaque mois, ne deviens pas entrepreneur ! »*

De plus, **ton activité va évoluer** et tu devras peut-être changer ton statut ou certaines options (en matière de fiscalité ou de protection sociale, par exemple) pour rester en règle ou tout simplement optimiser ta rémunération (l'argent qui arrive dans ta poche).

Ton expert-comptable va rapidement devenir ton meilleur ami. Mais c'est quand même très irresponsable de déléguer la décision sans y comprendre quoi que ce soit. Je te propose un tour d'horizon des bases du choix d'un statut pour lever le voile sur le côté obscur de la gestion d'une entreprise. Cela te permettra d'avoir quelques cartes pour bien t'entourer, mais aussi de préparer le calcul de tes tarifs puisque certains impôts, taxes et cotisations dépendent directement de ce choix.

Pourquoi faut-il un statut en freelance ?

Dans la vie, deux choses sont inévitables : la mort et les impôts. À partir du moment où tu génères de l'argent, **tu dois le déclarer aux finances publiques de ton pays**. Dans ce chapitre, je parle du cas de la France métropolitaine, mais les concepts évoqués se retrouvent dans la plupart des pays. Si tu souhaites vendre tes prestations de services, tu devras déclarer ce que tu gagnes à l'administration fiscale.

Tu auras des obligations fiscales, comptables et juridiques au nom de cette activité professionnelle. Par exemple, tu devras faire des factures à tes clients, collecter et reverser de la TVA si tu y es assujetti ou tenir une comptabilité qui reflète les entrées et sorties d'argent ! Je sais, ça fait mal au crâne. Mais une fois plongé dans le concret, tu comprendras mieux les aspects administratifs. Comme pour l'intégralité de ton activité freelance, je t'invite à ne pas chercher à résoudre les problèmes qui n'existent pas encore.

Tes obligations dépendront de ton secteur d'activité, de ton métier, de ton choix de statut ou encore de tes options et préférences concernant la déclaration et le versement de taxes et cotisations. Voici une liste non exhaustive de ces éventuelles obligations. Mais attention ! Dans ces exemples, tout ne s'appliquera peut-être pas à ton cas.

Les obligations administratives

- **L'immatriculation** : cela permet d'enregistrer ton entreprise auprès d'un répertoire national et d'obtenir le fameux numéro SIRET qui te sera demandé par certains clients ou par les plateformes.

- **L'enregistrement ou la déclaration** auprès d'administrations spécifiques (pour les activités réglementées) : certaines professions libérales doivent s'inscrire à des ordres et payer une contribution. D'autres activités devront s'inscrire à des registres, comme les artisans. Les formateurs professionnels ont l'obligation de se déclarer en préfecture pour obtenir un numéro de déclaration d'activité.
- **La conservation de pièces justificatives** : il est obligatoire de conserver certains documents pendant plusieurs années afin de pouvoir les fournir lors de potentiels contrôles réalisés par les administrations.

Les obligations comptables et fiscales

- **La tenue comptable** (qui peut être simplifiée selon le statut) : les recettes et les dépenses de l'entreprise doivent être rigoureusement enregistrées selon des catégories (appelées « plan comptable »). Les pièces justificatives doivent être conservées (factures, devis, notes de frais justifiées). En société (SASU, EURL, etc.), il faut séparer ses dépenses personnelles de celles de son entreprise (sinon cela s'appelle de l'abus de biens sociaux et c'est puni pénalement).
- **La facturation** : elle consiste à émettre un document de vente à chaque mission avec des mentions obligatoires selon le statut, l'activité et le type de clients, ainsi que le détail de la prestation effectuée. Parfois, l'émission d'un devis peut être obligatoire (au-delà d'un certain montant pour les particuliers). La plupart des logiciels de facturation intègrent ces contraintes, mais il vaut mieux vérifier ce qui s'applique à ton activité.
- **Les modes de paiement** : ils pourraient être sujets à des règles spécifiques, notamment lorsqu'il s'agit de pouvoir accepter ou refuser des chèques ou encore de devoir tenir une comptabilité de caisse pour accepter les espèces.
- **Les déclarations aux divers organismes sociaux et fiscaux** : ils permettent de calculer et de s'acquitter des taxes, impôts et cotisations dues. Par exemple, l'Urssaf se charge des cotisations sociales et l'administration fiscale se charge des cotisations foncières des entreprises (la CFE) ainsi que de la TVA et des impôts sur les sociétés.

Les obligations légales

- **Les règles de publicité** : celle-ci est réglementée dans certains secteurs. Il arrive qu'elle soit interdite. Dans d'autres cas, il faut ajouter des mentions obligatoires sur les supports de communication.
- **Les sites internet** : le fait d'avoir un site internet fait naître des obligations telles que des mentions légales affichées et à jour. Des conditions générales de vente peuvent aussi être requises. En cas de vente aux particuliers, le droit de la consommation et des délais de rétractation s'appliquent.
- **Les contrats** : tous les documents signés avec des clients t'engagent (et eux aussi) à tenir l'accord conclu. Parfois, un contrat-type te sera imposé (notamment avec les grands groupes qui ont des processus en interne qui ne laissent pas de place à la flexibilité). Pour certaines activités, il est obligatoire de faire signer un contrat ou une convention. Pour d'autres, c'est optionnel (mais recommandé) !

Enfin, rappelle-toi que tout évolue. Il faut donc **faire une veille juridique, fiscale et comptable** pour t'assurer de ne pas passer à côté d'une information importante. En France, on répète d'ailleurs souvent :

« Nul n'est censé ignorer la loi ! »

En réalité, il n'est pas possible de tout connaître sur le bout des doigts. Mais pour l'administration, tu dois être au courant de tes obligations (même s'il existe un droit à l'erreur pour les impôt, par exemple[1]). Si tu reçois une amende (voire pire), tu ne pourras pas dire que tu n'avais pas pris le temps de suivre l'activité de ton secteur. D'où **l'importance de t'entourer**, même si cela te coûte un petit budget.

À l'inverse, ne laisse pas tes craintes liées à l'administratif te freiner. Soit tu t'y formes, soit tu délègues à un expert-comptable pour **te concentrer sur tes priorités** qui sont la recherche de clients et la production de services. Rien de plus !

---

1 — Le droit à l'erreur permet à tout contribuable de bonne foi (particulier ou entreprise) de rectifier une déclaration pour se mettre en conformité lorsqu'il s'agit d'un premier incident.

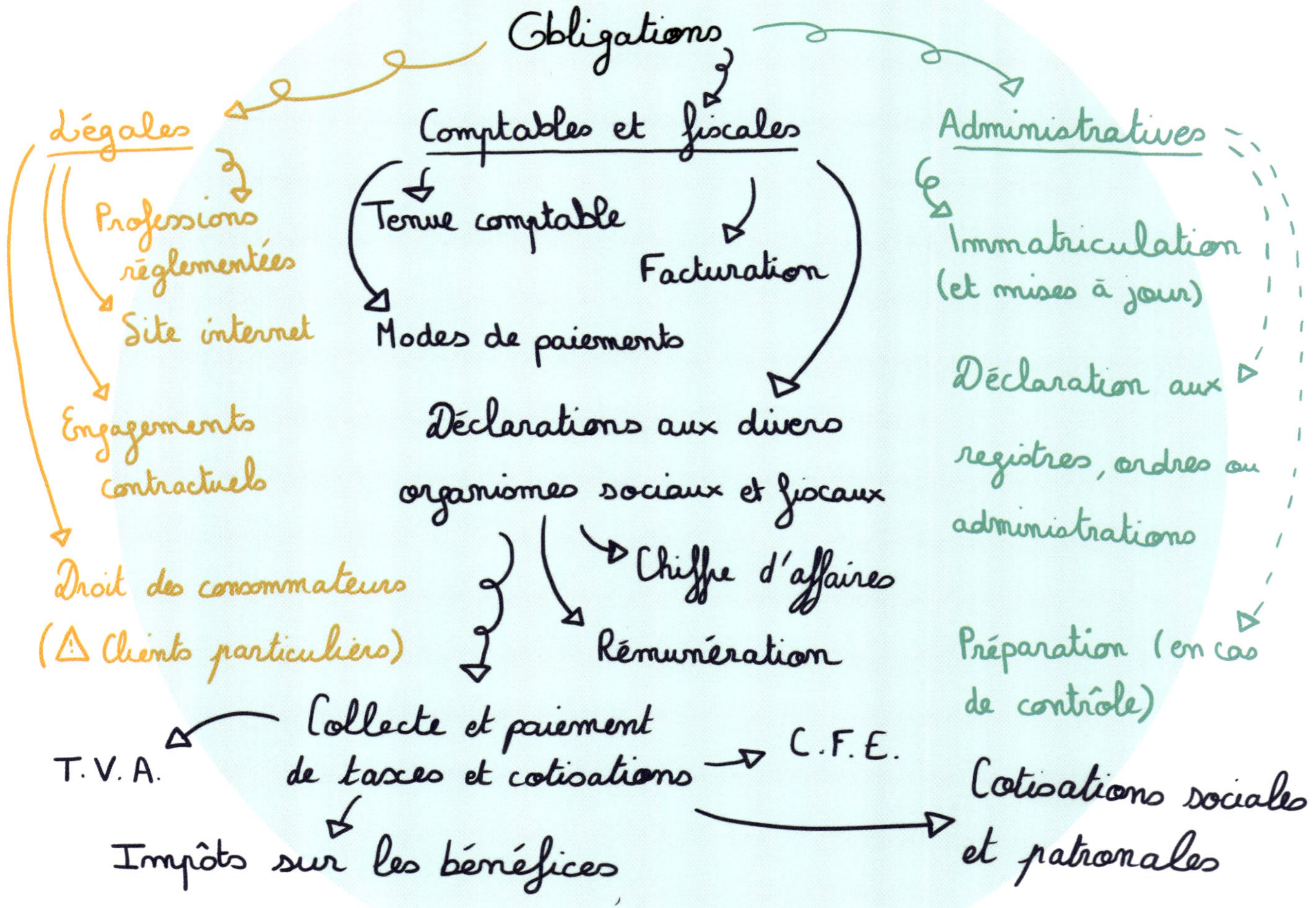
Obligations
Légales
Professions réglementées
Site internet
Engagements contractuels
Droit des consommateurs
(⚠ Clients particuliers)
Comptables et fiscales
Tenue comptable
Facturation
Modes de paiements
Déclarations aux divers organismes sociaux et fiscaux
Chiffre d'affaires
Rémunération
Collecte et paiement de taxes et cotisations
T.V.A.
C.F.E.
Impôts sur les bénéfices
Cotisations sociales et patronales
Administratives
Immatriculation (et mises à jour)
Déclaration aux registres, ordres ou administrations
Préparation (en cas de contrôle)

Personnellement, je délègue une grosse partie de mes obligations à d'autres experts. Je n'ai pas envie de porter la charge mentale de l'administratif qui m'angoisse profondément. Si, comme moi, tu as envie d'être épanoui dans ton activité, tu ne regretteras jamais d'investir un petit budget pour te libérer de tout cela !

Enfin, **tu n'es pas obligé de commencer par le choix de ton statut**. Tu peux attendre d'avoir trouvé un premier client pour immatriculer ton entreprise (ou choisir une méthode de facturation alternative).

Un statut se choisit en fonction de sa situation personnelle

Lorsqu'il s'agit de statut, il n'existe pas de bonne réponse. Pour se décider, **il faut regarder du côté de sa situation personnelle, matrimoniale, fiscale et professionnelle**. Cela permettra d'optimiser le revenu net (ce qui revient dans ta poche en fin de mois) et de minimiser la prise de risques (celle de perdre de l'argent au cas où ça ne fonctionnerait pas).

Voici les critères à prendre en compte.

- **Ta situation matrimoniale**, notamment le patrimoine partagé. Si tu prends des risques, ton patrimoine personnel pourrait être engagé (pour rembourser des crédits, par exemple). Dans ce cas, c'est bien de laisser madame ou monsieur en dehors de cela, ou de se protéger avec les assurances requises.
- **Ton patrimoine personnel**, avec la quantité de risques que tu es prêt à prendre en investissant beaucoup, parfois au travers de dettes qui pourraient devenir personnelles. S'il est possible de fermer une société en faillite pour laquelle tu n'es pas caution personnelle, les dettes d'autres statuts pourraient te suivre sur le plan privé.
- **Les revenus du foyer fiscal**, car certains types de revenus freelances pourraient venir s'ajouter à ceux de tes parents, de ton conjoint ou de tes enfants, en passant ainsi à des tranches d'imposition plus importante sans que tu t'y retrouves. Il est possible de jouer entre les impôts sur le revenu, ceux sur les sociétés et les dividendes pour te rémunérer.

- **Les charges sociales** liées à la production de tes services. Dans certains cas, ces cotisations seront calculées sur ton chiffre d'affaires et dans d'autres cas sur tes bénéfices, tes dividendes ou ta rémunération. Cela peut faire une grosse différence sur ce qui te revient en fin de mois !
- **Ton chiffre d'affaires prévisionnel**, puisque certains statuts sont plafonnés.
- **La certitude que tu as autour de ton activité**, car la création et la radiation de certaines entreprises sont coûteuses et nécessitent de se faire accompagner par des professionnels (avec des honoraires conséquents).
- **La notoriété recherchée** auprès de tes futurs clients et alignée avec ta marque personnelle. Si tu souhaites développer une agence dans le futur et travailler avec des clients grands comptes[2], il vaut mieux constituer une société avec un capital social élevé (ce qui donne une image sérieuse) plutôt que d'utiliser une microentreprise.
- **Le type de clients que tu vises**, car être exonéré de TVA fera une grosse différence si tes clients sont des particuliers (dans le cas contraire, ils paieront 20 % de plus pour tes services).
- **La durée pour laquelle tu souhaites être freelance**, notamment pour ta contribution à la protection sociale, ainsi que les frais de création et de radiation d'une structure.
- **Tes besoins en matière de couverture sociale et de protection** face aux événements et risques de la vie (congés parentaux, longue maladie, périodes de chômage prévisibles, etc.).
- **L'existence de revenus et allocations** qui pourraient être impactés par la simple création d'un statut en particulier, par le chiffre d'affaires ou la rémunération que tu te verses (notamment l'assurance chômage et les minima sociaux).

---

2 — Client grand compte : client (entreprise ou administration) qui génère un volume d'activité important et qui nécessite par conséquent une attention particulière.

Les différents types de statuts

S'il est obligatoire d'avoir un véhicule juridique pour facturer tes clients, tu as toujours l'embarras du choix ! Tu peux opter pour une **création d'entreprise, utiliser un mécanisme alternatif** (mais tout aussi légal), voire parfois **cumuler plusieurs statuts** (s'ils sont compatibles). Entre le moment où j'écris ces lignes et celui où tu te lanceras, il existera peut-être de nouvelles solutions. On n'est jamais à l'abri d'une surprise. Néanmoins, tu as aujourd'hui le choix entre ces différentes options :

- **la création d'entreprise**, que tu devras gérer sur le plan comptable en autonomie ou avec l'aide d'un expert-comptable,
- **les alternatives** à la création d'entreprise, pour pouvoir facturer des clients sans te préoccuper de la partie administrative.

Côté création d'entreprise, plusieurs statuts sont adaptés aux indépendants. Ces entreprises sont classées en 2 catégories.

Il y a les **entreprises individuelles**, qui sont une extension de la vie de l'entrepreneur, de la même **personne physique**. Par défaut, le patrimoine du freelance est celui de l'activité professionnelle (ce qui peut poser problème en cas de dette).

Il y a ensuite **les sociétés**, qui sont des entités à part entière. On les appelle aussi des **personnes morales** : elles ont ainsi leur propre patrimoine (le capital social) et peuvent être vendues en partie ou en totalité (en pourcentage de parts sociales).

Les options des entreprises individuelles

L'option fiscale de **la microentreprise** (anciennement appelée auto-entreprise) est souvent choisie par les indépendants en démarrage car c'est la plus facile à gérer, sans trop de risques. En effet, ce statut permet de créer et radier son activité sans frais. **Les cotisations sont basées sur le chiffre d'affaires.** Lorsqu'on gagne peu ou pas d'argent, il n'y a donc pas de paiement. Par contre, tes cotisations sociales seront calculées en pourcentage de ton chiffre d'affaires, quelles que soient les dépenses engagées par ton activité. Si tu engages beaucoup de frais, comme sous-traiter une partie des services à d'autres indépendants ou des coûts de logiciels et matières premières élevés, tu pourrais même ne pas gagner ta vie (voire être déficitaire). Enfin, la microentreprise n'est accessible qu'en dessous d'un chiffre d'affaires maximum, et il en va de même pour l'option d'exonération de la TVA[3].

Le régime réel simplifié et le régime réel normal sont d'autres options d'entreprises individuelles. La première permet une comptabilité simplifiée et est soumise à des plafonds de chiffres d'affaires. La seconde est sans plafond mais nécessite une tenue comptable plus rigoureuse. Dans les deux cas, l'intérêt est de **pouvoir calculer les cotisations sociales sur les bénéfices plutôt que sur le chiffre d'affaires.** Il est ainsi possible de pouvoir déduire ses frais et dépenses professionnelles du montant facturé et de ne payer de cotisations sociales que sur la rémunération que l'on se verse personnellement.

Les options des sociétés

Lorsqu'il s'agit d'optimiser ses revenus, **les sociétés** laissent souvent une bonne marge de manœuvre, tout en offrant une meilleure protection sociale.

3 — Pour retrouver les plafonds, rendez-vous sur le site officiel de l'Urssaf qui te donnera les dernières informations à jour : https://www.autoentrepreneur.urssaf.fr/

Par contre, **les cotisations sont plus élevées**. Deux statuts sont adaptés aux indépendants : l'**EURL** (entreprise unipersonnelle à responsabilité limitée) et la **SASU** (société par actions simplifiée unipersonnelle).

- **L'EURL** donne au freelance un statut de travailleur non salarié. Des appels de cotisations sont obligatoires même lorsque le chiffre d'affaires est égal à zéro, avant d'être régularisé plus tard. Mieux vaut avoir un peu de trésorerie. Par contre, c'est l'une des formes les plus intéressantes pour pouvoir **déduire ses charges et se verser une rémunération** chaque mois.
- Avec **la SASU**, le dirigeant est **assimilé salarié**. Les cotisations sont quasiment égales à celles d'un employé dans une entreprise (presque deux fois l'équivalent du salaire net) sauf que **le freelance ne cotisera pas à l'assurance chômage**. Par contre, ce statut est souvent choisi par les indépendants qui ont des droits au chômage car il est possible de choisir de ne pas se verser de rémunération et de continuer à bénéficier de ses allocations pendant les mois ou années disponibles. Ainsi, le chiffre d'affaires généré pourra être mis de côté pour les mois difficiles. Il sera simplement sujet aux impôts sur les sociétés.

Les solutions alternatives

Si tu n'as pas encore envie de t'engager dans la création et la gestion d'une entreprise, il est tout à fait possible de choisir une alternative qui te permettra de te concentrer sur la recherche de tes clients et sur ton métier plutôt que sur la partie administrative.

- **Le statut d'auteur-artiste** pour les créateurs d'œuvres artistiques originales. Le freelance est **rémunéré sur notes de droits d'auteur** (qui font office de facture) et doit tenir une comptabilité pour calculer le montant soumis à l'impôt sur le revenu et à cotisations sociales.
- **Le portage salarial**, qui est proposé par une structure intermédiaire, va venir **salarier le freelance et facturer le client final**. Ce processus est purement administratif. Il permet aux indépendants de se libérer de la gestion administrative, d'avoir un contrat (CDI ou CDD) et de continuer à contribuer au système d'allocations chômage.

- **Les coopératives d'activités et d'emploi** sont similaires aux structures de portage salarial mais appartiennent à l'économie sociale et solidaire. Les indépendants peuvent devenir associés de la structure.
- **Les intermittents du spectacle** sont protégés du fait de la **saisonnalité** liée à leur secteur d'activité. Les contrats sont **rémunérés sur fiches de paie**, et les assurances chômage prennent le relai en cas de pause.
- **Le chèque emploi service universel (CESU)** permet aux prestataires de services à la personne d'être payés d'un montant net tout en bénéficiant d'une protection sociale pour leur travail, sans devoir créer d'entreprise ou tenir de comptabilité. **C'est le client qui prend en charge l'achat** de ces CESU et les déclarations à l'Urssaf.

Évidemment, ces alternatives ne sont pas adaptées à toutes les activités. Un travailleur de plateformes ne pourra pas demander à son client de payer en CESU, puisque la transaction s'effectue en ligne selon un modèle standardisé. Le portage salarial sera compliqué pour les missions courtes et à petit budget car il faudra signer des contrats à trois pour chaque nouvelle vente. C'est en cela que le choix du statut doit se faire par rapport à sa situation personnelle plutôt qu'en choisissant la solution de facilité ou celle qui a été recommandée par un cousin qui s'y connaît un peu en comptabilité !

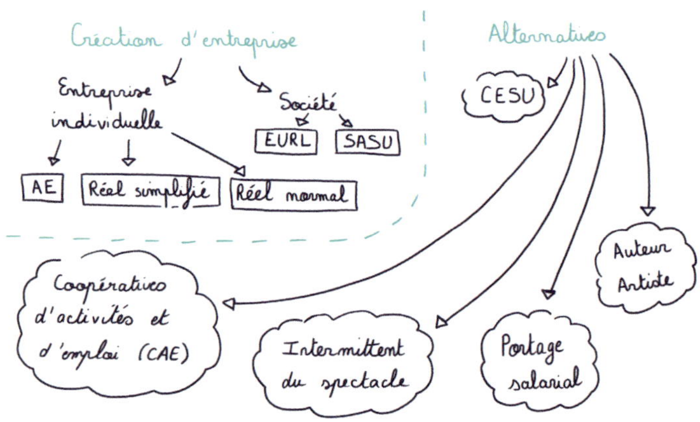

NB : je n'ai pas inclus les statuts avec associés, puisqu'un indépendant est en principe seul à exercer son activité.

Idée reçue

IL FAUT CHOISIR LE STATUT AVEC LE MOINS DE COTISATIONS SOCIALES.

Le plus important n'est pas le montant des cotisations (en pourcentage), mais **l'optimisation de ta rémunération directe et indirecte** (notamment tes droits au chômage, ta cotisation à la retraite et ton assurance maladie). Tu pourrais avoir l'impression de payer moins d'impôts ou de charges dans l'immédiat, mais c'est une logique de court terme. Dans 30 ou 40 ans, si notre système de retraite tient le coup, tu seras content d'avoir vraiment cotisé plutôt que d'avoir préféré toucher un peu plus aujourd'hui. Pour t'aider à explorer ton choix de statut, j'ai posé quelques questions à un professionnel.

Les conseils de Laurent Lafforgue sur le choix du statut

Laurent Lafforgue travaille dans un cabinet d'expertise comptable. Son métier consiste à aider les nouveaux freelances à choisir le bon statut et à gérer leurs obligations au quotidien. Il a aussi coécrit un ouvrage sur le « freelancing », dans la partie dédiée au choix du statut[4].

#1 Faire les bons arbitrages pour choisir son statut.

Il y a de nombreux critères à prendre en compte pour se décider. Si je devais les hiérarchiser, je mettrais en *top of the top* le besoin en matière de protection sociale, puisqu'il s'agit de l'élément qui peut avoir les conséquences les plus fâcheuses.

Bien entendu, il y a un dilemme cruel : celui de privilégier cette protection ou de préférer un taux de cotisations plus faible. La réponse dépendra de ta situation personnelle. Si tu as eu une maladie importante par le passé, par exemple, il vaudra mieux payer des cotisations sociales plus importantes mais avoir une meilleure couverture.

Pour lire entre les lignes, tu choisiras ainsi la SASU plutôt que l'EURL ou la microentreprise. Si tu as une santé de fer, tu peux opter pour d'autres statuts.

---

4 — *PRO en Freelance* de Romain Arnol, Bertrand Moine, Laurène Tronscorff, Laurent Lafforgue, Agathe Kenesi, Arnaud Sourisseau, Shirley Jagle et Kévin Gobaille, paru aux éditions Vuibert en 2020, 192 pages.

Ces dernières années, l'écart de niveau de protection entre le régime général (SASU) et la sécurité sociale des indépendants (EURL, entreprise individuelle, microentreprise...) s'est réduit. La différence ne se voit pratiquement que lors du départ à la retraite. Et sur ce dernier point, chacun y va de sa propre croyance concernant le système en place : durera ? ne durera pas ?

#2 Le bon moment pour créer une société.

En soi, un indépendant n'est jamais obligé de créer une entreprise, quelle qu'elle soit (société ou entreprise individuelle). Il peut recourir au portage salarial, par exemple. Mais cette solution a des limites : elle ne permet pas d'optimiser sa rémunération et sa fiscalité ou encore de jouer avec les frais liés à l'activité ou le versement de dividendes.

Concernant le passage d'une microentreprise à une société, cela vaut le coût lorsque les frais professionnels représentent plus de 12 % du chiffre d'affaires ou lorsque le freelance est déjà fortement imposé à l'impôt sur le revenu. Au-delà de l'aspect financier, une société permet aussi de **prévoir le développement de sa marque**, puisque cela permet d'avoir des salariés, de s'associer ou encore de déduire le coût de ses stagiaires, alternants et employés de son chiffre d'affaires.

#3 L'herbe n'est pas plus verte ailleurs.

L'erreur la plus courante consiste à vouloir choisir le même statut que le copain d'à côté, qui semble vivre une situation similaire et avoir bien optimisé son choix de statut. Mais il existe tellement de composantes à anticiper que ce qui convient à l'un n'est pas forcément adapté à l'autre. Pour prendre cette décision, il faut éviter d'avoir un comportement de mouton de Panurge et penser aux éléments uniques de son parcours. Le choix du statut peut aussi être validé par un professionnel de la création d'entreprise.

À ce stade, tu disposes d'une idée globale des mécanismes nécessaires au choix du statut. Fais le point sur ta situation et prends le temps de parler à des professionnels afin de bien choisir. Enfin, rappelle-toi que c'est TA responsabilité que de penser à tout avant de te décider. Cela passe par des **phases de recherches** pour comprendre tes obligations.

Statut du freelance	Microentreprise	Entreprise individuelle	EURL	SASU
Statut du dirigeant	TNS*	TNS	Gérant & TNS	Président et assimilé salarié
Montant des cotisations sociales**	22,2 % du chiffre d'affaires	Imposition sur les revenus du bénéfice ou option d'impôt sur les sociétés	45 % de la rémunération***	80 % du salaire net
Base de calcul des cotisations sociales	Chiffre d'affaires encaissé	Bénéfice de l'année (versement d'un forfait puis régularisation)	Appel de cotisation minimum ou rémunération versée	Salaire versé (fiche de paie obligatoire)
Déduction des charges	Non	Oui	Oui	Oui
Calcul de l'impôt sur les revenus (IR)	Chiffre d'affaires (avec abattement) ou versement libératoire (1,7 % du CA)	Bénéfice réel	Rémunération versée au dirigeant	Salaires perçus (en net)
Impôt sur les sociétés (IS)	Non	Non (option possible sous conditions)	Entre 15 % et 26,5 % selon le bénéfice****	Entre 15 % et 26,5 % selon le bénéfice****
Responsabilité limitée	Sur option	Sur option	Oui	Oui
Plafonds de chiffre d'affaires (CA) annuel	72 600 €	247 000 € pour le régime réel simplifié	Aucun	Aucun
TVA***	Franchise en base sous 36 500 € de CA annuel	Acomptes semestriels et régularisation annuelle	Assujetti avec déclaration mensuelle ou trimestrielle	Assujetti avec déclaration mensuelle ou trimestrielle
Taxes sur les dividendes	Pas de dividendes	Pas de dividendes	Forfait de 30 % ou option IR (12,8 % d'IR et 45 % de charges sociales)****	Forfait de 30 % ou option IR (12,8 % d'IR et 45 % de charges sociales)****
Comptabilité	Simplifiée	Simplifiée (régime réel simplifié) ou complète (régime réel normal)	Complète	Complète

Ici, le tableau n'est fait que pour un seul actionnaire (puisqu'un indépendant travaille seul). D'autres règles s'appliquent pour les sociétés fondées avec des associés. De la même façon, le taux indiqué correspond à celui des professions libérales et de la prestation de services (catégorie BNC – bénéfices non commerciaux).

** TNS = travailleur non salarié. Statut du dirigeant qui dépend de la Sécurité sociale des indépendants (rattaché au régime général de la Sécurité sociale). Anciennement cette catégorie dépendait du RSI – Régime social des indépendants.*

*** Ces montants ne prennent pas en compte les éventuels dispositifs d'allègement de cotisations sociales tels que l'ACRE.*

**** À la différence des autres statuts, les gérants d'EURL doivent payer des cotisations même lorsqu'ils ne font pas de chiffre d'affaires ou qu'ils ne sont pas rémunérés.*

***** Toutes les options fiscales ne sont pas évoquées, car il est parfois possible d'opter pour l'imposition de ses dividendes ou bénéfices à l'IR ou l'IS sous conditions. À voir avec son expert-comptable directement pour trouver l'option la plus avantageuse pour sa situation. L'impôt sur les sociétés est de 15 % jusqu'à 38 120 € de bénéfices, puis de 26,5 % sur les montants supplémentaires. En 2022, ce taux d'imposition passera à 25 %.*

****** La microentreprise bénéficie d'un régime de franchise en base de TVA automatiquement. Cependant, pour les autres statuts tels que l'entreprise individuelle, la SASU ou l'EURL, il est également possible de demander cette franchise ou le régime simplifié (à condition de respecter des seuils de chiffre d'affaires).*

Un freelance est responsable de ses propres obligations

Le mieux est de réaliser des recherches et **établir une cartographie** de tout ce qui est obligatoire pour réaliser ton activité en restant dans les clous. Dans mon cas, je sais que certaines de mes obligations naissent de mon statut (une EURL), d'autres de mon activité d'organisme de formation professionnelle continue, de la vente de certaines prestations à des particuliers (droit de la consommation) et, enfin, certaines proviennent de ma façon de communiquer (site internet, règles de publicité).

Au fil de mes recherches, j'ai créé mon *workflow*[5] et mis en place des systèmes, seule ou avec des professionnels (avocats, experts comptables) pour être au carré dans mes obligations !

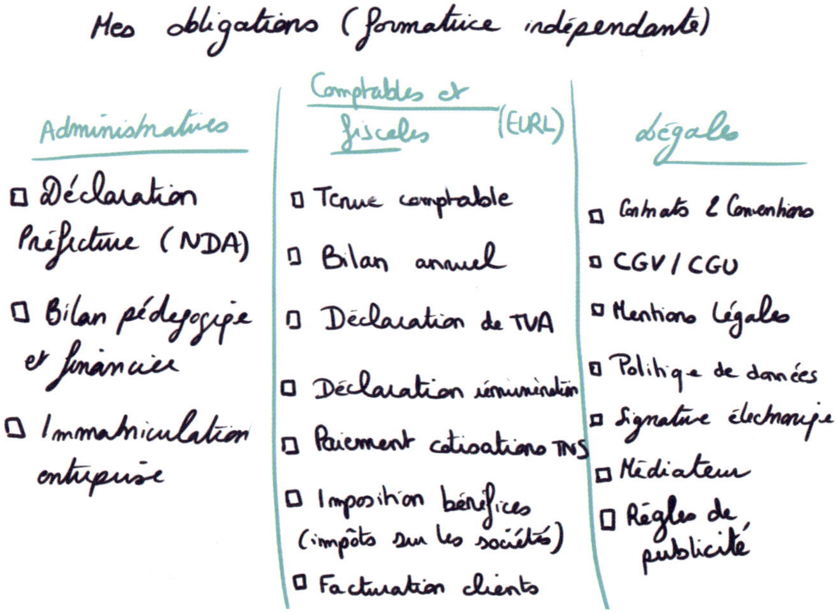

---

5 — *Workflow* : anglais pour « capacité de travail ». Se dit d'un processus de travail qui reprend toutes les étapes nécessaires pour réussir un objectif précis. Dans mon cas, mon *workflow* administratif, comptable, fiscal et légal me permet de m'assurer que je respecte mes obligations.

À TON TOUR

Établis ta cartographie administrative

Au fur et à mesure de tes explorations en freelance, fais la liste de tes obligations dans les domaines administratifs, comptables, fiscaux et légaux.

Si tu n'as pas encore les réponses, consulte un professionnel qui pourra te guider ou contacte des confrères ayant le même statut. Tu peux aussi consulter les sections « information » du logiciel de comptabilité ou de facturation que tu auras sélectionné.

MES OBLIGATIONS		
Administratives	**Comptables et fiscales**	**Légales**
•	•	•
•	•	•
•	•	•
•	•	•
•	•	•

Enfin, dans le cas où tu décides de ne pas déléguer, rappelle-toi de te tenir à jour : les règles changent souvent. Fais une veille sur les blogs ou dans la presse, à la recherche d'informations actualisées, ou forme-toi à la Chambre de commerce et d'industrie (CCI) dont tu dépends. Elle organise régulièrement des ateliers sur le sujet.

CHAPITRE 7

Les étapes d'un bon lancement

La première chose que l'on souhaite faire lorsqu'on se lance, c'est foncer dans l'opérationnel. Faire un logo, lancer son site internet, envoyer des messages de prospection, créer un profil sur les réseaux sociaux, rejoindre des plateformes... **sauf qu'à ce stade, il nous manque souvent les bases**.

Avant d'investir ton énergie dans les détails opérationnels, **pose ta stratégie sur le papier**. Certains appellent cela un « *business plan* »[1], je trouve que c'est plutôt du bon sens. Après tout, est-ce que tu trouves raisonnable de te lancer sans savoir ce que tu vas vendre, à qui tu vas le vendre, et d'engager des frais sans avoir obtenu une validation de ton marché ?

Tu pourras réussir en faisant les choses dans le désordre, mais tu prends plus de risques. Notamment celui de t'épuiser le jour où tu devras tout refaire parce que ta première intuition n'était pas vraiment la bonne.

À la place, **je te propose une feuille de route qui te guidera vers les différentes étapes pour passer de l'idée à la rentabilité**. À l'image d'une construction, à toi de décider si tu souhaites **bâtir des fondations solides** ou empiler les actions pour faire un château de cartes qui risque de s'effondrer à la moindre bourrasque.

Idée reçue

POUR SE LANCER, IL FAUT CRÉER UN SITE INTERNET.

---

1 — *Business plan* : anglais pour « plan d'affaires ». Se dit d'un document qui reprend toute la stratégie d'une entreprise, notamment le modèle économique avec des projections financières. Ce document n'est pas obligatoire pour un freelance, mais il est souvent demandé par les banques pour obtenir un crédit. Il permet aussi de se protéger pour savoir où on va.

J'aime utiliser l'exemple du site internet car il exprime la difficulté de se lancer sans véritable stratégie fondatrice. Avant de passer des heures à essayer de faire ton site toi-même, voire de payer un autre indépendant pour t'aider, t'es-tu posé la question de ce que tu attends de cet investissement ? Car il ne suffit pas de le mettre en ligne pour qu'il se transforme en véritable machine de ventes ou pour apparaître sur la première page de Google !

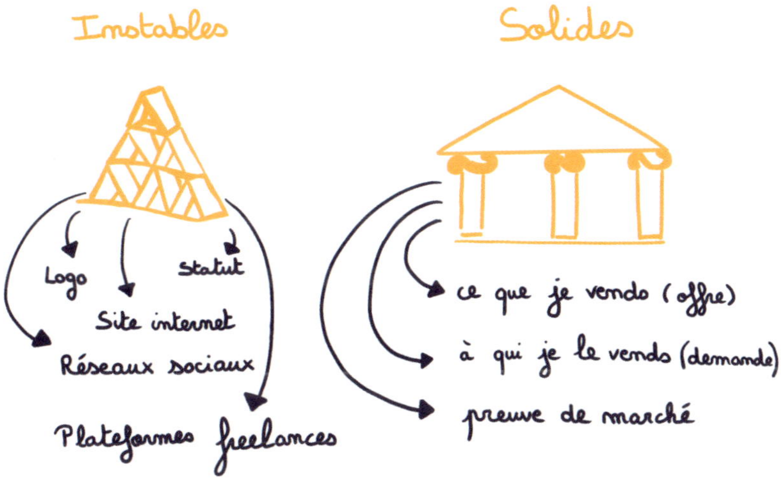

En business, sois toujours intentionnel

Quels sont tes objectifs pour chaque action que tu entreprends ? En particulier lorsqu'il s'agit de ton site internet, **quels résultats souhaites-tu obtenir** ? Est-ce que tu souhaites simplement informer des prospects de tes offres, en leur envoyant le lien de ta page lorsqu'ils te demandent des renseignements ? Est-ce que tu souhaites que ton site génère du trafic qualifié (c'est-à-dire des prospects), voire vendre à ta place (appels découverte, demandes de devis, panier en ligne avec module de paiement par carte) ?

Tu as certainement envie de me répondre : « Oui, tout ça. » Sauf qu'**il ne s'agit pas de la même charge de travail d'une stratégie à l'autre** et qu'il faudra déployer les ressources adéquates.

Mes objectifs avec mon site internet

Informer	Générer des leads	Générer des ventes
☐ Mise en ligne de 3 à 5 pages (Accueil, services, à propos, portfolio, avis) ☐ Formulaire de contact	☐ Déploiement d'une stratégie SEO avec articles de blog ☐ Mise en place d'un livre blanc et d'une newsletter ☐ Formulaire de demande de devis	☐ Rédiger des pages de vente (copywriting) ☐ Intégration d'un système de paiement en ligne ☐ Intégration d'un calendrier de prise de rendez-vous

Si ton site sert simplement à informer tes prospects, tu n'auras pas à en travailler la visibilité. Tu partageras le lien avec ceux qui en feront la demande. Par contre, si tu souhaites que tes clients te trouvent en faisant une recherche sur internet (stratégie de génération de « *leads* »[2]), tu devras mettre en place **une stratégie de référencement naturel** (aussi appelée SEO – *Search Engine Optimisation*), ce qui implique un lourd travail technique et de rédaction web.

Enfin, si tu as envie de transformer les visiteurs de ton site en clients, tu devras **utiliser des techniques d'écriture persuasive** (appelées « *copywriting* »[3]) pour guider le lecteur vers l'achat ou l'emmener plus près de la vente (appel découverte ou prise de rendez-vous).

Côté technique, cela ne sera pas le même coût de création ni de maintenance. Plus tu attendras de résultats de ton site, plus tu devras y investir.

2 — *Leads* : se dit d'un contact que l'on estime être intéressé par notre offre. C'est un client cible.

3 — *Copywriting* : anglais pour « rédaction ». Se dit de l'activité ou la profession consistant à rédiger le texte des annonces ou du matériel publicitaire.

« Il n'existe pas de recette miracle pour trouver la bonne stratégie dès le lancement. »

Cependant, tu peux procéder par étapes afin de limiter les pertes de temps et d'argent, le temps de trouver les méthodes qui fonctionnent pour toi et ton marché. Il s'agit de **décider de ce que tu souhaites commercialiser, de cibler un marché et d'essayer de vendre à un ou plusieurs premiers clients**.

Une fois cette preuve de marché obtenu, tu seras capable de clarifier le reste de ta stratégie et d'investir les ressources nécessaires à ton développement. Rappelle-toi : **les fondations d'abord !**

Ne brûle pas les étapes !

On peut distinguer 3 grandes phases dans la création de son activité.

- **La phase de préparation** : avant de partir à la recherche de tes premiers clients, ta stratégie doit être très claire : qui vas-tu contacter ? Que vas-tu leur proposer ? À quel prix ? Et quelles preuves de tes compétences peux-tu leur montrer pour les rassurer sur ta capacité à les aider ?
- **La phase de test** : une fois que ta stratégie est claire, il faut obtenir une validation de concept, c'est-à-dire vérifier que des clients sont prêts à payer pour l'offre que tu as créée. Et la meilleure des preuves, c'est de signer une ou plusieurs première(s) mission(s) !
- **La phase d'optimisation** : lorsque tu auras enlevé un niveau de risques autour de ton idée (en obtenant une preuve de sa pertinence), tu pourras investir davantage dans ton activité. Comme tu auras déterminé tes services et ton marché, il sera temps de communiquer, de t'organiser pour avoir des revenus régulièrement et de sécuriser ton avenir.

« Si je disposais de 9 heures pour abattre un arbre, j'en emploierais 6 pour affûter ma hache. »
Abraham Lincoln

Au sein de ces 3 phases, on retrouve plusieurs étapes à valider (de préférence dans l'ordre) pour **construire de bonnes fondations.**

#	Étape	Descriptif	Objectif
Phase de préparation du lancement			
1	Idée	Définir son client idéal et les services qu'on lui proposera	Peaufiner son projet pour savoir le présenter clairement
2	Offre	Organiser ses services de façon structurée	Avoir des services à vendre et une idée de la cible à atteindre
3	Prix	Déterminer ses honoraires pour vivre de son activité	S'assurer d'être rentable et connaître son prix plancher[4]
4	Portfolio	Préparer d'anciens projets et avis à partager en public	Avoir quelque chose à montrer pour prouver ses compétences
Phase de test de l'offre de services			
5	Prospection	Initier un premier contact avec des clients potentiels	Obtenir un rendez-vous téléphonique ou présentiel
6	Appels	Creuser les problématiques de prospects en temps réel	Valider l'adéquation entre les besoins d'un client et son offre
7	Proposition commerciale	Faire une offre correspondant aux requêtes du prospect	Essayer de vendre ses services à des clients (via rémunération)
8	Vente	Signer un accord ou obtenir un paiement pour une mission	Valider l'intérêt du marché par un premier achat
Phase d'optimisation de l'activité freelance			
9	Communiquer	Se rendre visible auprès d'une audience de potentiels clients	Réduire le temps passé à prospecter et à vendre
10	Fidéliser	Vendre avec récurrence aux clients déjà existants	Augmenter son chiffre d'affaires[5] (et pouvoir le prédire)
11	S'organiser	Développer un système et un planning pour gérer son temps	Éviter l'effet yo-yo avec son chiffre d'affaires ou son sommeil
12	Se protéger	Se sécuriser face aux risques et aux événements de la vie	Gagner en sérénité et ne jamais être démuni en cas d'incident
Rythme de croisière du business			

4 — Prix plancher : tarifs en dessous desquels un freelance n'acceptera pas une mission, puisque celle-ci ne sera pas assez rémunératrice pour lui permettre de vivre dignement.

5 — Au-delà de l'augmentation du chiffre d'affaires, la fidélisation permet aussi d'améliorer la rentabilité en réduisant le coût d'acquisition d'un nouveau client. En effet, chaque fois qu'il faut faire un effort (en prospectant ou en communiquant) pour trouver un nouveau client, cela prend des ressources (du temps ou de l'argent).

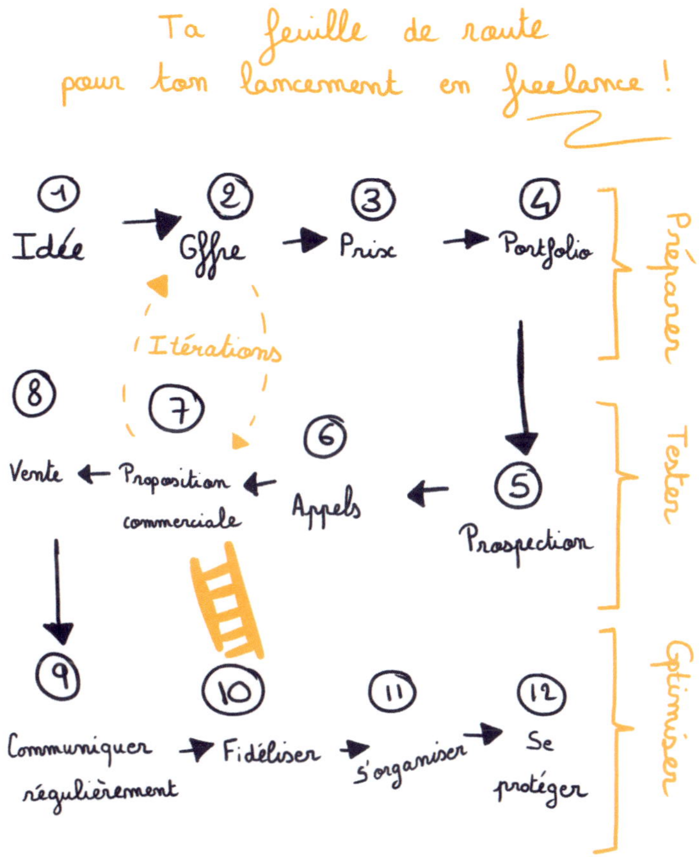

Tu peux te demander combien de temps il te faudra pour valider toutes ces étapes. Je pense qu'**il faut au minimum 12 semaines pour mettre sur pied une activité freelance rentable**, c'est-à-dire pour penser à une stratégie et passer à l'action dans chacune de ces catégories. Il est possible d'aller plus vite, avec beaucoup de café ou grâce à un réseau existant.

Parfois, il faudra beaucoup plus de temps, parce qu'on se sera trompé d'hypothèse et qu'il faudra repartir à zéro ou parce qu'un emploi à temps plein à côté t'aura laissé peu de temps.

Peu importe ton rythme, **ce qui compte est la progression**. Apprends à célébrer tes réussites et à te détacher des échecs qui sont si formateurs en entrepreneuriat !

Quitter son job n'est pas tâche facile

Tu te demandes peut-être à quel moment quitter ton job ? Il n'y a pas de bonne réponse. Il existe des indépendants qui sautent le pas avant même d'avoir une idée de business, et d'autres qui sont rentables depuis un moment mais qui préfèrent garder leur activité comme « *side-project* » un peu plus longtemps.

Dans tous les cas, ne brûle pas de ponts avec tes anciens employeurs. Ils pourraient être tes premiers clients, voire te recommander à d'autres personnes.

Partir en bons termes, lorsque c'est possible, est la meilleure des options. Dans ce cas, il vaut mieux te coordonner avec ton employeur afin de définir une date de départ qui vous convienne à tous les deux.

« Tu ne seras jamais sécurisé à 100 %.
Tu ne te sentiras jamais pleinement prêt. »

Quant au moment opportun pour te lancer, il dépend de 3 points à assurer (si tu souhaites le faire en toute sérénité) :

- **tes finances** : vas-tu pouvoir payer tes factures ?
- **ta motivation** : es-tu prêt à travailler seul ? ou vas-tu te reposer sur tes économies ou ton assurance chômage car tu es trop épuisé pour porter un projet entrepreneurial ?
- **ton activité** : sais-tu déjà ce que tu as envie de faire ? ou dois-tu passer par une phase d'exploration, voire une reconversion ?

Tu n'es pas obligé d'attendre d'être dans les meilleures conditions pour te lancer. Mais si tu n'as pas encore mis tes finances, ta motivation et ton projet d'activité au point, tu pourrais tirer profit d'un job salarié pour te sécuriser avant de faire le grand saut. Après tout, il y aura toujours des opportunités. Tu n'es pas à quelques mois (voire années) près.

Parfois, on peut se jeter à l'eau sans filet de sécurité parce que c'est le bon moment. Dans le pire des cas, on peut aussi se poser la question de son **employabilité**. Si tu peux retrouver un job rapidement (alimentaire ou similaire à ton ancien niveau), alors fonce. Enfin, ne te mets jamais en grande difficulté, mais souviens-toi d'une chose : **la prise de risques fait partie de l'entrepreneuriat**.

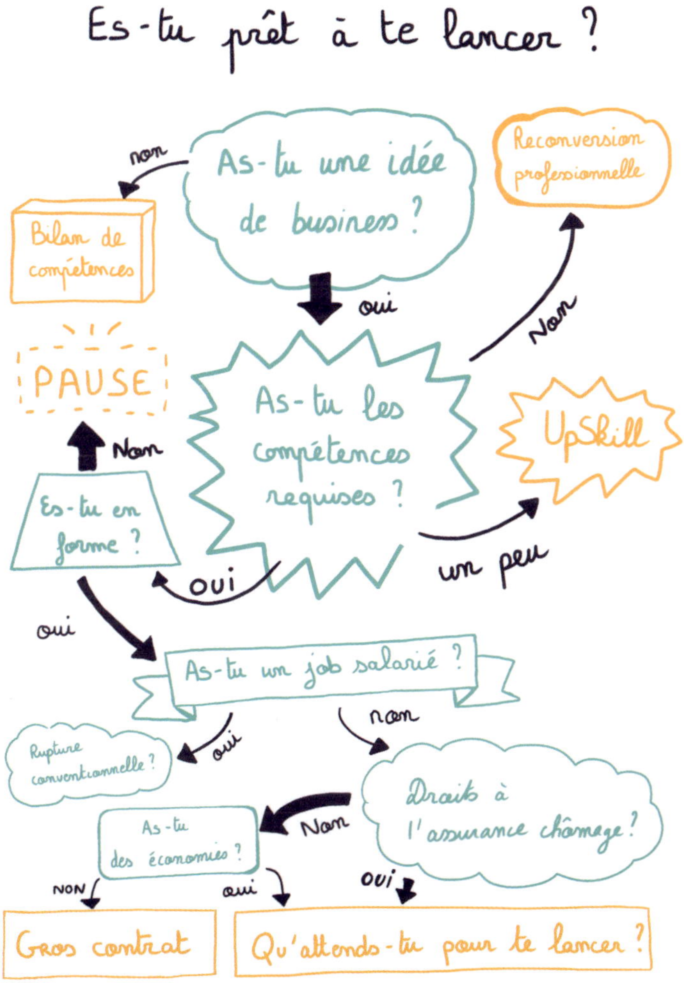

** UpSkill : se dit de l'amélioration de compétences professionnelles déjà existantes, par exemple pour se maintenir à niveau sur des logiciels ou lors d'évolution de marchés ou d'innovation.*

À TON TOUR

Pilote ta progression

Utilise cette page régulièrement lors de ton lancement. Coche les étapes réalisées et inscris les dates auxquelles tu les as validées. Cela t'apportera de la motivation et te permettra de retrouver de la clarté lorsque tu auras le nez dans le guidon.

Préparation

Idée (validée le ____ /____ /____)
Offre (____ /____ /____)
Prix (____ /____ /____)
Portfolio (____ /____ /____)

→ ☐ **Validé**

Test

Prospection (____ /____ /____)
Appels (____ /____ /____)
Proposition commerciale (____ /____ /____)
Vente (____ /____ /____)

→ ☐ **Validé**

Optimisation

Communiquer (____ /____ /____)
Fidéliser (____ /____ /____)
S'organiser (____ /____ /____)
Se protéger ____ /____ /____)

→ ☐ **Validé**

Si cela fait déjà un moment que tu t'es lancé, valide simplement l'existence de ces bases. Cela te permettra de vérifier que tu as de bonnes fondations pour ton activité, ou de prendre un nouveau départ si nécessaire !

Trouver le courage de déposer sa démission

QUITTER SON TRAVAIL

Les métiers scientifiques liés aux nouvelles technologies sont bien représentés dans l'univers freelance. Marc est l'un de ces professionnels : il travaille dans le domaine de l'intelligence artificielle. Ses clients font appel à lui pour automatiser des processus, et ainsi augmenter leur productivité en soulageant les équipes des tâches rébarbatives, souvent sans valeur ajoutée.

Passionné par l'astronomie, l'aérospatial et les LEGO, Marc a gardé son âme d'enfant en associant ces domaines dès son premier job qui consistait à automatiser une chaîne de montage dans le milieu de l'aéronautique.

De fil en aiguille, il a évolué dans l'informatique, la mécanique et l'électronique, jusqu'à intégrer une entreprise de services numériques (ESN). Et puis, un jour, il s'est naturellement demandé : « Le "freelancing", pourquoi pas moi ? »

Les mots de Marc Bertel

Côté professionnel, j'ai toujours eu la chance d'avoir des missions variées et stimulantes. J'ai travaillé dans de petites entreprises ainsi que de grands groupes. Avec la crise de la trentaine, j'ai eu envie de faire un bilan complet. À la suite de ce questionnement, j'ai acheté une maison à la campagne avec ma compagne, ce qui m'a permis de découvrir les joies de la nature et du calme.

Un jour, j'ai assisté à un événement sur le « freelancing » par curiosité, et j'en suis sorti émerveillé et inspiré grâce à toutes ces personnes épanouies. J'ai eu envie de liberté, mais aussi de **ne plus subir un management avec une lourde hiérarchie**. Plus que tout, je souhaitais **maîtriser toute la chaîne de valeur de ma carrière**, de la création de mes offres jusqu'à la satisfaction client !

Me lancer à mon compte correspondait à mes attentes en termes d'équilibre entre ma vie personnelle et professionnelle. J'aime pouvoir travailler de chez moi tout en me déplaçant ponctuellement pour garder un contact fort avec mes clients à proximité.

Il n'y a pas de bon moment pour quitter son job. À chacun son déclic. Pour moi, ça a été le jour où je me suis rendu compte que j'étais bridé dans mon activité et mes idées par une hiérarchie trop complexe. De plus, je faisais déjà tout le travail d'un indépendant, mais pour mon employeur. En effet, je cherchais moi-même de nouveaux projets et je m'occupais de l'avant-vente !

Mon lancement a été rapide. Il m'a fallu 4 mois pour réaliser ce rêve, depuis ma décision jusqu'à ma démission. Ma création d'entreprise est encore fraîche et j'ai peu de recul. Néanmoins, **je ne regrette toujours pas d'avoir quitté rapidement le salariat**. Bien au contraire : j'ai retrouvé beaucoup de plaisir dans mon travail en me recentrant sur des missions qui me plaisent, avec des clients qui me correspondent.

Je mets un point d'honneur à choisir mes missions ! Je ne travaille jamais à temps plein pour un même client. Ainsi, je nourris mon expérience et je creuse ma réflexion en profondeur, puisque j'apprends beaucoup à chaque nouveau contrat.

Quant aux clients, je préfère les PME, qui sont souvent plus souples que lesgrands groupes sur les sujets de l'automatisation. Mais je ne me ferme pas de portes et je fais mon choix sur d'autres critères, comme l'adéquation avec mes valeurs, la possibilité pour le client de devenir autosuffisant rapidement et la complexité des projets proposés. J'aime travailler sur des projets difficiles, puisque j'en tire une plus grande satisfaction lorsqu'ils sont menés à bien !

Annoncer son départ est toujours délicat. C'est évidemment stressant de s'engager pour aller vers l'inconnu, surtout lorsqu'on a une situation confortable que l'on a mis des années à construire ! Mais je n'ai pas eu de difficultés à annoncer mon départ à mes collègues. J'ai fait face à trois types de réactions : du soutien, de l'admiration et... du doute. Néanmoins, je savais que **c'était la bonne décision pour moi**. Rien ne pouvait me faire reculer.

Dans tous les cas, un départ se prépare à l'avance ! Surtout si la démission s'accompagne d'une demande de rupture conventionnelle, qui représente un très bon filet de sécurité pour les salariés. Peu d'entreprises acceptent, sauf si elles y trouvent également un intérêt.

Un refus ne doit cependant pas être un frein psychologique pour se lancer pleinement. J'ai bataillé avec mon précédent employeur pour finalement ne pas obtenir ce sésame si convoité. En parallèle de ces négociations, j'avais continué à préparer mon projet pour être prêt, peu importe leur décision. Au moment de partir, j'avais déjà des prospects prêts à signer.

Le mot de la fin

L'inconnu fait forcément peur, mais c'est en se préparant que l'on gagne en sérénité. Comme je suis consciencieux, je me suis bien renseigné avant de me lancer. Je me suis posé des questions et je me suis entouré ! Enfin, quand est venu le temps de créer mon entreprise, j'ai osé.

Si l'idée d'indépendance germe déjà en toi, n'attends pas plus longtemps. Tu as déjà fait le premier pas sur ce chemin !

CHAPITRE 8

Créer une offre de services irrésistible

En freelance, il existe plusieurs configurations de travail :

- soit le client sait ce qu'il veut et l'indépendant exécute. Dans ce cas, la mission sera réalisée à partir d'**un brief** (ou cahier des charges) ;
- soit le client sait quel résultat il souhaite atteindre et le freelance lui propose une solution structurée. Ici, il s'agit d'**une offre de services** ;
- soit c'est un mélange hybride où freelance et clients coconstruisent la mission. Le résultat sera validé via **une proposition commerciale**.

Il y a un gros avantage lorsqu'un client dispose d'un brief : cela veut dire que **le besoin est clairement identifié** et que la mission va réellement avoir lieu. Par contre, la concurrence est rude. Il suffit de trouver quelqu'un pour faire le job, le plus souvent grâce à des annonces postées sur les sites pour l'emploi et les plateformes de freelances ou diffusées à un réseau existant.

L'indépendant qui candidate à la mission est **facilement remplaçable**. À cause de cette concurrence, ses tarifs seront généralement moins importants que lorsqu'il se positionne comme référence dans son secteur d'activité. La crème de la crème côté freelance reste d'être sollicité parce qu'on préfère travailler avec toi plutôt qu'un autre !

Il n'y a rien de mal à répondre à des missions déjà définies. Cependant, ton rôle sera plus celui d'un exécutant que celui d'un conseiller. C'est moins fun et moins rémunérateur. Cela ressemble davantage à ce que tu as pu connaître dans le salariat qu'à de l'entrepreneuriat à proprement parler. Il y a donc un « freelancing » à deux vitesses : **ceux qui décident de ce qu'ils proposent à la vente, et ceux qui font ce qu'on leur demande !**

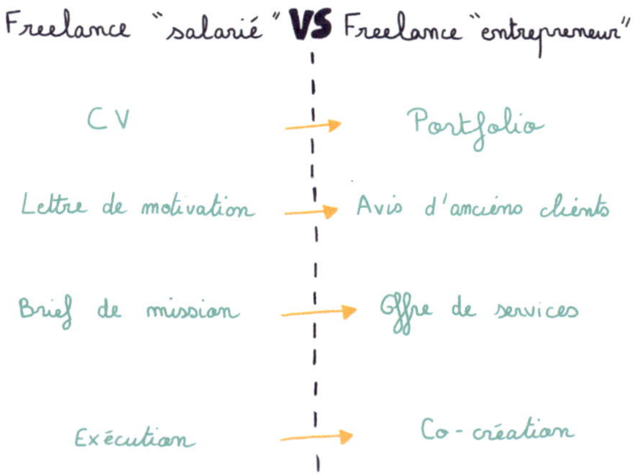

Si tu as envie de t'extraire des logiques de concurrence, il faudra donc que tu sois **proactif et force de proposition** pour tes futures missions. Cela passe par la création d'une ou plusieurs offres pour **aider tes potentiels clients à comprendre la transformation que tu proposes** et à se projeter dans la collaboration avec toi.

Attention : cela ne veut pas dire que tu ne feras jamais de devis sur mesure, bien au contraire. Mais **tes offres seront une porte d'entrée pour poursuivre les discussions** sur des bases déjà structurées.

Se spécialiser renforce la confiance des clients

Si tu as envie d'être valorisé dans ton expertise et bien rémunéré, il faut montrer à ton client idéal[1] que tu le comprends et que tu es en mesure de l'aider. Cela passe non seulement par la création d'une offre, mais aussi par **un processus de spécialisation**. En effet, si tu offres tout à tout le monde, tu n'auras pas de message précis. Et c'est bien triste, car tu es certainement devenu freelance par envie d'être créatif, de travailler sur de beaux projets et de te sentir utile !

---

1 — Client idéal : notion fondamentale en marketing qui te permet de définir de façon précise le type de clientèle avec laquelle tu souhaites travailler. Il peut s'agir d'une taille de structure, d'un secteur d'activité, mais aussi d'une comptabilité de valeurs, voir « Utiliser des "personas" pour cibler son client idéal », p. 120.

« Des offres et un argumentaire commercial généralistes ne toucheront le cœur de personne ! »

Prenons mon exemple préféré : celui des garages automobiles. Imagine trois garages : l'un est lié à un concessionnaire prestigieux (BMW), l'autre est généraliste (c'est le mécano du coin) et le dernier est spécialisé dans le changement de pneus.

Si tu as une BMW, tu ne feras pas confiance à n'importe qui pour prendre soin de ta voiture et tu iras davantage chez le concessionnaire de la marque plutôt que le garagiste du coin, même si ce deuxième est meilleur dans son travail[2].

Si tu as besoin de changer de pneus, tu vas plus facilement te rendre chez le garagiste qui est spécialisé dans ce domaine parce que tu sais qu'il pourra le faire **très rapidement**, qu'il aura **le matériel nécessaire**, et qu'il pourra t'offrir **des tarifs intéressants** grâce à l'économie d'échelle[3].

Enfin, le garagiste du coin sera un peu condamné à prendre ce qui vient. Il n'aura pas forcément les bonnes pièces de suite, et devra peut-être faire face à de longs délais que ses prospects refuseront. Il aura des contrats de sous-traitance avec des assurances pour certains incidents et travaillera avec le bouche-à-oreille pour vivre. Il devra rester compétitif sur les tarifs car il sera plus facilement comparé. Même s'il est sympathique, on ne lui donnera peut-être même pas la chance de se présenter pour créer du lien.

Idée reçue

SE SPÉCIALISER, C'EST SE FERMER DES PORTES.

Le risque en freelance est de devenir un couteau suisse. Je sais, c'est contre-intuitif : on pourrait penser que plus on propose de services, plus le client aura de missions à nous donner.

---

2 — De nombreux freelances sont persuadés qu'ils auront plus de clients s'ils deviennent les plus talentueux dans leur métier. Mais ça ne suffit pas. Ceux qui gagnent bien leur vie sont ceux qui font du bon travail et surtout qui savent se vendre. Aller chercher l'excellence est honorable mais ça ne t'assurera pas des revenus réguliers.

3 — Économie d'échelle : économie réalisée grâce au large volume produit, par exemple, en obtenant des réductions sur des achats auprès de fournisseurs.

Mais ça n'est pas le cas. Si mon dentiste me propose des services de coiffure et un coin de restauration sur place après mon détartrage, je ne suis pas certaine de lui confier à la fois mon sourire, mon estomac et mes cheveux ! Par contre, il pourrait vendre des brosses à dents électriques et proposer des services de cosmétique dentaire en complément.

« Se spécialiser n'empêche pas de se diversifier. »

La spécialisation permet d'avoir un positionnement et un argumentaire de vente très riche qui touchera une partie du marché (la cible) au contraire d'un discours confus qui ne convainc personne. Elle aide à augmenter à la fois son expertise (on peut devenir très bon dans un domaine), sa marque personnelle, la confiance et la valeur perçue de son offre, ce qui permet mécaniquement de pouvoir facturer plus au fil du temps.

Les différentes façons de se spécialiser

La plupart des formateurs et coachs saisissent mal le concept de la spécialisation, et cela peut sembler lourd pour les néo-freelances qui ont envie de garder une marge de créativité et de variété dans leur quotidien. Se spécialiser n'est pas forcément choisir une industrie. Il peut également s'agir de **sa personnalité ou du message que l'on souhaite partager au monde**.

Idées de spécialisation

- **Un type de prestation** (offre unique) : par exemple, un graphiste ne propose que des logos et chartes graphiques.
- **Une typologie de clients** : il peut s'agir de startups, d'associations, de collectivités locales ou territoriales, de grands groupes, de PME, ou même d'indépendants !
- **Un secteur d'activité ou un métier spécifique** : un formateur en marketing pourrait décider d'aider les artisans à mieux se vendre, ou accompagner les entreprises du secteur financier à mieux communiquer sur les réseaux sociaux.

- **Un résultat spécifique** : un agent immobilier propose de vendre des biens ou de les gérer. Il n'est payé qu'en cas de résultat. Un développeur web pourrait facturer à l'itération, c'est-à-dire au nombre d'interventions faites pour coder une fonctionnalité spécifique sur une application, car sa prestation sera intimement liée aux choix techniques d'autres développeurs dans le présent et le passé, ce qui pourrait doubler ou tripler la durée initiale de la mission.
- **Un outil, une méthode, une technologie ou un langage** : un traducteur pourrait décider de se spécialiser dans le sous-titrage de films, un ingénieur informatique d'utiliser uniquement le langage Java, un coach sportif d'utiliser une méthode hypopressive pour ses clients souhaitant renforcer leurs abdominaux, un masseur pourrait ne proposer que des massages thaï.
- **Ta personnalité ou ton style** : tu peux décider d'employer une communication qui te permettra d'être reconnu en un coup d'œil ou dès la première lecture.

Attention cependant à ne pas te surspécialiser. Par exemple, si je suis naturopathe pour animaux exotiques en Corrèze, je risque de ne pas avoir assez de clients pour en vivre.

Mais je pourrais simplement être naturopathe pour animaux sur une zone géographique précise, ou me spécialiser dans les animaux exotiques et voyager partout dans le monde pour les cirques, zoos et parcs privés.

Les idées et possibilités sont infinies, le plus dur sera de choisir car cela veut dire **renoncer à d'autres possibilités et oser dire non**. C'est pour cela qu'il doit s'agir du **choix du cœur** plutôt que de celui de la raison.

« Ta spécialisation doit te plaire et être alignée à ton projet de vie ! »

La pire chose que tu puisses faire est de créer des offres parce que tu penses que ça fonctionnera mieux et que ça te rapportera plus. Tu n'auras pas beaucoup de motivation lorsqu'il s'agira de trouver des clients.

Si tu as besoin d'explorer, **prends ton temps et pose des questions aux marchés que tu cibles**. Tu peux revendiquer ta spécialisation haut et fort, ou juste la préciser dans tes démarches prospectives et tes rendez-vous de vente. Cela te permettra d'en tester plusieurs.

À l'inverse, si tu es sûr de ton choix, n'hésite pas à l'indiquer sur tes supports de communication. Et si tu ne te sens pas encore légitime, ne t'inquiète pas ! Le simple fait d'ajouter une « étiquette » de spécialiste sur tes offres et de mettre quelques réalisations (portfolio ou avis clients) pourra rassurer ton client.

Je sais qu'il est terrifiant de se spécialiser, mais c'est vraiment nécessaire pour entrer sur un marché où personne ne nous attend. **Sans spécialisation, il ne peut y avoir de message fort ou de marque personnelle mémorable.** Et là, il faudra affronter la concurrence de plein fouet !

Lorsque je me suis lancée dans le secteur de la formation (qui est très compétitif), je voyais beaucoup de mes confrères avoir du mal à vivre de leur métier, surtout dans la création d'entreprise, la vente et le marketing. Pourtant, ils sont très bons. Mais ils font de « tout » pour « tout le monde ». J'ai vite décidé de me spécialiser en aidant non seulement les freelances, mais spécifiquement ceux qui débutent. Je pourrais aussi aider des startups, des PME qui cherchent à améliorer leur positionnement marketing, des grands groupes souhaitant aider leurs équipes à monter en compétences sur les réseaux sociaux, etc.

Je suis très curieuse et j'ai beaucoup de cordes à mon arc. Mais je reste fidèle à mon choix. Cela ne m'empêche pas d'avoir des demandes de projets n'étant pas alignés à 100 % avec ma spécialisation, que j'accepte parfois d'accompagner (au compte-gouttes).

Ta spécialisation ne t'empêchera pas d'être sollicité pour d'autres missions que celles prévues dans tes offres. Tes clients auront souvent envie de te faire travailler sur des périmètres dépassant tes services standards. Mais où placer la limite ? Car une seule personne, même multipotentielle, ne peut pas devenir très bonne dans tous les métiers. À toi de juger, au cas par cas.

Pour ma part, j'ai appris à aimer la simplicité, et cela implique de dire « non » souvent. D'ailleurs, lorsque je communique, je reçois régulièrement la même remarque : « J'ai l'impression que tu as rédigé ce contenu pour moi. » C'est ça, le pouvoir de la spécialisation !

Mettre en valeur une transformation plutôt que des outils

C'est quoi une offre de services ? C'est une façon de structurer ce qu'on va faire, pour faire passer le client d'un point A à un point B (transformation). Là où la plupart des freelances se trompent, c'est qu'ils construisent leur offre avec une liste de prestations longue comme le bras.

Par exemple, un community manager pourra proposer des services de création de comptes sur les réseaux sociaux, de gestion de ceux-ci, de modération des avis en ligne, de visuels et de création de contenus.

C'est ce que j'appelle **la présentation en tiroirs** : c'est au client de piocher dans ta liste pour choisir ce dont il a besoin.

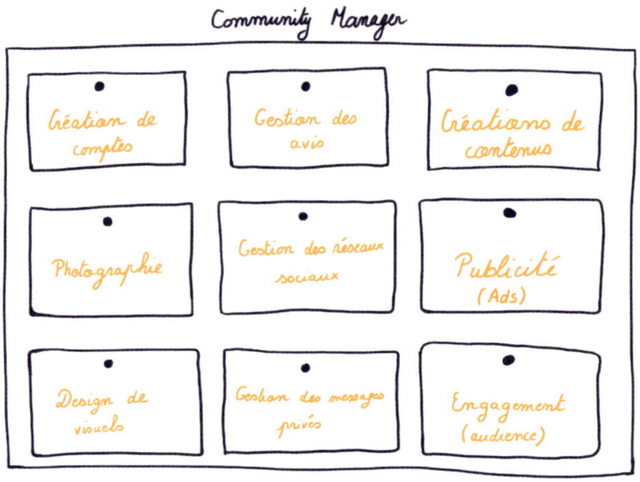

Cela pose deux problématiques :

- si ton prospect ne sait pas vraiment ce dont il a besoin, il sera en paralysie décisionnelle : il ne pourra pas choisir dans la liste parce qu'**il ne comprendra pas les tenants et aboutissants de ton aide** ;
- si ton client a un brief précis, il ira faire son marché auprès des freelances ayant ces offres en tiroir pour choisir celles qui lui semblent offrir le meilleur rapport qualité-prix par rapport à son besoin et budget. Et là, c'est souvent la guerre aux tarifs les plus bas (à laquelle je te souhaite de ne pas participer). Après tout, si le client doit te dire ce qu'il faut faire, qu'est-ce qui justifierait de te payer 500 € par

jour s'il peut trouver l'équivalent (à ses yeux) sur une plateforme pour deux fois moins cher ?

Mais est-ce vraiment le job du client de te dire ce que tu dois faire ? Ou est-ce à toi de lui proposer les meilleurs outils pour l'aider à atteindre un objectif précis ? Encore **trop de freelances confondent offres et liste de services** notamment en se noyant dans les détails.

Ton client ne sait pas ce que ça lui apportera de faire un site web avec 5 pages au lieu de 3 ou de commander 12 publications par mois pour ses réseaux sociaux plutôt que 9. Par contre, il aura des attentes concernant son marketing digital. Peut-être cherche-t-il à augmenter son chiffre d'affaires, sa notoriété ou à créer une communauté engagée pour préparer un futur lancement ? Plutôt que de faire une offre tiroir, **pense à la transformation que tu peux offrir face à une problématique puissante.**

C'est à partir des envies de tes clients idéaux qu'il faut construire ton offre plutôt que de faire une liste d'outils qui ne servent aucun but précis.

« Qu'est-ce qui empêche ton client idéal de dormir la nuit ? »

Ainsi, en partant d'un besoin ou d'une problématique (le point A), tu pourras faire la liste de tout ce qu'il faudra mettre en place pour atteindre le résultat (le point B). Cette transformation est facilitée par ton offre, qui est un itinéraire parmi d'autres pour arriver au but souhaité.

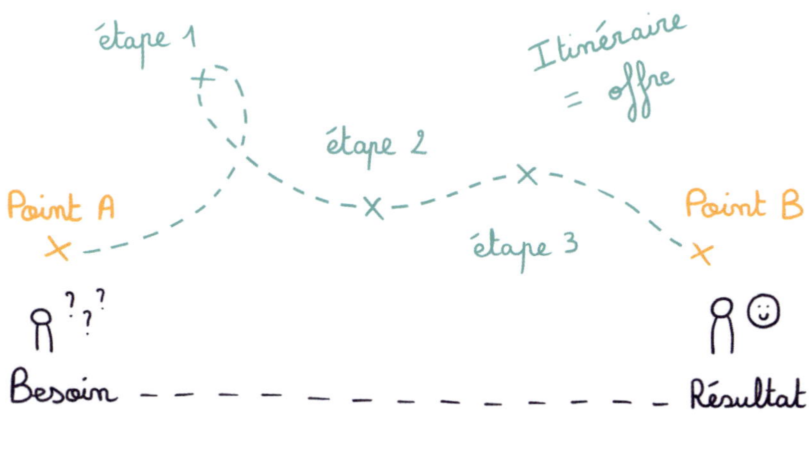

Pour reprendre l'exemple du community manager en freelance, il pourrait décider de construire son offre autour d'un réseau social (Instagram dans notre cas) et proposer à ses prospects d'y réaliser des ventes en partant de zéro.

La proposition de valeur est très claire. Pour autant, **le client potentiel n'a aucune idée de l'itinéraire à emprunter pour y arriver**. Le freelance peut donc lui indiquer tout ce qu'il faudra faire, dans les bonnes quantités, pour essayer d'atteindre cet objectif. Ici, l'offre de community manager est rassurante pour un client car il se sentira guidé.

Dans le cas du community manager à la journée, il sera facilement remplaçable (à l'image d'une commodité[4]) et facturera au temps passé. L'offre permet de se positionner sur un tarif qui se défend, tout simplement en rappelant que chacune des étapes est nécessaire pour **aller du point A au point B** (et atteindre l'objectif).

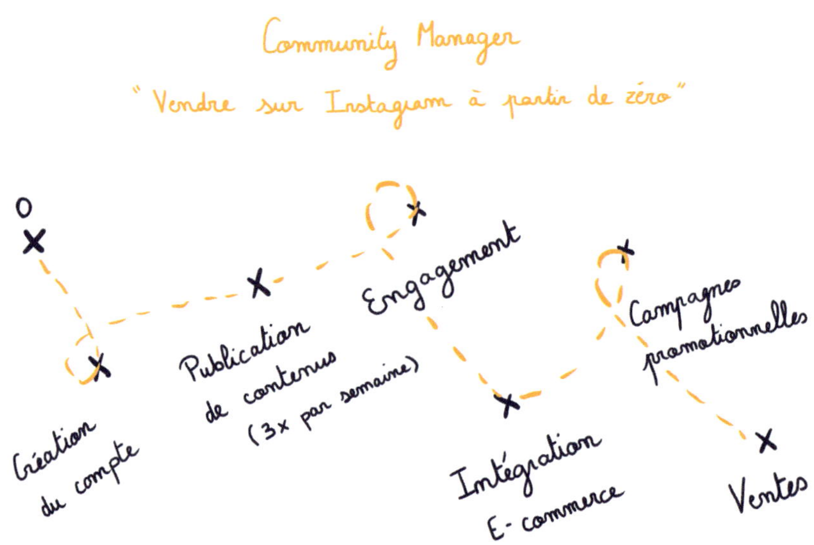

4 — Commodité : néologisme de l'anglais « *commodity* ». Se dit d'un bien basique et facilement substituable, qui n'est pas rare. En général, le choix se fait sur le prix. Par exemple, si tu veux acheter un paquet de pâtes, tu vas prendre ce qui vient dans le rayon. Sauf si tu as un régime sans gluten ou une préférence pour le bio. Dans ce cas, tu choisiras une référence dans un autre marché : celui des produits spécialisés.

Community manager à la journée	Community manager avec une offre
• Création de comptes réseaux sociaux (Instagram, Pinterest, Facebook, Twitter) • Gestion des messages privés • Réponse aux commentaires • Création de contenus (textes, visuels, prise de photos) • Gestion de publicités • Outil de planification inclus	• Création et paramétrage du compte • Intégration e-commerce (achats depuis l'application) • Publication de contenus (3x par semaine) • Engagement avec la communauté • Campagnes promotionnelles • Analyse des résultats (conversions et ventes)
TJM : 300 €	**Forfait : 990 €/mois**

Un client pourrait comparer le TJM à 300 € avec d'autres plus faibles et se demander ce qui explique la différence de prix, parfois à compétences et expériences égales. Par contre, pour réduire le montant du forfait à 990 €, il faudrait retirer des prestations, ce qui donnera lieu à une négociation plus équilibrée.

Utiliser des « personas » pour cibler son client idéal

Naturellement, il n'existe pas qu'un seul objectif chez un client, mais de nombreuses envies. De la même façon, l'itinéraire peut être différent. Par exemple, si l'objectif de mon client est d'augmenter ses ventes, il pourrait faire appel aux services d'un *ads* manager (chef de publicité spécialisé en réseaux sociaux), d'un *community* manager (pour créer une communauté en ligne afin de promouvoir son travail régulièrement) ou d'un développeur web (pour ajouter un module e-commerce sur son site et générer des ventes en ligne).

Il faut donc à la fois **choisir l'objectif du client** (le point B), mais aussi **le type du client auquel on souhaite s'adresser**, pour qu'il privilégie notre service (notre itinéraire) plutôt que celui d'un autre métier en freelance. La définition de ce client idéal s'appelle le « persona ».

« Le persona est un portrait-robot précis de ton client idéal. »

Il peut exister plusieurs personas, mais attention à ne pas les multiplier (2 ou 3 maximum) par souci de cohérence. À chaque fois que tu vas vouloir créer une offre, penser à un argumentaire commercial ou communiquer sur tes services, tu pourras utiliser ce persona pour t'imaginer **lui parler dans un langage qu'il comprend** avec un jargon qu'il connaît, et en lui partageant une proposition de valeur qui l'intéresse.

Par exemple, Jean, ingénieur informatique, pourrait décider que l'un de ses personas est le directeur de l'innovation dans les grands groupes. Il va même lui donner un nom : Michel, 55 ans, installé à Paris.

L'objectif de ce client fictif est clair : il doit sortir des applications dans les prochains mois, il est donc sous pression. Il souffre des politiques internes qui ralentissent le développement des logiciels, des démissions (*turn-over*) très fréquentes dans le milieu de l'ingénierie, et du manque de clarté de la hiérarchie qui change d'avis toutes les semaines.

Lorsque Jean voudra présenter ses services à Michel, il risque d'entendre que celui-ci préférerait recruter un salarié. Cette hypothèse d'objection permettra à Jean de préparer un contre-argumentaire. Enfin, la concurrence face aux services de Jean pourrait être de faire appel à un cabinet de recrutement, ou tout simplement de laisser tomber certains projets.

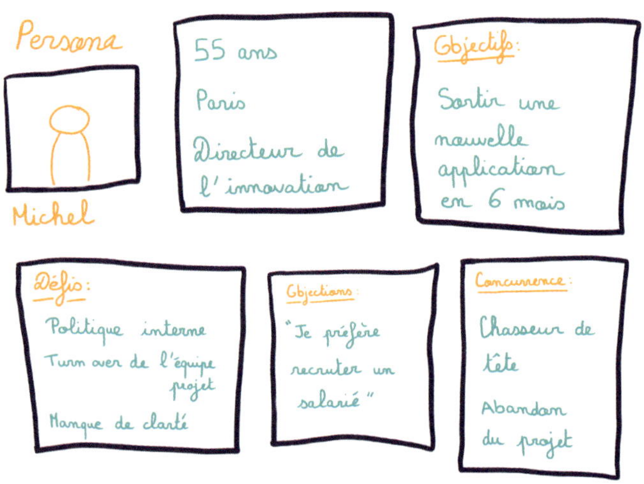

Le sur-mesure est incontournable

Pour construire son offre, il faut décider de 3 éléments :

- **le persona** (client idéal auquel on s'adresse),
- **le problème** que l'on souhaite résoudre,
- **la solution** que l'on apporte pour y répondre.

Attention, ton offre constitue un point d'entrée pour une conversation et le plus souvent, tes interlocuteurs voudront enlever ou rajouter des éléments. Ce n'est pas mauvais signe, bien au contraire.

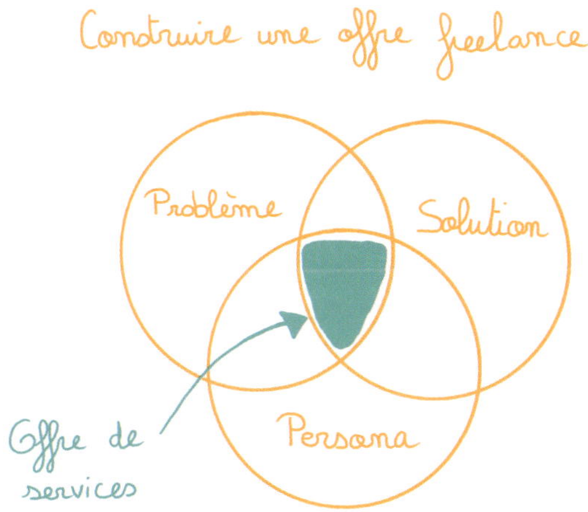

« Un prospect qui se projette est un prospect qui se rapproche de l'achat ! »

Dans le cas du sur-mesure, il faut néanmoins structurer la collaboration. Cela passe par **une proposition commerciale** qui sera une offre faite juste pour le client en fonction des discussions durant la phase de vente. La proposition n'est pas un simple devis. C'est une présentation (un document texte ou des diapositives, par exemple) qui reprend les 4 éléments suivants :

- **le contexte** des échanges (une présentation du client et du freelance, un rappel de ce qui a provoqué la rencontre et un historique de l'activité de chacun),

- **la problématique** à laquelle notre interlocuteur est confronté,
- **la solution** que l'on va proposer pour aider le client à atteindre ses objectifs,
- **l'offre** (avec les tarifs car pour arriver à la proposition commerciale, il faut rassembler suffisamment de détails sur la collaboration).

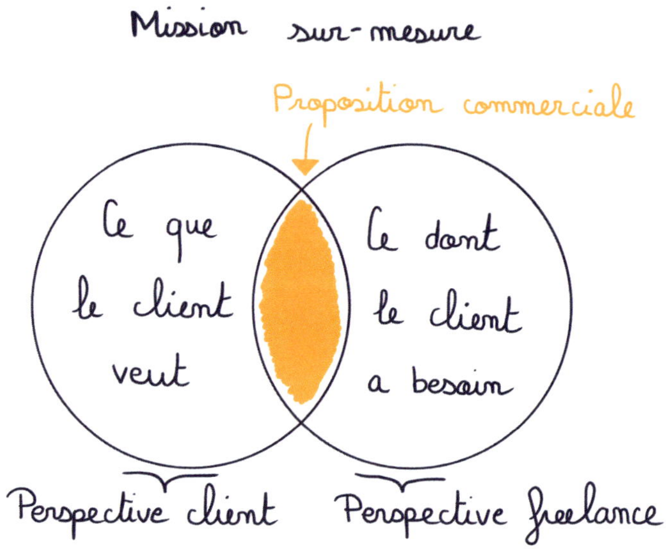

Dans la proposition commerciale, il faudra encore une fois **prendre une posture de consultant** plutôt que de simple exécutant. Après tout, le client pense savoir ce dont il a besoin sans vraiment connaître les tenants et aboutissants de ton métier. L'équilibre se trouve à la croisée de ce qui est pertinent selon toi et de ce dont le client pense avoir besoin.

À TON TOUR

Identifie ton persona

Décris ton client idéal, et n'oublie pas de lui donner un prénom !

Indique :

- **sa démographie** (âge, ville, job, situation familiale, passions, etc.),
- **les objectifs** qu'il a dans le cadre de son travail,
- **les défis** rencontrés pour atteindre ses buts,
- **les objections** qu'il pourrait émettre face à tes offres,
- **l'état de la concurrence** (qui peut être de ne rien faire ou de faire appel à un concurrent, voire une solution alternative).

Persona	**Démographie**	**Objectifs**
Prénom :	Âge Job Ville	· · ·

Défis	**Objections**	**Concurrence**
· · ·	· · ·	· · ·

Il n'est pas toujours facile de savoir à qui l'on s'adresse. Lorsque ce n'est pas encore très clair, il vaut mieux partir d'une hypothèse (en faisant quelques recherches en ligne) afin de remplir les premiers éléments de ce tableau, puis de le compléter au fil de ses entretiens.

Ce document est destiné à un usage purement personnel et va évoluer au fil du temps. Il n'existe donc pas de façon de « mal faire » son persona.

CHAPITRE 9

Fixer ses tarifs pour être rentable

Il existe une règle quasi universelle chez les freelances : **les premiers tarifs sont trop peu élevés**. La peur de ne pas réussir à vendre (ou le syndrome de l'imposteur de certains) limite les néo-indépendants qui pensent normal de devoir vivoter, voire de travailler gratuitement au démarrage pour pouvoir revendiquer sa place dans un avenir proche.

La première fois que l'on est entrepreneur, le coût d'une activité peut vite donner le tournis. Si l'on est habitué à un train de vie de salarié de classe moyenne et que l'on fait attention à son budget, il est difficile de se projeter dans les finances d'un business. **Il va falloir investir pour pouvoir se développer**, les montants sont plus importants et peuvent surprendre au début.

Le simple coût d'un salarié est vertigineux, puisqu'il est d'environ le double du salaire net pour l'employeur, sans pour autant lui garantir de productivité ou de résultats. Quand on remet ces données en perspective, payer un freelance 300 ou 400 € pour livrer un travail sur un périmètre bien déterminé n'est pas la mer à boire.

Il va donc falloir t'habituer à une autre échelle de facturation, mais aussi de dépenses, puisque ton activité va générer des charges. Tu n'es plus au stade du « freelancing » pour générer de l'argent de poche. **Tu dois être rentable**, c'est-à-dire pouvoir te verser une rémunération satisfaisante chaque mois.

Idée reçue

LE FREELANCE EST MOINS CHER QU'UN SALARIÉ.

En choisissant un freelance, l'employeur n'a pas à se soucier des temps morts ou des changements de projets en interne. De plus, il peut souvent s'assurer d'obtenir un résultat à la fin de la collaboration, lorsque la mission prévoit des livrables[1].

Comme le budget et les délais sont déterminés à l'avance, il ne devrait pas y avoir de mauvaise surprise. Mais attention à ce que le freelance n'endosse pas la responsabilité des politiques internes du client ni de ses changements d'avis à répétition. Le périmètre doit être raisonnable, les budgets et les délais également. Le freelance n'est pas une variable d'ajustement. **Il n'est pas moins cher qu'un salarié.** Ce n'est pas de la main-d'œuvre au rabais.

« Ce que le client achète, c'est de la flexibilité. »

Le coût du travail reste le même. Comme le freelance accepte de céder une part de certitude pour travailler sur des projets sans garantie de revenus, il devrait d'ailleurs être plus cher (en coût horaire) que ses homologues en CDI.

Le freelance reste maître de sa facturation

En principe, **c'est au freelance de déterminer ses prix et sa méthode de facturation**. En réalité, le client peut décider de refuser et aller voir un concurrent plus malléable. Les prix dépendent aussi des dynamiques de pouvoir entre le client et le freelance. L'indépendant qui a un carnet de commandes bien rempli aura moins à perdre que celui qui galère à payer ses factures. Et ça, bien souvent, les prospects le sentent !

« Le bon montant, c'est celui avec lequel tu te sens à l'aise aujourd'hui. »

1 — Livrable : travail rendu par un indépendant lorsqu'il produit un service qui peut être tangible virtuellement ou physiquement. Par exemple, un graphiste pourra être missionné pour faire une identité visuelle. Dans ce cas, le livrable sera un logo et une charte graphique.

Prends donc le temps de **fixer des tarifs qui te semblent intéressants au stade où tu te trouves dans ton activité**. Un prix trop faible (à tes yeux) ne sera pas motivant. À l'inverse, si tu factures trop cher à ton goût, tu risques d'être intimidé, de te sentir comme un imposteur et de ne pas réussir à communiquer ta valeur aux autres. Tu pourras toujours augmenter tes tarifs au fil des années.

Il n'existe pas de règle universelle en matière de facturation

Certains métiers ou certaines industries ont des modes de fonctionnement particuliers. Par exemple, dans la rédaction web, il est courant de rémunérer le freelance au mot. Cela n'est pas toujours pertinent car il peut y avoir plus ou moins de recherches et de technicités selon le type de rédaction.

Rappelle-toi que **tu as le droit de proposer de nouvelles méthodes de facturation pour chaque nouveau client**, voire pour chaque nouvelle mission. Il est indispensable que tu t'y retrouves quant à l'énergie investie.

Finalement, tu peux jouer entre deux variables pour facturer : une méthode de calcul et une base de calcul.

Tes tarifs = Méthode de calcul × Base de calcul

Pour les **méthodes de calcul**, tu as le choix entre :

- **le forfait** : facturer un montant précis pour une prestation, peu importe le temps qu'elle te prend (par exemple, 2 000 € pour un site internet) ;
- **le temps passé** (avec un accord autour d'une durée maximale, ou sans limite) ;
- **la commission** : prélever une partie de la valeur de la prestation sur un montant fixé à l'avance ou illimité (facturer 10 % d'une transaction immobilière ou toucher 100 € pour le parrainage d'une ouverture de compte). Il s'agit souvent d'apport d'affaires, d'affiliation ou de mandats ;

- **le résultat** : être payé uniquement en cas de réussite (en devenant associé avec des parts sociales dans l'entreprise. Dans ce cas, la rémunération viendra le jour de la vente de ces parts à d'autres actionnaires, un rachat de l'entreprise ou une entrée en Bourse).

Quant à la **base de calcul**, il peut s'agir :

- **du TJM** (taux journalier moyen) ou du taux horaire (un avocat pourrait facturer 200 € de l'heure),
- **de la valeur créée** qui peut être un résultat chiffré ou un objectif réalisé (10 % d'un contrat remporté pour un apport d'affaires pour un commercial),
- **d'un prix pratiqué sur le marché en moyenne** (120 € pour un article de 800 mots rédigé pour le web),
- **d'un prix unitaire** déterminé par l'indépendant (1 200 € pour un logo et une charte graphique),
- parfois, **le client aura sa propre grille tarifaire**. C'est une pratique à la limite de la légalité[2] car l'indépendant devrait choisir sa propre rémunération. Cependant, c'est aussi une réalité qu'il faut connaître pour mieux la combattre.

Grâce à une recherche rapide sur internet, tu pourras trouver des indications sur les tarifs des indépendants de ton secteur d'activité. Cela te permettra de **savoir si tes tarifs sont pertinents**.

Prenons un exemple pour illustrer l'incohérence de certaines offres. Lorsque j'ai cherché de l'aide pour mon organisme de formation, je me suis dirigée vers des assistants administratifs pour envoyer les documents juridiques, factures et identifiants de connexion à mes clients.

Certains me proposaient leurs services au temps passé (à 25 € de l'heure pour un total de 3 à 4 heures par dossier client). D'autres m'ont partagé des forfaits d'environ 100 € par inscription traitée. Enfin, certains indépendants m'ont demandé 10 à 20 % de la facture totale. Au départ, j'ai été surprise. Qu'est-ce qui justifie un partage de la valeur créée (la facture) alors qu'on ne prend pas les mêmes risques ?

---

2 — Au besoin, relis « Le freelance ne connaît pas de lien de subordination » p. 19.

Lorsque je signe avec un client, il y a eu tout un travail de marketing, de vente, de construction d'une marque sur plusieurs années, de création des formations et de leurs supports, sans compter les heures passées dans l'accompagnement.

Dans quels cas serais-je prête à considérer un pourcentage ? Si je ne pouvais rien faire sans l'assistant, alors je serais prête à payer davantage. Pour qu'il se rende indispensable, voilà ce qu'il devrait proposer :

- **de l'expertise** : si je n'ai pas à expliquer à un freelance comment le juridique de formation fonctionne, je gagne un temps fou, j'apprends et je réduis mon risque d'erreur. C'est une valeur inestimable ;
- **des ventes complémentaires** : un assistant qui prend le soin d'être réactif et de relancer les dossiers en attente me fera certainement gagner des clients ;
- **de nouveaux marchés** : un assistant habitué au monde de la formation pourrait me permettre d'augmenter les chances de financement de mes formations par les organismes compétents.

Je ne suis pas fermée à l'idée de payer 1 000 € par dossier plutôt que 100 €, mais uniquement si j'en perçois la valeur. Ainsi, un freelance ne vend pas une heure de son temps mais bien un résultat. Plus celui-ci est prometteur, plus le freelance pourra s'extraire de la logique de facturation horaire !

Lorsque tu réfléchis à ton mode de facturation, **pense à ta participation globale dans le projet du client ainsi qu'à ta prise de risques**. Si tu es rémunéré à la commission (uniquement en cas de succès), il est normal que le pourcentage soit élevé. Par exemple, un agent immobilier ne pourrait pas accepter 1 % de commission : il prend trop de risques et passe du temps à faire des visites de biens sans les vendre. Il a alors intérêt à trouver le meilleur acheteur, puisque sa facture sera impactée par le prix de vente.

Enfin, rappelle-toi que **tout le risque ne devrait pas reposer sur tes épaules**. Sinon, tu es certainement en train d'accepter des missions précaires. C'est le cas des coursiers à vélo qui ne sont rémunérés que lorsqu'il y a du travail (à la course) et qui sont payés le plus souvent à l'unité, alors que des aléas pourraient rallonger la durée de chaque course (de la pluie, des embouteillages, etc.).

De la même façon, **un indépendant ne doit pas s'engager sur les résultats en dehors du périmètre de sa mission**. Il vaut mieux se mettre d'accord sur une obligation de moyens (des ressources mises à disposition lorsque possible), à moins que le projet soit un livrable bien défini (comme un site internet, un logo, une quantité d'articles ou de mots, etc.).

LE TJM, une boussole pour facturer un montant rentable

Je t'invite à **calculer le minimum acceptable en échange de ton temps**. Cette donnée est affectueusement appelée TJM par les indépendants et les clients (ce qui signifie parfois taux journalier minimum, parfois taux journalier moyen).

Il s'agit de ton tarif par journée de travail (7 à 8 heures). Même si tu décides de facturer au forfait, à l'unité ou au pourcentage de la valeur créée, il est intéressant de calculer ce TJM. Tu pourras t'en servir pour **évaluer la rentabilité d'une mission**. Pour cela, rien de plus simple. Il te suffira d'estimer le temps passé à réaliser une prestation, de multiplier cela par ton TJM et de vérifier que le montant estimé soit égal ou inférieur à ce que tu factures (pour garder une marge).

Par exemple, le TJM d'un graphiste junior pourrait débuter à 300 €, celui d'un développeur confirmé à 600 € et celui d'un consultant avec de la bouteille à 1 200 €.

Cela ne veut pas dire que ces indépendants facturent ce montant multiplié par les 20 jours ouvrés du mois. À moins de travailler sur des missions longues et à temps plein, seules certaines journées sont passées pour le compte des clients. Les autres seront occupées par des tâches liées à la vente ou à l'administratif.

Ne pas confondre le temps travaillé et le temps facturé

Attends-toi à devoir travailler dur au démarrage. Une partie de ton temps ne sera pas facturé aux clients, notamment :

- **tes journées passées à te former** pour développer ton expertise métier et t'équiper des connaissances nécessaires à la gestion et au développement de ton activité ;
- **tes périodes d'intercontrats**, c'est-à-dire celles où tu termines une mission pendant lesquelles tu dois attendre pour en débuter une autre ;
- **tes journées passées à gérer ton entreprise** (comptabilité, facturation, juridique) ;
- les moments où tu seras au « chômage technique » malgré toi, par exemple, **quand un client a du retard** sur l'envoi d'éléments alors que tu avais prévu de travailler sur son projet sur des plages horaires bien définies ;
- **tous les efforts dédiés à ta recherche de clients** (marketing, communication, appels de vente, déplacements pour rencontrer des prospects, réseautage, etc.).

Enfin, **tes vacances sont aussi à comptabiliser**. Les congés payés sont un droit, ils font partie du coût du travail et doivent donc être pris en compte dans tes tarifs. Cependant, si tu as envie de prendre 6 mois de repos, il faudra accepter une perte de chiffre d'affaires. Un client ne va jamais accepter de nous payer cher parce qu'on a envie de vivre dans le luxe ou de travailler quelques heures par semaine uniquement.

> *« Aux yeux d'un prospect qui ne trouve pas tes prestations utiles, tu seras toujours trop cher ! »*

Même si tes tarifs te garantissent à peine le minimum vital, cela n'aidera pas à la décision d'un client qui n'apprécie pas ton travail ou qui n'y voit pas d'intérêt. Si tu n'arrives pas à vendre, c'est souvent parce que le client ne trouve pas d'intérêt dans le travail que tu proposes. Ce n'est donc pas une question de tarifs.

Ce qu'il faut retenir, c'est que **tu ne seras pas payé pour l'intégralité du temps que tu passes à travailler**. Ta rémunération doit donc être divisée entre les journées passées à produire des services facturés aux clients. Lorsqu'un indépendant réussit à bien vendre ses services, il peut espérer facturer entre 80 et 120 jours par an.

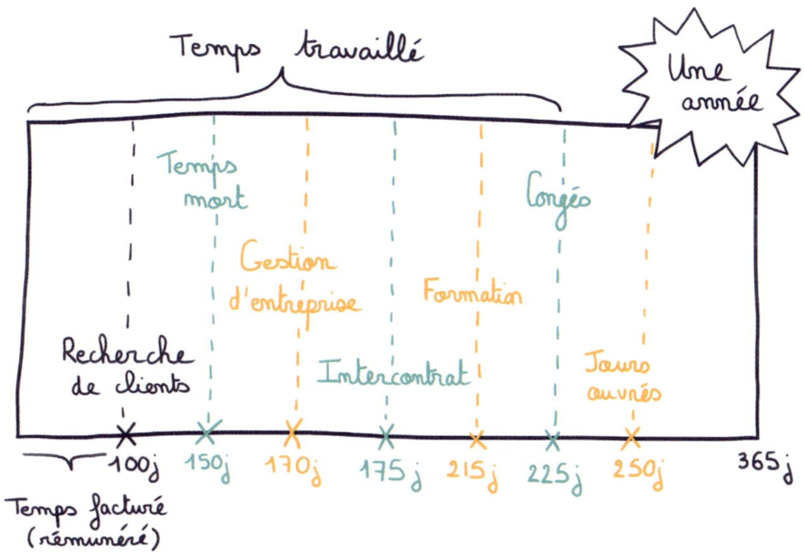

Calculer son TJM

Tu peux prendre en compte plusieurs éléments :

- **ta rémunération minimum** : tu peux calculer ce qu'elle te coûte en temps selon ce que tu as envie de percevoir ;
- **utiliser le prix de marché** : concurrence de freelances, mais il y a risque qu'ils ne soient pas assez chers et toi non plus ;
- **ta notoriété** : tu peux monter le prix jusqu'à ce que tu sentes que ça bloque. Un ancien homme politique devenu conférencier pourrait être payé 30 000 € par intervention. Mais le même client aura du mal à te payer 500 € par jour si tu sors de nulle part.

Enfin, le prix « ***feel good*** » (celui avec lequel tu te sens bien) ne doit pas te terrifier, il doit te permettre de vivre dignement et te motiver à faire le travail.

Avoir un business coûte souvent plus cher que prévu

Si tu penses n'avoir que peu de dépenses, tu te trompes ! Le coût d'un business n'est jamais de quelques dizaines d'euros par mois. Et tout va s'ajouter très vite. **Tu devras penser à ton matériel informatique, tes logiciels, ta couverture santé, tes frais de transport…** et surtout te projeter à long terme en te basant sur le coût réel de ton travail.

« Même si tu as un système de débrouille en place aujourd'hui, considère-le comme un bonus. »

Prends en compte **le vrai coût de ton activité** ! Tes tarifs doivent te permettre d'acheter tout ce dont tu as besoin pour travailler et te protéger, non seulement aujourd'hui, mais aussi dans les années à venir.

C'est la même chose pour tes cotisations sociales, taxes et impôts. Selon les statuts ou ta situation personnelle, tu pourrais bénéficier de taux de cotisations faibles les premiers mois ou années de ton activité. **Mais ce n'est pas une raison pour baisser tes prix.** Tes tarifs doivent intégrer tout ce que ton travail te coûte, c'est-à-dire :

- **la rémunération** que tu vas te verser,
- **ton matériel informatique** (ordinateur, tablette au besoin, téléphone portable),
- **les matières premières** pour réaliser certaines prestations,
- **le coût des logiciels nécessaires** à ton activité,
- **tes abonnements et diverses factures** (téléphonie, internet, locaux),
- **ta mutuelle** pour protéger ta santé et **ta prévoyance** en cas d'accident qui pourrait t'empêcher de continuer ton activité,
- **tes déplacements professionnels** (pour te rendre chez tes clients),
- **les frais de formation** et le temps nécessaire à ta montée en compétences (puisque tu ne travailleras pas pendant ce temps-là),
- **le coût de tes congés payés** (puisque tu ne pourras pas produire et vendre de services pendant tes vacances),
- **les cotisations sociales** liées à ton chiffre d'affaires, ton bénéfice ou ta rémunération (selon ton statut).

Attention à **ne pas intégrer tes dépenses personnelles** (telles que tes impôts sur le revenu, tes loisirs ou encore le loyer de ton logement personnel). Cela ne relève pas du coût de ton travail. Néanmoins, ta rémunération doit te permettre de vivre dignement selon le poste auquel tu pourrais prétendre en tant que salarié (au minimum).

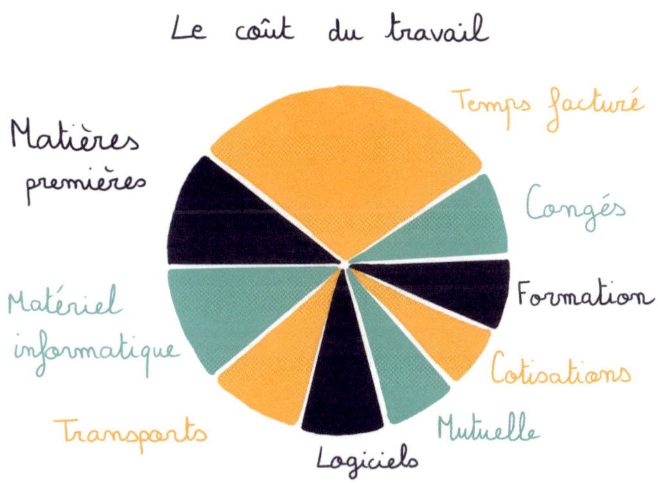

On pourrait aussi parler de **l'expérience** qui peut être répercutée sur le coût horaire (le temps facturé) et **la marge** pour pouvoir mettre de côté, se protéger des risques et investir. Toutes ces charges doivent être ajoutées pour pouvoir calculer ses tarifs et s'assurer d'être rentable.

Adapter sa stratégie commerciale à son modèle économique

Aucune stratégie de vente n'est parfaite ni facile. Toutefois, tu dois en choisir une qui soit adaptée au panier moyen par client. Faire de la prospection pour une prestation à 100 € n'a aucun sens : ça ne sera pas rentable. Ainsi, **il est important de calculer la quantité de clients nécessaire pour vivre** en fonction des tarifs de ses prestations. Cette indication permettra d'évaluer les efforts requis pour aller chercher des missions et de vérifier que sa stratégie de prix et de vente est réaliste !

Les techniques de vente ne seront pas les mêmes pour aller chercher 3 clients à 10 000 € ou pour vendre 100 produits ou services à 300 €. Dans le premier cas, il sera important de **se rencontrer, d'échanger, voire de proposer du sur-mesure**. La prospection sera certainement plus adaptée et suffisante. Dans le second cas, il faudra certainement **automatiser la vente**. Par exemple, mettre en place une commande en ligne et des pages de vente pour que l'achat se fasse sans entretien de vente ni création de devis sur mesure. Le marketing mis en place devra alors permettre d'acquérir du trafic (de la visibilité) auprès de sa cible, de convaincre (avec un argumentaire persuasif) et de mener le prospect jusqu'à l'achat en toute autonomie.

Une fois que tu auras déterminé le chiffre d'affaires annuel, pense à le diviser par le panier moyen de tes clients. Si je souhaite réaliser 100 000 € de chiffre d'affaires avec des formations à 3 000 €, je devrais trouver 33 clients par an. Si je vends des formations à 300 €, je devrais trouver 333 clients par an. Il serait alors impossible de faire des appels découverte avec tous les prospect et de les suivre individuellement. Je devrais proposer des produits en ligne et changer la proposition de valeur pour qu'elle soit adaptée à ce type de formation.

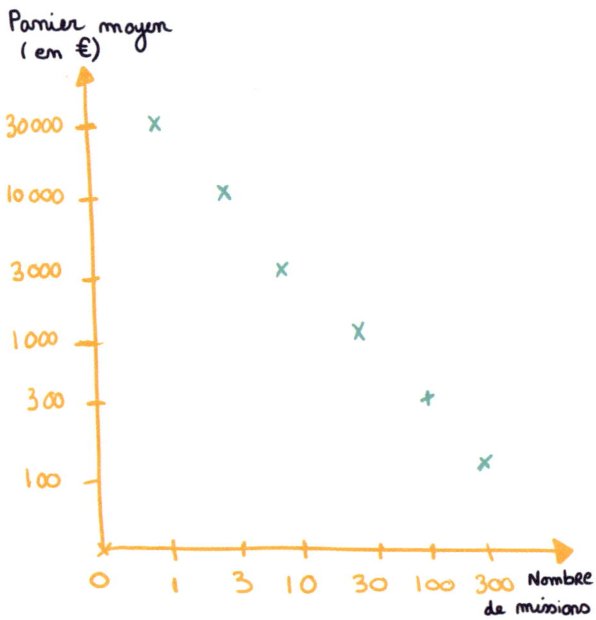

Le bon prix est une affaire de « feeling »

Le meilleur des tarifs, c'est celui avec lequel tu te sens bien. Si cela veut dire que tu as envie de commencer avec des prix bas pour te rassurer, fais-le ! Un tarif trop élevé au démarrage pourrait te paralyser lorsqu'il faudra l'annoncer à tes prospects. De la même façon, un tarif trop bas sera décourageant non seulement pour la vente, mais aussi lorsqu'il faudra produire un service. Qu'est-ce qui te paraît juste aujourd'hui ?

Au fil des missions, tu vas prendre confiance en tes capacités, et ton syndrome de l'imposteur va progressivement disparaître. Tu vas être félicité par certains clients, ce qui te fera prendre conscience de la valeur que tu apportes. De plus, ton expertise métier va s'améliorer et tu pourras faire du meilleur travail. **Le plus important n'est donc pas ton TJM à l'instant présent, mais la courbe de progression.** Comme tes tarifs et la qualité de ta prestation vont augmenter au fil du temps, ton segment de marché va également évoluer.

> *« Tu n'auras pas le même type de clients au démarrage et au fil des années. »*

Tout le monde n'acceptera pas de te suivre sur des tarifs plus élevés, par manque de budget, de vision ou de besoin (car certaines entreprises ont simplement envie du minimum, sans rechercher la meilleure prestation). D'ailleurs, **la qualité est toujours attendue** : ce n'est pas un argument de vente. **C'est la valeur perçue ou valeur ajoutée réelle d'une prestation** qui permettra de justifier des prix plus élevés.

Le meilleur exemple pour cela est celui du marché du luxe. Si tu avais les moyens d'acheter une paire de chaussures en cuir de crocodile à 12 000 €, en édition limitée et réalisée à la main par une maison de haute couture, est-ce que tu ferais cet achat ? La réponse va dépendre de ton système de valeurs.

Peut-être que tu voudras des sandales du même style, achetées en ligne pour 30 €, sans marque, « *made in China* » et composées de plastique, parce que tu ne vois aucun intérêt à dépenser beaucoup pour te vêtir.

Peut-être que ton arbitrage portera sur l'achat de chaussures à 300 € auprès d'une marque végane, pour réduire la souffrance animale. Ou peut-être que tu voudras ces chaussures de luxe parce que dans ton cercle social cela te valorise, et parce que tu vois cela comme un investissement.

On a le même raisonnement dans l'entrepreunariat. Même si j'ai le budget disponible pour le haut de gamme, ce n'est pas forcément ma priorité ou mon envie. Même si j'ai le meilleur produit au monde, le produit le plus éthique au monde ou le prix le plus bas possible, **je ne pourrais jamais convaincre la totalité d'un marché.**

« La qualité n'est pas un argument de vente : elle est attendue, peu importe le prix ! »

Si tu veux faire du haut de gamme, il ne suffira pas de mettre en avant ton expérience ou la qualité de tes services. **Il faudra surtout travailler ta marque personnelle pour augmenter la valeur perçue de tes offres**. Cela passe par plusieurs éléments :

- **l'expérience** de tes clients, du premier contact jusqu'à l'achat ;
- **l'image de ta marque**, notamment les investissements que tu as réalisés pour avoir l'air professionnel (ton site web, ton logo, tes photos professionnelles ou encore la qualité de ta communication) ;
- **ta notoriété dans ton secteur d'activité** : si tu passes dans la presse, si tu publies un livre sur ton expertise, si tu disposes d'une grande audience sur les réseaux sociaux ou si tu interviens dans de grandes universités, tu seras presque considéré comme une « célébrité », et certains de tes clients voudront travailler avec toi pour s'enorgueillir de t'avoir eu dans leur équipe ;
- **les résultats** que l'on peut obtenir en travaillant avec toi, démontrés par des chiffres ou des avis clients et témoignages ;
- **le côté exclusif** de tes services (grâce à un portfolio composé de grandes marques ou de clients reconnus dans ton industrie) ;

- **ta disponibilité** (qui est limitée) : plus tu as de la demande, plus tu peux te permettre d'augmenter tes tarifs, car même si seulement une petite proportion de tes prospects accepte de payer tes tarifs plus élevés, cela te suffira.

Cette évolution sera certainement progressive. Demande-toi régulièrement ce que tu peux ajouter ou modifier dans ton activité pour augmenter ta valeur perçue. Rome ne s'est pas faite en un jour, et il n'y a pas d'inquiétude à avoir si tu n'as pas toutes les réponses aujourd'hui. **Le pire serait de brûler des étapes** et de mal comprendre les segments du marché haut de gamme alors que tu viens à peine de te lancer. Donne-toi le temps d'explorer.

> ***« Après tout, le "freelancing" n'est pas un sprint, c'est un marathon. »***

D'autre part, se positionner sur du haut de gamme demande du temps et de sérieux investissements. Mon exemple préféré pour illustrer cela, c'est celui des salles de sport. Les franchises *low cost* proposent généralement des abonnements à 20 ou 30 € par mois. Les clubs prestigieux de Paris sont à plusieurs milliers d'euros par an, avec parfois un parrainage nécessaire. Les studios spécialisés et équipés peuvent facturer 60 € à 120 € par mois.

La différence ? Dans les salles de sports *low cost*, il n'y a pas forcément de douches. Lorsqu'elles sont présentes, il faut apporter sa serviette et son shampoing. Il faut attendre son tour pour les machines, souvent occupées et parfois hors service. L'offre de cours est basique, les professeurs sont mal rémunérés. Ils se souviennent à peine des clients tellement il y a de passage.

Dans les salles spécialisées et milieux de gamme, le confort est davantage présent. On peut se reposer avec un petit thé après sa session de yoga, les professeurs se souviennent des visages, les cours sont moins remplis et il est facile de se changer sur place. Pas besoin de venir avec un gros sac : les serviettes sont fournies et le savon sent vraiment bon ! Il y a même des sèche-cheveux et du démaquillant. Le rêve.

Enfin, dans les clubs privés, on peut s'attendre à partager un terrain de tennis avec un ancien ministre ou le PDG d'une belle entreprise. **Les professeurs suivent la progression de leurs élèves.** Le besoin est supérieur à celui de faire simplement du sport : il est aussi d'y **trouver de la discrétion** (aucune célébrité n'a envie de se retrouver sur Instagram pendant sa séance de sport) et de **la socialisation entre pairs** (personnes évoluant dans la même sphère exclusive). Même si le petit club *low cost* du coin investissait lourdement dans des équipements et dans une meilleure expérience, il n'arriverait pas à convaincre la clientèle haut de gamme, car sa marque n'est pas positionnée sur le créneau du luxe. Les clubs parisiens, quant à eux, sont là depuis des décennies, voire des siècles, durant lesquels se sont relayés des cercles très privés.

Le travail gratuit ou bradé n'est jamais une obligation

Si tu manques de confiance en toi, tu pourrais être tenté de proposer des prestations gratuitement ou à très bas prix pour te faire la main ou enrichir ton portfolio. Cependant, il existe une règle universelle :

« Les clients qui paient le moins sont les plus difficiles à gérer ! »

Pourquoi ? Parce qu'ils ont le plus à perdre, en général. Un client qui souhaite dépenser peu a certainement un budget limité pour développer son business. Il prend moins de risques et il a peur de faire des erreurs (puisqu'elles lui coûteraient cher). Il n'est certainement pas habitué à déléguer et n'acceptera pas de phases de test. Pour lui, la prestation devra apporter le maximum à un tarif minimum. C'est typiquement le client « relou » qui va te demander 10 modifications (parce qu'il aura changé d'avis en cours de route) et qui viendra gratter le moindre cadeau.

Ce sont les clients que l'on trouve au démarrage parce que personne d'autre n'en veut ou parce que nos tarifs sont trop faibles et que les clients sérieux n'ont pas confiance. **En général, on se fait avoir quelques fois avant d'oser choisir ses clients.**

Lorsque cela arrive, il est important de ne pas perdre confiance en ses capacités ou dans son marché, et de se souvenir que de meilleurs clients existent ! Si tu peux te le permettre financièrement, refuse les missions difficiles et développe une stratégie de communication ou de prospection pour dénicher de meilleurs contrats.

Enfin, le travail gratuit est rarement une meilleure idée. **Un client qui ne paie pas est un client qui ne valorise pas la prestation.** Tu risques de te retrouver seul face à la réalisation de ta prestation, de ne plus avoir de réponses de la part du client ou, pire, de travailler sur un projet peu sérieux qui sera abandonné. **Même les essais doivent être rémunérés.**

Du contenu sur un blog, un livre blanc ou une présence sur les réseaux sociaux sont d'excellents moyens de te positionner sur ton expertise et de montrer ce que tu es capable de faire.

Pour certains métiers il peut être nécessaire d'offrir un appel d'essai lorsqu'on dispose de peu de preuve sociale. Mais il faut essayer de s'en extraire le plus vite possible, car ce type de cadeaux est chronophage et épuisant à tenir sur la durée.

Quant à l'échange de travail contre visibilité, c'est la plus grosse entourloupe qui existe. Ces demandes sont rarement sérieuses : un client disposant d'une belle audience aura les moyens de te rémunérer, et le fera parce qu'il aura construit un vrai business qui recrute des freelances pour obtenir des livrables dans les temps, plutôt que de dépendre d'un modèle de bénévolat peu fiable.

Pour filtrer ce type de demande, il te suffit de faire une rapide recherche : ces projets ont généralement une présence en ligne proche de zéro ! Si tu veux nourrir ton portfolio, investis-toi dans un *side-project* qui t'appartient, **développe ta propre visibilité**, aide une association qui te tient à cœur ou travaille sur des projets fictifs. Tu seras moins stressé et tu pourras partager tout ce que tu souhaites de façon publique, puisque tu ne seras pas tenu par des règles de confidentialité.

À TON TOUR

Calcule ton TJM !

Ce montant est une boussole pour t'assurer d'être rentable. Tu peux facturer plus (notamment si tu te bases sur la valeur créée ou la valeur perçue de ton offre) ou réduire un peu ton tarif si jamais le client te propose une collaboration régulière avec du volume sur l'année.

Étape 1 : Fais la liste de tes dépenses (à l'année).

La liste des dépenses permet d'indiquer de façon spécifique chaque élément nécessaire à ton activité (ordinateur, téléphone, casque ou tablette graphique dans la catégorie « matériel informatique »).

Parfois, certains achats ne sont pas nécessaires avant plusieurs années (par exemple, ton ordinateur pourrait durer 3 ou 4 ans). Dans ce cas, fais une hypothèse du nombre d'années sur lesquelles l'achat est étalé et indique le prorata sur une seule année. Tu devras mettre un peu d'argent de côté chaque mois pour prévoir ces futures dépenses.

Poste de dépense	La liste des dépenses	Coût annuel
Matières premières		
Matériel informatique		
Logiciels		
Factures (loyer, abonnements, comptable)		
Mutuelle		
Transports		
Formations		
Autre		
TOTAL		**€/an**

N'oublie pas d'indiquer les charges HT (hors taxes) si tu es assujetti à la TVA !

Étape 2 : Intègre ta rémunération.

Il ne faut pas que tes revenus soient ce qu'il te « reste » en fin de mois. Dans les faits, ta rémunération sera souvent la variable d'ajustement, surtout pendant les mois difficiles. Mais pour calculer tes tarifs, il faut absolument te définir un salaire idéal.

Ma rémunération idéale : ____________ € / an.

Étape 3 : Ajoute les cotisations sociales.

Selon le statut, ces cotisations peuvent s'appliquer sur l'intégralité de ce que tu factures (ton chiffre d'affaires), uniquement sur le bénéfice (ton chiffre d'affaires moins tes dépenses) ou sur ta rémunération de dirigeant.

Montant de mes cotisations sociales : ______________ € / an.

Étape 4 : Calcule ton chiffre d'affaires à atteindre.

Chiffre d'affaires = Total des dépenses (par an) + Total de ta rémunération + Montant des cotisations et impôts.

Chiffre d'affaires = __________________ € / an.

Étape 5 : Divise ton chiffre d'affaires par le nombre de jours facturés.

Souviens-toi : il s'agit en moyenne d'une centaine de jours. Parfois, tu factureras plus (si jamais tu es dans une mission longue) et parfois moins (si tu travailles dans une industrie saisonnière, par exemple).

Nombre de jours facturés par an = __________________

$$\text{TJM} = \frac{\text{Chiffre d'affaires annuel}}{\text{Nombre de jours facturés par an}} = \text{\_\_\_\_\_\_\_\_\_\_ € / jour.}$$

Étape 6 : Souviens-toi de ton TJM pour chaque mission que l'on te proposera.

MON TJM : _____ € / jour.

Rester ferme sur ses prix

PRENDRE CONSCIENCE DE SA VALEUR

Camille est coach holistique et créatrice de contenus. Elle a fondé Hola Eczéma, un média en ligne et des programmes de soutien (groupes de parole, ateliers, conférences, contenus) pour donner du courage à ceux qui se battent au quotidien contre des maladies chroniques, notamment de peau.

Vivre avec des symptômes chroniques peut mener à la précarité car il est difficile de concilier vie professionnelle et problèmes de santé. Camille, elle-même atteinte d'eczéma depuis son enfance, a refusé de baisser les bras.

Battante dans la vie comme en business, elle a tenu bon lorsqu'il a fallu commercialiser ses services dans un marché pourtant réputé difficile : celui de la vente aux particuliers. Plutôt que de baisser ses tarifs, elle a fait confiance à sa stratégie de communication pour transmettre sa valeur ajoutée et a réussi avec brio à remplir son programme de coaching.

Les mots de Camille Vorain

Ma santé m'a forcée à faire des compromis professionnels en termes d'horaires, d'environnement et de lieu de travail. La seule façon de m'en sortir et de m'épanouir était l'entrepreneuriat. **J'ai eu à cœur de soutenir d'autres personnes** dans mon cas avec des programmes de coaching. Petit à petit, des entreprises se sont aussi intéressées à mes contenus : j'ai eu des propositions de tournage, de rédaction d'articles, de publications pour les réseaux sociaux…

Au démarrage de mon activité, j'écumais les petits boulots pour gagner ma vie. J'essayais de mener ma vie d'indépendante à côté. Mais le vrai boom, ça a été quand j'ai décidé de me faire accompagner pour **rendre mon projet plus sérieux**. C'est mon occupation à temps plein depuis. **Gagner ma vie est un objectif**, mais je veux bien faire les choses : ma priorité est avant tout de soutenir ceux qui souffrent de maladies chroniques.

J'apprends toujours à fixer mes tarifs ! Ce qui m'a vraiment aidé, c'est de me poser la question suivante : de combien d'argent j'ai besoin par an en salaire ? Puis, j'ai travaillé sur le calcul de mon TJM et sur la construction de 2 offres au forfait. À partir de ces hypothèses, je me suis rendu compte du volume de jours à facturer et du nombre de clients à trouver pour atteindre mes objectifs de rémunération.

En parallèle, je suis passée à l'action. J'ai observé les résultats pour mes clients, et **j'ai ainsi pris conscience de la valeur de mon travail**. Les participants de mes programmes m'aident à me sentir alignée avec mes tarifs, parce qu'ils en tirent de grands bénéfices. Ce sont eux qui me le disent. Cela me rassure dans **la valeur de mon offre**.

Être rassurée par mon marché était nécessaire car comme pour de nombreux indépendants, j'ai déjà facturé trop peu cher dans le passé… Malgré tout, il y a des domaines dans lesquels j'aimerais continuer à me former pour me sentir encore plus légitime face à mon TJM, comme la rédaction de contenus, puisque j'aimerais proposer ce service à des entreprises.

Ma relation avec certains clients était jadis inversée. Dans le passé, j'ai fait l'erreur à plusieurs reprises de mal définir les limites du contrat avec certains clients, et j'étais presque en posture de salariée avec eux. J'avais également l'impression qu'eux comme moi n'arrivaient pas à évaluer les retours sur investissement que je leur apportais. Finalement, mon énergie était très basse. J'avais de moins en moins envie de réaliser la mission. Je lorgnais même les offres de CDD et CDI pour retrouver une stabilité financière.

Aujourd'hui, je sais que je pourrais facturer plus cher. Il existe une marge d'amélioration, étant donné les résultats que j'apporte. Mais comme j'évolue dans le secteur de la santé, j'ai encore des appréhensions. L'argent peut être un sujet sensible dans le milieu, surtout pour les clients qui, bien souvent, se ruinent à trouver des solutions à leurs problèmes sans améliorer leur confort de vie.

J'ai tenu bon jusqu'au bout ! Lorsque j'ai lancé l'un de mes programmes de groupe, j'étais productive, déterminée et enthousiaste. J'avais une énergie de feu et pleine conscience dans mon offre. Puis, j'ai été submergée par une vague de peur pendant quelques jours, parce que les ventes tardaient à arriver. Je me questionnais beaucoup : « Et si personne n'achetait mon programme ? Et si je faisais un énorme flop sur les réseaux sociaux, à la vue de tous ? » J'ai même songé à changer mes tarifs et mon modèle économique.

Au final, j'ai fait mon maximum et ai accepté que les résultats n'étaient plus entre mes mains. Il fallait **attendre, analyser et adapter les résultats**. Finalement, toutes les places ont été réservées. C'est normal pour ce type de lancement : les clients se décident souvent à la dernière minute.

Le mot de la fin

Honore tes envies en premier lieu, plutôt que de choisir les idées qui ont du « potentiel financier ».

Tu trouveras toujours une façon de rendre ton projet viable et concret.

CHAPITRE 10

L'étude de marché, un passage obligatoire ?

Non, il n'est pas nécessaire de faire une étude de marché avant de se lancer en freelance. Par contre, c'est intéressant dans plusieurs cas :

- si tu dois **réaliser de lourds investissements** avant de pouvoir vendre, tu vas réduire le niveau de risque (celui de te planter et de perdre de l'argent) ;
- en cas de **méconnaissance de ton marché**, pour creuser les problématiques et besoins de potentiels clients et étudier la pertinence de tes services ;
- parce qu'**un partenaire te le demande** pour te débloquer des financements ou un accès à des ressources (incubateur, programme d'accompagnement, formations, etc.) ;
- pour **te rassurer**, si tu as peur de passer directement par l'étape de la vente.

Ce qu'on appelle une étude de marché est simplement le fait de **savoir si des clients vont acheter ce que tu as à vendre et à des prix qui te permettront d'en vivre**. Si ce n'est pas le cas, tu pourras pivoter (changer ton activité légèrement ou radicalement) et refaire quelques recherches pour savoir si ta nouvelle idée a plus de potentiel. À creuser et à répéter jusqu'à trouver ce qui fonctionne pour toi.

Le fait de dire que c'est une étude de marché plutôt qu'un entretien de vente te permettra de te détendre, et les contacts qui n'ont pas envie d'être démarchés t'ouvriront peut-être des portes. Mais tu pourrais aussi partir directement à la recherche de tes premiers clients.

L'étude de marché peut être qualitative, quantitative ou les deux ! **Une étude de marché quantitative va permettre d'avoir une vision chiffrée du marché.** Il s'agit de trouver des données à large échelle sur les budgets annuels alloués à tes services, sur la quantité potentielle de clients ou de concurrents, et sur la structuration du marché (parfois, il est éclaté et parfois, il existe des situations proches du monopole).

Ces données sont compilées par des organismes publics (tels que l'INSEE) ou des sociétés privées et organismes de sondages qu'il faudra souvent payer pour obtenir des chiffres complets.

Mais avec quelques recherches sur internet, tu devrais vite trouver l'essentiel pour te rassurer et **comprendre le marché dans lequel tu te lances**. Dans mon cas, je sais que mon industrie compte entre 60 000 et 90 000 organismes de formation, soit 1 pour 1 000 Français. Cela veut dire qu'il y aura beaucoup de concurrence. Par contre, ce marché se chiffre à 32 milliards d'euros par an. Cela est rassurant : il y a suffisamment d'opportunités pour s'y faire une (petite) place.

L'étude quantitative permet de savoir si le marché existe. Si tu n'as pas de concurrents, c'est un très mauvais signe. Soit il n'y a pas de besoin, soit le marché n'est pas assez mature pour plus d'innovation. En tout cas, sache qu'**il est impossible de faire naître un besoin** et encore moins avec la capacité financière d'un freelance. Si ton marché est nouveau, tu vas arriver en premier et devoir essuyer tous les plâtres. Et ça sent la difficulté à plein nez !

Il te suffit d'une simple recherche sur Google pour savoir si ton idée a du potentiel. Mais attention : dans certains cas, ton activité pourrait porter d'autres noms que celui auquel tu es habitué[1].

Lorsque tu souhaiteras connaître ton persona (c'est-à-dire ton client idéal) en profondeur ou que tu voudras obtenir un retour sur ton offre

---

1 — C'est le cas du métier d'assistant virtuel, qui était peu répandu jusqu'à ces dernières années. Les pionniers en France continuaient de s'appeler « télésecrétaire » ou « assistant de direction à distance » pour ne pas créer de confusion chez leurs clients. Mais le marché existait bel et bien. Voir « Tous les métiers (ou presque) pourraient s'exercer en freelance » p. 29.

et tes prix, il faudra plutôt te diriger vers **une étude de marché qualitative**. Tu prendras alors le temps d'échanger en individuel avec des personnes identifiées comme appartenant à ta cible. Si tu peux les réaliser en visioconférence ou autour d'un café, c'est encore mieux. Tu pourras percevoir des **signaux non verbaux** car lorsqu'il s'agit d'humains, il est difficile d'obtenir une réponse honnête ou sans biais. Par contre, la gestuelle ou les silences ne mentent jamais.

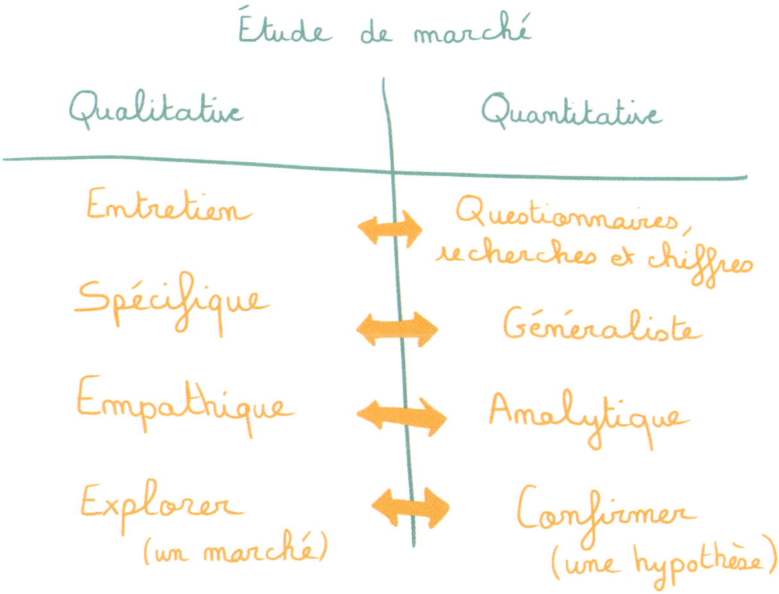

L'étude de marché est trop souvent mal réalisée

La plupart des organismes d'accompagnement d'entrepreneurs se plantent royalement sur la meilleure façon de faire une étude de marché. Ils font des erreurs sur le type de personnes à contacter, mais aussi sur les questions à leur poser.

Ainsi, certains indépendants envoient des formulaires à qui voudra bien les remplir, avec des questions ennuyeuses et sans valeur ajoutée, du type : « Avez-vous déjà travaillé avec un freelance faisant le même métier que moi ? » Mais il n'y a rien à apprendre de ce type de questions généralistes et fermées. Ça ne montre pas le potentiel d'une idée.

Pire, certains freelances contactent leurs concurrents afin de leur demander s'ils réussissent à vivre de leur activité. Il faut se souvenir que **tout le monde n'est pas bienveillant ni disposé à te donner des conseils gratuitement**, notamment s'ils ont galéré à se faire une place sur le marché.

De plus, tu vas être exposé à des biais. Ceux qui ont décollé ont peut-être constitué un réseau, investi beaucoup d'argent ou sont peut-être simplement plus expérimentés que toi. Ceux qui ne vendent pas assez pourront te décourager alors que leurs problèmes peuvent venir d'un manque d'efforts sur le point commercial ou d'une mauvaise stratégie.

« Le seul avis qui compte, c'est celui de ton client idéal ! »

En fait, l'étude de marché doit remplir deux objectifs principaux :

- **renforcer sa compréhension de son marché** afin de savoir si on a visé juste dans ses hypothèses,
- **créer du lien** pour peut-être progresser vers la vente.

À la place, tu pourrais directement te lancer et solliciter un entretien de vente. Les conseils qui suivent sont donc adaptés à l'étude de marché, mais aussi à tes premiers efforts de prospection. La seule différence sera la raison de l'entretien que tu annonceras à ton contact. La structure reste identique.

Le challenge consiste à obtenir les bonnes réponses

Cela commence par **obtenir un « oui » à ta demande d'entretien**. Même si tu es très sympathique, tes interlocuteurs ont d'autres priorités dans leur agenda. Il faut être un bon samaritain pour prendre 30 minutes pour échanger avec un parfait inconnu et lui apporter de la valeur sans rien avoir en retour.

Pour augmenter tes chances d'avoir une réponse, tu ne dois pas demander du temps à tes contacts. **Tu dois plutôt leur montrer qu'ils apprendront de l'échange.** Cela peut venir d'un échange de bonnes pratiques, de conseils par rapport à ton métier ou d'un regard neuf sur leur industrie. Plutôt que de présenter ton étude de marché comme un interrogatoire, **propose une discussion dans laquelle ils apprendront autant que toi !**

Une fois la demande d'entretien validée, rien n'est gagné. Prépare des questions puissantes qui te permettront de comprendre les motivations liées à l'achat de services dans ton secteur d'activité, les besoins de ta cible, les freins et objections face à l'achat et la concurrence à laquelle tu devras faire face.

Les bonnes questions permettent de bonnes prises de conscience

Pour ton étude de marché, tu devras poser 2 types de questions :

- des **questions de découverte** pour t'intéresser à l'autre (et valider le besoin),
- et des **questions pour présenter tes services** et savoir s'ils sont bien reçus par tes clients idéaux (pour valider l'offre).

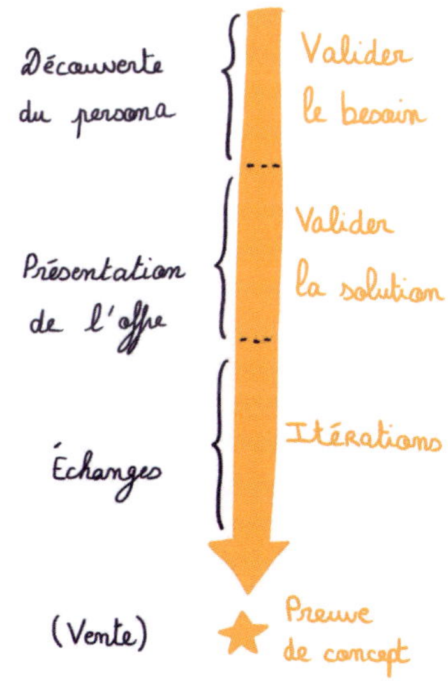

Si tu arrives à faire cela, tu auras déjà réussi dans ta démarche. En bonus, tu pourrais vendre tes services, voire obtenir des recommandations d'autres personnes à contacter. Mais pour cela, **il faut que ton interlocuteur prenne conscience de la nécessité d'agir** (et de le faire rapidement), puis qu'il identifie tes services comme l'aide précieuse dont il a besoin.

> *« Seul le passage à la caisse valide réellement ton étude de marché. »*

Dans ce cas, tu auras une réelle preuve de concept : celle d'obtenir un paiement. Si au contraire ton interlocuteur n'est pas intéressé, il faudra itérer (c'est-à-dire intégrer ses retours pour faire de nouvelles propositions) jusqu'à trouver l'offre qui sera irrésistible aux yeux de tes prospects.

La phase de découverte permet de s'intéresser à l'autre

Plutôt que de poser des questions fades, essaie de comprendre ce qui empêche ton interlocuteur de dormir la nuit. Si tu comprends cela et que tu lui apportes une solution de confiance, tu réussiras à vendre. Voici quelques questions que tu peux poser avec une progression naturelle pour t'intéresser à la personne que tu interroges, mais aussi lui faire prendre conscience de l'importance d'agir pour trouver des solutions.

- ***Parlez-moi de votre entreprise : quel est votre rôle ? Qui est votre équipe ? Quelles sont vos missions ? Pourquoi avez-vous choisi cette activité ?***
- ***Quels sont les projets sur lesquels vous travaillez actuellement ?***
- ***Si vous pouviez améliorer quelque chose, à quoi ça ressemblerait ?***
- ***Quels sont vos objectifs pour les prochains mois ?***
- ***Qu'avez-vous mis en place pour arriver à atteindre ces objectifs ? Qu'est-ce qui a fonctionné ? Et qu'est-ce qui a échoué ?***
- ***Si vous aviez une baguette magique, à quoi ressemblerait la solution idéale pour vous ?***
- ***Si vous réussissez à atteindre ces objectifs, quels seront les effets positifs que vous obtiendrez ? Et en cas d'échec, quelles seront les conséquences ?***

Lorsqu'un prospect ou interlocuteur te partage une information, prends bien le temps de creuser jusqu'à trouver la difficulté ou l'envie réelle derrière cette réponse. Pour cela, il existe une méthode très simple : celle de **poser 5 fois la question « Pourquoi ? » jusqu'à arriver à la racine du besoin**. Attention à ne pas te transformer en perroquet. Utilise ton intelligence émotionnelle pour trouver une façon de descendre jusqu'à l'origine du problème sans avoir l'air d'un enquêteur du FBI !

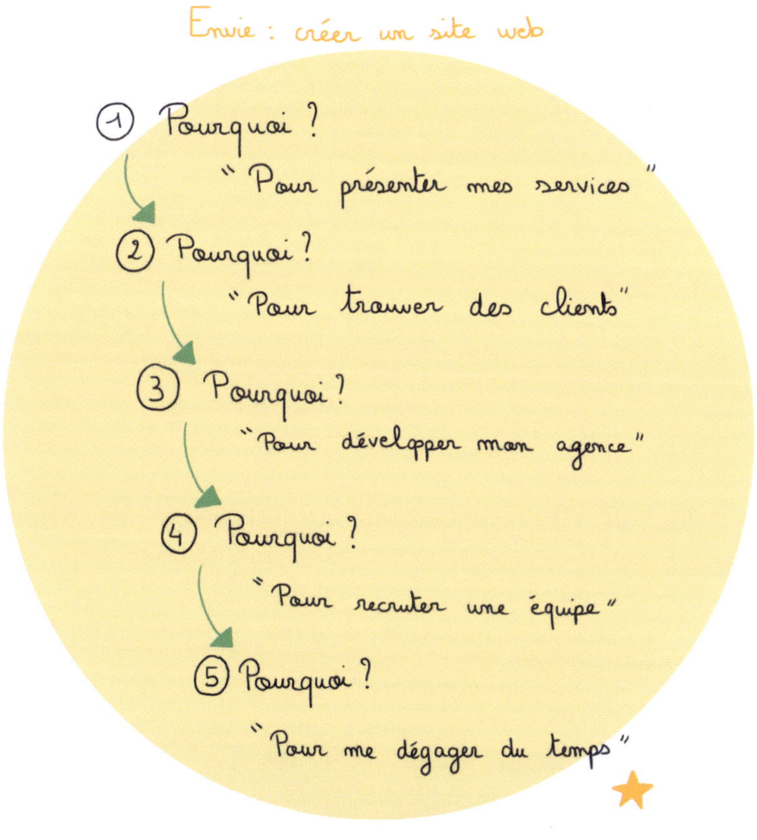

Dans cet exemple, un prospect annonce vouloir créer son site internet. Le freelance pourra construire son argumentaire commercial autour de la recherche de clients, de la possibilité de développer une activité, mais surtout de se dégager du temps libre. Avec ce type d'entretien, ton interlocuteur te donne toutes les clés pour lui proposer une offre à laquelle il ne pourra pas résister.

Les délais d'achats sont des données à maîtriser

Autre question importante : celle de **l'urgence d'agir**. Chacun de tes prospects a une montagne de travail qui l'occupe au quotidien. Si tu veux qu'il signe avec toi, il faut que ta mission soit prioritaire. Pour savoir si un projet est urgent, **fais bien attention aux mots employés par tes prospects**. S'ils sont en phase d'exploration ou de réflexion, ce n'est pas une grande priorité. Cela veut dire que tu pourrais ne jamais signer, ou signer dans de longs mois.

Par contre, si ton interlocuteur a déjà cherché à recruter ou planifié des objectifs à date proche dans son agenda, tu augmentes tes chances de vendre. Évidemment, cela ne se contrôle pas.

> ***« En vente, il faut être au bon endroit, au bon moment ! »***

C'est pour cela que tu devras parier sur le volume, qu'il s'agisse de tes entretiens d'étude de marché ou de ta prospection. Envoyer 2 ou 3 e-mails ne sera pas suffisant pour avoir assez de réponses et trouver des clients.

Seuls les avis honnêtes comptent

Une fois les questions de découverte posées, prends un moment pour **remercier ton interlocuteur** avant de lui demander ce qu'il pense de ton offre. Celle-ci doit correspondre aux problématiques évoquées par ton prospect. Sinon, ça n'a aucun sens.

Parfois, tu devras improviser et imaginer une nouvelle offre sur le tas pour observer les réactions. C'est tout à fait normal, et **la meilleure qualité d'un vendeur reste avant tout sa capacité à écouter en profondeur** pour ne proposer que ce qui est pertinent.

Ainsi, **évite le déballage de services comme si tu présentais un menu**. Ce qui va être important pour toi, c'est de savoir si ton offre est absolument vitale pour le client ou s'il s'agit d'un service sympathique mais non essentiel. Cette notion est parfois utilisée par les fonds d'investissements américains qui cherchent à savoir s'ils doivent financer une startup ou non. Ils se posent la question suivante : « Est-ce que cette entreprise vend une aspirine ou une vitamine ? »[2]

Lorsqu'on a une grosse migraine, la douleur est insoutenable. On vendrait ses parents pour pouvoir se soulager. Les pharmaciens n'ont aucun problème à écouler les aspirines parce que **cela répond à un problème qui mérite d'être résolu**. Par contre, les étagères avec les vitamines ne désemplissent pas aussi vite. Pourquoi ? Parce que même s'il est intéressant de prendre soin de sa santé pour devenir la meilleure version de soi-même ou pour prévenir de futurs problèmes, il faut sortir le porte-monnaie. Il y a peut-être des factures plus urgentes.

Enfin, j'aime ajouter la catégorie « bonbon » à cette grille d'analyse. Certains achats sont axés sur le plaisir uniquement, et il ne faut pas négliger la part de marché intéressée par les produits et services qui remplissent **des besoins de confort, d'orgueil** (se sentir important), **de curiosité** (la nouveauté attire toujours) **ou de sympathie** (vouloir soutenir une marque ou un freelance que l'on apprécie).

---

2 — Source : article « *Is Your Company Selling Aspirin, Or Vitamins ?* » paru sur fastcompany.com le 27/03/2012, https://bit.ly/32THDnv

Finalement, une bonne grille d'analyse consiste à **croiser l'urgence d'agir** (la rapidité à laquelle le problème doit être résolu) **et l'impact de cette difficulté sur la qualité de vie ou sur les résultats d'une entreprise**. En plus de l'aspirine, de la vitamine et des bonbons, il existe des zones assez étranges en termes de positionnement : **l'innovation et le luxe**.

Pour l'innovation, il n'existe pas vraiment d'urgence d'agir, mais sur le très long terme, une entreprise risque de mourir si elle n'évolue pas. Chaque jour passé à attendre représente un retard à rattraper sur la concurrence ou des opportunités de ventes ratées. C'est ce qu'on appelle le « **coût d'opportunité** » : c'est-à-dire la perte potentielle liée à l'inaction. Parfois, poser la question du coût de ne pas agir aux prospects permet de déclencher des ventes.

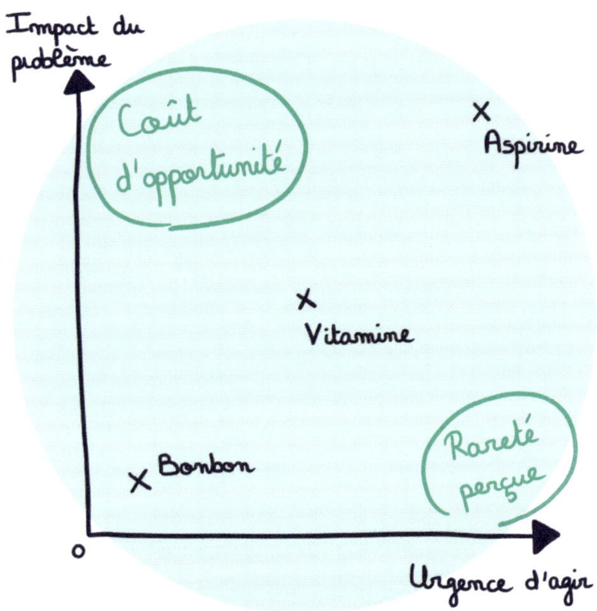

Quant au luxe, **il existe une notion de rareté** dans le très haut de gamme. Plus une marque est perçue comme exclusive, plus elle vendra rapidement car les potentiels clients auront peur de manquer la fenêtre d'opportunité et d'arriver trop tard.

C'est notamment le cas des sacs iconiques des maisons de haute couture. Hermès, par exemple, commercialise des sacs Birkin et Kelly à des dizaines de milliers d'euros. L'offre est limitée à 2 sacs par an, mais il est très difficile d'en obtenir un (et encore plus difficile d'avoir le modèle et la couleur souhaités).

Même s'il s'agit d'un prix très élevé, les clients se plient à ce qui est disponible en boutique. Ils prennent rendez-vous, observent ce qu'il y a en stock et décident le plus souvent de dire oui. Pourtant, il n'y a aucune urgence vitale. **L'urgence d'agir est créée par la rareté.**

Ainsi, les services de type « bonbons » ou « vitamines » ne sont pas condamnés à l'échec. Pour les premiers, il s'agira surtout de marques liées au luxe, au voyage et aux styles de vie. Dans ce cas, il faudra **associer tes services à une belle marque personnelle**, puisque l'achat plaisir sera fortement connecté au marketing et à l'attachement qu'on se fera de toi en tant que personne.

C'est le cas des coachs, des photographes, des artistes et des professeurs qui, finalement, sont souvent recrutés parce que leur style est apprécié, pour le plaisir de s'offrir de beaux souvenirs ou une expérience épanouissante.

La vitamine ne sera pas un achat prioritaire, mais cela restera une bonne option pour les visionnaires et les perfectionnistes qui souhaitent progresser et garder une longueur d'avance. Encore une fois, **un bon marketing permet de susciter l'envie**. Il faudra rappeler l'importance d'investir en prévention d'un futur problème, ce qui n'est possible que chez les clients qui valorisent une vision à long terme.

Dans tous les cas, **il est toujours bon de travailler sur la rareté perçue de son offre**. En freelance, il s'agit souvent de ses disponibilités. Quelqu'un de reconnu dans son secteur sera presque toujours surbooké. Dans ce cas, il aura une liste d'attente et les prospects sauront qu'en cas d'ouverture de son agenda, il sera temps de passer à l'action, au risque de devoir attendre encore un moment.

À TON TOUR

Réalise ton étude de marché

Prends contact avec un client idéal et pose-lui des questions puissantes. Une fois l'appel terminé, rédige un résumé de tes apprentissages à l'aide du questionnaire ci-dessous.

Mon persona : ______________________________

Ses besoins ou problématiques : ______________________________

____

La façon dont je peux y répondre (mon offre) : ______________________________

____

Opinions du prospect sur mes services et tarifs : ______________________________

____

La racine profonde du besoin de mon client idéal est la suivante :

Problème : ______________________________

#1 – Pourquoi ? ______________________________

#2 – Pourquoi ? ______________________________

#3 – Pourquoi ? ______________________________

#4 – Pourquoi ? ______________________________

#5 – Pourquoi ? ______________________________

Mes services sont :

☐ des aspirines ☐ des vitamines ☐ des bonbons

Sur une échelle de 0 (projet non prioritaire) à 10 (plus haute priorité), quelle est l'urgence d'agir de mon prospect ?

0___1___2___3___4___5___6___7___8___9___10

Ce que j'ai appris dans cette étude de marché : ______________________________

____

Conclure au premier rendez-vous

L'IMPORTANCE DE SE PRÉPARER

Après avoir brillé dans son métier d'auditrice financière en cabinet d'expertise comptable, Ludivine a décidé de changer de vie. Elle a alors entamé une reconversion professionnelle pour devenir community manager freelance.
Aussi loin qu'elle se souvienne, elle a toujours rêvé d'indépendance car pour elle, cela rimait avec liberté.

Au départ, elle s'est essayée au « freelancing » en parallèle de son job salarié. Le jour où elle est tombée enceinte, elle a eu le déclic et a décidé de se lancer avec sérieux. « Je ne peux pas élever mon enfant en lui disant de vivre ses rêves si moi-même je n'en suis pas capable » s'est-elle dit !

Elle a donc profité de son congé parental pour quitter son CDI et vivre son aventure freelance. Et Ludivine a eu raison de suivre son intuition : après quelques mois d'activité seulement, elle était déjà rentable.

Les mots de Ludivine Antonetti

Mon envie de liberté a motivé mon lancement. Par exemple, je rêve d'acheter un camping-car et de partir découvrir le monde avec mon mari et mes enfants. Pour l'instant, je suis installée en Corse, où se trouvent la plupart de mes clients. Comme ils sont tous dans le secteur du tourisme et de la restauration, c'est aussi une façon de voyager par procuration.

J'ai eu la chance de **décrocher tous mes contrats au démarrage** de mon activité, lors de mon étude de marché. Pourtant, depuis le départ, j'ai la même devise : je ne démarche que des **entreprises avec lesquelles j'ai vraiment envie de travailler** et pour lesquelles je sens qu'une collaboration est possible. Jusqu'à présent, j'ai donc fonctionné à l'instinct, et j'affiche un taux de réussite de 100 % ! Comme je propose des formules mensuelles de gestion de réseaux sociaux, j'ai des revenus récurrents avec les mêmes clients depuis mon lancement.

J'ai demandé des conseils et j'ai obtenu des contrats. Au départ, je n'osais pas aller à la rencontre de mon marché et mon activité était au point mort. Mais dès que je me suis lancée et que j'ai décidé de faire une étude de marché, j'ai trouvé des contrats. Je suis partie à la rencontre de ma cible pour mieux cerner ses attentes et enrichir mes idées. À mon grand étonnement, j'ai signé avec des clients auprès desquels je souhaitais simplement obtenir de l'information et un retour sur mon offre.

J'ai même fait mieux que cela : **lors d'un seul rendez-vous, je suis repartie avec deux missions**. En moins d'un mois, j'ai trouvé mes premiers clients et atteint les 2 500 € de chiffre d'affaires. Tout cela a été possible parce que je suis sortie de ma zone de confort pour aller à la rencontre de ma cible.

À ce titre, plusieurs actions m'ont aidée : tout d'abord, **j'ai défini avec clarté mon client idéal**. Je me suis surtout posée la question de ses principaux enjeux, freins et envies. Puis, je me suis préparée pour chaque rendez-vous. J'avais un objectif principal en tête et je savais quelles réponses apporter face à toutes les objections possibles. Enfin, j'ai misé sur l'adaptabilité. Même si j'ai une offre standard, je fais preuve de compréhension pour la modifier lorsque nécessaire afin qu'elle convienne à chaque prospect.

Un business, c'est comme une course ! À l'image d'un athlète, un freelance doit aussi se préparer à son lancement. Être indépendant, ce n'est pas seulement réaliser des missions, c'est aussi **beaucoup de réflexions, de stratégie, d'investissements pour lancer, entretenir et pérenniser son entreprise**.

Plus on se prépare, plus les résultats arrivent rapidement. Preuve par l'exemple : je me suis lancée en mettant mon site en ligne et en attendant sagement que mes clients arrivent. Forcément, cela n'a pas fonctionné.
Mais dès que j'ai pris mon business au sérieux, notamment en réfléchissant à ce que je voulais vendre et à qui cela allait être utile, j'ai eu des résultats. C'est pour cela que je trouve l'étude de marché indispensable : elle permet de récolter de précieuses informations pour développer sa propre entreprise.

Le mot de la fin

Se lancer, c'est la première marche vers le succès et c'est aussi la plus difficile à monter. Parfois, en phase de développement, on monte 4 marches d'un coup pour en redescendre 3 juste après. Mais c'est cela qui rend l'aventure si belle, et elle en vaut le coup !

Si tu as cette petite flamme au fond de toi, et si tu sens qu'elle ne demande qu'à grandir, écoute-toi et laisse-toi une chance.

Si tu n'essaies pas, tu ne pourras jamais connaître le résultat.

Partie 3

Trouver suffisamment de clients

Trouver des clients, c'est le nerf de la guerre en freelance.

Ne pas générer de revenus signifie qu'il faudra te reposer sur d'autres activités (ou mode de travail) comme le salariat pour gagner ta vie.

> *« Si tu n'as pas de clients, tu n'as pas de business, mais un hobby ! »*

En choisissant la voie de l'indépendance, tu choisis de troquer l'assurance d'un revenu régulier pour l'inconnu et l'incertitude. Même si tu gagnes bien ta vie, tu ne sauras jamais de quoi sera fait le mois suivant. D'ailleurs, la recherche de clients est l'un des aspects les plus anxiogènes chez les freelances qui démarrent. Pourtant, sur le papier, la vente n'est qu'un savant mélange de stratégie, de méthodologie et de persévérance.

La vente fait **ressortir nos peurs les plus profondes**. Une fois que tu auras compris comment trouver des clients, ce qui pêchera le plus ne sera pas de savoir quoi faire, mais de **gérer ton propre état d'esprit**. Le syndrome de l'imposteur et la peur du rejet seront au rendez-vous.

Voici ma mise en garde à ce sujet : la motivation ne sera pas toujours présente. Il faudra donc être discipliné jusqu'à ce que tu obtiennes de premiers résultats encourageants.

Commencer à vendre, c'est se mettre en mouvement. À l'image d'une lourde pierre qu'il faudrait faire rouler, les premiers efforts seront les plus intenses. Et si tu te rappelles des cours de physique au lycée, Newton expliquait que pour faire passer un objet de l'inertie au mouvement, il fallait appliquer une force. Vendre sera de plus en plus facile car tes précédents efforts t'entraîneront sur ta lancée.

Rends cette expérience agréable ! Mets de la musique, sers-toi une bonne tasse de thé et prends plaisir à apprendre cette nouvelle compétence qu'est la vente ! Tu finiras peut-être même par aimer cela.

CHAPITRE 11

Où trouver ses premiers clients ?

65 % des indépendants éprouvent des difficultés à trouver des clients[1]. La bonne nouvelle, c'est qu'il est non seulement possible (et nécessaire) d'apprendre à vendre tes services, mais qu'**il y a aussi de nombreuses stratégies pour y arriver**. Tu pourras choisir celles avec lesquelles tu es le plus à l'aise ! En échangeant avec des freelances chevronnés, tu entendras peut-être les réflexions suivantes :

- ***« Je ne recherche pas mes clients, ils viennent à moi par le bouche-à-oreille. »***
- ***« Mes missions proviennent directement de mon réseau. »***
- ***« J'ai simplement créé un profil sur une plateforme, et j'y trouve mes contrats sans lever le petit doigt. »***

Ces remarques sont frustrantes car elles donnent l'impression qu'il est impossible de contrôler ses ventes. Les clients viendraient par eux-mêmes, comme par magie pour quelques heureux élus. Les autres freelances seraient alors impuissants dans la recherche de leurs clients. À l'image des jeux de hasard, ils devraient se contenter de vivoter en espérant que le destin soit plus clément dans un avenir proche. **Il faut changer ces fausses croyances car elles sont décourageantes.**

En réalité, si tu apprends les bases des techniques commerciales, tu te rendras vite compte que **tu as bien plus de contrôle sur tes ventes que tu ne le pensais**.

Trouver des clients n'est pas une question de chance ou de personnalité. Il n'existe pas de bon vendeur né. De même, il ne suffit pas d'avoir le bagout pour signer des contrats.

---

1 — Source : article « Le freelancing en France 2019 : 90 % des freelances le sont par choix » paru sur Malt.com en juin 2019, https://bit.ly/3mrxHdQ

Les techniques commerciales s'acquièrent. Elles sont structurées et méthodiques. Pour vendre, il faut :

- **trouver une stratégie commerciale adaptée** à tes clients idéaux,
- **te former** à cette stratégie pour pouvoir la mettre en place,
- **faire tes choix en prenant en compte le plaisir** que tu y prends, pour pouvoir tenir dans la durée.

Sur ce dernier point, la régularité est souvent négligée, mais elle est indispensable. Si tu as envie de perdre 10 kilos, manger de la salade le temps d'une journée ne sera pas un effort suffisant.

Il faudra **transformer ton style de vie** non seulement pour perdre ce poids, mais aussi pour ne pas le reprendre. Eh bien la vente, c'est la même chose ! Les efforts par-ci, par-là, ça ne fonctionne pas. Si tu t'embarques dans l'aventure freelance, tu devras le faire avec intégrité et te réconcilier avec l'idée de **devenir le propre commercial de ta boîte** !

Comprendre le jargon commercial

Tu vas vite t'en apercevoir : le monde de la vente est truffé d'anglicismes, peut-être parce que l'anglais est la langue des affaires ou parce que nos amis anglo-saxons sont décomplexés par rapport à l'argent. Je m'en excuse par avance, bien loin de moi l'idée de m'exprimer en franglais comme Jean-Claude Van Damme ou le cercle très fermé des startups parisiennes… mais il n'existe pas toujours d'équivalent français.

Avant de te parler de trouver des clients, il faut t'équiper de quelques définitions, puisque tous les logiciels, blogs et manuels de vente y font référence. Tu as peut-être déjà entendu ces termes auparavant.

- **Un client**, est un interlocuteur qui a validé la vente. Il s'engage à payer pour obtenir ton service.

- **Un prospect**, quant à lui, n'a pas encore signé. Cependant, tu imagines qu'il pourrait devenir client parce qu'il répond à ta définition du client idéal. Si cette personne manifeste un intérêt, on parle de **prospect qualifié**.

- **Un *lead*** (ou parfois suspect) est un contact qu'on va suivre sans forcément savoir s'il est dans notre cible. Il peut être chaud (c'est-à-dire qu'il connaît déjà notre existence) ou froid (il n'a jamais été au contact de notre activité).

- **Le canal d'acquisition client** est la méthode employée pour récolter des *leads* (obtenir des contacts vers lesquels revenir ou générer des appels et messages).

En cherchant à savoir où trouver des clients en freelance, tu te poses en fait la question de savoir quel canal d'acquisition choisir ! Et c'est ce que nous allons explorer ensemble.

Choisir sa propre stratégie marketing

Plutôt que de te donner des miettes de solutions telles que des noms de sites[2] proposant des missions en freelance ou d'entreprises ayant des réseaux d'indépendants, je t'invite à partir sur une réflexion plus globale.

Ici, on ne cherche pas à lister des outils, mais à comprendre les stratégies un niveau au-dessus, pour que tu puisses rester autonome. Après tout, les sites internet et les potentiels clients risquent de disparaître. Mais si tu sais comment les remplacer, tu n'auras plus de soucis pour faire une simple recherche Google et identifier les opportunités.

On classe les canaux d'acquisition selon 2 critères :

- les démarches prospectives, aussi appelées marketing sortant (ou ***outbound* marketing**) ;
- les stratégies de marketing entrant (ou ***inbound* marketing**) grâce auxquelles tu es trouvé par le client.

Au sein de chacune de ces catégories se trouvent de nombreuses stratégies pour t'aider à signer tes futures missions. En voici une liste, que j'ai voulu non exhaustive.

---

2 — Je t'ai tout de même fait une belle liste de sites et plateformes disponible sur : https://laminutefreelance.fr/bonus-livre

Stratégies outbound *(partir à la recherche de son client)*

- **Le réseautage** : assister à des événements professionnels (clubs d'entrepreneurs, salons professionnels...) pour développer son carnet d'adresses et rencontrer des prospects. Exemple : chaque année, la BPI organise « BPI Inno », un salon porté sur l'innovation où se rendent de nombreux cadres de grands groupes intéressés par les sujets liés au numérique. C'est l'occasion de créer du lien lorsqu'on travaille dans les métiers du digital !

- **La prospection** : envoyer des e-mails non sollicités ou appeler des contacts à froid pour se faire connaître.

- **Les annonces** : répondre à un besoin en soumettant sa candidature sur les différents sites proposant des missions pour freelances. Exemple : les sites tels que Indeed, LinkedIn Job, Welcome to the Jungle ou encore l'Apec proposent des filtres de recherche pour ces types de contrats.

- **Les introductions** : demander à quelqu'un de son réseau de nous mettre en relation avec un potentiel client sur lequel nous avons jeté notre dévolu.

Stratégies inbound *(faire venir le client vient à soi)*

- **Les agences et les collectifs** : travailler en collaboration ou en sous-traitance avec une structure chargée d'un projet et intermédiaire avec le client final. Exemple : le collectif Happy Dev propose à ses membres (freelances) des mises en relation sur des projets liés au développement informatique. Attention : même si ces intermédiaires t'envoient des missions, tu devras certainement faire un effort *outbound* (sortant) pour être référencé dans leurs réseaux au départ.

- **Les recruteurs** : rejoindre la base de CV de sociétés de recrutement qui chassent et placent des profils recherchés au sein d'entreprises en recherche de prestataires de services. Le plus souvent, les recruteurs viendront à toi grâce à une recherche par mots-clés sur des réseaux sociaux comme LinkedIn. Néanmoins, si tu n'exerces pas un métier en pénurie sur le marché, tu devras aller frapper à leur porte, ce qui en fera une méthode *outbound* (sortant). Exemple : l'entreprise Sthree place des indépendants dans les secteurs STEM[3], le plus souvent auprès de grands groupes et PME d'envergure internationale.

- **Les recommandations** : il s'agit ici du fameux bouche-à-oreille, à ne pas confondre avec les introductions (qui sont demandées). Le contact est établi sans requête du côté freelance. On les reconnaît avec la fameuse phrase : « Je viens de la part de... » C'est une technique de vente agréable, mais qui ne peut pas être contrôlée (à moins d'offrir une compensation financière comme l'apport d'affaires ou l'affiliation).

- **Les plateformes de missions freelances** : elles connaissent un grand développement ces dernières années. Parfois décriées, elles mettent en relation un client et un indépendant qualifié avec une option de gestion de projets. Cette catégorie regroupe aussi bien les applications telles qu'Uber et Deliveroo (qui recrutent des indépendants pour assurer des livraisons sans qu'eux n'aient à échanger avec le client pour clôturer la vente) que des plateformes de prestations de services où les indépendants doivent gérer la relation client (presque) de A à Z. Il arrive que s'inscrire ne suffise pas : certaines plateformes publient des annonces avec un système d'enchères. Dans ce cas, il faudra non seulement créer un profil, mais aussi envoyer sa candidature et un devis pour chaque offre convoitée. Exemple : les plateformes telles que Malt, Upwork, Kang, Fiverr ou encore Comet réalisent un travail de visibilité auprès des clients finaux, ce qui permet aux indépendants d'être trouvés plus facilement par des prospects ayant identifié un besoin précis.

- **La publicité** : en payant certains réseaux sociaux ou médias, il est possible de promouvoir son offre ou son profil auprès d'une audience composée de clients idéaux.

- **Le marketing de contenus** : cette stratégie de communication consiste à publier du contenu sur internet (blog, réseaux sociaux, newsletter) pour attirer des prospects qualifiés et générer des demandes de rendez-vous ou de devis.

---

3 — STEM : *Science, technology, engineering and mechanics*. Il s'agit des métiers scientifiques, des technologies, de l'ingénierie et de la mécanique.

- **La presse** : envoyer un communiqué à des journalistes (avec ou sans rétribution financière) pour cibler le lectorat d'un média spécifique. Cette méthode est notamment utile pour toucher une industrie particulière ou des clients basés dans une zone géographique précise.

Aucune de ces stratégies n'est meilleure que l'autre. Du côté ***inbound***, le freelance est chassé par un prospect parfois déjà convaincu. Pour arriver à ce type de résultat, il faut investir beaucoup de temps ou de ressources dans le développement de sa communication.

À l'inverse, la stratégie ***outbound*** ne nécessite pas de budget spécifique ni de créer une large audience, mais peut donnerl'impression d'avoir peu de succès, soit parce que la concurrence est rude (par exemple, s'il s'agit de répondre à des annonces publiées sur des sites pour l'emploi) ou soit parce que le besoin n'existe pas forcément (comme dans le cadre d'une prospection).

> ***« Tout est difficile : il faudra simplement choisir ton combat ! »***

Tu n'as pas besoin de t'attaquer seul à ta recherche de clients. Deux options s'offrent à toi.

- **La vente en direct** avec laquelle tu vas gérer tout le processus commercial et la collaboration auprès des clients finaux.
- **Le passage par des intermédiaires** : il s'agit de relations ou de sites internet qui vont t'enlever une partie de la charge commerciale, administrative ou logistique en prélevant une commission.

Partage de la charge de travail

Intermédiaire		Freelance
Recherche de clients	→	Candidature
Gestion de projets	→	Peaufiner le cahier des charges
Signature des contrats et reccueil des paiements	→	Produire ce qui est convenu
Référencement auprès d'entreprises complexe	→	Communication avec le client final

Si tu choisis de passer par un intermédiaire, tu devras alors **comprendre les règles pour être référencé chez lui**. Parfois, il s'agit simplement de s'inscrire dans une base de données et d'attendre d'être contacté. Dans d'autres cas, il faudra créer et **entretenir des relations avec des professionnels** qui pourraient avoir besoin de toi en tant que sous-traitant.

Enfin, les plateformes sont souvent mal perçues et accusées d'être responsables de l'ubérisation de l'économie[4]. Cette critique manque de nuance. Je trouve que ces places de marché sont un excellent moyen de se lancer et de se faire la main avec de premières missions. Mais comme la concurrence est rude, les tarifs ont tendance à aller vers le bas. Au départ, on aura du mal à avoir le beurre et l'argent du beurre.

« On n'a jamais rien sans rien ! »

Mais la bonne nouvelle, c'est qu'en matière de stratégie de vente, tu as l'embarras du choix. Tu n'es pas obligé de dépendre d'intermédiaires pour trouver des contrats. **Notre modèle économique capitaliste repose sur la loi de l'offre et de la demande. C'est la rareté qui fait la valeur.** Ainsi, pour pouvoir justifier de tarifs plus élevés, tu dois être considéré comme un prestataire rare, difficile à remplacer. Choisis un canal d'acquisition sur lequel tu auras moins de concurrence pour t'assurer de revenus plus élevés.

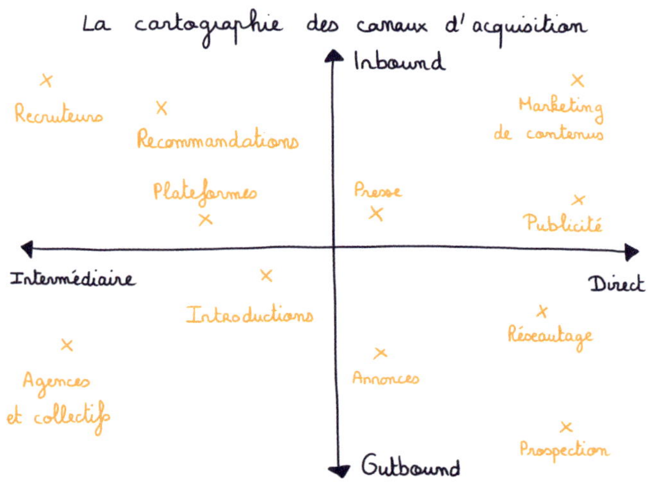

4 — Au besoin, relis « Les indépendants ne sont pas soumis à la précarité » (chapitre 1 p. 23).

À TON TOUR

Choisis tes canaux d'acquisition

Voici une liste des canaux d'acquisition les plus répandus. Sélectionne ceux que tu souhaites explorer. Tu es libre de changer d'avis par la suite.

Coche une à trois stratégies qui retiennent ton attention. Pas plus ! En voulant être partout, tu risques de ne pas être régulier.

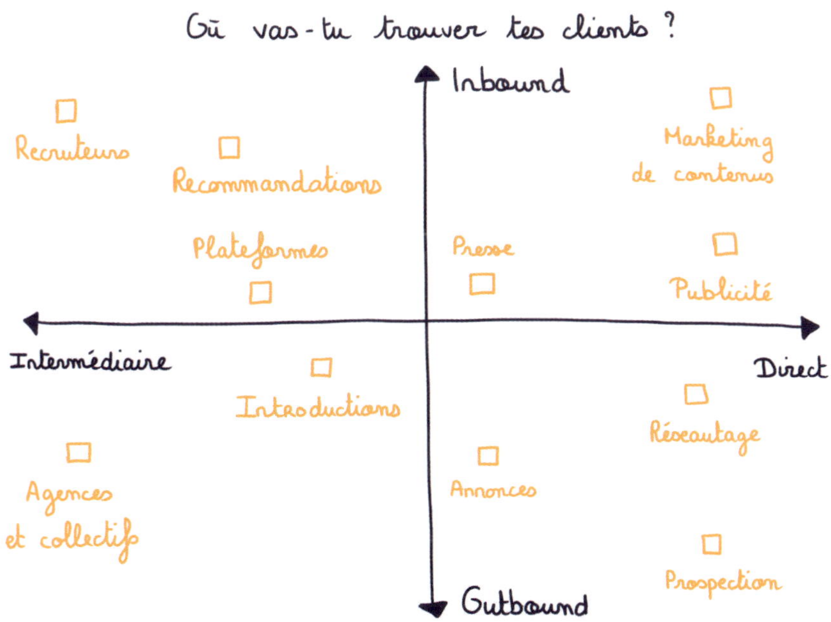

Je t'invite à commencer par essayer une méthode, à la tester avec suffisamment de temps et de rigueur pour voir si elle te donne des résultats.
Évite le syndrome de l'objet brillant, qui donne l'impression que l'herbe est plus verte ailleurs et qui te fera passer d'une stratégie à l'autre trop vite pour en tirer de réelles conclusions.

Idée reçue

LA VENTE NE SE MAÎTRISE PAS !

C'est absolument faux ! Contrairement à ce que certains imaginent, trouver des clients n'est pas une question de réseau existant (le fameux piston) ou de coup de chance. En vente, tout est mesurable ! La quantité d'e-mails envoyés, de candidatures transmises, d'appels acceptés par des prospects...

Puisque tout peut être chiffré, tout peut être analysé. Si tu sais qu'il faut envoyer en moyenne dix e-mails de prospection pour obtenir la signature d'un client, tu comprendras la quantité d'efforts à fournir pour en obtenir suffisamment pour vivre ! **Cette démarche analytique est indispensable pour ta stratégie commerciale.**

En avoir une va enlever l'aspect anxiogène de l'incertitude des revenus. L'expérience d'un freelance, qu'elle soit positive ou négative, dépend presque intégralement de la **qualité de son portefeuille clients**. Il faudra trouver suffisamment de contrats pour gagner ta vie, et t'assurer d'écarter les personnalités difficiles et les missions précaires pour être serein. Cela t'aidera grandement à apprécier ton travail au quotidien.

Ici, **le maître mot, c'est le « choix ».** Si tu apprends à te vendre, tu auras un flux régulier d'opportunités. **Tu pourras alors dire « non » aux demandes bancales.** Ça fait un bien fou ! Mais personne ne sera derrière toi pour t'apporter ces clients sur un plateau d'argent. Tu devras écouter ton intuition, meilleure alliée pour sélectionner ta clientèle.

Au démarrage, tu pourrais penser ne pas avoir le choix. Sauf qu'un client difficile viendra ruiner ton énergie. Si tu avais un flux régulier de missions, tu ne gaspillerais pas ton temps avec un contrat qui sent mauvais dès le départ. **Un client compliqué est donc un faux problème.** La racine du mal, c'est de ne pas savoir se vendre !

Comment choisir la bonne méthode de vente ?

Si tu as du mal à te décider, sache qu'il n'y a pas de solution universelle. Tu ne pourras le savoir qu'en confrontant ton projet à ton marché. C'est un peu l'épreuve du feu. On se jette dans le vide et on voit si on arrive à voler. La bonne nouvelle, c'est que s'écraser n'est jamais fatal. Le choix de ton canal d'acquisition client doit se faire selon 3 critères cumulatifs.

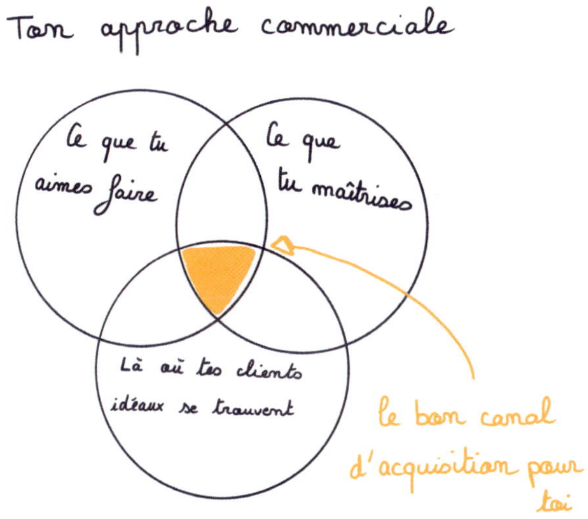

#1 – Tu dois **maîtriser la technique employée** (ou t'y former). Par exemple, si tu ne sais pas comment fonctionnent les réseaux sociaux, tu auras difficilement des résultats.

#2 – Tu dois **aimer la stratégie employée pour pouvoir être régulier** dans tes efforts de vente. Si tu cherches des clients de façon ponctuelle ou uniquement quand tu as du temps libre, tu vas avoir des résultats en dents de scie. Tu vas alterner entre des périodes de famines et de festins. Ton quotidien va ressembler aux montagnes russes, entre les nuits blanches passées à travailler sur des projets et les périodes d'ennuis où les clients ne se bousculeront pas à la porte.

#3 – Enfin, **tes clients doivent être présents sur le canal d'acquisition** que tu vas choisir. Peut-être qu'en fait, ta cible n'utilise jamais les réseaux sociaux au travail. Dans ce cas, le meilleur moyen de les joindre sera la prospection. Ce n'est pas de chance car, souvent, on déteste envoyer des e-mails à froid. Mais c'est parfois la seule solution pour réussir à faire connaître son activité !

« Pour avoir des revenus réguliers, tu dois vendre régulièrement. »

Utiliser l'effet levier de son réseau

La meilleure façon de chercher des clients, c'est de solliciter le réseau que tu as déjà. Tu pourrais penser qu'il est égal à zéro mais, à moins d'avoir vécu dans une grotte toute ta vie, tu connais d'autres êtres humains qui pourraient t'aider.

Ces connaissances constituent ton **premier cercle**. Il regroupe tes amis, les membres de ta famille, tes anciens collègues et employeurs ainsi que toutes les personnes avec lesquelles tu as un lien direct. Vient ensuite le **deuxième cercle**, directement connecté à tes connaissances. Ce sont les amis de tes amis, mais aussi le réseau d'*alumni* de ton ancienne école. Une bonne manière de les atteindre reste de **demander une mise en relation**.

Enfin, le **troisième cercle** regroupe les inconnus qui sont les professionnels se trouvant à au moins 3 degrés de séparation de toi. Ce sont les canaux d'acquisition traditionnels qui te permettront d'entrer en contact avec eux.

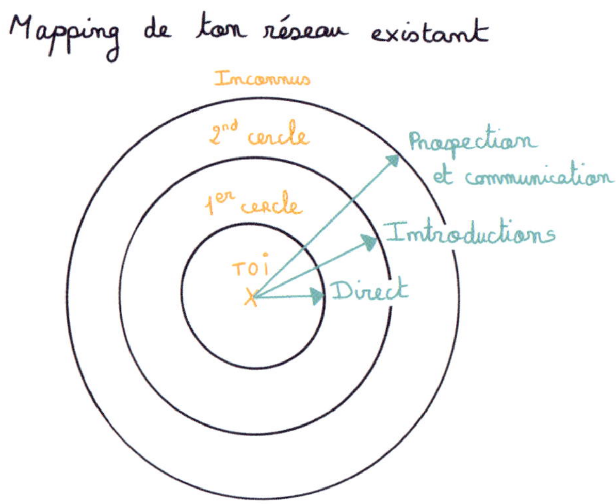

Tu es certainement connecté avec ton premier cercle via les réseaux sociaux, par e-mail, par téléphone ou dans des lieux d'activités partagés (salles de sport, bar du quartier). **Ta première mission pour trouver des clients consiste donc à leur donner le mot.** Mais pas n'importe comment.

La première étape consiste à mettre à jour ton profil sur chaque réseau social sur lequel tu es actif, en présentant ta nouvelle activité. Rédige des publications régulièrement pour rappeler ce que tu fais. Ton réseau ne verra jamais 100 % de ton contenu !

Pour avoir de meilleurs résultats, je te recommande de contacter ton premier cercle de façon individuelle afin de demander un coup de pouce. Attention : la plupart des freelances se plantent royalement à ce stade. La promotion de leurs services arrive un peu comme un cheveu sur la soupe parfois presque comme du spam. Voici le type de messages **qu'il ne faut absolument PAS envoyer à son réseau**.

- ***« Je viens de me lancer en freelance avec des prestations de (métier). Si tu connais des personnes qui ont besoin de mes services, peux-tu leur donner mon contact ? »***

Ou pire :

- ***« Voici ma plaquette pour mes services en freelance : peux-tu la partager sur tes réseaux ? »***

Parfois, ce message est accompagné d'un lien vers un site ou vers une publication sur les réseaux sociaux avec une demande de partage. Cette approche soulève plusieurs problématiques.

- **La charge mentale de la recherche de tes clients ne doit pas reposer sur ton réseau, mais sur toi.** Rares seront les personnes qui se plieront en quatre pour t'aider à décrocher des missions : elles ont bien d'autres chats à fouetter.
- **Les professionnels qui ont constitué de beaux réseaux n'ont pas envie de se transformer en spammeurs**[5]. Ils ne feront pas le relai d'une offre quelconque car ils tiennent à conserver une image cohérente et qualitative.
- Ton contact n'a peut-être aucune idée de ce qu'est un freelance, ni de ton métier ou de ton client idéal.

---

5 — Spammeur : se dit d'une personne qui utilise la technique du spam, consistant à relayer de la publicité, de façon non sollicitée et non ciblée, à un large nombre de personnes.

Oui, les gens qui tiennent à toi ont envie de t'aider, mais ils ont aussi une vie. Ils n'ont pas envie de se transformer en panneaux publicitaires pour tes beaux yeux. Ils ont leur propre charge mentale qui laisse peu d'espace pour se souvenir de ta demande. Si tu souhaites qu'ils fassent la promotion de tes services, **il faut leur mâcher le travail**.

Demander une mise en relation

Ma responsabilité	La responsabilité de mon contact connecté
* Identifier le professionnel avec lequel je souhaite entrer en contact * Créer le message de mise en relation * Demander à mon contact de m'introduire * Relancer si besoin	Aucune !

Pour réussir à activer ton réseau et y trouver tes premières missions, il n'y a qu'une solution valable : celle **d'adopter une approche qualitative.** Tout d'abord, réalise un *mapping* (ou cartographie) de ton entourage pour identifier les contacts qui te seront utiles. Puis, mène ton enquête pour trouver la façon dont ils pourraient t'aider. Enfin, envoie des demandes précises (de mises en relation, d'échange pour ton étude de marché, etc.) pour leur faciliter la tâche. Pour tous les professionnels que tu connais, pose-toi les questions suivantes.

- ***Quelles sont leurs occupations actuelles et anciennes ?***
- ***Quelles sont les entreprises avec lesquelles ils ont déjà travaillé ?***
- ***Sont-ils présents sur les réseaux sociaux de façon professionnelle ?***
- ***Sont-ils connectés à mes clients idéaux ?***

Attention : ce n'est pas être opportuniste que de demander de l'aide. Sois simplement prêt à renvoyer l'ascenseur le jour où ça sera pertinent. **L'entraide est très importante en freelance. Avec l'aide des autres, tu iras plus vite et plus loin.** Et en plus, c'est fun !

CHAPITRE 12

Non, la prospection n'est pas morte

La prospection, c'est un peu la bête noire des indépendants. Elle est redoutée par ceux qui se lancent car ils pensent que c'est la méthode de vente la moins noble de toutes. Le problème, lorsqu'on se braque de suite, c'est qu'on oublie de penser de façon rationnelle.

La prospection reste l'une des meilleures méthodes pour s'adresser à des clients qu'on ne pourrait pas joindre autrement, surtout ceux qui n'utilisent pas les réseaux sociaux dans un cadre professionnel.

Il existe aujourd'hui des outils pour rendre la prospection beaucoup plus facile qu'elle ne l'était avant, lorsqu'il fallait prendre son téléphone ou faire du porte-à-porte. Pourtant, à en croire la perception collective, utiliser la prospection, c'est vivre au Moyen Âge. Le marketing digital, à l'inverse, serait le futur de la vente.

Je ne suis pas d'accord avec ce constat. La prospection permet de se lancer sans avoir une audience construite, sans devoir dépenser de budget dans l'immédiat pour développer un site internet ou investir dans de la publicité.

Prospecter, ça veut dire quoi ?

Le mot est galvaudé : il désigne simplement **la prise de contact avec un prospect, par e-mail ou par téléphone, dans le but de lui proposer une rencontre**. Attention : l'objectif n'est surtout pas de vendre dès le premier échange. Cela serait l'équivalent de réaliser une demande en mariage auprès du premier inconnu qui nous tape dans l'œil dans la rue[1].

---

1 — Si tu veux découvrir mon parallèle entre les relations amoureuses et la vente, je t'invite à visiter le chapitre « Conclure sa vente comme en amour » p. 220, pour comprendre les étapes à ne pas brûler.

Ainsi, la prospection peut aussi être un message privé envoyé sur les réseaux sociaux pour féliciter un professionnel d'une actualité réjouissante, et lui expliquer que l'on voit une synergie entre nos activités.

La démarche prospective n'a pas à être ennuyeuse. Bien loin du copier-coller d'une présentation austère ou de l'envoi d'une plaquette d'information, il s'agit en fait de susciter l'intérêt en montrant que l'on s'est renseigné un minimum sur le client et qu'on pense pouvoir lui apporter un coup de pouce.

Réussir sa prospection

La prospection n'a qu'un seul but : celui de **décrocher un rendez-vous durant lequel il sera possible d'échanger sur les grandes priorités du prospect** pour y trouver des synergies. Elle permet de faire savoir que l'on existe (par une prise de contact), de montrer que nous avons un profil intéressant, d'attiser la curiosité et de proposer un moment d'échange.

Il est indispensable de **mesurer le pourcentage d'obtention de rendez-vous** pour savoir si la stratégie employée fonctionne. Mais à la différence du marketing digital, il est plus difficile de suivre la visibilité de ce type d'action de vente, et cela peut vite devenir décourageant.

Grâce aux logiciels CRM[2], il est possible de mesurer le taux d'e-mails délivrés (appelé « *deliverability rate* »), de traquer l'ouverture de ceux-ci, de comptabiliser les réponses et de chiffrer le taux de conversion entre la prise de contact et le rendez-vous.

Un taux de conversion correct correspond à 2 ou 3 % d'une liste (comme pour une newsletter). Cela veut dire qu'en général, il faudra contacter 100 prospects (avec des relances la plupart du temps) pour espérer signer 2 à 3 contrats.

---

2 — Les logiciels de gestion de la relation client type CRM (*customer relationship management*) adaptés à la prospection sont nombreux. Il suffit de faire une recherche rapide pour en trouver avec toutes les fonctionnalités et à tous les budgets. Pipedrive, Close et LemList sont mes préférés !

La prospection n'est donc clairement pas rentable lorsqu'il s'agit de petits contrats. Elle sera à privilégier pour les freelances n'ayant pas besoin de beaucoup de clients pour vivre, grâce à des paniers moyens élevés ou des services comportant de la récurrence (comme des forfaits mensuels).Enfin, il sera indispensable d'**analyser les résultats de la prospection** pour réussir à trouver la recette qui fonctionnera pour toi.

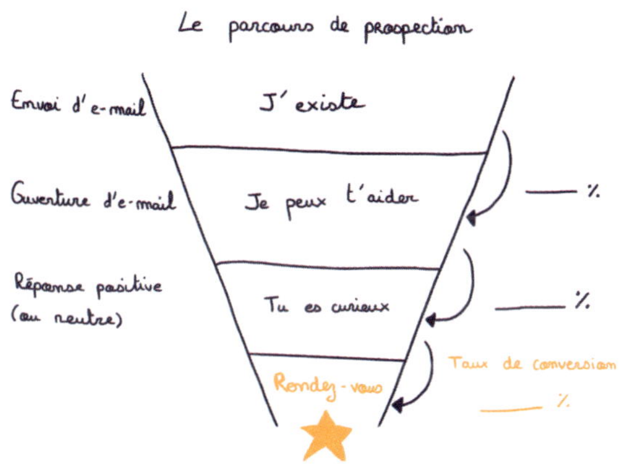

Construire son fichier client pour prospecter

Je t'invite maintenant à te constituer une liste de professionnels à contacter et qui seront en mesure de te proposer une mission. On appelle ce contact le M.A.N[3] (ou la woM.A.N) de la situation. Il dispose des moyens, de l'autorité et de la nécessité de faire appel à tes services. Si tu ne sais pas de qui il s'agit dans une certaine organisation, pose-toi les questions suivantes.

- ***Qui a besoin de ton aide dans l'entreprise ?***
- ***Si tu étais salarié, quel serait le nom de poste de ton supérieur hiérarchique ?***
- ***À quels moments et par qui les budgets sont-ils votés ?***
- ***S'il y a déjà une équipe en place, comment pourrais-tu t'y greffer ?***
- ***Qui pourrait te rediriger vers le bon service ?***

3 — M.A.N : acronyme utilisé par les commerciaux anglo-saxons. Voir l'article « *MAN About Prospecting* » paru sur mtdsalestraining.com le 18/01/2008, https://bit.ly/3rUi8MI

Par exemple, un développeur aura tout intérêt à contacter le CTO[4] d'une startup, puisque ce profil sera au fait des projets techniques de l'entreprise. Un community manager aura plus de chance du côté du directeur marketing. Un formateur pourra obtenir des opportunités de collaboration directement auprès des ressources humaines.

Utilise la stratégie de la toile d'araignée pour te frayer un chemin jusqu'au bon interlocuteur. Contacte un employé informé sur l'organisation interne de l'entreprise, demande-lui de te diriger vers la prochaine personne qui éveille ta curiosité. Répète l'opération jusqu'à identifier le(s) M.A.N de la structure.

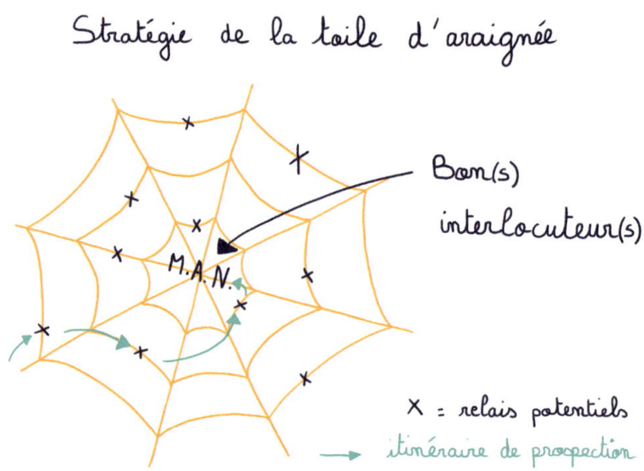

Attention toutefois au *turn-over* (les changements de postes) qui pourrait venir modifier la structure de la toile en cours de chemin et ruiner tes efforts. C'est pour cela que **lorsque tu « chasses » un client, il faut agir vite**. Dans le monde des affaires, tout peut changer du jour au lendemain. Il est recommandé de sécuriser plusieurs contacts au sein d'une même entreprise dans le cas où l'un d'entre eux partirait brutalement. Quant aux entreprises à démarcher, tu peux utiliser les stratégies suivantes :

- **explorer les offres de CDI/CDD** : parfois, l'équipe en place sera souple sur les conditions de contrat et pourra te proposer une mission en freelance à la place ;

4 — CTO (*Chief technical officer*) : anglais pour « directeur des nouvelles technologies ».

- **le suivi des actualités locales et économiques** (levée de fonds, recrutement massif, expansion internationale, obtention d'une subvention) pour arriver à un moment de croissance (et donc, de besoin accru de main-d'œuvre) ;
- **les annuaires et listes** de membres d'associations publiés en ligne ;
- **les incubateurs d'entreprises et fonds d'investissement**, dans la rubrique « portefeuille » (qui présente les différentes sociétés accompagnées) ;
- **les salons professionnels** en s'y déplaçant ou en consultant la liste de participants en ligne (conférenciers, stands et parfois avec accès à la liste d'inscrits) ;
- **de simples recherches** sur les réseaux sociaux professionnels, en faisant appel à ta curiosité.

Lorsque j'ai cofondé ma première entreprise, une startup spécialisée dans le sous-titrage de films, j'ai cherché à me construire un fichier client pour prospecter. Je manquais d'expérience dans l'industrie, je n'avais pas de carnet d'adresses et je n'avais aucune idée des studios vers lesquels me tourner. J'ai donc regardé les génériques de fin de films et de séries pour y observer les crédits.

Cela m'a donné des pistes de sociétés de postproduction à contacter, afin de leur proposer de la sous-traitance. Grâce à cette démarche, j'ai beaucoup appris sur l'écosystème dans lequel s'inscrivait mon activité de l'époque, et j'ai pu obtenir quelques rendez-vous enrichissants.

« Pour construire ton fichier client, sois créatif ! Si ce n'est pas évident à trouver, tu n'auras pas beaucoup de concurrence... »

Se réconcilier avec la prospection

Pour ne plus redouter le moment de prospecter, il faut changer ton état d'esprit. **Tu n'es pas là pour déranger mais pour apporter une solution et un service de qualité.** Le client a besoin de toi pour se développer, de la même façon qu'il a besoin de salariés pour consolider sa croissance.

Si tu redoutes l'envoi d'e-mails, c'est certainement parce que tu as l'impression de déranger. Dans ce cas, le diagnostic est simple : **cette sensation est liée à la faible qualité de ton message de prospection** et non à une vraie réserve face à l'envoi de ta demande. Il est facile de corriger le tir avec l'état d'esprit suivant.

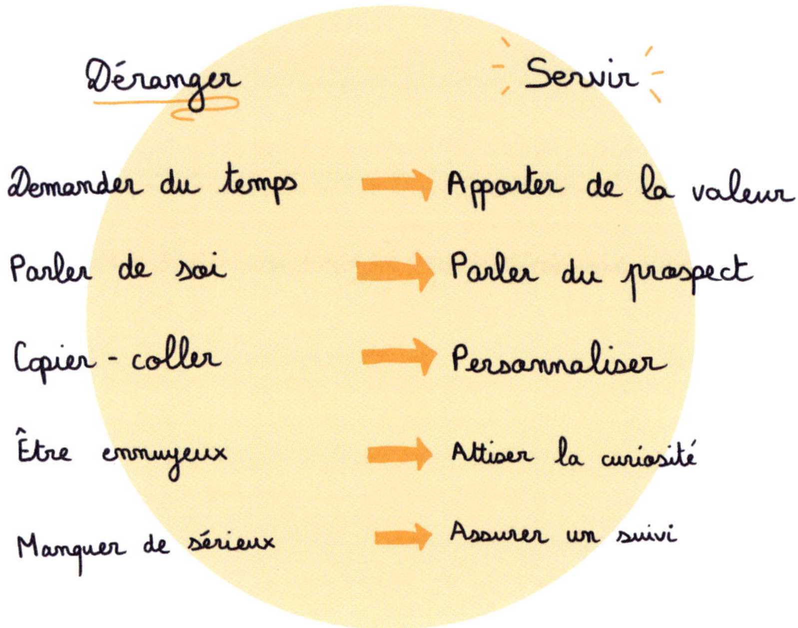

Rester humain pour réussir sa prospection

Voici l'exemple d'un message de prospection qu'il ne faut surtout pas utiliser, au risque de passer pour un robot qui copie et colle la même information à tout le monde.

> ***« Bonjour Jean,***
>
> ***Je me permets de vous contacter pour vous présenter mes services de rédacteur web. Je propose des articles de blog, des newsletters et la rédaction de livres blancs. Si vous avez un site internet, je peux vous aider à le tenir à jour en respectant votre ligne éditoriale.***
>
> ***Auriez-vous 30 minutes pour échanger ? »***

Puis, un contre-exemple d'un message rédigé par le même freelance. Il donne beaucoup plus envie de répondre, non ?

« Bonjour Jean,

Je viens de tomber sur votre article dans le journal de ce matin. Bravo pour votre récente levée de fonds. J'ai lu que votre priorité était de développer votre équipe de vendeurs : vous allez certainement devoir générer plus de leads pour les occuper !

C'est pour cela que je vous contacte. Je m'appelle Lucie et je suis rédactrice web freelance. J'aide les startups comme la vôtre à obtenir du trafic de qualité sur leur site, notamment pour générer des demandes d'informations ou réserver des appels avec les commerciaux.

D'ailleurs, en visitant votre site, j'ai noté quelques petites améliorations qui pourraient être réalisées pour augmenter votre référencement SEO. Je serais ravie de vous les présenter et, si cela est pertinent, de vous aider à les mettre en place en rejoignant votre équipe.

Est-ce que ça vous dit d'en parler jeudi à 10 h ou à 15 h 30 dans une visioconférence de 30 minutes ? »

Dans le premier message, le freelance ne parle que de lui et demande du temps à son interlocuteur sans lui expliquer pourquoi il devrait l'écouter. Dans le deuxième cas, le message de prospection suit une structure en 4 étapes avec :

- **une accroche** pour expliquer le contexte de la prise de contact (et briser la glace) ;
- **une présentation ou « pitch »** qui ne partage que ce qui est intéressant pour le prospect (et pas tout le parcours scolaire et professionnel de l'indépendant car, à ce stade, ton prospect n'y accorde pas beaucoup d'intérêt) ;
- **une information suscitant l'intérêt** : il faut que le prospect se dise que s'il ne prend pas l'appel, il va manquer de précieux conseils ;
- **un appel à action** pour proposer ce premier rendez-vous afin de venir aborder les problématiques du client.

Idée reçue

IL EST POSSIBLE D'AUTOMATISER SA PROSPECTION !

Certains logiciels permettent d'envoyer des e-mails à des listes comportant des dizaines, des centaines, voire des milliers de clients à la fois. Dans ce cas, le système va ajouter des mots spécifiques (tels que le prénom de l'interlocuteur ou le nom de son entreprise).

Parfois, on pourrait penser que l'on y voit que du feu. Ce type d'automatisation ne va leurrer personne : **c'est devenu trop courant aujourd'hui**.

En plus, ce n'est absolument pas nécessaire pour un indépendant. Si tu n'as pas besoin de beaucoup de clients sur l'année, concentre-toi sur la qualité plutôt que sur le volume.

Ta relation commerciale sera d'autant plus qualitative lorsque tu auras pris le temps de personnaliser sincèrement tes messages d'approche. Profites-en pour analyser tes efforts de prospection et continuer à faire augmenter ton taux de conversion.

Analyser ses efforts de prospection (manuelle ou automatisée)

- ☐ E-mail délivré
- ☐ Ouverture
- ☐ Réponse après le 1er e-mail
- ☐ Réponse après une relance
- ☐ Réponse après deux relances
- ☐ Rendez-vous accepté

À TON TOUR

Rédige ton message de prospection

Construis ton argumentaire à l'aide de la trame suivant.

Nouveau message X

À : ______________________________

Objet : ______________________________

Accroche : ______________________________

____

____

Pitch : ______________________________

____

____

____

____

Intérêt : ______________________________

____

____

Appel à action : ______________________________

____

____

Démarcher en dehors des réseaux sociaux

ADAPTER SA PROSPECTION SELON SES CLIENTS

J'ai rencontré Emmanuelle sur un *rooftop* à Singapour. Elle finissait son tour du monde et ne se voyait plus revenir à son activité de collaboratrice au sein d'un cabinet d'expertise comptable.

Par passion pour l'épanouissement au travail et envie de devenir nomade digitale, elle voulait lancer son activité de consultante en ressources humaines, en recrutement et en développement de carrières. Elle est également l'auteure du blog « Ma Future Recrue » où elle s'exprime sur le sujet du recrutement, de la gestion de carrière et de la marque employeur.

Son retour d'expérience est d'autant plus enrichissant car Emmanuelle a construit une partie de son portefeuille clients par la prospection, méthode très efficace et pourtant rejetée en masse par les indépendants.

Les mots d'Emmanuelle Chegrane

Avant de créer mon propre job, j'ai entamé un virage professionnel. À l'origine, je souhaitais devenir expert-comptable. J'avais envie d'un métier riche dans lequel je n'allais pas m'ennuyer en touchant à de nombreux sujets, et avec la perspective d'avoir mon propre cabinet et d'être indépendante. Pour y arriver, il faut suivre un parcours de formation spécifique jusqu'à Bac +8.

Au fil des années, j'ai alterné études et expériences professionnelles comme gestionnaire de paie et comptable. J'étais complètement épuisée. Je me suis demandé : **« Est-ce que j'ai envie de continuer comme ça pendant quelques années ? Est-ce que c'est vraiment ça que j'ai envie de faire ? »**

Finalement, j'ai fait un virage en revenant à ce qui me plaisait le plus : les ressources humaines. Je suis partie sur un coup de tête en me disant que je voulais ouvrir ma boîte tout en voyageant. Et pour cela, **j'avais un seul objectif : trouver un premier contrat !** Je ne savais pas encore quels types de services je voulais offrir.

En naviguant sur internet, je suis tombée par hasard sur une annonce liée au mentorat de carrière. J'ai postulé : je n'avais pas encore d'ordinateur ni de statut juridique. J'ai filmé une vidéo de candidature sur mon téléphone et envoyé mon CV. J'ai passé mon entretien de recrutement depuis une auberge de jeunesse. J'ai signé ce premier client et cela m'a mis le pied à l'étrier.

J'ai développé une stratégie de manière intentionnelle. Lorsque j'ai répondu à cette annonce, c'était facile : il y avait un besoin. Cela fait maintenant trois ans que j'enchaîne les missions pour ce client. J'ai commencé à 300 €/mois, et cela peut désormais aller jusqu'à 2 500 €. Ce sont plusieurs petits contrats réguliers au sein de cette même entreprise : **une fois entrée dans leur structure, j'ai montré que je travaillais avec sérieux et j'ai démarché d'autres services.** Ils m'ont fait confiance et m'envoient du volume, et ça me convient : je préfère avoir quelques gros clients que de courir après de nombreuses missions.

Quant aux autres clients, j'ai dû me poser la question de ce que j'avais envie de faire par rapport à mes compétences. J'ai fait mon Ikigaï[5] et j'ai réalisé que mes forces n'étaient pas en lien avec les prestations opérationnelles en

5 — Au besoin, relis « À la recherche de l'ikigaï » p. 65.

recrutement ou en ressources humaines. Ce que j'aime, c'est la pédagogie. Et c'est sur cette base que j'ai construit mes prestations de *consulting*, de mentorat et de formation !

J'adapte mon pitch à mon interlocuteur. À l'époque, ça ne m'avait pas traversé l'esprit, mais je me suis vite rendu compte que mon nouveau « job » en freelance n'existait pas. Il n'y avait ni étiquette ni mots posés sur ce les prestations que je souhaitais proposer.

Aujourd'hui encore, la plupart des gens ne comprennent pas mon métier. J'essaie alors de faire entrer mon métier dans une case. Je me présente désormais comme consultante en ressources humaines, et j'adapte mon discours en fonction de la personne en face de moi. Par exemple, j'aide les entreprises sur des métiers à tension à valoriser leur marque employeur pour attirer à eux des candidats quand ils peinent à recruter.

Je propose un travail d'accompagnement de ces structures pour qu'elles donnent envie qu'on les rejoigne, alors qu'en général elles se contentent de publier une annonce d'emploi standardisée pour lesquels les talents ne se bousculent pas. Dans ce cas, je me présente en expliquant la valeur ajoutée de mon offre : réussir à recruter dans un métier en tension !

J'ai dû apprendre à prospecter sur le tas ! Une partie de ma cible, comme les experts-comptables, n'est pas présente sur les réseaux sociaux professionnels. Pour leur faire connaître mes services, je n'ai pas eu le choix : **j'ai dû me former au démarchage commercial**. Ça m'était totalement inconnu, mais je m'y suis formée et j'ai appris les règles pour envoyer un e-mail, faire un entretien de vente, etc.

Prospecter me permet avant tout de me connecter avec des personnes auprès desquelles je n'aurais jamais pu communiquer autrement. **Je suis sincère dans ma démarche car je ne cible que les entreprises qui m'intéressent réellement. Ma prospection permet de savoir s'il y a un besoin, ou de confirmer une intuition.**

Par exemple, je construis une partie de mon fichier client en allant repérer les offres d'emplois mal rédigées, puisque je sais que le potentiel employeur n'obtiendra pas beaucoup de candidatures. Je porte en quelque sorte une casquette d'investigatrice pour identifier les personnes que je souhaite aider.

J'ai appris à m'organiser efficacement. Pour gagner du temps, j'ai des modèles d'e-mails que je personnalise à deux niveaux : l'objet du message, que j'ai pris soin de tester plusieurs fois (pour m'assurer qu'il génère un bon taux d'ouverture) et le corps du message en lui-même (pour montrer que j'ai pris connaissance de l'entreprise et de son besoin de recrutement).

Cette personnalisation rassure mon interlocuteur sur le fait qu'il ne s'agit pas d'un copier-coller.

Pour me rassurer sur le côté légitime et naturel de la prospection, je me dis que moi aussi, je rêverais d'être de l'autre côté de ce type d'e-mail. Je n'attends que cela : me faire démarcher par la bonne personne pour plusieurs thématiques dans ma société.

Mais j'ai l'impression que **la plupart des commerciaux ne s'intéressent pas suffisamment à ce que fait l'autre pour déclencher des ventes**. Si je vois qu'un prestataire a pris le temps de voir ce que je fais, qu'il a analysé mon activité et qu'il propose une solution pertinente pour m'aider, alors j'accepte un appel !

Le mot de la fin

En général, quelqu'un qui veut devenir freelance ne sait pas par quel bout prendre son lancement. Dans ce cas, il est facile d'oublier que des solutions existent. Il peut s'agir de se faire accompagner ou de rentrer en contact avec des professionnels qui ont déjà réussi ce qu'on souhaite entreprendre.

Le plus important, c'est de s'ouvrir et de ne pas rester dans sa bulle de relations familiales, amicales ou même dans son petit réseau au coworking local.

Va voir ce qui se fait ailleurs, en France et dans d'autres pays. La plupart du temps, tout a déjà été fait, mais toi, tu le reformuleras d'une autre façon !

CHAPITRE 13

Communiquer pour se faire connaître

Communiquer, c'est bien plus que rédiger des publications sur les réseaux sociaux pour promouvoir ses offres. Il s'agit avant tout de **susciter l'intérêt de ton client idéal** en lui montrant que toi, petit freelance fraîchement lancé, as le pouvoir de l'aider à atteindre ses objectifs les plus ambitieux.

Pour y arriver, il vaut mieux **se concentrer sur une stratégie éditoriale adaptée à sa cible** plutôt que de se ruer sur l'utilisation des réseaux sociaux professionnels à tout va pour générer de la visibilité grand public autour de son profil.

D'ailleurs, on traite trop souvent la communication comme une façon de promouvoir son CV et les relais de visibilité sont considérés comme des panneaux publicitaires. Dans ce cas, on rejoint le « bruit » déjà bien présent en ligne et on est noyé dans la masse. Pire, on spamme ses contacts d'informations qui ne les intéressent pas ! Pour éviter cela, il existe un maître mot : **il faut être intentionnel dans sa stratégie de communication**.

Cela veut dire que chaque action que tu mèneras sur un canal de communication sera reliée à un objectif tel qu'augmenter ta visibilité (avec des prospects qualifiés), transformer ton audience en clients, générer de l'engagement ou encore déclencher des prises de rendez-vous.

Si tu restes intentionnel, tu ne seras jamais tenté de parler de la pluie et du beau temps, de partager des citations à l'eau de rose ou encore pire, des vidéos de chats sur tes profils professionnels.

Mal communiquer, c'est se tirer une balle dans le pied

Tes prospects ne verront jamais toutes tes publications. Mais à l'inverse, tu pourrais faire mauvaise impression dès le premier coup d'œil. C'est pour cela qu'il est important de bâtir une stratégie de communication forte avant de publier ne serait-ce qu'un premier contenu. Elle doit reposer sur 3 piliers fondamentaux :

- **la visibilité** : pour que tes efforts de communication soient visibles par d'autres professionnels ;
- **l'audience** : afin d'être repéré par des clients potentiels, et pas un public « tout venant » ;
- **le contenu** : pour qu'il puisse valoriser ton travail et donner envie de se rapprocher de toi (pour une demande de devis, un échange par téléphone ou même la signature directe d'une collaboration).

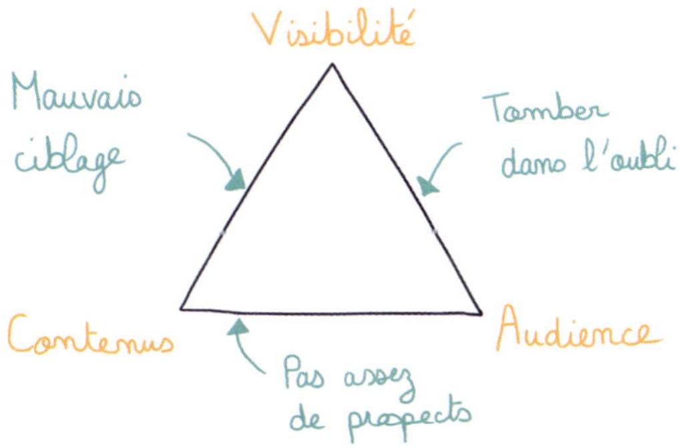

Se priver de contenus, c'est risquer de tomber dans l'oubli. Faire l'impasse sur la recherche de visibilité, c'est communiquer auprès d'un public restreint, au risque de ne pas avoir assez de prospects. Enfin, ne pas chercher à attirer la bonne audience revient à perdre de l'énergie à communiquer auprès de personnes qui n'appartiennent pas à ta clientèle cible.

Ces 3 conditions sont indispensables à la réussite de tes campagnes de communication. Pour comprendre leur importance, tu peux les comparer à une salle de théâtre. Le contenu, c'est la pièce de théâtre qui sera jouée le soir même dans ce lieu. La visibilité, c'est le nombre de tickets vendus. Et l'audience, c'est le type de public qui sera présent.

Si la pièce s'adresse aux enfants, elle ne sera pas bien accueillie par une salle de spectacle remplie d'adultes austères. De la même façon, une représentation s'adressant au bon public mais n'ayant pas vendu beaucoup de tickets ne sera pas considérée comme un succès. Ainsi, si tu utilises **un canal d'acquisition *inbound***[1]**,** ces trois piliers sont tous indispensables pour vendre.

Communiquer est un art

Aucun freelance n'est naturellement un bon communiquant. Il faut prendre le temps de se former, expérimenter plusieurs types de créations de contenus, publier sur divers canaux d'acquisition et en tirer des conclusions. Tu devras peaufiner ta stratégie jusqu'à ce qu'elle porte ses fruits.

> *« Personne n'a envie de lire de la pub à longueur de journée. »*

Une bonne communication permet d'attirer un flux de prospects qualifiés. Mais il faudra quand même conclure la vente derrière !

Les 6 règles pour réussir sa communication

#1 – Tout d'abord, **la communication est un dialogue** et non un monologue. Évidemment, lorsque tu vas chercher à parler de ton activité, tu seras seul derrière ton écran. Mais les mots que tu emploies doivent laisser penser que tu as compris les besoins de ton client idéal, et que tu lui réponds au travers de tes contenus.

#2 – Ensuite, la communication n'est jamais vraiment à propos de soi (même quand on parle de son parcours ou de ses services). Dans le fond, **tout ce qu'on partage doit mettre en avant le besoin du client**. Car il n'en a pas grand-chose à faire de notre CV. Ce qu'il veut savoir, c'est si nos prestations peuvent lui permettre d'atteindre ses objectifs.

---

1 — Au besoin, tu peux relire « Choisir sa propre stratégie marketing » p. 164.

#3 – Pour communiquer, il n'est pas nécessaire d'être partout. Le risque serait de s'essouffler et de ne pas tenir le rythme. Au contraire, il vaut mieux **cibler 1 ou 2 canaux et s'y dévouer à 100 %** !

#4 – **La régularité est indispensable pour obtenir des résultats.** Sinon, ton audience risque de t'oublier et parfois, les algorithmes de certaines plateformes te pénaliseront pour ton manque de dynamisme (c'est notamment le cas d'Instagram qui te mettra moins en avant si tu es absent ou encore de ton référencement SEO, car les robots de Google en déduiront que tu as abandonné ton blog).

#5 – **Prendre position est très important pour construire une communication mémorable.** Tu n'es pas obligé de devenir l'avocat du diable et de contredire tout le monde, mais il est possible d'avoir une pensée engagée et de défendre les idées et valeurs avec lesquelles tu te sens aligné.

#6 – Enfin, faire sa publicité en mettant les pieds dans le plat ne fonctionne jamais. Plutôt que de communiquer uniquement sur une offre et un prix, il faut **mettre en avant la transformation que tu facilites (les résultats).** Cela va aider le prospect à se projeter dans une collaboration avec toi.

Mauvaise communication	VS	Bonne communication
Dire (monologue)	→	Dialoguer
Parler de soi	→	Parler du besoin client
Être partout	→	Cibler les bons canaux
Publier sporadiquement	→	Être régulier
Être fade	→	Prendre position
Promouvoir ses services	→	Promouvoir ses résultats

Qu'est-ce qui obsède ton client ?

Avant de choisir l'endroit où tu veux communiquer, il faut choisir ta ligne éditoriale c'est-à-dire les thèmes sur lesquels tu vas t'exprimer. En effet, tu ne vas pas attirer l'attention de ton audience en parlant simplement des services que tu as à offrir. Tu devras d'abord **susciter l'intérêt en mettant en avant des solutions aux problèmes de tes clients idéaux**. C'est ici que le fameux travail sur les *personas*[2] te sera utile.

Pour définir ta ligne éditoriale, pose-toi la question suivante : quelles sont les requêtes que mon client idéal recherche sur Google ? En y apportant une solution grâce à ta stratégie de contenus, tu vas apparaître comme un interlocuteur privilégié qui comprend ses défis et qui est en mesure de l'aider.

Voici un exemple de contenus pour un freelance social media manager qui gère les réseaux sociaux de sites e-commerce :

Mauvais contenu

« Je propose un forfait pour vous aider à développer la notoriété des entreprises sur les réseaux sociaux :

- ***la création d'un compte ;***
- ***l'animation mensuelle d'un compte sur un réseau social spécifique ;***
- ***la recherche d'une plus grande audience.***

Le tout représente un investissement de 490 € / mois. Contactez-moi pour un appel découverte gratuit. »

Bon contenu

« Augmenter les ventes de votre boutique en ligne de 30 % sans budget publicitaire grâce aux réseaux sociaux. C'est le résultat que j'ai obtenu avec mon dernier client ! Et voici comment nous avons procédé :

- ***nous avons créé un compte Instagram, le réseau social utilisé par la cible démographique du client ;***
- ***nous avons publié plusieurs fois par semaine des contenus adaptés à l'audience ciblée ;***
- ***enfin, nous avons gagné de nombreux abonnés en créant des liens de qualité, manuellement, avec des utilisateurs engagés.***

Vous souhaitez obtenir les mêmes résultats ? Envoyez-moi un message privé. »

---

2 — Au besoin, relis « Utiliser des "personas" pour cibler son client idéal » (chapitre 8, p. 120).

À TON TOUR

Choisis tes thèmes de communication

Pour définir ta ligne éditoriale, commence par identifier les sujets pertinents à aborder. Ces sujets doivent avoir un lien avec les problématiques actuelles de tes clients idéaux.

Quelles sont les questions urgentes que tes clients cibles se posent actuellement ?

Une fois encore, tu remarqueras que l'empathie crée de la valeur. Et la valeur générera des ventes ! Si tu te mets dans la peau de ton client idéal, tu vas vite comprendre ses besoins et problématiques actuels. Lorsque ce n'est pas le cas, c'est peut-être que tu connais encore trop peu ta cible et que tu as besoin de faire des recherches complémentaires. Retour à la case départ (étude de marché[3]).

Idée reçue

ÊTRE PRÉSENT PARTOUT, C'EST TOUCHER PLUS DE PUBLIC !

Tu ne pourras pas être partout, et tu n'en as pas besoin. Les canaux de communication sont à choisir avec parcimonie. Le plus important, c'est d'être présent au bon endroit, c'est-à-dire là où tes clients idéaux passent du temps. Il peut s'agir :

- **des réseaux sociaux** tels qu'Instagram, Pinterest, LinkedIn ou Facebook selon la démographie et la profession de ta cible ;
- **ton propre site** qui apparaîtra dans les résultats de recherche via un travail de référencement naturel ;
- **les médias spécialisés et salons professionnels** notamment pour cibler des artisans, commerçants, institutions, industries spécifiques et associations) ;
- **la publicité au format papier** pour toucher des entreprises locales.

Avant de choisir, assure-toi que ton client idéal consulte (ou consomme) le contenu de ces médias !

Travailler en réseau pour augmenter sa visibilité

Pour augmenter ta visibilité, tu vas devoir être généreux (autrement dit, donner pour recevoir). N'hésite pas à te constituer un réseau de confrères, à produire du contenu avec eux, à partager leurs publications, à leur apporter de la visibilité également.

3 — Au besoin, relis « L'étude de marché, un passage obligatoire ? » (chapitre 10, p. 145).

Enfin, **apprends à connaître les règles des algorithmes des plateformes** que tu utilises. Par exemple, en maîtrisant les règles du référencement naturel (SEO), tu réussiras peut-être à **positionner certains de tes articles de blog dans les premiers résultats de recherche** Google et ainsi, à apparaître sous les yeux des clients qui ont besoin d'un coup de pouce.

Sur Instagram, ce sont les hashtags qui permettront aux utilisateurs de découvrir ton compte sur recommandation de l'application. LinkedIn mettra ton contenu en avant auprès d'utilisateurs proches de tes connexions de second degré lorsque ces dernières viendront commenter ou aimer tes publications...

Une fois que tu auras sélectionné un canal de communication, à toi d'en explorer les règles pour comprendre comment mettre ton contenu en avant. Se posera peut-être la question de faire de la publicité (souvent appelée « contenus sponsorisés »). Mais mal utilisée, cette stratégie ne fonctionne pas. En effet, la publicité n'est pas une méthode miracle pour venir au secours de faibles ventes.

> ***« Si ta stratégie de communication ne marche pas de façon organique[4], elle ne fonctionnera pas de façon payante ! »***

La publicité ne permet pas de tester (ou alors cela va te coûter très cher). C'est encore moins une stratégie à utiliser si tu as peur de parler à tes prospects ou de demander la vente. **Il est impossible de se cacher derrière une campagne sponsorisée Facebook.**

Tu vas devoir faire le travail de départ à la main, le temps de clarifier ton persona, de choisir les canaux d'acquisition optimisés pour générer des ventes sur ton marché et de préparer les arguments commerciaux qui te permettront de déclencher des signatures.

Pour faire de la publicité, il faut avoir **la capacité de vendre à l'échelle** (c'est-à-dire de pouvoir servir un grand nombre de clients, ce qui n'est pas

---

4 — Communication organique : se dit d'une technique de communication attirant une audience sans avoir besoin de nourrir la visibilité en payant pour de la publicité.

possible pour un freelance limité par son temps). Il vaut mieux avoir un système technique en place pour rassembler de la donnée sur l'audience existante, afin de venir nourrir les algorithmes des logiciels publicitaires et de cibler des prospects similaires. Autant dire que le processus est laborieux et peu adapté à un freelance qui a simplement besoin de trouver quelques contrats par an.

La publicité s'utilise pour passer à l'échelle. Avant cela, **le trafic organique suffit largement pour trouver tous ses clients** et vivre de son activité freelance. La publicité n'a donc pas sa place lors d'un lancement en freelance. Elle interviendra en phase de croissance lorsque tu auras trouvé ton modèle économique, c'est-à-dire validé l'adéquation entre tes services et ta cible[5]. À l'image d'une voiture, tu auras beau faire un plein d'essence, si ton réservoir est percé, tu n'iras pas bien loin. C'est plutôt une technique qui s'applique à une entreprise ayant besoin de trouver une quantité de clients importante !

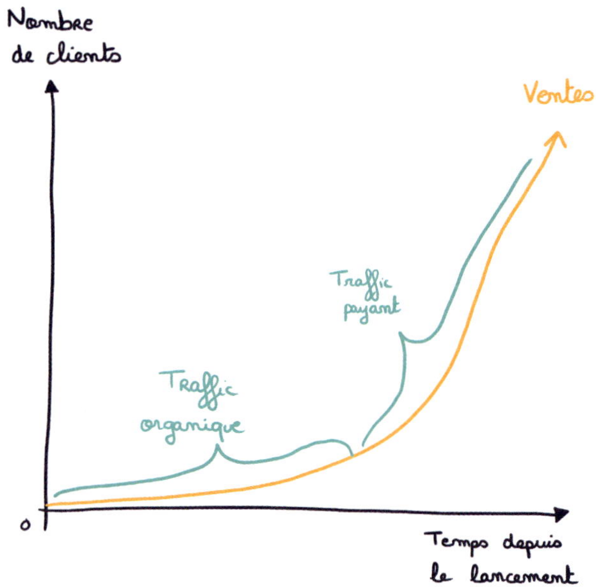

5 — C'est ce qu'on appelle dans le monde des startups, le « *product/market fit* ». Le risque de créer quelque chose qui ne fonctionne pas est levé. Pour générer de la croissance, il suffit de rajouter de l'huile sur le feu, c'est-à-dire de trouver toujours plus de prospects similaires aux clients existants via de la publicité.

Communiquer, c'est aussi construire sa marque personnelle

Quand tu n'es pas dans la pièce, est-ce que tu as envie qu'on se souvienne de ton passage ? Si oui, que souhaites-tu qu'on dise de toi ? En fait, il va falloir construire ta marque personnelle. Et l'intérêt d'en avoir une, c'est justement de marquer les esprits et de sortir des jeux de concurrence pour t'imposer comme l'expert que les clients s'arrachent, même si tu es plus cher que les autres prestataires.

> *« C'est ta marque personnelle qui fera que l'on se souviendra de toi. »*

En ce moment, ton syndrome de l'imposteur te dit certainement que toi, tu n'es l'expert de rien du tout. Que tu n'es pas légitime. Si ce mot te gêne, remplace-le par « spécialiste ». **Au fil du temps, tu vas prendre confiance en tes capacités et tu n'auras aucun problème à revendiquer ta zone de génie.**

Ça sera notamment le cas lorsque plusieurs de tes clients auront des étoiles plein les yeux après avoir collaboré avec toi. Mais d'ici là : « ***Fake it until you make it.*** »[6] Positionne-toi comme un créateur de contenus sur les thématiques pour lesquelles tu souhaites être contacté !

Pour connaître le pouvoir des marques, il suffit de prendre l'exemple d'entreprises devenues mémorables grâce à des slogans ou des logos. C'est le cas de Disney. Qui ne saurait pas reconnaître les oreilles de Mickey Mouse même de loin dans un tunnel ? Et comme tout le monde rêve de cet univers enchanteur, c'est devenu facile pour eux de vendre des peluches à 50 € là où les concurrents méconnus et les imitations doivent se contenter de 10 fois moins.

La bonne nouvelle, c'est que tu n'auras pas à faire beaucoup d'efforts pour développer ta marque personnelle en freelance, puisque tu ES ton business ! **Ton activité est une extension de toi**.

---

6 — Expression anglaise que l'on peut traduire par « faire semblant jusqu'à ce que ce soit une réalité ».

Par contre, tu vas devoir sélectionner la raison pour laquelle tu souhaites être (re)connu dans ton secteur d'activité. Si tu penses qu'il te suffit d'un logo pour créer ta marque, tu te mets le doigt dans l'œil. Ce n'est pas seulement ton identité visuelle ou ta spécialisation : **il s'agit de tes valeurs, de tes prises de position** (ton opinion), **ton niveau de langage, ton message** (ce que tu crois être vrai) **et surtout les transformations que tu facilites pour tes clients** (les fameux résultats obtenus).

Personnellement, je rêve d'être présentée comme une formatrice bienveillante, honnête (zéro *bullshit*) et inspirante. J'aimerais également être reconnue comme spécialiste de l'économie freelance en France. Je choisis donc de mettre cette thématique et mes valeurs au cœur de ma stratégie de contenus, par les sujets que j'aborde et l'angle que je prends. Je n'hésite pas à prendre fermement position sur certains sujets, comme le fait de condamner le marketing multiniveau (MLM) ou le trading, qui sont souvent des arnaques.

Mais je suis imparfaite comme tout le monde. J'ai envie d'être bienveillante, mais quand on me pousse à bout dans ma vie privée, il m'arrive parfois de dire des choses que je regrette. Cela n'apparaît pas dans ma marque. C'est le champ du personnel, de l'intime, du privé. Enfin, sache qu'il faut des années pour construire une marque personnelle mais quelques minutes pour l'endommager, voire la détruire.

« En restant fidèle à toi-même,
tu ne pourras jamais te planter ! »

De mon côté, j'ai fait quelques erreurs. J'ai notamment participé à une interview pour un média français qui a provoqué un certain malaise sur les réseaux sociaux, ce qu'on appelle « *bad buzz* ». Je pense que ni les journalistes ni moi n'avons envisagé la maladresse de ce contenu, mais j'aurais dû m'en douter. Il faisait la promotion du nomadisme digital en pleine pandémie. Par manque de contexte, mon profil paraissait au-dessus des lois, ce qui le rendait plus détestable qu'inspirant.

Fais très attention aux personnes avec lesquelles tu crées du contenu. Fais une enquête avant d'accepter toute invitation à t'exprimer. **En cas de doute, il vaut mieux refuser.** Tu auras d'autres occasions d'être mis en avant.

Construire sa visibilité dès le démarrage

AFFICHER CARNET PLEIN SANS PROSPECTER

Marion est assistante virtuelle : elle aide les web entrepreneurs débordés à mieux s'organiser, à prendre soin de leurs clients et à communiquer sur les réseaux sociaux.

Moins de six mois après son lancement, son agenda affichait déjà complet. Ses clients viennent principalement des réseaux sociaux, comme Instagram : une aubaine, puisque Marion n'avait pas particulièrement envie de prospecter.

Grâce à sa montée en compétence en marketing digital, Marion a non seulement réussi le pari de pouvoir vivre de son activité freelance, mais elle ajoute désormais de nouvelles briques à son entreprise en proposant des produits digitaux et formations à sa nouvelle audience.

Les mots de Marion Chassaigne

Mes premiers clients sont venus de divers canaux. J'ai trouvé mon premier contrat grâce à une recommandation de mon réseau.Ma cliente cherchait une assistante virtuelle francophone et, à l'époque, ce métier était peu répandu mais son besoin était déjà clairement identifié.

Les missions suivantes sont venues grâce aux réseaux sociaux, à mon site internet et au bouche-à-oreille. Je m'étais positionnée sur des mots-clés spécifiques notamment « assistante virtuelle » qui me permettait d'apparaître dans les résultats de leurs recherches et de retenir leur attention. Enfin, **j'étais active sur des communautés et groupes Facebook où se trouvait ma cible**. J'y partageais du contenu à valeur ajoutée gratuitement. Je prenais soin de faire preuve de beaucoup de professionnalisme et, d'après mes clients, c'est ce qui a fait la différence.

Vendre a été plus facile que je ne l'aurais pensé. Cela peut paraître étrange, mais je n'ai pas rencontré de difficultés particulières dans la recherche de mes clients. **Je me suis formée dès le démarrage sur les thématiques de vente et de réseaux sociaux pour pouvoir améliorer ma visibilité, et cela a fonctionné.** Finalement, je n'ai jamais cherché de clients. Ce sont eux qui m'ont toujours trouvée ! Et c'est tant mieux car la prospection classique ne me convient pas. J'ai l'impression de déranger mes interlocuteurs, je trouve cela intrusif.

De plus, rechercher des contacts à démarcher requiert beaucoup d'énergie… sans parler de l'impact psychologique de se prendre des refus à longueur de journée. La prospection vient donc selon moi avec une grosse charge mentale et émotionnelle que je n'ai pas envie de gérer. Et j'étais soulagée de voir que je trouvais des clients grâce à l'*inbound* marketing[1].

Même si on ne prospecte pas, il y a quand même du travail ! Avoir des clients qui viennent à soi, ça fait rêver. Pour autant, il ne faut pas choisir cette option parce qu'on la pense facile, rapide et simple. Il faut mettre en place une véritable stratégie autour de 4 axes importants :

- **Clarifier les bases de son entreprise.** Il n'est pas possible de communiquer clairement sans spécialisation, sans client idéal et offre répondant à ses problématiques et sans prix qui permette d'être rentable.

---

1 — Voir « Choisir sa propre stratégie marketing », p. 164.

· **Mettre en place une stratégie d'*inbound* marketing.** L'objectif est de nouer une relation de long terme avec son prospect en l'attirant de manière naturelle à s'intéresser à soi.

· **Être patient** : si tu pars de zéro, il faut être conscient que la visibilité se travaille. Il faut faire des tests, garder ce qui fonctionne et améliorer le reste. Les premiers clients n'arrivent donc pas dès les premiers instants.

· **Être sincère dans sa communication**. Elle doit être honnête, authentique et fidèle à sa personnalité. Au démarrage, il est tentant de vouloir copier des entrepreneurs qui ont l'air de bien vendre, mais le risque consiste à s'oublier et par la force des choses, à ne pas attirer nos clients de cœur. Il n'y a rien de plus fort que d'être soi-même.

L'autre erreur, c'est aussi de vouloir vendre à tout prix et forcer la main. Il faut trouver le bon équilibre pour parler de son offre régulièrement sans que cela ne devienne insupportable.

La clé consiste à apporter de la valeur à son audience, c'est-à-dire donner gratuitement sans rien attendre en retour. Pour cela, il suffit de répondre aux problématiques de son client idéal en démontrant son expertise pour inspirer, donner confiance et rassurer sur son domaine d'activité.

Enfin, dernier point indispensable : il faut être présent aux endroits où se trouve son client idéal… au risque de communiquer dans le vent !

Le mot de la fin

C'est peut être particulier de dire cela… mais colore ton travail de sentiments ! Toute la réussite de ton business (notamment celles de tes ventes, de ta communication et de la satisfaction client) sera intimement liée à l'amour que tu apportes à tout ce que tu fais !

Je suis persuadée qu'une entreprise ne peut fonctionner qu'avec le cœur.

CHAPITRE 14

« Négocier » n'est pas un gros mot

S'il y a bien un mot anxiogène pour tous les freelances, c'est le mot « négociation ». Pourquoi ? Tout simplement parce qu'il existe un aspect émotionnel derrière cette étape de vente. Nous nous sentons directement jugés. Si un prospect trouve que l'on coûte trop cher, cela veut dire qu'il ne nous estime pas à notre juste valeur. Du moins, c'est ce que nous pensons.

En réalité, **la négociation est rarement un reflet de soi**. C'est plutôt le moment où un client potentiel nous informe de ses problématiques. Derrière une demande de réduction se cache le plus souvent un petit budget ou la peur de l'échec du projet.

C'est en cela que la réponse aux objections est différente de la négociation. Dans le premier cas, il s'agit de **convaincre le client** que notre offre est la plus adaptée à ses objectifs. Et dans le second, il faut se mettre d'accord sur les **termes du contrat** (mais la motivation de travailler ensemble est bel et bien là).

Négocier trop tôt, c'est risquer de devenir marchand de tapis

La négociation intervient lorsqu'on a validé l'envie de travailler ensemble, et pas avant. Sinon, tu vas plier sur de nombreuses conditions et dévaloriser ton offre avant même d'avoir obtenu un engagement de la part de ton client. Pour savoir s'il est temps de négocier avec ton prospect, tu peux lui poser l'une des questions suivantes.

- ***« Hormis la question du prix, êtes-vous partant pour collaborer ? »***
- ***« Avant de nous mettre d'accord sur les conditions de la mission, pouvez-vous me confirmer que le périmètre du projet correspond à vos attentes ? »***

Si tu négocies trop tôt, tu risques de passer pour un marchand de tapis. Tu as peut-être déjà vu cela chez certains vendeurs qui forcent la main en offrant réduction sur réduction… jusqu'à ce que le client parte parce qu'il perd confiance ou parce qu'il n'était tout simplement pas intéressé dès le départ. J'ai un très bon exemple à te partager. Lorsque je suis allée télétravailler depuis Istanbul en Turquie, j'aimais ponctuer ma journée par un détour au grand bazar. Ce que j'aimais le plus, c'était m'asseoir dans un café avec un çay (thé turque) à la main et observer les négociations entre les vendeurs et les touristes.

Le prix annoncé était rarement celui convenu car, là-bas, il est de coutume de négocier avant même d'avoir validé la vente. « 1 000 livres pour ce tapis, mais pour vous je le fais à 800. Attendez, et à 600, vous le prenez ? Bon 500 mais c'est mon dernier prix. » Ainsi, les potentiels acheteurs demandent le tarif, réduisent le prix au maximum concédé puis partent vérifier chez le voisin s'ils peuvent avoir mieux.

Le quotidien des marchands du grand bazar d'Istanbul **ne doit pas devenir le tien** car en prestation de services, tu auras beaucoup moins de passage, donc moins d'opportunités. Et tu n'as pas envie d'être démotivé à force d'obtenir des refus ou de sentir qu'on dévalorise ton offre.

Cela veut aussi dire une chose : **tu ne réussiras pas ta négociation avec un client qui n'a pas de besoin et qui n'a pas envie de travailler avec toi**. Ce sont les deux points à valider avant de passer aux discussions difficiles pour trouver un accord ! Pour cela, tu peux imaginer un feu tricolore. En négociation comme en voiture, on ne passe qu'au vert.

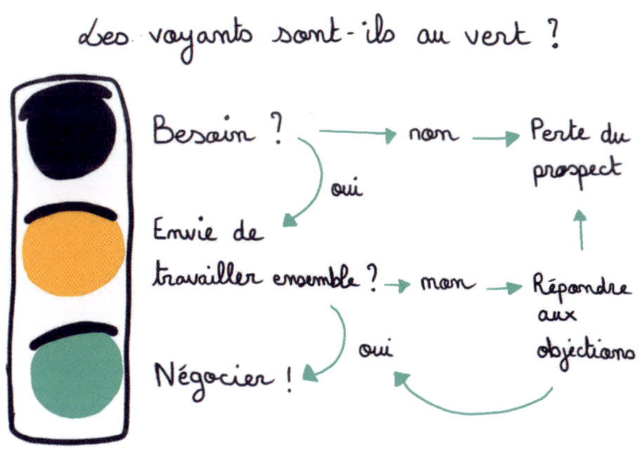

À chacun sa zone de responsabilité

Nous sommes parfois trop empathiques et voulons porter les problématiques de nos clients. Mais financer leurs rêves n'est pas notre job. **Si un prospect n'a pas les moyens de se payer tes services, tu ne dois pas réduire ton prix pour autant.** Te sacrifier alors que tu n'as pas de parts dans cette société n'a aucun sens et ton bon cœur te perdra ! De plus, les meilleurs clients sont débrouillards : ils trouveront des solutions.

Ainsi, **il ne faut pas accepter de compromis sans concession respective**. Lorsqu'on te demande de faire un geste, dis « non » ! Chaque jour, entraîne-toi dans le miroir à prononcer ce mot si difficile pour certains. **Choisis ton confort avant de privilégier celui des autres.**

La peur de perdre un contrat est irrationnelle. Si tu n'arrives pas à vendre à un tarif qui te fait vivre, c'est ton modèle économique qui n'est pas pérenne. Il vaut mieux le savoir suffisamment tôt pour pouvoir modifier ton activité plutôt que de vivoter jusqu'à mourir à petit feu.

En cela, **la négociation est aussi un rapport de force**. Il faut savoir partir sans se retourner. Si tu as peu à perdre, tu oseras refuser des contrats qui ne sont pas alignés à tes valeurs. Cela passe parfois par un gros client qui te permet de payer tes factures ou par des économies qui te permettront de tenir le temps de trouver de bons contrats.

La meilleure des protections reste d'avoir un business qui tourne à plein régime. Si tu n'as aucune difficulté à trouver des clients, tu pourras refuser ceux qui essaient de négocier ce qui n'est pas négociable pour toi.

> *« Tu n'es pas obligé de négocier.*
> *Tes conditions peuvent être fermes. »*

J'applique ce principe à ma propre activité. J'ai des non-négociables : mes formations sont à prix fixe, avec un programme fixe et des dates d'entrée bien fixées. Lorsqu'on me demande du sur-mesure, je refuse. Comme j'ai plus de prospects que de places disponibles, je suis en situation de force. Mais j'ai mis du temps à trouver cet équilibre.

Cependant, certaines typologies de clients vont nécessiter un peu de souplesse. Si c'est le cas, tu dois connaître ce que tu es prêt à accepter avant d'arriver à tes rendez-vous commerciaux.

Une bonne négociation, ça se prépare

La négociation n'est pas un combat, c'est un accord. Néanmoins, à l'image d'une bataille, il faut y aller avec une stratégie de conquête ! Connaître son adversaire, c'est s'assurer d'avoir les bonnes armes et d'être prêt à faire face à toutes les configurations possibles. Tu peux t'inspirer de cette fameuse phrase tirée de *L'Art de la guerre*[1] de Sun Tzu qui est considéré comme la référence de préparation en affaires.

« Celui qui n'a pas d'objectifs ne risque pas de les atteindre. »

Pour préparer ta négociation, tu dois donc être clair avec toi-même sur **tes objectifs** (ce que tu souhaites obtenir à l'issue de tes échanges) et **tes non-négociables** (ce qui est immuable et que tu n'es pas prêt à laisser passer). Mais à l'inverse, il faut que tu penses aux éléments sur lesquels tu seras souple !

Typiquement, un prospect pourra te demander d'être flexible sur **le périmètre** d'un projet, c'est-à-dire le brief de la mission qui te sera confiée, **le budget** décidé pour tes honoraires ou **les délais** alloués pour livrer le travail à effectuer.

Évidemment, d'autres éléments peuvent entrer en compte. Il peut s'agir des délais ou des modes de paiement, de l'équipe avec laquelle tu seras amené à travailler, de ta capacité à te rendre disponible en urgence ou hors horaires traditionnels (soirs et week-ends). Cette liste est donc non exhaustive, mais ces points sont généralement les leviers qui posent le plus problème.

---

1 — *L'Art de la guerre* de Sun Tzu, paru aux éditions Flammarion en 2008, 338 pages.

Pour autant, il est important de **rappeler aux prospects qu'ils ne peuvent pas tout avoir**. Si la mission est lourde à porter et qu'elle doit être livrée rapidement, il serait normal de demander un budget conséquent (pour compenser tes journées à rallonge). Si le prix doit rester faible et les délais courts, alors tu devras enlever des éléments de la liste des services à produire (tu travailleras moins pour le client, pour un résultat plus limité).

Ici, tu te rends compte qu'**il ne faut rien céder sans obtenir quelque chose en retour**. Ton prospect va te demander de faire des concessions, et tu dois réfléchir à ce qu'il devra te donner en échange pour **rétablir un équilibre gagnant-gagnant** : on appelle cela **un compromis**. Une bonne manière de t'y préparer, c'est de créer des scénarios : « Si le client me demande de faire telle concession, alors je lui proposerais tel compromis. »

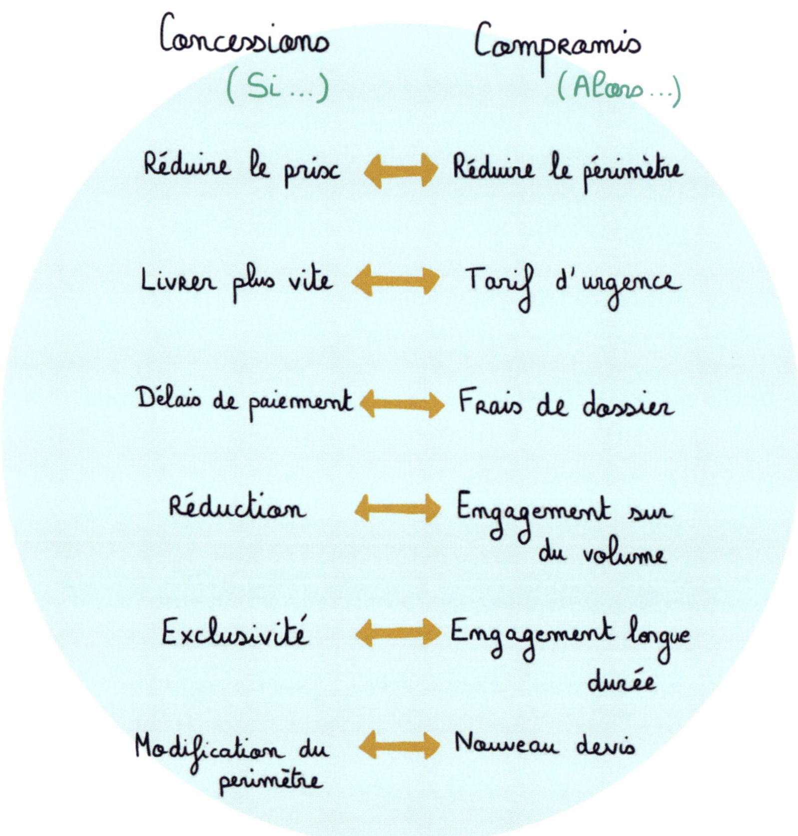

Idée reçue*

NÉGOCIER, C'EST FAIRE PLIER L'AUTRE.

Le milieu des affaires n'est pas toujours bienveillant. Parfois, certaines techniques de manipulation sont employées, côté client comme côté freelance, pour tirer profit d'une situation au détriment de l'autre. J'ai déjà fait l'expérience de prospects qui m'humiliaient en espérant que j'accepte des termes moins avantageux.

Autre technique douteuse : accepter puis refuser au moment de signer en proposant une modification importante. Les freelances qui se sont projetés seront mis sur le fait accompli. Ils n'auront pas d'autre choix que d'accepter une mission qu'ils n'estiment plus intéressante.

Mais il n'existe pas de négociation « gagnant contre perdant ». Si quelqu'un se sent lésé, ce n'est qu'une question de temps avant que la motivation ne soit mise à rude épreuve et que les résultats ne soient pas à la hauteur. **Il vaut mieux alors refuser une négociation déséquilibrée : rien de bon ne peut en sortir.** L'idéal, c'est d'avoir l'impression d'avoir fait un effort mais d'être tout de même satisfait.

Négocier, c'est jouer dans la même équipe

La négociation, ce n'est pas deux camps qui s'opposent. C'est plutôt plusieurs partis qui ensemble essaient de trouver une solution à un problème. C'est l'opinion de Chris Voss[2], ancien négociateur du FBI. Il a notamment travaillé sur la libération de prises d'otages. Selon lui, **il faut faire preuve d'empathie pour comprendre l'ennemi du client.**

Ensuite, il faut progressivement creuser le fond du problème en dialoguant et en répétant les mots employés par son interlocuteur. Lorsque le problème aura émergé, il sera ainsi plus facile d'y trouver une solution. Négocier, ce n'est donc pas pousser l'autre parti dans ses retranchements, mais **trouver un accord pour s'attaquer au même problème.**

2 — *Ne coupez jamais la poire en deux* de Chris Voss, paru aux éditions Belfond en 2018, 384 pages.

À TON TOUR

Prépare ta prochaine négociation

Peu importe à quel stade tu en es dans ton aventure freelance, cet exercice te permettra de clarifier les contours d'une collaboration équilibrée. Si tu n'as pas encore de clients, utilise un scénario fictif.

À ton avis, que pourrait-on te demander ? À l'inverse, si tu t'es déjà brûlé les ailes sur une négociation, c'est l'occasion de te souvenir de ce qui a coincé pour faire mieux la prochaine fois.

Ré-équilibre la balance.

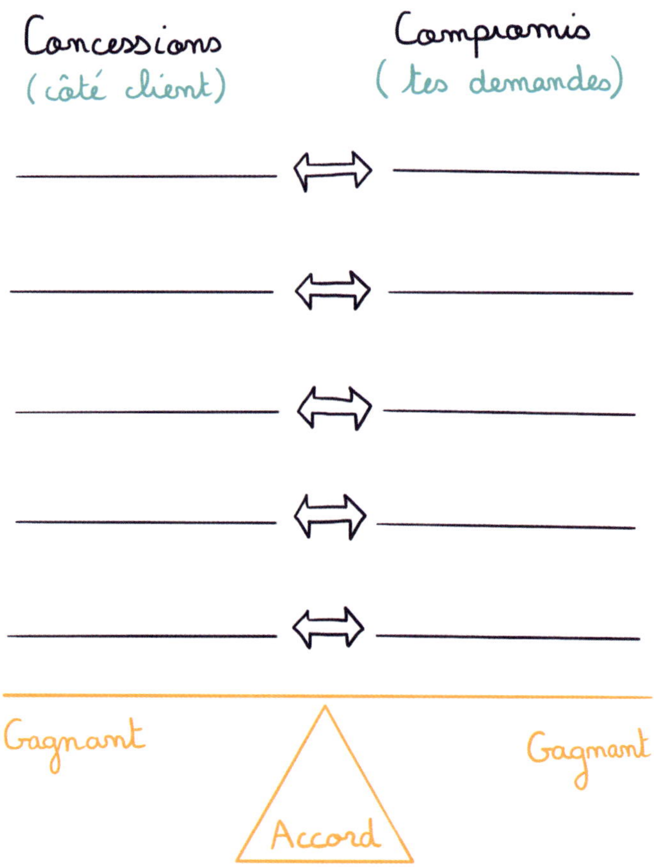

Renégocier les termes d'un contrat est toujours possible

Tout comme les relations humaines, les conditions d'un contrat sont dynamiques et peuvent évoluer. Il faut donc **prévoir d'éventuels changements** dans les documents signés et rester ouvert à la discussion avec les clients.

Souvent, les indépendants ont du mal à demander des ajustements de contrats, notamment pour augmenter leurs tarifs. Pourtant, quoi de plus normal que de faire évoluer ses prix dans le temps pour refléter l'inflation ou sa capacité à délivrer des résultats ?

Il ne faut pas se sentir coupable, c'est une chose courante en affaires. D'ailleurs, les clients ne se privent pas de laisser tomber leurs prestations lorsqu'ils n'ont plus de budget. C'est pour cela que les contrats à long terme contiennent des clauses de résiliation qui permettent de partir selon des conditions fixées au moment de la signature.

« La règle d'or en négociation est de rester souple, puisque rien n'est jamais acquis. »

Ainsi, tes clients ou toi-même pourrez demander une ou plusieurs des modifications suivantes :

- **une hausse ou baisse de tes honoraires** par rapport au montant initialement convenu,
- **une réduction ou augmentation du périmètre** du projet,
- **un changement du planning** de délivrabilité,
- **l'ajout ou la suppression de ressources** pour le projet (équipes dédiées, budget global, logiciels et matériel mis à disposition),
- **de nouveaux délais ou moyens de paiements**,
- **des modes de diffusion** de ton travail qui pourraient impliquer des rémunérations de cession de droits différentes.

Même s'il est possible de renégocier à tout moment, il faut bien s'y prendre pour éviter d'affronter un refus ou d'endommager la relation avec le client. Cela se produit généralement lorsqu'on attend trop longtemps pour dire les choses. C'est un peu comme dans les relations de couple. Lorsque la goutte d'eau fait déborder le vase, on se met en colère et rien de bon ne peut en découler.

Renégocier tout en gardant de bonnes relations professionnelles

#1 – Prévoir **des points réguliers avec son client** dès le départ. Cela permet de garder une communication ouverte et de pouvoir vérifier que la satisfaction est présente des deux côtés.

#2 – En cas d'effort consenti au démarrage, rappeler à l'oral et à l'écrit qu'il s'agit de **conditions qui vont évoluer**. Par exemple, si une réduction est proposée sur la première collaboration, il vaut mieux écrire le tarif plein sur son devis et ajouter une ligne « réduction exceptionnelle de *X* % pour première collaboration ».

#3 – Utiliser **la stratégie des petits pas**. Si tu veux revenir sur un accord, fais-le en douceur. Trouve un juste milieu ou laisse le temps à ton client de trouver une autre solution si aucune entente n'est possible.

#4 – **Prendre ton temps avant de donner un accord** si tu n'es pas sûr de t'y retrouver. Plutôt que de dire « oui » dans la foulée, exprime à ton client que tu as besoin de temps pour lui faire une proposition.

Augmenter ses tarifs en cours de route

Que d'angoisse lorsqu'il s'agit d'augmenter ses prix après avoir annoncé un chiffre qui n'est plus aligné. Cette augmentation peut poser problème :

- **pour les contrats déjà en cours** : les clients existants pourraient avoir des difficultés à comprendre un changement alors qu'ils sont habitués à payer un tarif spécifique ;
- **pour les nouveaux contrats** : si tu as déjà communiqué sur des tarifs sur ton site ou si tu as déjà envoyé des devis dans le passé à des prospects qui reviennent vers toi plus tard. Dans ce cas, il faudra refaire le travail de mise en perspective de tes tarifs par rapport à la valeur perçue ;
- **pour les recommandations** : lorsqu'un prospect vient de la part d'un autre client, il faudra certainement expliquer pourquoi les tarifs sont plus élevés que ceux annoncés par le contact de la mise en relation.

En dehors de ces configurations, une augmentation tarifaire n'est pas compliquée. Tu pourras donner le nouveau tarif à de futurs prospects et, dans ce cas, seul le syndrome de l'imposteur pourra te rendre la tâche difficile.

Je prends ici l'exemple du prix, mais cette stratégie peut s'appliquer à d'autres conditions : passer au télétravail, avoir des délais supplémentaires pour livrer tes projets ou réduire le temps alloué à un client…

Annoncer sa hausse tarifaire

Étape #1 : reprends les objectifs que vous aviez fixés au début de la collaboration.

Étape #2 : fais la liste de tout ce que tu as réalisé avec de bons résultats. Si tu n'as pas été à la hauteur de la mission, cela sera compliqué. Si un échec est lié à une cause externe (comme des collègues ou une situation de marché), alors tu peux valoriser ta façon d'avoir tenu bon malgré tout.

Étape #3 : demande au client s'il est satisfait de la collaboration. Si oui, tu peux passer à la suivante. Dans le cas contraire, pose-lui des questions pour comprendre ce qui doit être modifié, et reviens un peu plus tard avec de bons résultats à lui montrer.

Étape #4 : explique qu'en raison d'une forte demande, tu souhaites réduire le nombre de clients que tu aides pour garder cette qualité de services. En conséquence, tu as décidé d'augmenter tes tarifs pour te concentrer sur un plus petit nombre de projets.

Par exemple, si tu gères les réseaux sociaux d'une entreprise, tu pourrais utiliser le script suivant (en l'adaptant à ton industrie et à la familiarité avec laquelle tu échanges avec tes clients) :

> ***« Nous avions pour objectif de développer la marque sur deux réseaux sociaux : Instagram et Facebook.*** ← *Étape #1*
>
> ***En 3 mois, nous avons doublé non seulement l'audience, mais aussi l'engagement de celle-ci. Avant notre collaboration, il avait fallu plusieurs années pour arriver à ce type de résultats.*** ← *Étape #2*
>
> ***Je suis donc très satisfait de ce que nous avons fait ensemble. Et vous ?*** ← *Étape #3*
>
> ***Je suis ravi que vous soyez pleinement satisfait de cette collaboration. Pour pouvoir assurer des résultats toujours aussi satisfaisants, j'ai besoin de limiter le nombre de projets que j'accompagne pour me concentrer sur plus de qualité.***
>
> ***À partir du mois de X, j'effectue un changement de grille tarifaire pour me dédier uniquement à 4 clients. Si vous souhaitez poursuivre la collaboration, je serais ravi de vous partager mes nouveaux forfaits.***
>
> ***Êtes-vous disponible mardi à 10 heures pour que je vous les présente ? »*** ← *Étape #4*

Tu noteras que la stratégie d'augmentation des prix requiert **un suivi d'indicateurs de performance**[3] pour savoir d'où le projet part et s'il progresse dans le bon sens. En tant que freelance, l'analyse et le partage des résultats à tes clients (aussi appelés « *reporting* ») te donneront de très bons leviers de négociation. Si tu n'as aucun fondement sur lequel baser ta demande d'augmentation, tu vas avoir des difficultés à justifier une hausse de tarifs.

> *« Un client ne va pas t'accorder plus d'argent parce que tu en as envie, mais parce que c'est dans son intérêt de le faire. »*

Augmenter ses prix peut être une épreuve terrifiante, mais **c'est nécessaire à l'évolution de ton business** et à ta satisfaction. Si tu n'es pas motivé, je t'assure que le client va s'en rendre compte. Les résultats seront impactés et, s'il a envie de plus, il ira forcément voir ailleurs.

L'exemple qui me vient est celui de l'un de mes professeurs de surf au Costa Rica. Il était en situation de sous-facturation par rapport aux autres écoles de la ville. Les 10 séances étaient facturées 300 $, soit deux fois moins que la concurrence. Il m'a laissé garder ce tarif mais je sentais bien que je n'étais plus une priorité pour lui. Il annulait souvent mes sessions, arrivait en retard et me donnait les planches de surf les moins agréables. Je passais après tout le monde et j'ai, moi aussi, perdu en satisfaction.

Un jour, j'ai décidé de changer de professeur. Certes, j'ai payé le double, mais j'avais aussi accès à un autre niveau de service avec de la ponctualité, des cours en petits groupes (ce qui veut dire que j'arrivais à surfer plus de vagues et à progresser plus rapidement). En bonus, j'étais filmée et j'avais accès aux vidéos en fin de cours.

Lorsque mon premier instructeur a aligné ses tarifs, je n'ai pas voulu retourner vers lui. Malgré la hausse de prix, il n'était pas monté en gamme ! J'étais prête à payer 60 $ la séance, mais pas avec lui.

---

3 — Les indicateurs de performance (aussi appelés KPI) sont des métriques tangibles (que l'on peut mesurer) pour suivre une progression. Il peut s'agir de visites sur un site, de chiffre d'affaires, de taux d'engagement sur les réseaux sociaux, etc.

« On peut aussi perdre des clients parce qu'on ne facture pas assez ! »

Cela peut venir d'un manque de confiance (par exemple, je ne ferai jamais appel à un tatoueur qui facture 20 € pour une heure de travail) ou d'un manque de qualité.

Pour augmenter ton niveau de prestation de services, tu as besoin de facturer plus afin d'investir dans ton activité et ta formation, et aussi pour te donner plus de temps, à prestation égale. Cercle vertueux ou cercle vicieux, à toi de choisir.

Personnellement, j'ai préféré apprendre à négocier pour être en perpétuelle évolution plutôt que de stagner et de faire un travail qui ne me ressemble plus. Au bout d'un moment, tu ne seras plus aligné avec tes tarifs et il faudra annoncer la couleur à la clientèle. **Tu coûteras de plus en plus cher parce que tu apporteras de plus en plus de valeur !**

Attendre le bon moment

Rien de tel que d'attendre une période où tu n'as rien à perdre ou une discussion opportune avec tes clients pour leur annoncer ta hausse de prix.

Les bons moments pour re-négocier

- **tu ne gagnes pas bien ta vie** (par rapport à ce que tu pourrais avoir pour le même poste en tant que salarié) malgré le fait d'avoir de nombreux clients. Dans ce cas, tu factures en dessous du prix de marché ;
- **tu es surbooké et tu n'arrives plus à accepter de nouveaux contrats**. Tu peux te permettre d'augmenter tes tarifs pour garder moins de clients mais augmenter la qualité de tes prestations ;

- **tes prospects acceptent de signer des devis avec facilité**. Tu n'as jamais besoin de défendre tes propositions commerciales. Dans ce cas, tu as une valeur perçue bien supérieure aux tarifs proposés ;
- **tu obtiens des résultats incroyables pour ton client** qui te félicite pour la collaboration. Il n'aura pas envie de te perdre, et ça sera le meilleur moment pour imposer de nouvelles conditions.

Vouloir facturer cher pour travailler un jour par semaine et jouer au golf le reste du temps n'est pas réaliste. De même, ce n'est pas au client de rattraper parce que tu ne sais pas te vendre ou parce que tu es long à produire le travail.

« Le juste prix, c'est celui pour lequel il existe un accord entre l'offre et la demande. »

Si personne ne veut te payer pour les tarifs affichés, alors tu n'as pas encore trouvé **la recette qui fonctionne :**

#1 – Adresse-toi à une cible qui a besoin de tes services.

#2 – Aide cette cible à prendre conscience de la valeur ajoutée de tes prestations (le fameux retour sur investissement).

#3 – Le résultat que tu apportes doit valoir plus aux yeux de ton client que le montant qu'il a dépensé !

Parfois, il est difficile de mettre un prix sur une prestation. Pourquoi le coach de vie en démarrage demande-t-il 50 € par heure alors que l'accompagnement individuel de Tony Robbins[4] (la référence mondiale en coaching) se chiffre en millions ?

Les deux vendent la même chose : quelques heures de leur temps, avec une écoute active de leurs clients afin de les guider vers des objectifs. **La différence est donc liée à la valeur perçue.**

---

4 — Tony Robbins est un coach et auteur américain qui propose des programmes en ligne, des séminaires et un accompagnement individuel haut de gamme. Il est notamment connu pour sa retraite « *Date With Destiny* » dans laquelle il fait marcher les participants sur des braises pour leur montrer le pouvoir de l'esprit face aux difficultés.

J'ai l'impression qu'avec Tony Robbins, j'aurais plus de résultats qu'avec le coach du coin que personne ne connaît. Netflix a produit un film à son sujet, ses livres sont distribués dans toutes les librairies (même celles du fin fond du Périgord) et il a coaché les plus grandes célébrités. Si le coach du quartier facturait la même chose, ça paraîtrait ridicule.

Cela met en avant une dernière chose sur ton augmentation de prix : **ta prestation doit évoluer vers un niveau de qualité et de résultats supérieur**. Parfois, cela signifie que tu devras abandonner un segment de marché (c'est-à-dire une catégorie de clients) pour aller vers des prospects prêts à investir davantage.

En augmentant tes tarifs, tu vas forcément perdre des contrats. Tes clients idéaux vont avoir un nouveau visage. Le cas le plus fréquent, c'est de démarrer avec des particuliers, des indépendants ou des agences en sous-traitance.

« Il ne faut pas avoir peur de renouveler sa clientèle. »

Avec le temps, **tu gagneras en expertise et en confiance en toi**. Tu auras quelque chose à montrer comme un portfolio, une liste de résultats ou encore des témoignages clients.

Puis, tu pourras évoluer vers des clients plus importants comme de grands groupes, des agences réputées, des entrepreneurs à succès ou des PME en plein développement.

Assumer son « juste » prix

RÉÉVALUER SES TARIFS ET SON POSITIONNEMENT

Après avoir obtenu le visa de travail PVT[1] au Québec et documenté son expérience sur son blog « *My Travel Project* », Sixtine propose ses services de communication aux associations et entreprises engagées.

Son blog, suivi par des dizaines de milliers de voyageurs, avides de conseils et d'itinéraires pour préparer leurs futurs séjours ou expatriations à l'étranger, lui a donné une très belle visibilité pour promouvoir ses services de community manager en freelance !

Elle se spécialise dans les campagnes de *crowdfunding* et la recherche de financements auprès de donateurs ou adhérents. Mais après avoir peu facturé pendant quelques années, elle comprend qu'il lui faut revoir sa grille tarifaire et annonce progressivement à ses clients son augmentation.

---

1 — Le permis vacances-travail dit PVT est un permis accordé aux jeunes qui souhaitent travailler pendant un an dans les pays acceptant ce dispositif (Canada, Australie, Argentine, Japon, Nouvelle-Zélande). La sélection se fait le plus souvent par tirage au sort ou dossier, avec des places limitées.

Les mots de Sixtine Pilière

J'ai eu des difficultés à trouver le « bon prix ». J'ai mal fixé mes tarifs au démarrage. À l'époque, je n'avais pas du tout songé à tout ce que mes tarifs devaient inclure. C'est après pas mal de temps que j'ai compris que pour connaître mon seuil de rentabilité, je devais penser non seulement à ma rémunération mais également à toutes mes cotisations, dépenses et charges liées à mon activité (mutuelle, congés, formation, etc.). Et surtout, **j'ignorais comment justifier mon prix auprès de mes prospects**.

J'avais fait une recherche sur internet pour estimer le tarif journalier moyen d'un freelance en communication.
Au final, j'ai fixé le mien au hasard, en tablant un peu en dessous car je ne me sentais pas légitime malgré mes expériences professionnelles précédentes. **Je voulais dépasser l'idée de l'argent de poche** mais au départ, j'étais freelance à côté d'un emploi salarié.

J'avais également un autre projet : mon blog de voyage à fort trafic lancé par passion et par envie de partager. Pendant les 5 premières années, je n'ai d'ailleurs pas gagné un centime avec ce projet.
Mais ensuite, j'ai eu envie de devenir indépendante à temps complet et de monétiser mon contenu.

J'aime la liberté et l'autonomie que le « freelancing » m'apporte. M'organiser seule dans mon travail, pouvoir choisir mes propres horaires et travailler avec une diversité importante de clients. C'est très enrichissant au quotidien car chaque nouvelle mission est un défi supplémentaire.

Pour pérenniser mon activité, j'ai complètement revu ma façon de facturer. Malgré de petites hausses de tarifs par-ci, par-là, **mon TJM était encore insuffisant pour vivre.** Impossible pour moi de me dégager une rémunération convenable, à la hauteur de la valeur que j'apportais et du prix de marché de ma compétence. À l'époque, il couvrait à peine mes charges de fonctionnement, et heureusement que j'étais salariée pour payer mes factures...

Je me suis rendu compte que si je souhaitais vivre du « freelancing » à temps complet, **je devais drastiquement augmenter mes tarifs**. Je l'ai fait d'un coup pour des clients déjà sous contrat, mais sans expliquer cette hausse.
Ils ne m'ont pas demandé de me justifier, mais si ça avait été le cas, j'aurais fait de la pédagogie sur ces tarifs. Ils s'étaient certainement rendu compte que mes tarifs de l'époque étaient peu chers.

Pour les nouveaux contrats, voici ce que je mets en place pour **valoriser mes nouveaux honoraires** par rapport aux tarifs précédemment affichés :

· **je détaille chaque ligne sur mon devis** pour que l'augmentation soit rattachée à une quantité de travail et une valeur ajoutée importantes ;

· **je fais régulièrement un bilan de mes compétences** pour ne proposer que ce qui est aligné (et ainsi mieux défendre mes prestations) ;

· **je prépare une liste de potentielles objections afin de pouvoir y répondre** si je suis challengée sur ma proposition.

L'organisation est indispensable, le temps de trouver l'équilibre. Quand j'ai beaucoup de missions, j'ai des difficultés à travailler sur mon blog et ma propre communication. Cela risque donc de freiner mes futurs revenus.

Alors j'essaie, même lorsque j'ai beaucoup de travail, de me forcer à consacrer au moins une heure par jour à mes propres contenus, ainsi qu'un peu de temps le week-end.

Comme j'aime réellement ce que je fais, cela ne me dérange pas d'y passer mon dimanche entier lorsque j'ai des semaines chargées. Je ne le vois pas comme une contrainte.

Le mot de la fin

Il est indispensable de se faire confiance, même si c'est plus facile à dire qu'à faire. Si tu considères l'idée d'un lancement en freelance, c'est certainement que tu crois déjà en ta capacité à délivrer des services de qualité. Tu t'imagines déjà dans ce rôle d'indépendant qui produit un service viable, sinon tu n'oserais pas faire le saut.

Entoure-toi de confrères et consœurs qui exercent la même activité que toi pour nourrir et développer ton expertise et donc ta confiance en toi !

CHAPITRE 15

Conclure sa vente comme en amour

Remporter un contrat, c'est comme réussir une demande en mariage et se dire « oui » devant un officier d'état civil (mis à part qu'en freelance, la polygamie est autorisée car on a le droit de signer avec plusieurs personnes en même temps).

Il ne te viendrait pas à l'idée de demander en mariage un parfait inconnu qui t'a tapé dans l'œil. Pourtant, tu fais peut-être cette erreur en vente. Brûler des étapes peut ruiner tes chances avec tes clients idéaux. **En amour comme en business, il faut d'abord séduire avant de conclure.**

Malgré tout, les indépendants sont encore trop nombreux à vouloir vendre leurs services dès le premier contact. Une de leurs maladresses consiste à envoyer leurs tarifs, le lien de leur site ou leur brochure dans un e-mail adressé à des contacts n'ayant jamais entendu parler d'eux. Trop souvent, l'e-mail se termine par la fameuse phrase : « Si vous êtes intéressé, n'hésitez pas. »

Évidemment, personne ne se bouscule à la porte. Et c'est normal. Les commerciaux parlent de vente en B2B et B2C[1], et on en viendrait presque à oublier l'essentiel. **Les affaires reposent sur des relations H2H[2] : il s'agit d'un lien d'humain à humain qui se crée et se consolide par étapes et dans la durée.**

Pour comprendre ce processus appelé cycle de vente, il n'y a rien de tel que de s'inspirer des rencontres amoureuses.

---

1 — B2B : *Business to Business*, désigne les affaires entre professionnels. B2C : *Business to Consumer*, concerne la vente aux particuliers.

2 — H2H : *Human to Human* – anglais pour « d'humain à humain ». Terme qui met en lumière l'importance de se concentrer sur l'humain avant le consommateur.

Les relations humaines se créent en douceur

Tu es certainement déjà tombé sous le charme de quelqu'un. Cela s'est peut-être même transformé en relation sérieuse. Si tu te souviens bien, tu as pris le temps de faire grandir un simple intérêt en un lien de qualité. Globalement, on peut distinguer les étapes suivantes :

- **la présentation** : parler à l'autre pour entamer un dialogue ;
- **la séduction** : montrer son intention et savoir si cela est réciproque ;
- **la romance** : prendre le temps de se connaître et d'approfondir la relation avant de s'engager sérieusement ;
- **la demande en mariage** (ou tout autre engagement) : vouloir construire quelque chose ensemble dans un futur qui comporte des valeurs et des objectifs communs ;
- **l'exploration des doutes** : se rassurer pour savoir si on fait le bon choix ;
- **les compromis** : indispensables pour trouver une dynamique et un équilibre qui convient à chacun ;
- **l'engagement** : autrement dit, on fait le grand plongeon et on se dit « oui » pour un avenir ensemble ;
- **l'entretien du lien** : rien n'est jamais acquis. Pour garder une belle relation dans le temps, il faut continuer de prendre soin de l'autre. Sinon, on risque la séparation. Ainsi, même après avoir gagné la confiance de son partenaire, il faut continuer à investir de l'énergie dans les étapes précédentes, de façon régulière et cyclique. C'est un peu l'équivalent de la fidélisation en vente.

Chaque relation est différente : dans certaines cultures, le mariage se déroule très vite. Dans d'autres, on peut mettre des années avant de progresser vers le moindre engagement, parce qu'il existe des peurs ou parce qu'on a tout simplement envie de bien choisir.

De la même façon, **chacune de tes ventes sera différente**. Tu pourrais signer dès le premier échange (à l'image du fameux « coup de foudre »). À l'inverse, il pourrait falloir de nombreux rendez-vous, voire même parler à plusieurs interlocuteurs avant de valider cette étape !

L'avantage du parallèle entre la vente et la vie amoureuse, c'est qu'il est drôle. Ne prends pas trop à cœur les refus (qu'on pourrait appeler des râteaux) : ils vont arriver même lorsque tu auras de la bouteille et que tu seras un vendeur d'élite.

> *« Tu ne peux pas forcer un prospect à t'acheter un service, de la même façon que tu ne peux pas forcer quelqu'un à t'aimer. »*

En prenant tes efforts commerciaux comme un jeu, tu vas pouvoir relâcher la pression. Et, comme dans la construction d'un couple, ne perds pas espoir : un refus ne veut pas dire que tu ne trouveras jamais ta personne. Ton âme sœur se trouve quelque part dans ce vaste monde. Si tu n'arrêtes pas de chercher, tu finiras par trouver chaussure à ton pied !

S'inspirer des râteaux pour réussir ses ventes

Certains profils n'ont aucune chance en amour. Ils sont toxiques ou désespérés : personne ne veut d'eux ou alors les relations ne sont pas très équilibrées. À l'inverse, lorsqu'on se montre sous son meilleur jour et que l'on devient désirable, les options sont légion.

Tu pourrais me dire que l'amour n'est pas un marché. C'est une perception très française, nous sommes romantiques. Mais il suffit d'aller voir du côté de nos voisins d'Outre-Atlantique pour se rendre compte du contraire. L'activité de « *love coach* » (coach en séduction) connaît un bel engouement, et ces experts s'accordent pour théoriser les bases d'une relation durable et heureuse.

- **La relation est consentie** : les deux parties y entrent parce qu'ils sont pleinement d'accord pour rejoindre l'union.
- **L'attraction est perceptible** : il faut se plaire. Sans alchimie, on ne va pas bien loin.
- **Le couple a envie de construire un avenir ensemble** : il existe un projet commun soutenu par des passions partagées, des valeurs communes ou des objectifs alignés.

- **L'un et l'autre comblent certains besoins**, mais pas tous : sinon, on entre dans une dynamique de codépendance.
- **La relation est équilibrée** : aucun n'a plus de pouvoir ou d'ascendance sur l'autre. Les rapports dominants/dominés mènent rarement à un épanouissement mutuel.

À l'inverse, tu vas ruiner tes chances si tu te comportes mal.

7 archétypes avec lesquels personne ne voudra construire de relation amoureuse ou commerciale

- **Le bon ami** (celui qui se retrouve dans la fameuse « *friendzone* »[3]) : ici, tes prospects te sollicitent tout le temps pour des conseils gratuits, comme si tu étais leur ami. Ils ne penseront jamais à acheter tes services car ils ne te perçoivent pas comme un potentiel prestataire.
- **L'harceleur de rue** (celui qui siffle les passantes à la sortie du métro) : si tu balances tes offres en copiant-collant un message générique à tous les e-mails que tu trouveras, tu es tout aussi lourd !
- **La déception Tinder**[4] : rien de pire que de montrer des photos d'il y a 10 ans avec 10 kilos en moins... sauf peut-être de mettre celles de quelqu'un d'autre. Mentir sur ton CV, ton portfolio ou tes compétences aura le même impact. Tu ne pourras berner personne.
- **Le manipulateur** : forcer la main n'amène rien de bon. Signer un contrat par la culpabilité ou le mensonge, c'est mal !
- **Le désespéré** : celui qui est prêt à tout pour signer au point de réduire sa valeur aux yeux des autres. Garde tes standards ; ne sois pas prêt à tout accepter pour remporter un contrat.
- **Le cœur brisé** : ici, il s'agit de mettre toute ton énergie au profit d'un seul prospect, et de ne penser qu'à cela jour et nuit. Comme tu n'auras qu'une seule option, tu iras très mal en cas de refus. Ne mets pas tous tes œufs dans le même panier.

---

3 — *Friendzone* : anglais pour « zone amicale ». Il s'agit de se retrouver catégorisé comme l'éternel bon ami et ne jamais être vu comme un potentiel partenaire amoureux.

4 — Tinder : application de rencontre sur mobile sur laquelle les photos sont mises en avant pour accepter ou refuser une mise en relation.

• **Le séducteur chronique** : il saute sur tout ce qui bouge jusqu'à oublier le prénom de chacune de ses conquêtes. Tes prospects doivent se sentir spéciaux même s'ils ne sont pas les seuls auxquels tu t'intéresses !

Souviens-toi que **les plus belles relations sont naturelles**. Tu n'as pas besoin de forcer quoi que ce soit. Il s'agira d'une évidence, d'un état de « *flow* »[5].

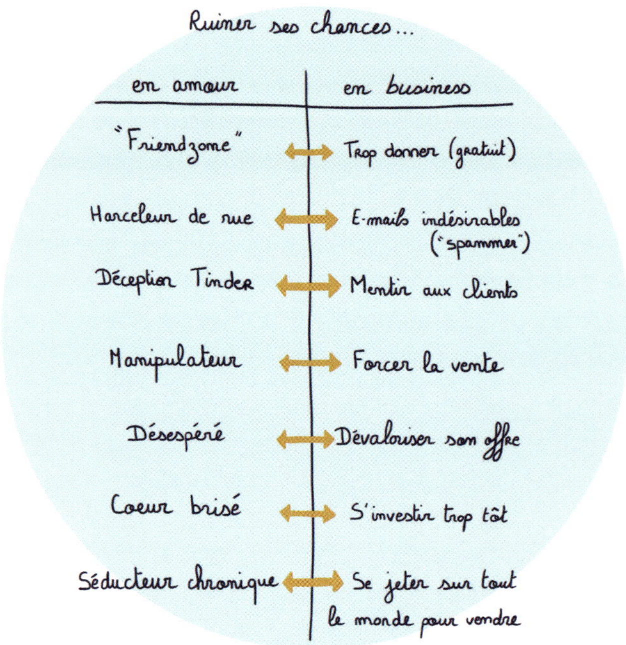

Au démarrage, tu auras peut-être l'impression de courir après les contrats. C'est normal : tu seras peu séduisant parce que tu n'auras pas une marque personnelle très forte. Mais cela n'est que temporaire. Accroche-toi : au fil de tes apprentissages, tu gagneras un charme fou auquel (presque) personne ne pourra résister, et les opportunités viendront presque toutes seules.

---

5 — Dans la culture du yoga ou du surf, le *flow* est cet état d'alignement complet dans lequel tout est fluide, naturel et facile. Le rythme n'est pas forcé, les efforts sont présents mais ils n'épuisent pas.

Attention également à tes pairs en freelance : il est facile de rencontrer des indépendants blasés qui ont perdu tout espoir dans leur marché. Leur avis est biaisé. **La réalité de certains ne sera pas forcément la tienne.** Le plus souvent, être indépendant est difficile parce qu'on ne comprend pas encore les règles du jeu. Mais si tu te formes et que tu persévères, tu finiras par trouver ce qui fonctionne pour toi.

Un bon vendeur est méthodique plutôt que séducteur

Tu pourrais penser à tort que les meilleurs commerciaux sont ceux qui savent être beaux parleurs pour conquérir leurs clients. En réalité, une vente réussie repose sur une méthodologie qui permet de progresser, étape par étape et que l'on matérialise par un « **cycle de vente** ». Il représente toutes les phases par lesquelles un prospect doit passer pour devenir un client payant, depuis le premier contact jusqu'à la signature du contrat.

Le concept est très simple : à chaque phase et à chaque rendez-vous, il faut se rapprocher un peu plus de la vente. Comme dans un jeu vidéo, on progresse par niveau. En brûlant une étape ou en stagnant à un palier spécifique, on finira en « *game over* » !

Le cycle de vente à l'image d'une relation amoureuse

#1 – **La prise de contact** : le prospect prend conscience de notre existence parce qu'on l'a démarché ou parce qu'il a entendu parler de nous (grâce à notre communication, une recommandation ou un intermédiaire tel qu'une plateforme ou une agence).

#2 – **La qualification du *lead*** : le contact fait partie de la cible, c'est un client idéal.

#3 – **Le « *lead nurturing* »**[6] : à notre tour de montrer à ce contact que nous avons beaucoup à lui apporter, en créant un lien de qualité avec lui et en lui donnant (avant de demander quoi que ce soit).

6 — *Lead nurturing* : anglais pour «maturation de prospects». Consiste à chouchouter un prospect pour faire augmenter son intérêt pour notre offre, par exemple, en lui offrant des conseils gratuits, en le rencontrant ou en s'intéressant à son actualité.

#4 – **L'offre** : qu'il s'agisse de temps ou d'un service spécifique, il faut avoir quelque chose à proposer pour clôturer une vente. Le prospect ne va pas deviner les contours de la collaboration à notre place. Nous connaissons plus son besoin qu'il ne connaît notre profil.

#5 – **La réponse aux objections** : il faudra le rassurer sur notre capacité à être la meilleure option pour l'aider à progresser vers ses objectifs.

#6 – **Les négociations** qui permettent de peaufiner les conditions de collaboration.

#7 – **La signature** matérialise l'engagement car le prestataire et le client deviennent redevables l'un envers l'autre.

#8 – **La réévaluation des besoins** : prendre des nouvelles afin de s'assurer que la satisfaction est entière, et fidéliser le client en lui proposant des solutions à ses nouveaux besoins.

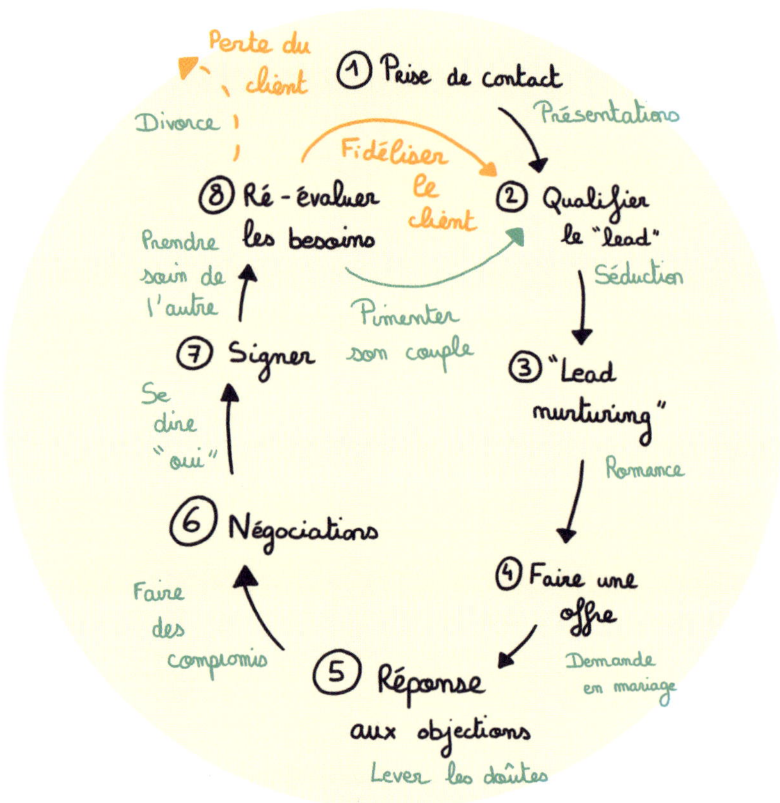

En vente, tous les succès reposent sur le même secret : celui de **s'assurer que chaque étape soit validée avant de passer à la suivante**. Tout le cycle peut tenir en un seul rendez-vous, avec un seul interlocuteur.

Néanmoins, une même étape peut prendre plusieurs mois à être débloquée. L'important, c'est de comprendre combien de temps cela va prendre afin d'anticiper l'énergie nécessaire pour clôturer une vente.

Le chiffre d'affaires doit être prévu, voire maîtrisé

Le cycle de vente permet de maîtriser ses ventes. Grâce à lui, un indépendant peut **prévoir ses revenus** plutôt que d'avoir l'impression d'être impuissant face à son chiffre d'affaires.

Il va alors bâtir une stratégie à chaque étape du cycle de vente et estimer le temps et les résultats obtenus à chaque étape. Ce n'est pas une science exacte… mais ce qui est sûr, c'est que cette stratégie, même imparfaite, sera meilleure que de naviguer dans l'incertitude de ses ventes !

Par exemple, je mets environ 2 semaines à convertir un freelance de mon audience Instagram en client payant. Pour remplir mes sessions de formation, je sais que je dois communiquer sur mon offre au moins 14 jours avant de faire démarrer une session (en ajoutant une marge de manœuvre généreuse pour être sereine). Je sais que seuls 80 % des indépendants qui s'inscrivent pour un rendez-vous vont se présenter à l'appel. Parmi ceux-ci, 60 % signent avec moi.

Un rapide calcul me permet de comprendre que pour trouver 18 clients par trimestre, je dois obtenir 37 réservations d'appels sur mon agenda, auxquels 30 prospects vont se présenter. Cette indication me permet de savoir si je vais atteindre ou non mes objectifs lors des périodes de lancement. Ainsi, pendant le premier confinement, j'ai vu mes demandes baisser légèrement et j'ai pu rectifier le tir et augmenter les rendez-vous en utilisant de la publicité Facebook.

Peut-être que ton cycle de vente sera bien plus simple. Tu pourrais te contenter de 2 ou 3 gros clients sur l'année. Si la demande est forte dans ton secteur d'activité, il pourrait même être très court.

Voici mon cycle de vente détaillé en tant que formatrice indépendante :

Étape	Stratégie	Temps	Conversion (%)
1. Prise de contact	Publier du contenu sur Instagram qui sera poussé vers une audience grâce aux algorithmes de recommandation	Inconnu	Inconnue
2. Qualifier le *lead*	Les utilisateurs d'Instagram qui s'abonnent à mon compte sont intéressés par mes contenus	Inconnu	Inconnu
3. Chouchouter le *lead*	Publication de contenus de qualité chaque semaine	Inconnu	Inconnu
4. Offre	Proposer un appel découverte pour les formations	1 à 2 semaines après le lancement d'un programme	80 % d'appels honorés par les prospects inscrits sur le formulaire
5. Objection	Y répondre pendant l'appel découverte	Durant l'appel	Non applicable
6. Négociation	Conditions fermes (tarifs, délais et programmes non négociables)	Non applicable	Non applicable
7. Signer	Envoyer un lien de paiement pour réserver la place	1 à 2 jours	60 % des appels découverte
8. Évoluer	Rester en contact avec mes anciens clients sur les réseaux sociaux (leur demander des nouvelles)	Inconnu	Inconnu
Bonus Fidélisation	Envoyer des e-mails aux anciens clients avec les nouvelles offres	2 fois par an	10 % du portefeuille clients existant

Au démarrage, il te manquera des informations. Ce n'est pas grave, procède par hypothèses. À ton avis, combien de temps te faudra-t-il à chaque étape ? Quel pourcentage de prospects va passer d'une étape à l'autre ? Et que vas-tu mettre en place pour **les guider tout au long de ton cycle de vente ?**

Cette analyse va te motiver à partir à la recherche de nouveaux clients. Pour autant, reste souple. Comme le dirait si bien Picasso, il faut « apprendre les règles comme un professionnel pour pouvoir les briser comme un artiste. » La méthodologie de vente t'apporte une base sur laquelle construire ton propre style, qui ne sera pas toujours aussi lisse et structuré.

Différencier la vente du réseautage

Pour réussir à signer des contrats, il faut maîtriser la théorie (notamment le cycle de vente) mais aussi s'en extraire pour arriver à comprendre les relations humaines, toutes uniques. La chance incroyable qui s'offre à toi est que le « freelancing » t'aidera à développer ton intelligence émotionnelle. Avec le temps, tu vas réussir à lire entre les lignes et à comprendre **la communication non verbale**. Autrement dit, tu sauras lorsqu'un refus est en fait une objection et lorsqu'un « oui » n'est pas sincère.

Lors de ton démarchage commercial, tu risques d'assister à des entretiens qui ne sont pas vraiment liés à la vente, mais plutôt à du réseautage. Autrement dit, **tes interlocuteurs seront simplement curieux de te rencontrer** (au cas où) **mais n'auront pas de besoins immédiats**.

Cette situation est très courante pour deux types de clients : les agences, qui ont tout intérêt à construire des réseaux de freelances sur lesquels se reposer pour de futures commandes et les profils « *corporates* » (grands groupes et PME) qui ont besoin de talents à présenter à leur hiérarchie lors du vote des budgets et des projets de l'année.

Tu pourras évidemment trouver des missions avec cette typologie de clients. Et inversement : des clients tels que des indépendants et petites structures pourraient vouloir échanger pour se renseigner ou par simple curiosité. **Savoir faire la différence entre de la curiosité et un réel intérêt t'épargnera beaucoup d'énergie.**

Alors que j'écris ces lignes, je partage un café avec mon amie Valéria Herzer. Elle a travaillé pendant de nombreuses années en agence. Au travers de son métier, elle a été du côté « recruteur » des freelances et elle m'a livré le constat suivant : selon elle, **être référencé chez le potentiel client est presque plus important que d'obtenir une mission ponctuelle**, sous le coup de l'urgence.

Les conseils de Valéria pour se faire des contacts au sein d'entreprises

#1 Il est indispensable de comprendre les besoins de ses interlocuteurs.

Pour les agences, il existe 2 types d'opportunités de collaborations en freelance. S'il s'agit d'une mission urgente, il faut être au bon endroit, au bon moment ! Impossible de vendre une solution B pour un problème A. En dehors de projets existants, les freelances peuvent **contacter les chargés de projets pour demander à être référencés** dans leur réseau de talents. Il faudra alors prendre le temps de créer un lien fort et prendre des nouvelles pour s'assurer de rester une priorité. De plus, en étant proche de tes interlocuteurs, tu pourras suivre les changements de carrière et rester positionné.

Il est facile de convaincre les agences en phase de prospection en mettant simplement en lumière leur problème majeur : **en cas de mission urgente, ils te connaîtront déjà et pourront compter plus facilement sur toi**.

Les indépendants cherchent trop souvent la mission immédiate, alors que **la régularité des contrats viendra d'un bon réseau**. Autre détail : ce type de clients recherche toujours des prestataires acceptant des conditions de collaboration délicates, comme un paiement qui peut arriver 2 mois après la fin de mission.

#2 La prise de contact doit être qualitative.

L'erreur, c'est de copier-coller des messages non personnels demandant à des employés d'agences « d'échanger ». Mais pourquoi ?

Qu'est-ce que ton interlocuteur va y gagner ? Pourquoi est-ce qu'il devrait t'offrir du temps dans son planning déjà bien chargé ?

Un bon réseautage commence par un intérêt sincère porté à l'autre et une bonne connaissance de son besoin. Personnaliser les messages d'introduction est toujours une bonne idée. Il s'agit de relations humaines avant tout : si tu souhaites être recruté par quelqu'un, voire être recommandé à son réseau, il faut montrer à l'autre que tu respectes son temps. Rien de tel qu'un petit message chaleureux pour commencer :

« Je vous contacte car j'ai vu que nous avions [tel point en commun]. Je m'appelle [prénom]. Mon expertise porte sur [tel domaine ou métier]. J'ignore si vous avez des projets adaptés à mon profil en ce moment, mais ça pourrait être intéressant pour nous d'échanger et peut-être de m'ajouter à votre réseau de freelances référencés au cas où un besoin émergerait ? »

C'est tout de suite beaucoup plus intéressant que la fameuse phrase :

« Bonjour, je suis freelance et j'aimerais échanger avec vous. Avez-vous 30 minutes pour un appel la semaine prochaine ? »

#3 David ne gagne pas toujours contre Goliath.

Collaborer avec certaines entreprises peut relever du parcours du combattant car les contrats sont standardisés, qu'il s'agisse de faire travailler un freelance ou une agence de très grande taille.

Les exigences seront parfois impossibles à accepter pour un indépendant. Par exemple, un grand groupe pourra demander l'exclusivité sur un secteur d'activité ou exiger un volume horaire supérieur à ce qu'un freelance pourrait humainement assumer.

Dans ce cas, l'union fait la force. Il sera alors parfois plus pertinent de se regrouper sous la forme d'un collectif, de passer par une plateforme référencée chez les grands groupes ou encore d'être sous-traitant pour une agence. Cela ne veut pas dire que ton profil sera dilué, bien au contraire. La plupart des clients souhaitent connaître l'équipe derrière un projet. Ton travail sera valorisé mais au niveau contractuel, tu passeras la main à un intermédiaire plus costaud que toi.

À TON TOUR

Détermine la stratégie de vente

Étape	Ma stratégie	Temps	Conversion (%)
1. Contact			
2. Qualifier			
3. Chouchouter			
4. Offre			
5. Objection			
6. Négociation			
7. Signer			
8. Évoluer			
Fidéliser			

Il est rare de signer sans demander la vente

En amour comme en vente, il faut savoir conclure. Et tu as déjà entendu la fameuse phrase : « On se rappelle ? » Nous sommes nombreux à toujours attendre à côté du téléphone des années après. Ne jamais laisser partir un prospect sans s'assurer de 2 choses :

- **avoir demandé la vente** (c'est-à-dire l'engagement du client pour commencer à travailler ensemble),
- **fixer la prochaine étape** pour progresser vers la signature.

Bien souvent, les freelances repartent avec une perception floue du déroulement d'un entretien commercial. Ils ne comprennent pas toujours pourquoi le prospect a cessé de répondre alors que ça s'était bien passé ou pourquoi une vente tombe à l'eau alors qu'ils pensaient que c'était gagné. Cela vient d'une certaine réserve dans la récolte d'informations.

« Il vaut mieux avoir un "non" rapidement plutôt qu'un "peut-être" qui traîne ! »

À l'instar d'une relation amoureuse, rien de bon ne vient du fait de devoir deviner ou interpréter des signaux subtils pour savoir où en est la relation. C'est pour cela qu'il faut **clarifier les choses**. Il te suffit de poser l'une des questions suivantes.

- ***Vous partez sur l'option 1 ou sur l'option 2 ?***
- ***Quand est-ce que vous souhaitez commencer ?***
- ***De combien d'heures de prestations avez-vous besoin par semaine ?***

Si jamais le prospect n'est pas prêt, il te le dira en entendant ces phrases. Tu pourras alors comprendre s'il reste des objections sur lesquelles travailler ou si ton interlocuteur n'est tout simplement pas intéressé. L'incertitude et l'attente te feront perdre une énergie précieuse dans ton activité freelance. Lorsqu'il s'agit d'un refus, le plus tôt est le mieux !

La différence entre un *closer* et un vendeur est que **le *closer* va jusqu'au bout en faisant signer les contrats et entrer du chiffre d'affaires**. En tant que freelance, tu dois porter les deux casquettes : celle d'un commercial qui va prendre contact pour comprendre un besoin et présenter une offre adéquate et celle du *closer* qui va relancer sans relâche jusqu'à obtenir un « oui » ou un « non » !

Conclure une vente, c'est obtenir un chèque

Un engagement à l'oral ne vaut pas grand-chose car on n'est jamais à l'abri d'un changement de dernière minute. C'est pour cela qu'il faut **matérialiser l'accord par une signature**. Il peut s'agir d'un devis ou d'un contrat. Je pense qu'un client ne le devient vraiment que lorsqu'il paie au minimum un acompte (en général, 30 % du budget). Les mauvais payeurs sont rares, mais ils existent. Le fait d'être rémunéré avant de commencer la mission élimine un peu de risque du côté de l'indépendant. Cela impose à ton client de s'impliquer un minimum pour que tu sois rassuré sur ses intentions. Et cela passe par le passage à la caisse !

Lors de collaborations avec les grands groupes et PME, il peut exister des configurations différentes. Ils ne seront peut-être pas en mesure de payer un acompte ou de signer le contrat avant le démarrage. Ce n'est pas idéal mais il existe aussi une subtilité en vente comme en amour : celle de prendre des risques. C'est à toi de voir si tu le sens ou pas.

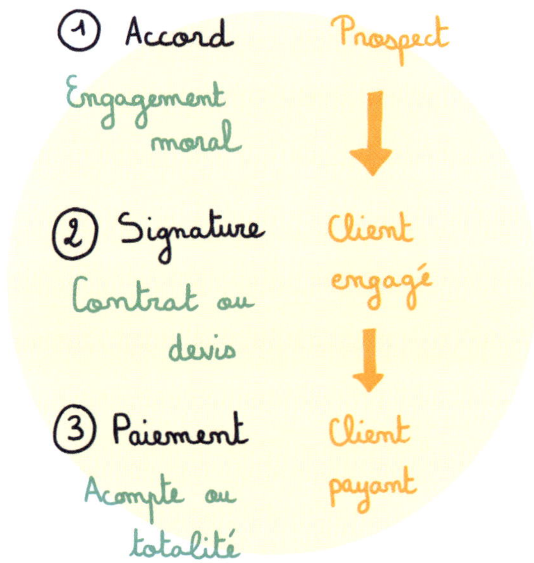

« Closer » avec tous les types de clients

ADAPTER SES OFFRES SELON UN BUDGET

Loriane est consultante en référencement naturel (SEO). Elle aide les entreprises à augmenter le trafic de leur site internet dans le but d'augmenter leurs ventes. Pour cela, elle propose des prestations stratégiques mais aussi un soutien opérationnel via la rédaction de contenus optimisés.

Elle a trouvé ses premiers contrats grâce à son réseau et à des articles invités qui ont été partagés et appréciés par ses clients idéaux. Le bouche-à-oreille a ensuite pris le relais. Même si elle a un penchant pour les collaborations avec de petites structures, elle accepte de travailler avec toutes les typologies de clients, de l'indépendant aux grands groupes.

Certes, son portefeuille de missions lui apporte de la diversité, mais il complexifie sa stratégie commerciale et sa gestion de la relation client au quotidien.

Les mots de Loriane Tardif

La vente était un processus obscur au démarrage. Quand j'ai commencé à chercher des clients, je ne savais pas par où commencer : fallait-il prospecter par e-mail ? Sur les réseaux sociaux ? Faire un site internet ?
J'ignorais également quelles questions poser aux prospects pour déceler leurs besoins afin de pouvoir leur proposer la bonne offre. **J'ai dû me former pour devenir ma propre commerciale.**
Et l'apprentissage demeure malgré l'expérience : chaque entretien de vente est un nouveau challenge, puisque nous sommes à nouveau jugés avec nos compétences par de parfaits inconnus. Cet exercice est à la fois inconfortable et extrêmement instructif.

Chaque rendez-vous avec un prospect est l'occasion de consolider la connaissance de sa cible, de confronter ses offres au marché et d'améliorer ses réponses aux objections. Certains aspects sont nécessaires mais demeurent néanmoins désagréables, comme les relances d'e-mails restés sans réponse.

J'adapte mes offres aux budgets et aux attentes des clients. Il y a parfois un fossé entre ce que le client pense possible (en termes de résultats) et ce qui est réaliste, surtout dans le domaine du référencement dont le succès s'évalue dans le temps. Parfois, l'investissement envisagé n'est pas à la hauteur des objectifs non plus. Mais je m'adapte. Par exemple, je propose un diagnostic SEO avec un coaching pour les budgets serrés. Dans ce cas, c'est le client qui apporte les corrections nécessaires et je l'accompagne ponctuellement. Je suis alors transparente : sur de l'entrée de gamme, le client devra tout de même consacrer du temps et des efforts pour implémenter lui-même le plan d'action que je lui présente. J'ai aussi des offres avec lesquelles je réalise le travail, et cela représente naturellement un budget plus important.

La vente devient plus facile avec le temps ! J'ai vu la progression entre la signature de mon premier contrat et des suivants. **Le fait d'avoir de premiers clients satisfaits m'a donné un sentiment de légitimité autour de mes compétences et tarifs.** J'étais moins victime du syndrome de l'imposteur et moins hésitante pour annoncer mes tarifs. Même si j'ai toujours une belle marge de progression pour parler d'argent en toute sérénité, je me sens désormais plus pédagogue. Je pose également de meilleures questions en entretien de vente, notamment parce que je connais bien ma cible : cela me permet de proposer des offres pertinentes, et donc mieux défendables.

Je n'aime pas particulièrement vendre ou négocier. **Pour réussir en freelance, il faut savoir sortir de sa zone de confort.** Au début, cela demande de se faire violence, mais c'est aussi la seule façon d'entrer dans la fameuse zone d'apprentissage si agréable, puis celle de la réussite. Pour augmenter ses chances de succès, une petite préparation est indispensable : il faut se renseigner sur son client, connaître son pitch, avoir des offres claires et argumentées, lister ses atouts, penser aux éventuelles objections et aux réponses à y apporter…

N'ayons pas peur d'avoir un regard critique avec nos clients. Je travaille avec des clients déjà bien rodés, comme des grands groupes ou des PME existant depuis longtemps. Elles ont parfois des règles de fonctionnement déjà établies sur lesquelles il est difficile de revenir. Lorsque je repère un élément qui entrave l'atteinte des objectifs que nous nous sommes fixés (ou qui pourrait être néfaste à l'entreprise), j'alerte tout de même mon client de manière transparente et je propose une solution à la clé.

Si ces défauts viennent à s'accumuler, je leur propose un point pour leur expliquer que ma mission ne peut pas se dérouler dans de bonnes conditions ni porter ses fruits. Généralement, avec un dialogue et en partant de son ressenti, il est possible de débloquer de nombreuses situations. **La valeur ajoutée du freelance consiste aussi à avoir ce rôle de conseil, dès l'entretien de vente !**

Le mot de la fin

Il est facile de perdre son temps en procrastinant avec une préparation excessive, par peur de se confronter à ses premiers clients.

Mais les opportunités ne vont pas tomber du ciel. Il est indispensable de se mettre en action le plus tôt possible, notamment en parlant de son activité autour de soi (en prospectant, en développant son réseau ou en donnant des conseils sans rien attendre en retour).

La première mission finira par arriver naturellement.

Partie 4*

Adopter le bon état d'esprit

Une bonne stratégie ne vaut rien sans le bon « *mindset* »[1].

Le bon état d'esprit te permettra de réussir à mettre en place les stratégies que tu penses pertinentes. En freelance, la majeure partie du travail consiste à gérer sa propre psychologie. Même si tout le monde peut réussir, seule une fraction d'entrepreneurs résiste face aux difficultés et reste à leur compte une grande partie de leur vie.

D'ailleurs, c'est en cela que l'expérience freelance est solitaire. Ce n'est pas le simple fait de travailler seul derrière son écran. C'est surtout car il n'y a personne pour nous dire si nous allons dans la bonne direction.

Chaque jour, nous prenons des risques et faisons des choix courageux qu'il nous faudra assumer. C'est déjà le cas dans nos vies personnelles. Il y a de quoi basculer dans une crise existentielle plus d'une fois par jour !

Les doutes, les remises en question et les souffrances font tout aussi partie du voyage. Plutôt que de vouloir absolument s'en débarrasser, il est plus judicieux d'apprendre à bien se connaître et d'utiliser l'entrepreneuriat comme un outil de développement personnel.

Nos émotions sont notre plus beau cadeau. C'est ce qui nous rend créatifs et uniques. Nous sommes des âmes en perpétuel questionnement, ce qui nous rend irremplaçables même face à la puissance de l'intelligence artificielle. Faisons de cette humanité une force !

---

1 — *Mindset* : anglais pour « état d'esprit ». Il s'agit de la somme des croyances, de l'attitude et de la responsabilité personnelle que l'on porte en soi et que l'on injecte dans ses projets.

CHAPITRE 16

L'empathie est un atout business

En tant que travailleur indépendant, **ta force est d'avoir une activité à taille humaine**. De pouvoir créer des liens forts avec tes clients, puisque tu es à la fois le visage, les bras et le cerveau de ton entreprise. Signer avec toi c'est non seulement commander une prestation de services, mais aussi avoir un peu de ton énergie et de ton soutien.

Faire preuve d'empathie, c'est réussir à se mettre à la place de l'autre pour comprendre ses émotions, ses besoins et son ressenti. C'est une force dans le business non seulement pour signer des contrats (en proposant des offres adaptées à sa cible), mais aussi pour entretenir des relations professionnelles de qualité.

Tout le monde peut devenir empathique

L'intelligence émotionnelle se développe tout au long de la vie. Certaines personnes sont naturellement plus connectées aux autres parce qu'elles ont été éduquées ou sensibilisées de telle façon, ou parce qu'elles ont déjà fait un travail sur elles-mêmes. Qu'il s'agisse de *leadership* (capacité à fédérer autour d'un projet), de capacité à communiquer ou d'adaptabilité, nous pouvons tous enrichir notre façon de nous connecter aux autres et à nous-mêmes.

Astuces pour mieux comprendre son client

- **poser des questions** : cela permet de comprendre ses motivations, ses doutes et ses valeurs. L'écoute des réponses doit être active et bienveillante ;
- **suivre ses intuitions** : elles sont parfois localisées dans des endroits particuliers de son corps. Par exemple, il peut s'agir de papillons

dans le ventre quand on est heureux, ou de chaleur dans la poitrine lorsqu'on se sent en difficulté ;

- **confronter ses idées à son marché** : tu pourras obtenir des retours jusqu'à trouver la formule : celle qui te permettra de proposer une offre adaptée à ta cible et à ses besoins ;
- **oser faire des erreurs** (et les assumer) : il peut arriver que l'on juge mal une situation. Il faut être conscient que l'on peut faire des erreurs et penser avoir compris son client alors qu'en fait le besoin est différent ;
- **apprécier sa clientèle** : il doit y avoir un bon *feeling* entre toi et chacun de tes clients, mais aussi avec ton marché. Tu dois être content de te lever le matin pour résoudre les problématiques auxquelles tu t'attaques.

L'analyse empathique pour conquérir son marché

S'adresser à une cible précise permet d'analyser le profil d'un client idéal afin de **se mettre à sa place pour pouvoir le convaincre**. S'il se sent compris, il achètera plus facilement et la collaboration sera fluide. Ainsi, ta connaissance du marché te permettra de construire :

- **des offres de services** qui répondent à ses besoins réels,
- **un argumentaire commercial** convaincant (message de prospection, contenus pour les réseaux sociaux, pages de vente pour ton site internet et même préparation de la réponse aux objections pour tes entretiens de vente).

Pour se mettre dans la peau de son prospect, il suffit de s'intéresser à ce qu'il pense ou ressent en posant les bonnes questions. Cela passe par ce que j'appelle une **phase d'analyse empathique** qui peut être réalisée durant l'étude de marché, lors des entretiens de vente ou tout au long d'une collaboration. Pour débuter cette analyse, tu peux interroger tes prospects à 3 niveaux :

- **le niveau personnel ou humain** : il s'agit de ce qui touche directement ton interlocuteur, parfois même dans la vie privée,

- **le niveau projet** : dans ce cas, il s'agit des contours de votre éventuelle collaboration,
- **le niveau entreprise** : ici, c'est l'organisation dans sa globalité et tous ses projets qui doivent être explorés.

En plus, il existe une échelle de temps : les questions que tu poseras devront porter sur le passé, le présent et le futur. Cela te permettra de **peindre un véritable état des lieux de la réalité de ton interlocuteur.** Enfin, tu pourras l'interroger sur les éléments positifs, négatifs et neutres (factuels) de son quotidien tels que ses objectifs, ses doutes et ses rêves.

« Tout dialogue devrait être une danse : adapte ton rythme à celui de l'autre ! »

Attention à ne pas poser trop de questions ou de t'intéresser trop rapidement à des sujets qui peuvent être considérés comme confidentiels ou personnels. Pour savoir si tu dépasses les limites, fais confiance à ton intuition.

	L'humain	Le projet	L'organisation
PASSÉ			
Réussites	Quelles sont vos fiertés personnelles et professionnelles ?	Qu'avez-vous mis en place qui a fonctionné pour ce projet ?	Quelles ont été les grandes réussites de votre entreprise ?
Erreurs (échecs)	Est-ce que vous avez connu des difficultés dans ce poste ?	Qu'avez-vous mis en place qui n'a pas porté ses fruits ?	Qu'est-ce que votre hiérarchie a supprimé et pourquoi ?
Contraintes héritées	Qu'auriez-vous fait différemment ?	Si le projet était à refaire, que changeriez-vous et pourquoi ?	Quelle est l'histoire de l'entreprise ?
Résultats obtenus	Quels ont été vos meilleurs moments dans l'entreprise et pourquoi ?	Quels ont été les résultats tangibles et intangibles de ce projet ?	Dans quel secteur êtes-vous reconnu comme leader ?
PRÉSENT			
Tâches à réaliser	Quelles sont les missions dont vous êtes en charge personnellement ?	Quelles sont les tâches et dates de livraison de l'équipe projet aujourd'hui ?	Combien de projets sont en cours au sein de votre entreprise ?

Solutions rêvées	Si vous aviez une baguette magique pour changer votre quotidien, que demanderiez-vous ?	À quoi ressemblerait, selon vous, la bonne solution à vos problématiques sur ce projet ?	Quelles sont les solutions envisagées par votre entreprise pour réussir tous vos projets ?
Ressources	Quelles sont vos ressources aujourd'hui pour gérer vos priorités et projets ?	Qui sont les membres de l'équipe projet ? Quels budgets et outils avez-vous à disposition ?	De quelles ressources communes disposez-vous dans l'entreprise ?
Manques	De quoi avez-vous besoin pour réussir vos missions ?	Qu'est-ce qui vous manque aujourd'hui pour progresser ?	Quels sont les besoins identifiés pour avancer sur vos projets ?
Difficultés	Qu'est-ce qui vous pose le plus problème dans votre quotidien ?	Quelles sont les difficultés en ce moment sur ce projet ?	Quels défis ont été identifiés pour mener à bien tous les projets ?
FUTUR			
Objectifs	Quels sont vos objectifs personnels dans les prochains jours/semaines/mois/ cette année ?	Qu'attendez-vous de ce projet en termes de résultats chiffrés ou intangibles ? Et à quelles dates ?	Quels sont les objectifs mensuels/ trimestriels/annuels de l'entreprise ?
Impératifs	Quelles sont les contraintes avec lesquelles vous devez composer aujourd'hui ?	Quels sont les détails du projet sur lesquels les donneurs d'ordre sont intransigeants ?	Quels sont les impératifs et ordres non négociables pour chaque projet de l'entreprise ?
Urgences	Quelle est votre priorité la plus urgente ?	Quels sont les urgences ou retards de ce projet ?	Quels sont les projets prioritaires pour votre entreprise ?
Rêves	Quelles sont vos ambitions pour ce poste et plus globalement votre carrière ?	Quels seraient les résultats idéaux pour votre équipe projet ?	Quelle est la vision à long terme de l'entreprise ?
Peurs	Êtes-vous inquiet par rapport aux tâches qui vous sont confiées ?	Quelles sont les craintes émises par l'équipe projet ?	Quels sont les risques identifiés pour l'avenir de l'entreprise ?

Lorsque tu auras rencontré suffisamment de prospects, tu pourras identifier des points communs dans leurs réponses. Cela te permettra de dresser une cartographie des généralités de ton marché et d'identifier les arguments qui pourraient convaincre de futurs clients.

Je te conseille de connaître et de faire apparaître :

- **les contraintes, difficultés et peurs** de tes clients (qui deviendront des objections dans vos échanges) ;
- **les urgences** afin de connaître ce qui est prioritaire pour eux, et de savoir si tu as des chances de vendre rapidement une prestation ou si ça restera sur un coin de table par manque de temps ou de budget ;
- **les objectifs** pour comprendre quelle valeur ajoutée tu peux leur apporter ;
- **leurs rêves** pour partager une vision commune et leur donner envie de te faire confiance en leur montrant que tu peux les emmener vers la transformation souhaitée !

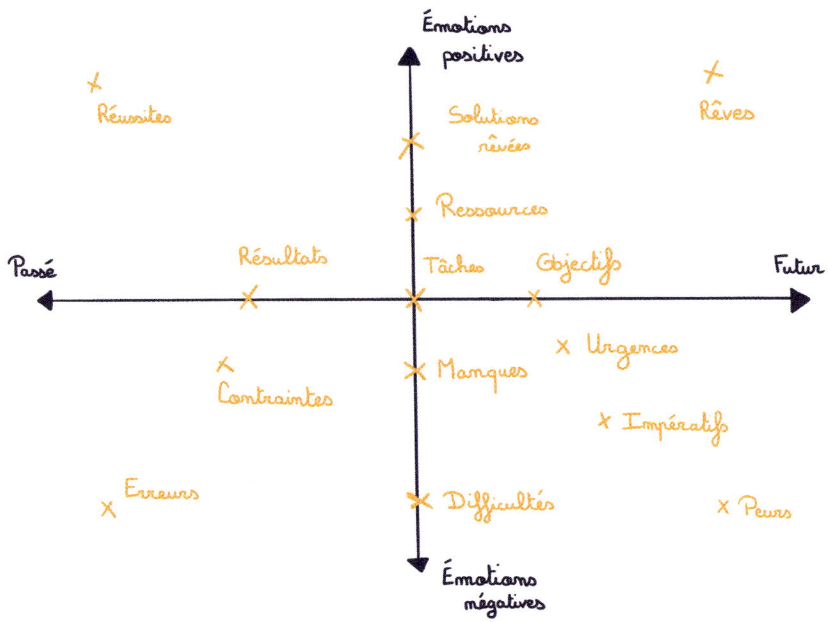

Prenons l'exemple de Matthieu, un rédacteur web spécialisé dans le e-commerce. Ses prestations comprennent l'écriture d'articles de blog et de fiches produit optimisés SEO pour des boutiques en ligne. La valeur ajoutée des prestations est donc **d'augmenter le trafic de visiteurs** sur les sites e-commerce dans le but d'augmenter les ventes.

Le persona de Matthieu est Anna, 35 ans, fondatrice d'une boutique en ligne qui dispose d'une dizaine de références. Son entreprise emploie une petite équipe (3 personnes). Lors d'entretiens, les questions posées ont mis en évidence les points suivants :

- une concurrence est positionnée sur les mots-clés qui apportent le plus de trafic lors de recherches (**contraintes**).
- Les ressources de l'équipe seront affectées en priorité au lancement du dernier site internet car les bugs génèrent une perte de chiffre d'affaires, puisque les clients ne peuvent pas commander (**urgence**).
- Anna aimerait augmenter ses ventes de 20-30 % par an afin de pouvoir bien se développer, continuer à recruter et se diversifier en achetant du stock pour de nouveaux produits (**objectifs**).
- Au fond, elle rêve de se dégager du temps, contrairement aux 50 heures par semaine qu'elle passe actuellement sur son business (**rêves**).
- Aujourd'hui, Anna manque de temps pour travailler sur son entreprise. Elle est trop plongée dans l'opérationnel, puisqu'elle se charge aussi de l'envoi des colis et du suivi des commandes auprès des fournisseurs (**manques**).
- Peu importe les stratégies employées, Anna ne veut pas faire de publicité payante car ce n'est pas rentable sur son marché (**impératifs**).
- Néanmoins, ce dont Anna est fière, c'est d'être rentable et de pouvoir vivre de son activité (**réussites**).

En rencontrant d'autres clients, Matthieu établit donc sa cartographie.

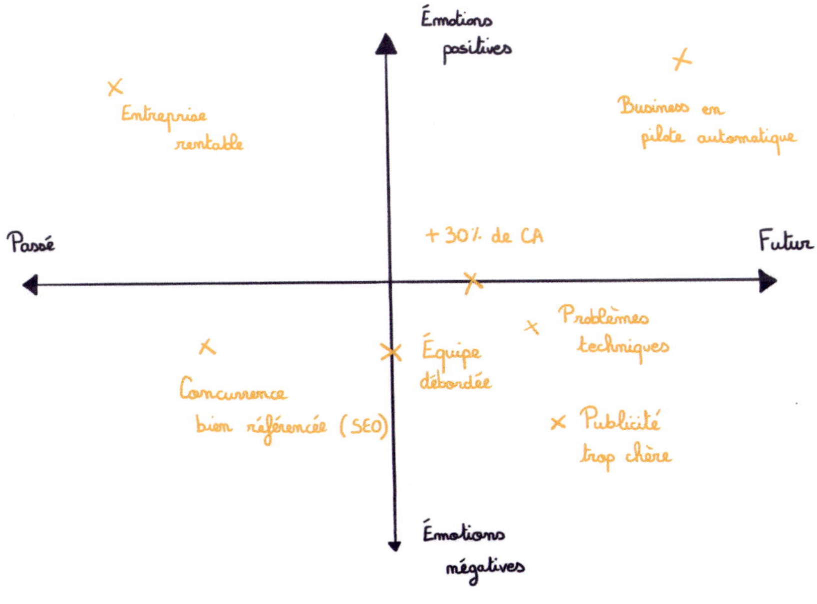

Trop d'empathie tue l'empathie

L'empathie, c'est donc la capacité de se mettre à la place de l'autre et de résonner avec ses émotions, ses pensées et ses sentiments. **Poussée à l'extrême, cette qualité peut faire mal** (puisqu'on risque de porter les responsabilités et donc, la douleur de l'autre). De la même façon, il est facile de se faire marcher dessus par des clients peu scrupuleux ou inconsciemment toxiques.

Pour autant, en tant qu'indépendant, tu dois faire passer ton entreprise avant toute autre chose. **Tu ne fais pas de social** même si cela ne t'empêche pas d'avoir bon cœur (lorsque c'est compatible avec la survie de ton activité) ! Pour se protéger, il existe 3 grandes règles :

- **communiquer** en toute transparence,
- **refuser** de porter les responsabilités des autres,
- **partager** ses propres limites.

Idée reçue*

DIRE LES CHOSES, C'EST RISQUER DE VEXER L'AUTRE.

Est-ce que tu as déjà caché ta personnalité, dans ta vie personnelle comme professionnelle, par peur de perdre l'affection ou la sympathie de quelqu'un ? Moi oui ! J'avais aussi ce syndrome de la bonne élève qui veut toujours donner une image lisse et parfaite d'elle-même et ne pas être trop contraignante. J'acceptais des conditions de travail qui n'étaient pas alignées avec mes valeurs par peur de perdre des opportunités (ou de l'argent). Au final, je brisais mon propre cœur à chaque fois qu'un projet ne prenait pas le tournant espéré et je ne comprenais pas pourquoi ma vie me paraissait si difficile.

En absence de communication, ce sont les autres qui choisiront pour toi. Au final, en se retenant d'exprimer ses besoins, on ne fait que repousser le moment où on se rendra compte qu'une relation n'est pas harmonieuse. Si tu n'oses pas être toi-même, tu ne fais que retarder le moment fatidique où tu verras que ça ne fonctionne pas.

Bien entendu, il y a l'art et la manière de dire les choses (avec respect et diplomatie). Certaines personnes s'offusqueront quand tu arrêteras de dire « oui » à tout. Dans ce cas, tu gardes quand même le contrôle sur un point : **décider de poursuivre ou d'arrêter cette dynamique dysfonctionnelle**.

Communiquer pour entretenir de bonnes relations

Le « freelancing » est un excellent exercice de développement personnel, parce qu'il pousse régulièrement à mener des conversations difficiles. Plus tu tarderas à parler de sujets qui fâchent, plus la situation risque d'empirer jusqu'à exploser. Dans ce cas, il n'y a pas d'autre issue possible qu'un conflit.

« Le non-dit est tout aussi un conflit ! »

Alors, comment s'exprimer avec transparence sans risquer de brusquer ou de vexer ses prospects ? Ma technique préférée est celle de la **communication non violente** (ou CNV). Elle permet de partager ses besoins sans pointer du doigt qui que ce soit. En effet, on l'oublie souvent sous le coup de l'émotion, de la colère et de la rancune, mais l'objectif de la communication n'est pas de blâmer ou de se défouler sur quelqu'un. Il s'agit de partager une information dans le but d'obtenir un résultat ou d'influencer la décision de quelqu'un. La force est donc rarement une bonne idée.

La CNV se déroule en 4 grandes phases :

- **observer la situation** de façon factuelle et véridique et sans accuser l'autre ;
- **partager son sentiment** sur la question (en utilisant le pronom « je » pour, une fois encore, éviter de rejeter la faute sur l'autre) ;
- **exprimer son besoin** (ce qu'on aurait aimé à la place) ;
- **proposer une solution** à l'autre en effectuant une demande, qu'il est libre d'accepter ou de refuser. Mais lorsque c'est bien fait, on essuie rarement un refus !

Mon exemple préféré, c'est celui de la vaisselle que son colocataire laisse traîner dans l'évier pendant des jours. Voici une façon très agressive de demander à quelqu'un de faire la vaisselle :

> ***« J'ai encore dû faire la vaisselle, il commençait à y avoir des mouches dans la cuisine, c'était dégoûtant. Je ne comprends pas comment tu peux vivre comme ça, c'est sale ! Tu peux nettoyer derrière toi s'il te plaît ? C'est la dernière fois que je te le demande, la prochaine fois je mets le tout dans ta chambre. »***

Ici, on remarque **les jugements de valeur**. Le colocataire fautif est accusé d'être sale. Il n'aura certainement pas envie de faire d'efforts face à ce type de critique. Par contre, on pourrait faire passer le même message de façon plus efficace, c'est-à-dire **en essayant d'obtenir gain de cause** (et d'avoir un évier propre tous les jours). Avec la communication non violente, le discours serait le suivant :

> ***« J'ai remarqué qu'il y avait de la vaisselle qui restait dans l'évier longtemps, parfois plusieurs jours. Comme je travaille dans la maison, je ne me sens pas bien lorsque tout n'est pas rangé. C'est important pour mon bien-être de me réveiller et de vivre dans un espace non encombré. Est-ce qu'on pourrait se mettre d'accord pour que chacun fasse sa vaisselle au fur et à mesure ? »***

Là, lorsqu'on est une bonne personne, on a vraiment envie de faire des efforts ! Et pour le « freelancing » ça donne :

> ***« J'ai remarqué que le périmètre du projet changeait chaque semaine. C'est difficile pour moi de mener à bien ma mission lorsque le cahier des charges est modifié, car je dois y passer plus de temps que prévu et nous risquons de dépasser l'enveloppe budgétaire si cela se répète. Pour réussir, j'ai besoin que l'on s'arrête sur une version définitive du projet. Pourrions-nous faire une réunion tous ensemble pour valider un brief définitif ? »***

Se libérer du syndrome du héros

Tu es quelqu'un de bien car tu pousses les efforts pour te former aux techniques de communication non violente pour améliorer tes relations professionnelles. **Mais attention à ne pas faire d'excès de zèle et à chercher à porter l'intégralité des responsabilités à la place de tes clients.**

Lorsqu'on a une bonne éthique de travail et une conscience professionnelle à l'affût, il est malheureusement courant de porter des difficultés qui ne sont pas « notre problème ». Or ainsi, tu risques de créer une situation toxique dans laquelle tu te positionnes comme héros ou sauveur. Sauf que pour exister, cette dynamique a besoin d'une victime (à secourir) et d'un méchant (le bourreau).

Quand ton client te dit qu'il n'a pas d'argent parce que la banque (le bourreau) a refusé son prêt, ce n'est pas à toi de lui faciliter la tâche en réduisant tes tarifs. C'est à lui de se débrouiller pour trouver ses propres solutions. **Tu peux faire preuve de souplesse** (délais de paiement, étalement de la mission). Dans ce cas, c'est différent. **La ligne à ne jamais franchir est celle de la prise de responsabilité.** Les clients qui ont les meilleurs résultats sont de toute façon ceux qui sont impliqués et qui assument les conséquences de toutes leurs décisions.

Lorsqu'on a besoin de nous, ça flatte l'égo ! La société met en avant des figures emblématiques qui sont sacrificielles. Le fait de faire passer l'autre avant soi est perçu comme une qualité. Moi, je suis du même avis que les compagnies aériennes : **il faut mettre son propre masque avant d'aller secourir les autres**. Et je ne me sens pas coupable de me positionner ainsi.

Protéger son activité avec des limites claires

Il s'agit de limites à communiquer au monde extérieur pour continuer à interagir tout en se sentant en sécurité (émotionnelle, psychique et physique). Par exemple, on a tous eu des collègues qui n'aimaient pas faire la bise le matin et qui le disaient à l'équipe. Ils ne font qu'exprimer leurs limites.

> *« Les limites sont importantes car elles permettent de garder un cœur ouvert sans se faire marcher dessus. »*

C'est en quelque sorte une recette qui permet de ne jamais devenir aigri ni agressif. Car il est facile d'oublier que si nous avons le droit de refuser, **les autres ont le droit de demander**. Surtout lorsque nous n'avons pas communiqué de règles.

Alors non, nous n'avons pas à répondre la nuit ou le week-end. Nous ne sommes pas obligés d'apporter « juste » une dernière modification à un projet clôturé depuis bien longtemps. Et nous n'avons absolument pas de mission de service public. Le travail gratuit, ce n'est pas notre fonds de commerce.

Mais lorsque ces limites ne sont pas communiquées, on ne peut pas reprocher aux clients de tenter. Peut-être qu'ils ne pensent pas à mal. Il faut donc non seulement fixer tes propres limites, mais aussi les partager (sous la forme de contrats, de conditions générales, d'e-mails ou même de piqûres de rappel à l'oral si besoin). À l'inverse, **pense aussi à la souplesse dont tu peux faire preuve** (sans trahir tes propres besoins).

Nous travaillons main dans la main à égalité. Le client n'a pas l'ascendant psychologique même s'il s'agit d'une grande boîte qui génère beaucoup de chiffre d'affaires. J'ai clarifié ce qui était important pour moi au fil de ma pratique freelance et je t'invite à faire de même.

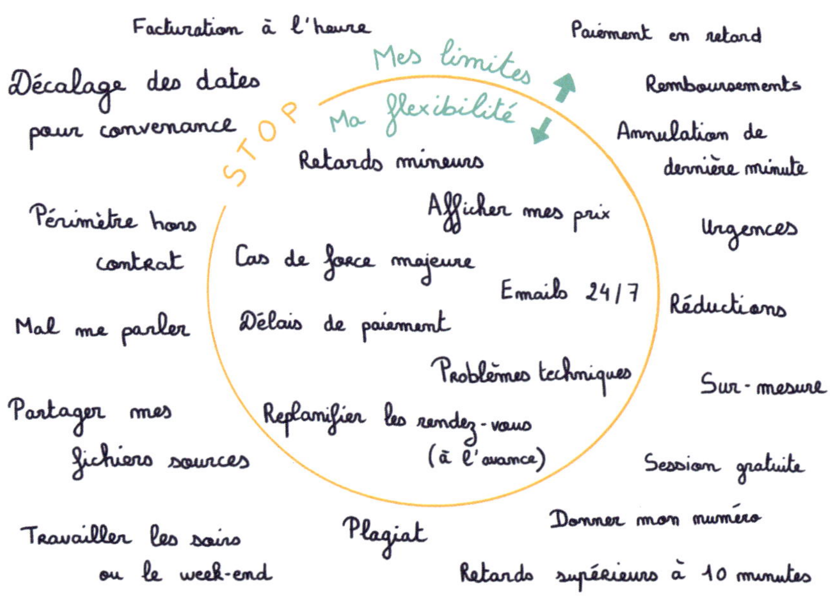

À TON TOUR

Fixe tes limites

Rédige les limites que tu ne souhaites pas franchir dans ton activité. Tu vas prendre position sur certaines règles qui ne seront peut-être plus importantes pour toi d'ici quelque temps.

Laisse également la porte ouverte pour les discussions avec tes clients, dans le but de trouver une zone de flexibilité si besoin. Après tout, ils t'aideront aussi à fixer les règles du jeu en te communiquant leurs non-négociables.

N'hésite pas à refaire le point régulièrement pour toujours travailler dans le plus parfait des alignements.

Se plonger dans les pensées de son client idéal

SAVOIR UTILISER L'EMPATHIE

Il existe une profession qui nécessite une forte empathie : UX/UI designer. Ce job consiste à comprendre les utilisateurs d'un site, d'une application ou d'un logiciel pour construire des interfaces intuitives et qui répondent à leurs besoins. Ce métier, c'est celui de Nolwenn, qui l'exerce depuis 5 ans en freelance.

À côté, Nolwenn a également lancé le projet entrepreneurial « Freelances Travel » qui propose des séjours de coworking entre indépendants, dans des lieux inspirants et structurés autour de programmes alliant temps de loisir et ateliers collectifs. Récemment, elle est également devenue maman, ce qui a profondément changé les choses.

Mais le plus impressionnant, c'est que malgré toutes ces activités, Nolwenn trouve encore le temps de créer du contenu à forte valeur ajoutée pour ses différentes cibles, grâce à une bonne compréhension de ses clients idéaux.

Les mots de Nolwenn Nasri

J'ai sincèrement envie de résoudre les problèmes de mes clients. Quand mes amis ne vont pas bien, j'ai envie de les aider et je fais cela par amour. Je prends le temps de comprendre et de poser des questions. Ça devrait être la même chose avec nos clients : ils nous appellent car ils ont des soucis. C'est en cela qu'**un indépendant doit être empathique** : il doit avoir envie de résoudre les problématiques auxquelles ses clients font face.

L'empathie est donc un point d'entrée pour toute prestation de services. Il faut s'en souvenir, surtout lorsqu'on est créatif. Il faut mettre ses goûts personnels de côté et parfois ses convictions pour s'intéresser à son interlocuteur et lui proposer une solution qui lui correspond.

L'empathie peut générer un flux de clients régulier. J'utilise une stratégie de marketing de contenus pour vendre mes prestations. J'ai fait le choix de n'accepter que des missions courtes (entre 5 et 30 jours pour chaque client) car j'aime avoir un quotidien varié. Cela implique de devoir trouver plus de clients chaque année. Pour cela, j'ai misé sur les réseaux sociaux qui me permettent de rendre mon activité visible. Je suis principalement présente sur LinkedIn et Facebook, sur lesquels je partage des contenus liés à l'UX/UI design mais aussi à ma vie d'entrepreneure et à ma passion pour les voyages. Je choisis mes sujets d'écriture, en partageant des thèmes et réflexions qui intéressent mes différentes cibles. Cela génère de la visibilité pour mon activité, et mes clients me contactent soit en direct, soit parce que quelqu'un d'autre a vu mes publications et m'a recommandée auprès d'eux. Grâce à cette stratégie, je n'ai pas besoin de démarcher de prospects ni de répondre à des appels à projets.

Pour comprendre le besoin d'un client, il faut discuter avec lui ! Les discussions font partie de mon process de travail. Lorsqu'on me demande un devis, je commence par un questionnaire pour filtrer le sérieux d'un projet (et savoir si la réflexion côté client est aboutie) puis j'enchaîne sur plusieurs entretiens d'une à deux heures à chaque fois. À la fin, je suis en mesure de proposer un brief (ou cahier des charges) qui fait ressortir le besoin du client.

Sans discussion, nous serions peut-être restés à des idées de surface. Les prospects me demandent parfois un joli site internet, mais est-ce que ça apporte vraiment de la valeur à l'utilisateur ? Souvent, le problème de fond est plutôt lié à l'ergonomie, à l'utilité ou aux fonctionnalités d'une plateforme. Enfin, lorsque la discussion ne permet pas d'éclaircir le besoin d'un client, c'est certainement qu'il est trop tôt pour une intervention. Ils ne savent pas encore ce qu'ils veulent. Ils ont toujours besoin que leur idée mâture et dans ce cas, je refuse le projet.

Être professionnel, c'est aussi savoir se détacher. Mon activité d'UX/UI designer et mon statut de freelance exigent que je me serve de l'empathie au quotidien, mais aussi que je sache m'en détacher. Si un client est vraiment dépassé par les événements, anxieux ou stressé parce qu'un enjeu représente beaucoup de risques pour lui, je dois prendre du recul pour garder la tête froide sur la stratégie à adopter. Il ne faut pas être une éponge émotionnelle, au risque de se laisser embarquer dans des soucis qui nous empêchent de faire notre job correctement.

C'est pour ça que parfois, **il ne faut pas hésiter à mettre un peu de distance**. C'est d'ailleurs pour cela que les clients font appel à des indépendants : nous sommes moins attachés aux problématiques internes. Nous sommes libérés de ces chaînes qui pourraient freiner notre authenticité.

Nous ne sommes pas les seuls à vivre une expérience. Ce que nous ressentons et traversons au quotidien, d'autres l'ont vécu avant nous. Nous sommes beaucoup plus nombreux à vivre les mêmes événements dans la vie que nous le pensons, qu'il s'agisse de moments positifs ou négatifs. Pour créer quelque chose qui raisonne avec un client, on part donc de soi : on se connaît, on se montre authentique et on attire naturellement ceux qui se reconnaissent dans notre façon de communiquer ou de travailler.

Mais attention à ne pas projeter ce que nous souhaitons sur les autres. Lorsque je m'occupe du design de sites et d'applications, je mets mes clients en garde : nous devons construire nos plateformes pour qu'elles répondent aux envies des utilisateurs. Mon job consiste à faire le pont entre un cahier des charges technique et les réels besoins des clients finaux. Il y a un jeu de ping-pong pour construire la meilleure offre possible. Et pour cela, je fais des recherches et des entretiens au fil desquels j'utilise mes capacités empathiques !

Il faut penser à la parole active. L'empathie doit être mutuelle : elle est fortement liée à la communication et au dialogue. On parle souvent d'écoute active, mais il ne faut pas négliger le rôle de la parole active, qui consiste à **s'exprimer avec respect et à instaurer de la confiance dans la relation**.

D'ailleurs, depuis que je suis maman, je me pose beaucoup de questions sur la communication.
Les émotions sont importantes pour un enfant, mais il faut les décrypter car il n'a pas encore les mots pour les transmettre. J'ai lu un livre sur le sujet[2], qui m'a beaucoup parlé en tant qu'adulte : tout le monde devrait le lire !

Ce que j'en retiens, c'est que **je n'ai pas besoin de ressentir l'émotion de l'autre pour me connecter**. Par exemple, je n'ai pas besoin de partager la tristesse de quelqu'un. Ce qui compte, c'est de reconnaître cette tristesse et d'en prendre conscience.

2 — *Au cœur des émotions de l'enfant* d'Isabelle Filliozat, paru aux éditions Marabout en 2019, 320 pages.

Le mot de la fin

Tu as peut-être déjà remarqué ces personnes dans la rue qui rayonnent, ça se voit vite ! Si ce type d'énergie émane de toi, tes prospects vont le ressentir et se permettront moins d'abus ou de négociations. Les clients compliqués ou toxiques s'éloigneront, et les bonnes personnes seront attirées vers toi comme un aimant. Mais cela implique aussi d'oser être vulnérable, authentique et entier. Pour résumer, ne te prends pas la tête !

En freelance, il faut vraiment apprendre à se libérer pour nourrir cette confiance en soi.

CHAPITRE 17

S'accepter tel que l'on est est LE job principal

Aujourd'hui, il existe une quantité extraordinaire de contenus, d'ouvrages et de formations pour permettre à presque n'importe qui de se plonger dans l'entrepreneuriat et de réussir. Mais la réalité est plus complexe. **Notre humanité vient avec beaucoup de créativité, mais est aussi nourrie par nos doutes et nos états d'âme.**

La difficulté n'est donc pas d'avoir accès à l'information, mais de **se mettre en marche pour appliquer**, analyser les résultats et procéder par itérations jusqu'à trouver ce qui fonctionne. Sur le papier, il n'y a rien de plus simple. Mais en réalité, nous avons des pensées dont beaucoup sont négatives. Parfois, elles sont là pour nous alerter d'un besoin de changement, mais le plus souvent, elles viennent parasiter nos efforts. Aux pensées se greffent les émotions, avec des hauts et des bas parfois éprouvants.

D'ailleurs, une peur fréquente chez les néo-entrepreneurs est celle de se faire « piquer » son idée. Cela revient à surestimer les autres, puisqu'ils devront passer à l'action pour la développer, et la plupart d'entre eux préféreront certainement éviter la prise de tête (et de risques) de l'entrepreneuriat, surtout si ce n'est pas une idée avec laquelle ils sont **connectés au niveau du cœur**.

Les idées valent peu, mais l'exécution fera toute la différence. Rien n'avancera si tu laisses la procrastination, le perfectionnisme, la victimisation, ton syndrome de l'imposteur ou encore la peur de l'incertitude te freiner dans ton passage à l'action. **Ton travail principal en freelance est donc de gérer ta propre psychologie afin d'avancer dans tes projets malgré les doutes.**

Idée reçue*

FAIRE CE QU'ON AIME REND HEUREUX À CHAQUE INSTANT !

Même si tu es ravi de te lancer en freelance et de travailler à ton compte, il y aura des aspects de ton quotidien qui ne te plairont pas forcément. De plus, **tu vas évoluer au fil du temps et devoir transformer ton activité en conséquence** pour qu'elle te ressemble davantage. Il y a donc des moments où la motivation ne sera pas au rendez-vous. Le bon équilibre consiste à travailler sur des projets qui te plaisent pour pouvoir tenir lors des moments difficiles et d'accepter les phases où tu ne seras pas totalement aligné mais où tu devras quand même fournir des efforts pour faire tourner ton activité.

« Lorsque la motivation n'est plus là, la discipline doit prendre les devants ! »

C'est la même chose pour toutes les actions que tu entreprendras, dans ta vie personnelle ou professionnelle. La discipline est importante mais pour tenir sur la durée, il faut **se reconnecter au sens que l'on donne à son travail**.

Fixer de bonnes habitudes pour se mettre au travail

En business, lorsqu'on vit trop dans sa tête, on finit par avoir des doutes. Beaucoup d'entrepreneurs changent d'offres au gré du vent, parce qu'ils ont tellement retourné leurs idées dans tous les sens qu'ils n'y croient plus.

Seul le retour du marché compte. Et pour cela, **il faut faire un travail de démarchage ou de communication afin de confronter ses services aux potentiels clients**. Soit ça fonctionne, et l'idée est approuvée. Soit ça ne fonctionne pas, et le retour des prospects permettra d'enrichir l'offre pour se rapprocher de celle qui pourrait enfin se vendre !

Les freelances qui réussissent sont donc **ceux qui travaillent malgré l'absence de résultats**, jusqu'à trouver la formule qui rapporte. C'est difficile, mais les gagnants savent gérer leur état d'esprit. Ils refusent d'abandonner ou de baisser les bras. Si tu as des difficultés à passer à l'action, mets en place de bonnes habitudes, par exemple :

- **travaille à horaires réguliers** sans distractions,
- **fixe-toi un objectif** d'e-mails envoyés, d'appels commerciaux réalisés ou de contenus publiés chaque mois,
- **parle régulièrement à un client idéal** pour obtenir son retour sur ton offre de services.

Ces habitudes doivent aussi concerner ton bien-être car en freelance, tu ES ton business. Je ne le répéterai jamais assez : **prendre soin de toi, c'est donner plus de chances de réussite à ton activité**. Cela inclut les aspects psychologiques, mais aussi physiques.

Il n'y a rien de bon à se saigner les yeux 15 heures par jour derrière un écran en restant sédentaire. Fixe-toi des routines sportives, prends soin de ton alimentation, passe du temps avec des proches et déconnecte-toi des réseaux sociaux de temps en temps pour recharger tes batteries.

Finalement, **les habitudes viennent se greffer entre la motivation et la discipline**. Il s'agit des règles (ou objectifs) que tu vas peut-être te forcer à faire au démarrage jusqu'à ce que leur pratique devienne naturelle.

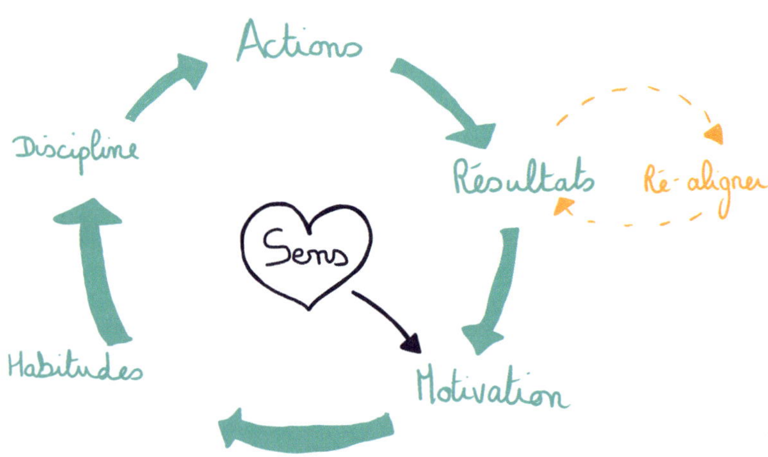

Tes habitudes te permettront de passer à l'action, ce qui débouchera forcément sur des résultats. S'ils sont positifs, tu seras d'autant plus motivé à poursuivre tes efforts, et l'engrenage sera vertueux. Si tu n'as pas les résultats escomptés, alors tu pourras **réaligner ton activité en essayant de comprendre là où le bât blesse**.

Chaque fois que tu n'auras pas envie de te mettre au boulot le matin, regarde s'il te manque un de ces rouages. Si oui, alors tu laisseras tes émotions t'envahir et avoir de l'impact sur ton chiffre d'affaires, et tes revenus seront en dents de scie. Enfin, rappelle-toi que Rome ne s'est pas faite en un jour. Si tu as envie de courir 10 km sans t'arrêter, peut-être qu'il faudrait déjà commencer par en faire un seul ?

« Un business n'est pas un sprint. C'est un marathon. Il faut être patient et tenir l'effort sur la durée. »

Le mythe voudrait qu'une habitude soit ancrée au bout de 21 jours, consolidée au bout de 3 mois et acquise à vie au bout de 6 mois. Mais en réalité, les efforts devront toujours être présents.

Plutôt que de se concentrer sur un point d'arrivée précis, comme un résultat financier ou l'obtention de certains contrats, pourquoi ne pas **profiter de l'expérience tout du long** ? Imagine-toi un beau voyage : tu as envie d'atteindre une destination, mais rien ne t'empêche d'admirer la route au passage et de faire des pauses le long de ton itinéraire. S'il y a un entrepreneur qui peut parler de bonnes habitudes et de patience, c'est Thomas Jiang.

Quelques conseils de Thomas pour prendre de bonnes habitudes

Il a commencé à travailler très jeune pour aider ses parents, tout en suivant un parcours aménagé pour sa pratique du sport. Il a décidé de devenir coach sportif et a financé son lancement en étant livreur à vélo.

Thomas est inspirant car il montre qu'en quelques années, un indépendant peut s'accrocher à sa vision et développer un business qui cartonne !

#1 Pour passer à l'action, la motivation n'est pas importante.

Tu n'as pas besoin d'elle pour faire les choses. Plutôt que de pousser ta réflexion avant de te mettre à l'action, lance-toi. De mon côté, je mets des musiques inspirantes et je fonce.

Ceux qui s'en sortent en business sont ceux qui n'ont jamais abandonné, c'est tout : ils sont passés à l'action au long terme.

#2 Il faut adopter le bon état d'esprit.

Tout le monde peut réussir en affaires, à condition d'adopter le bon état d'esprit. Bien entendu, nous ne partons pas tous avec les mêmes capacités.

En termes de qualité, il faut aussi aller plus loin ou devenir numéro 1 dans son secteur. C'est cette ambition qui nourrit l'entreprise, surtout lorsqu'on garde la capacité à se remettre en question de manière permanente. Ce double mécanisme permet de décoller.

Pour travailler mon *mindset*, je lis beaucoup de livres et je visionne des interviews d'entrepreneurs que j'admire et qui ont bâti des entreprises incroyables. Si eux ont réussi, pourquoi pas nous ? Mais il faut rester réaliste. Personnellement, je n'ai pas l'ambition de fonder une multinationale et d'avoir des milliers de salariés pour me soutenir. Il faut se concentrer sur des objectifs qui nous mettent au défi mais qui restent atteignables.

Les récompenses fonctionnent mieux que les punitions

Lorsqu'il s'agit de se motiver et de se fixer de bonnes habitudes, les études montrent que le cerveau humain n'aime pas les pratiques privatives[1]. Par contre, **une vision positive sur le long terme te motivera à faire des efforts**. C'est un peu l'image de la carotte au bout du bâton qui fera avancer une mule plus rapidement que si on lui inflige des coups.

Le meilleur exemple pour illustrer cela, c'est la pratique du sport. Presque toute ma vie, j'ai pensé que je n'étais pas sportive. Mes parents ont renforcé cette idée en me disant que mon physique était de nature fragile : ils

1 — Source : article « *What Motivates Employees More: Rewards or Punishments?* » paru sur hbr.org le 26/09/2017, https://bit.ly/33ff2c8

projettaient leurs propres pensées limitantes sur moi. C'est seulement ces dernières années que j'ai découvert la joie que me procurait le mouvement, l'énergie que j'avais lorsque j'étais active et les belles personnes que je rencontrais lors des cours de sport collectifs.

Je me suis découvert de nouvelles passions comme le surf, le yoga et la *ginastica natural* (une pratique de renforcement musculaire venue du Brésil). Aujourd'hui, je fais une dizaine d'heures de sport par semaine et je ne décroche pas.

Parfois, je n'ai pas envie d'aller à mes cours. Mais **la discipline prend le dessus parce que je pense à mes objectifs de progression**. Je me projette en me disant que si je m'entraîne régulièrement, je pourrais peut-être prendre plus de vagues en surf. J'aurais plus de force pour faire des inversions en yoga et les tenir sur la durée. Enfin, l'énergie créée par le renforcement musculaire me mettra de bonne humeur et me permettra de mieux me concentrer au travail.

En business, c'est la même chose. Si tu dois travailler 40 heures par semaine, tu n'y arriveras que si ta vision te motive. Parfois, la réalité ne change pas, mais il suffit juste d'adopter une autre attitude face à tes circonstances.

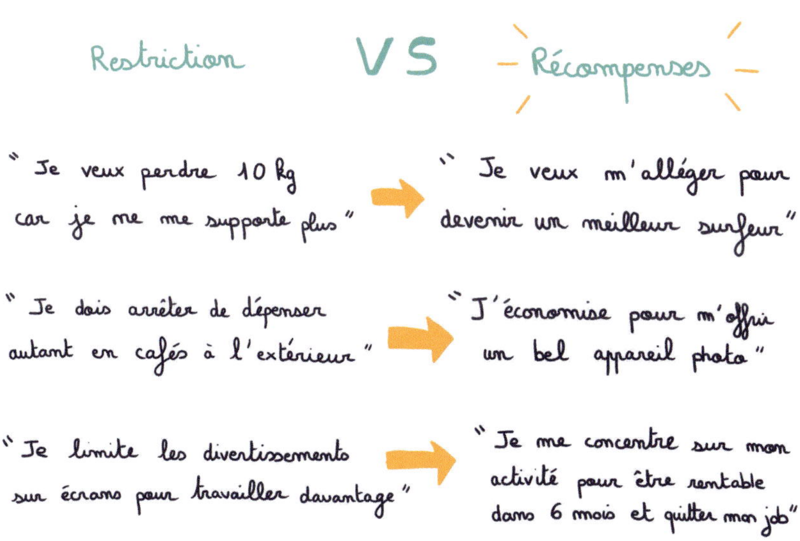

Apprendre à bien se connaître

S'accepter, c'est aussi **comprendre les facteurs internes et externes** qui te mettent dans de bonnes dispositions pour travailler. On peut appeler cela l'état de « *flow* ». Il est très important de se connaître pour savoir ce qui déclenche la concentration et la productivité, et ce qui au contraire perturbe et crée la procrastination. Il peut s'agir d'état émotionnel (interne) ou d'environnement (externe).

Pense à la dernière fois où tu as été très productif : qu'est-ce qui était spécial dans ta journée ? Où étais-tu, et avec qui ? Comment te sentais-tu, côté forme et côté émotions ? Sur quel type de projets ou tâches étais-tu en train de travailler ? À l'inverse, souviens-toi d'une de tes pires journées en termes de productivité et analyse également ce qui était différent ce jour-là. Je te conseille de tenir un petit journal de bord où tu prends note, pendant quelques semaines, de tes bonnes et mauvaises journées.

Ainsi, il te suffira de développer ce qui fonctionne et de changer ce qui te convient le moins. Cela prendra certainement du temps (surtout du côté des émotions), mais rappelle-toi que **la prise de conscience est la première étape du changement** !

	État émotionnel	Environnement	
Procrastination	• Projet peu intéressant • Perfectionnisme • Isolée socialement • Manque de loisirs	• Bureau en désordre • Manque de lumière • Notifications activées	À changer
Productivité	• Énergie (pratique sportive) • Date de livraison proche • Connectée à mes amis • Projets stimulants	• Changer de bureau souvent (coworking, cafés avec WiFi) • Travailler avec des amis • Calendrier social riche	À développer

Lorsque je procrastine malgré moi, j'utilise cette liste pour me remettre en état de *flow*. Je range mon bureau, je coupe mes notifications ou je pars m'installer dans un espace de coworking pour le reste de la journée. Je remets également en question le projet sur lequel je travaille, en me demandant si je suis vraiment intéressée par le sujet. Si mon perfectionnisme pointe le bout de son nez, je me force à sortir un travail imparfait en me disant que je pourrais le corriger plus tard.

J'ai toujours des difficultés avec cela. C'est un état émotionnel que je traîne depuis toujours. Alors j'avance malgré tout et je continue le long travail de déconstruction de celui-ci. Toi aussi, **donne-toi du temps et poursuis tes ambitions avant de te sentir prêt**.

> ***« Finalement, il y a toujours deux options : abandonner ou persévérer malgré l'inconfort. »***

Un freelance rentable choisit toujours la deuxième solution. Et comme pour le surf, le bonheur vient par vagues. Dans l'entrepreneuriat, il y a de bons et de moins bons moments. C'est pour cela qu'on le décrit souvent comme les montagnes russes.

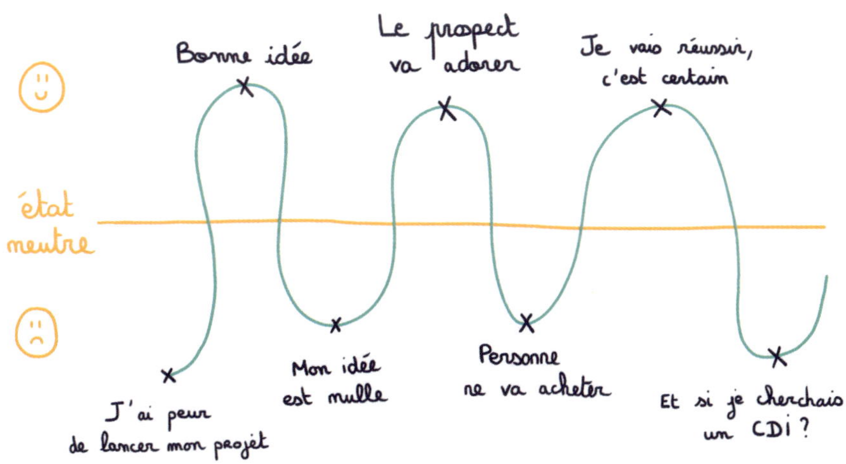

Gérer les hauts et les bas du « freelancing »

Comme pour les périodes de productivité et de procrastination, tu peux **établir une liste de solutions** qui te permettent de t'encourager dans les moments difficiles. Sinon, tu auras toujours l'impression de galérer et de courir après le succès. Mais **il suffit parfois de regarder le chemin parcouru pour te rendre compte de ta progression**.

Je t'invite aussi à **analyser tes pratiques punitives**. Avoir du retard sur un projet n'est pas une raison pour se priver de sommeil, de nourriture, de loisirs, de prendre l'air... Tes besoins physiologiques et sociaux passent avant toute chose ! **Aucun job, aucun projet ni aucun montant financier ne vaut la peine de te faire du mal**.

« Il faut que tu apprennes à célébrer tes réussites ! »

Au final, tu peux sortir de l'ascenseur émotionnel en analysant **les pratiques qui te donnent de l'énergie** (quand tu as besoin d'avancer), **qui te réconfortent** (quand tu ne vas pas bien) **et qui te permettent de célébrer tes réussites** (pour te motiver sur le long terme et pour te rassurer face aux incertitudes). Quant aux punitions, allez hop : à la poubelle !

	Interne	Externe
+	Énergie • Prendre l'air • Faire du sport	Célébrer • Inviter mes amis au restaurant • M'offrir une journée au spa
−	Réconfort • M'offrir des fleurs • Prendre un bain	Punitions → à supprimer • Ne pas dormir pour rattraper un retard • Travailler le week-end

Lorsque j'ai fait cet exercice il y a quelques années, je me suis rendu compte que j'avais les mêmes pratiques pour me réconforter, pour m'énergiser et pour célébrer. Cela veut dire que je ne prenais pas vraiment soin de moi, puisque j'attendais de grands événements (à célébrer) pour investir dans mon bien-être. Depuis, j'ai tout revu !

Évidemment, je fais encore des nuits blanches. J'écris même ces lignes avec des cernes sous les yeux, un litre de café à côté et une *deadline* qui approche dangereusement. Mais j'ai conscience que ces pratiques doivent être de plus en plus rares parce qu'elles me desservent à long terme.

Ce qui est le plus émouvant dans le « freelancing », c'est que tu vas faire un **sacré bon en avant dans ton évolution personnelle**. Tu vas grandir avec ton activité et surtout devenir ton meilleur ami. Tu comprendras que si tu ne prends pas soin de toi, tu ne pourras pas aller bien loin. Ce n'est pas de l'égoïsme mais **une priorisation nécessaire à ta survie**. Et c'est juste magique, parce qu'on **apprend à s'aimer au travers de ce processus**, dans une société qui ne nous aide pas à reconnaître notre propre valeur.

Se rassurer face à l'incertitude

S'il y a bien une chose qui est vraie en freelance, c'est que le quotidien est fait d'incertitudes.

- Tu ne sais pas d'**où viendront tes revenus** pour ce mois-ci ou les suivants.
- Tes clients ne te feront **pas forcément de retours positifs** régulièrement. Tu n'auras donc pas de validation de tes capacités de travail. Par contre, on te dira presque toujours quand ça va mal.
- **Personne ne te dira ce que tu dois faire.** Tu prendras des décisions seul, avec une information imparfaite.
- Tu seras **le seul responsable de tes erreurs**, que tu devras assumer et réparer.

Pour autant, si tu réussis à surmonter l'anxiété liée à cette incertitude et à rester freelance, tu vas développer des qualités humaines incroyables car tu auras confiance en tes capacités d'adaptation.

La pandémie de Covid-19 nous l'a bien montré : **la sécurité n'existe pas**. Du jour au lendemain, nous pouvons tout perdre. Notre santé, notre job, notre modèle de société, notre liberté de mouvement... Les seules choses qui nous protègent vraiment sont **nos capacités à rebondir** et nos réseaux humains.

Une personne fortunée qui n'est pas capable de s'adapter ne s'en sortira pas en cas de crise. À l'inverse, un individu qui sait saisir les opportunités et aller de l'avant trouvera toujours des ressources pour subvenir à ses besoins même dans les pires situations.

J'aimerais avoir une méthode miracle à te proposer pour te sécuriser en un claquement de doigts. Mais le travail sur soi est le seul qui ne peut pas être délégué ou recherché dans des solutions externes.

Parfois, **il faut accepter d'écouter ses émotions et les ressentir**, même celles qui ne sont pas agréables. Tu peux aussi te faire aider par des professionnels pour comprendre d'où viennent tes émotions et comment changer ton quotidien pour l'améliorer.

Les thérapies cognitivo-comportementales et le coaching en programmation neurolinguistique (PNL) donnent de très bons résultats pour gagner en confiance en soi.

« La vraie sécurité, c'est de savoir que tu réussiras à faire face à toutes les surprises que la vie te balancera à la figure ! »

Enfin, tu peux avoir l'option de faire semblant jusqu'à ce que ça devienne naturel pour toi. C'est l'objet de la fameuse expression : « ***Fake it until you make it.*** » Avance comme si tu étais déjà à l'aise dans l'entrepreneuriat. Présente-toi sous ton meilleur jour, adopte une posture et une attitude confiante, et danse avec les hauts et les bas. Au bout d'un moment, cela deviendra naturel !

À TON TOUR

Incarne la meilleure version de toi-même

L'exercice du miroir est une méthode de visualisation qui te permet de te projeter dans la peau du futur « toi », celui qui a osé prendre des décisions courageuses et passer à l'action malgré les doutes.

Si la meilleure version de toi-même pouvait parler, qu'est-ce qu'elle dirait ? Je t'invite à penser à des phrases, idées ou opinions que tu aurais si tout te réussissait et si tu avais pleinement confiance en toi.

Note ces mots, phrases et mantras dans les bulles ci-dessous.

Puis, ferme les yeux et imagine-toi dans quelques années, épanoui et serein. Concentre-toi et écoute-toi prononcer les phrases que tu auras notées.

CHAPITRE 18

Se réconcilier avec l'argent et sa propre valeur

Sans argent, tu n'iras pas bien loin en freelance… S'il est logique d'espérer obtenir un salaire en fin de mois, pourquoi est-ce que tu doutes autant de ta légitimité à pouvoir gagner ta croûte en freelance ? Pourquoi devrions-nous refuser un confort de vie similaire à celui que nous aurions en tant que salariés à des postes similaires ?

Tu as le droit de rêver GRAND ! Qu'il s'agisse de pouvoir te payer tous les cours d'équitation dont tu rêves, de pouvoir t'acheter le dernier téléphone à la mode, de ne porter que des vêtements de designer ou de posséder un super yacht dans un port prestigieux de la Côte d'Azur, je te soutiens. **Tu n'as pas à rougir de tes ambitions**, même s'il s'agit d'expériences luxueuses.

Si tu débutes, tu as certainement peur d'annoncer des prix qui te semblent élevés. *Spoiler alert* : tu n'es certainement pas assez cher ! J'ai rarement vu le contraire en phase de lancement et ça pose 2 problèmes :

- soit **tu tomberas sur des clients peu scrupuleux** qui sentiront à des kilomètres que tu n'as pas compris ta valeur et qui t'exploiteront (après tout, pourquoi se gêneraient-ils si tu acceptes moins que ce que tu vaux ?),
- soit **tu feras fuir les clients** qui percevront ton manque de confiance en toi et qui n'auront pas envie de te confier des projets parce que tu n'auras pas su les rassurer.

Crois-moi, un freelance qui n'assume pas ses tarifs, ça se repère en quelques secondes. 50 % de notre communication est non verbale[1].

---

1 — Source : article « 7 étapes pour maîtriser le langage non verbal » paru sur espresso-jobs.com le 30/03/2021, https://bit.ly/33bsSw7

Et ce n'est pas juste un problème d'argent, c'est bien plus profond. **Cela touche directement à ce qu'on pense valoir : l'estime de soi, et à sa capacité à le demander avec assurance : la confiance en soi**. Il faudra donc faire un gros travail sur toi. Il n'y a aucun intérêt à te forcer à donner un prix plus cher pour te forcer. Cela risque d'ailleurs de te paralyser.

De la même manière, si tu ne crois pas profondément mériter les prix que tu affiches, tu vas te planter. **Alors, commence avec un prix avec lequel tu te sens à l'aise mais fixe-toi un objectif vers lequel aller.** De toute façon, à force de travailler pour peu cher, tu vas perdre ta motivation et naturellement vouloir augmenter tes prix.

Tu as déjà de la valeur parce que tu existes

Nous sommes conditionnés à croire que nos possessions matérielles, notre apparence physique, notre âge, nos diplômes, notre réseau, notre genre, notre ethnicité et notre classe sociale font de nous des humains qui sont « trop » ou « pas assez » par rapport à une norme sociétale. Il existe donc un gros travail à faire pour **déconstruire ces croyances** dont on nous gave depuis la naissance !

En cas de doutes, **c'est du côté de l'estime de soi qu'il faut se tourner**. Il s'agit de sentir qu'on a de la valeur, de penser qu'on est digne de recevoir tout ce dont nous rêvons, et que nous avons le droit à une belle vie. Une fois que l'on a de l'estime de soi, il devient impossible d'accepter de mauvais traitements, des paiements trop faibles ou des collaborations difficiles.

Cela ne veut pas dire qu'on se lève chaque matin en aimant ce qu'on voit dans le miroir, de façon inconditionnelle et tout le temps. Mais par contre, on devient son meilleur ami et **on ose demander ce dont on a besoin**.

Lorsque j'oublie que j'ai de la valeur, je pense à ce que ma meilleure amie Emma me dirait pour m'aider à aller mieux. Depuis mes débuts dans l'entrepreneuriat elle m'a soutenue, même lorsque je voulais laisser tomber. Si tu as quelqu'un comme ça dans ton entourage, chéris-le car c'est rare.

Si tu n'as pas encore eu la chance de rencontrer quelqu'un qui te soutient inconditionnellement dans ton aventure, **deviens ton propre allié**. Et deviens toi aussi cette personne bienveillante pour les autres. Les belles relations humaines se construisent dans les deux sens.

Mantras pour renforcer son estime de soi

- ***« Je n'ai aucun doute sur ta capacité à réussir. »***
- ***« Tu te rends compte de tout le chemin parcouru ? Compare ta situation actuelle avec celle d'il y a une semaine/un mois/un an. »***
- ***« Je suis là pour toi. Je serai toujours là pour toi. »***
- ***« Ton émotion est légitime. Tu as le droit de te sentir ainsi. »***
- ***« Comment puis-je te soutenir ? De quoi as-tu besoin pour aller mieux ? »***

Oui, tu as une belle histoire à partager

La plus grande difficulté lorsqu'on manque d'estime de soi, c'est d'oser parler de son parcours et se mettre en avant. Pourtant, à l'ère du *personal branding*[2], savoir présenter son histoire de manière avantageuse est indispensable. C'est ce qui fait la différence en freelance, puisque **tes clients potentiels auront envie de connaître l'humain derrière le business**. Ils pourront aussi s'attacher à toi et choisir de te faire confiance plutôt qu'à des agences plus grandes dans lesquelles les équipes sont invisibles.

J'ai demandé à mon amie Nicolin Collingridge comment partager son histoire au monde lorsqu'on débute et qu'on a l'impression de ne pas être légitime.

Les conseils de Nicolin sur le storytelling

Nicolin est spécialiste des relations publiques. D'origine australienne, elle travaille depuis 5 ans à New York avec des clients prestigieux mais aussi de

---

2 — *Personal branding* : anglais pour « marque personnelle ». Voir « Communiquer, c'est aussi construire sa marque personnelle », chapitre 13 p. 197.

jeunes marques. Son métier consiste à présenter les parcours d'entrepreneurs à la presse et sur internet, afin qu'ils touchent le cœur des clients pour créer l'envie d'acheter, ainsi que des marques mémorables dans le temps. Cette technique s'appelle le « ***storytelling*** ». Et c'est accessible à tout freelance, dès le démarrage.

#1 Trouver un bon angle pour captiver.

Tout entrepreneur a une belle histoire à raconter, même au démarrage d'une activité. La question est alors de comprendre quel angle choisir, et quelles informations partager. Pour cela, tu dois parler de ton projet au plus grand nombre d'interlocuteurs en décrivant ton parcours et ton projet différemment à chaque fois.

Au fil du temps, **tu remarqueras les détails qui fascinent et ceux qui ne captent pas l'attention**. Mais pour cela, tu dois prendre du recul sur ton activité et te poser la question suivante : qu'est-ce que ma cible trouverait d'intéressant dans mon histoire ? Car il ne s'agit pas de toi, mais des détails qui vont résonner en eux.

Mon anecdote préférée à ce sujet concerne une interview réalisée par une journaliste du Wall Street Journal. Elle a rencontré un entrepreneur opérant dans l'industrie des ailes de poulet. Jusque-là, rien n'a l'air très captivant.

Pourtant, en posant des questions, la journaliste a réussi à obtenir une information plutôt croustillante : d'après son interlocuteur, les ventes sont beaucoup plus élevées le jour de la Saint-Valentin. Cela est lié au fait que les couples, à cette date, se sentent stables dans leur amour. Ils osent par conséquent se goinfrer confortablement ensemble ! Si la journaliste n'avait pas été curieuse, jamais ce détail n'aurait émergé.

#2 L'authenticité doit être au cœur du storytelling !

Dans mon secteur, nous sommes régulièrement sollicités par des entrepreneurs à succès qui souhaitent partager leurs réussites dans les médias. Nous songeons aux objectifs qu'ils souhaitent obtenir face à ce travail de visibilité. Mais malgré les aspects stratégiques du *storytelling*, **le message doit venir du cœur, de la vocation et de la mission de l'entrepreneur ou de l'équipe**.

Ainsi, le *storytelling* ne se résume pas à une technique de vente de produits ou services. C'est avant tout l'occasion pour tes clients potentiels de se connecter à toi. Cela veut aussi dire qu'**il ne faut pas avoir peur de prendre position**. Il y a une décennie de cela, les entreprises ne se positionnaient jamais au niveau politique, qu'il s'agisse des droits des communautés LGBTQ+ ou de la dénonciation du racisme.

Désormais, **il faut oser affirmer ses valeurs**, c'est attendu ! Ainsi, des marques comme Ben & Jerry's n'ont pas eu peur de soutenir publiquement le mouvement *Black Live Matters*[3] et Patagonia a poursuivi l'administration Trump en justice dans une affaire de protection de l'environnement.

#3 Les histoires humanisent le business !

Finalement, ce que l'on cherche à faire avec le *storytelling*, c'est **présenter avec sincérité les humains derrière l'activité économique**. Quels problèmes cherches-tu à résoudre ? Quels apports positifs souhaites-tu apporter au monde ? Ces réponses devraient infuser tout ce qui touche, de près ou de loin, à ta communication. Retourne toujours à ta mission, à ton « Pourquoi », surtout dans ton *storytelling*. La fondation doit rester ton système de valeur : c'est comme ça que ta cible se connectera à toi !

La confiance en soi, ça se travaille

Souvent, on confond l'estime de soi avec la confiance en soi. Dans le premier cas, il s'agit de connaître sa valeur et, dans le second, d'**oser s'exprimer**. L'un peut exister sans l'autre. Mais souvent, il manque les deux !

Astuces pour booster sa confiance en soi

- **Sortir de sa zone de confort** et se rendre compte que rien de grave n'arrive (par exemple, en chantant devant tout le monde lors d'une soirée karaoké).

3 — Voir leur article « *Silence is NOT An Option* », https://benjerrys.co/3wBDgKx

- **Contacter des personnes inspirantes** ou influentes et oser leur parler, même si on a l'impression de ne pas avoir beaucoup à leur apporter.
- **Soigner son apparence physique** lorsqu'on a besoin de se sentir bien dans ses baskets pour intervenir à la caméra ou se rendre à un événement ou rendez-vous ou même pour travailler de chez soi.
- **Oser prendre de la place**, en participant à des événements professionnels, en prenant la parole à des tables rondes, en écrivant un blog… bref, oser être vu.
- **S'engager dans un sport ou une activité** qui contient des représentations régulières ou qui permet de se reconnecter à une expression artistique ou corporelle (piano, danse, chant, peinture, etc.).

Enfin, adopter une posture rayonnant d'assurance permet de rassurer ses interlocuteurs tout en prenant l'habitude d'agir comme quelqu'un qui aurait pleinement confiance en lui. Cela passe par de petites subtilités dans le choix des mots que nous employons.

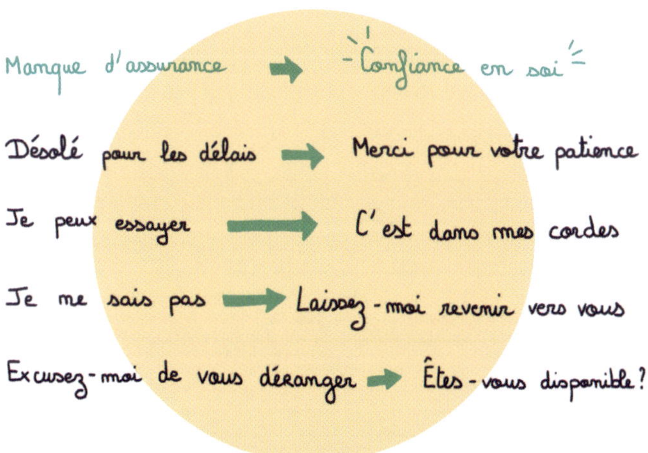

Vivre de ton travail est un droit humain

Nos sociétés occidentales sont fondées sur le travail, déterminant dans l'ordre social[4]. On peut dire que c'était mieux avant, cela ne changera

4 — Au besoin, voir « La brève histoire du travail », p. 40.

pas la réalité de notre époque : travailler est indispensable (à moins de disposer de suffisamment de capitaux pour vivre de rentes). On aurait pu troquer des coquillages pour commercer entre nous, mais nous avons également fixé l'argent comme système d'échange d'énergie.

Quand on est salarié, gagner sa vie est un droit. Mais à la différence du salariat pour lequel la législation impose un minimum garanti, il n'y a pas de taux horaire minimum légal pour les indépendants. Dans ce cas, **chacun a la responsabilité de connaître ce qu'il doit gagner pour pouvoir payer ses factures**, mais aussi pour **pouvoir se protéger des risques de la vie** (avec par exemple des formations régulières, l'adhésion à une mutuelle ou des assurances privées).

Je t'invite ainsi à faire le calcul de ce dont tu as besoin pour vivre dignement, et ce qui serait idéal pour te sentir dans un état de « richesse », à ton échelle. On surestime souvent le deuxième montant, celui dont on a besoin. Nous croyons tous avoir envie d'être millionnaires, parce que ce chiffre symbolique nous permettrait certainement d'accumuler des possessions. Mais c'est un faux sentiment de sécurité : ce patrimoine nous rassurerait au cas où tout s'arrêterait. **Sauf que les revenus progressent (normalement) tout au long de la vie.** La vraie sécurité, c'est de savoir rebondir. Il n'y a pas de raison pour qu'un jour nous manquions de quoi que ce soit. Le fait d'écrire son budget idéal redonne de la perspective.

*** Mon budget	minimum	idéal ***
Loyer et factures	1 100 €	1 300 €
Courses	300 €	500 €
Sorties et loisirs	100 €	400 €
Sports	100 €	300 €
Transports	200 €	200 €
Voyages	150 €	500 €
Shopping	100 €	200 €
Cadeaux	50 €	150 €
Dons	50€	100 €
Épargne	150 €	300 €
Retraite	150€	350 €
Impôts	250€	900 €
*** TOTAL	2700€	5000€ ***

Fixe-toi des montants avec lesquels tu te sens aligné, et ensuite développe une stratégie pour y arriver. Enfin, n'oublie pas d'oser afficher des tarifs alignés avec ces objectifs financiers ! Pendant longtemps, je n'avais pas réalisé que les autres ne pouvaient pas lire dans mes pensées. Si je voulais quelque chose, je devais en parler autour de moi et surtout assumer !

« Demandez, et vous obtiendrez. »

Si tu souhaites atteindre les objectifs financiers idéaux que tu te fixes, tu dois oser faire des devis qui te rapprocheront de ces montants. Si tu ne demandes pas cela, tu auras ce qu'on voudra bien te donner (et, crois-moi, ça ne sera pas glorieux). Pour autant, attention à ne pas tomber dans le travers inverse et à devenir obnubilé par le gain financier. **L'argent est un moyen et non une fin.** Il permet de développer des projets et récompense la création de valeur.

Idée reçue

LES RICHES N'ONT PAS DE CŒUR.

L'argent est un vrai tabou dans la société française. Il est considéré comme la source du mal absolu. Il suffit de lire toutes les théories de la conspiration autour des plus grandes fortunes mondiales. On peut avoir une opinion sur les disparités de richesses et vouloir une meilleure distribution de celles-ci par souci de justice sociale. Mais il n'en demeure pas moins que rien ne justifie de porter un jugement de valeur sur des inconnus juste parce qu'ils ont de l'argent.

Non, les riches ne sont pas de mauvaises personnes. Il s'agit de malhonnêteté intellectuelle car si l'on pousse l'expérience de pensée, nous connaissons tous des personnes pauvres qui n'ont pas un bon fond non plus. **L'argent est un amplificateur qui donne plus de choix** (qu'ils soient bons ou mauvais). Ainsi, si tu ne donnes pas d'argent à des œuvres caritatives aujourd'hui, il y a peu de chances que tu le fasses le jour où tu seras fortuné. De même, si tu ne sais pas placer ton argent lorsque tu gagnes peu, tu n'arriveras pas à gérer un volume financier plus élevé.

L'argent ne rend pas bon ou mauvais. C'est simplement un transfert d'énergie qui vient récompenser des efforts selon une échelle de valeurs. Et le problème, lorsqu'on pense que l'argent est mauvais, c'est qu'on n'ose pas en demander même lorsqu'il s'agit simplement de vivre de son travail.

Déconstruire ses pensées limitantes autour de l'argent

Pour te réconcilier avec l'argent, une grosse partie de ton travail va inclure une **déconstruction de toutes tes pensées limitantes**. Peut-être que tu penses que devenir riche résoudrait tous tes problèmes, et que cela crée beaucoup de frustration dans ton quotidien. Ou alors, peut-être penses-tu que tes proches arrêteront de te parler le jour où tu seras à l'aise financièrement parce qu'ils ont une vision négative des personnes fortunées. Ou pire, peut-être as-tu peur de bien t'en sortir et qu'on vienne te demander de l'argent sans que tu n'oses refuser. Et dans ce cas, tu risques de te freiner inconsciemment dans ta progression financière.

Exemples de pensées limitantes autour de l'argent

- ***L'argent ne pousse pas sur les arbres, il est difficile à aller chercher.***
- ***J'ai besoin d'un bas de laine de côté parce qu'un jour tout risque de s'arrêter. Il vaut mieux économiser plutôt que de prendre des risques et d'investir.***
- ***Si je gagne beaucoup d'argent, je vais être isolée, car mon entourage ne pourra pas me suivre dans mes loisirs et activités.***
- ***En tant que femme, bien gagner ma vie va me rendre moins désirable auprès de mon partenaire romantique parce qu'il se sentira menacé.***
- ***Je ne suis simplement pas doué avec l'argent. Je ne me fais pas confiance pour en gagner ni pour le faire grandir.***
- ***Mes objectifs financiers me semblent irréalistes : je n'arriverai jamais à atteindre ce montant !***

C'est important de **réaliser tout ce qui te retient dans ta quête de liberté financière**.

Choisir le chemin de l'abondance

La richesse n'est pas liée à un chiffre sur un compte en banque mais plutôt à un sentiment. Il est possible de se sentir fortuné en ayant, de façon objective, très peu de ressources financières. Pouvoir se lever à l'heure souhaitée, vivre sur une plage toute l'année ou encore choisir les projets sur lesquels travailler, sont autant de marqueurs de richesse. **Cet état d'esprit s'appelle l'abondance.** Il s'oppose à l'état de manque dans lequel tout est considéré comme rare et, dans ce cas, il faudra se battre contre d'autres forces (des concurrents, l'État et ses impôts, son entourage...) pour réussir à se faire une place sur son marché.

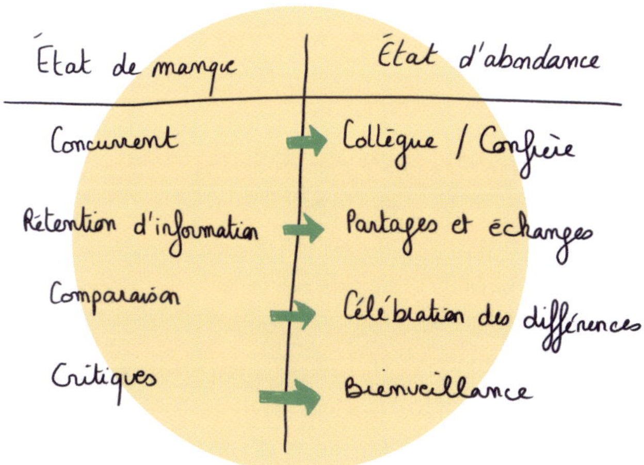

Les freelances qui vivent dans l'abondance savent que de nouveaux besoins naissent chaque jour. Plutôt que de critiquer leurs concurrents, ils sont bienveillants envers leurs collègues et confrères. Plutôt que de garder des informations importantes précieusement, ils font circuler les bonnes pratiques et espèrent ainsi pouvoir recevoir la même valeur en retour.

La comparaison n'a jamais sa place dans l'abondance : le simple fait d'être unique permet de s'extraire des logiques concurrentielles et de se créer une place au soleil. Enfin, l'abondance est aussi un état d'esprit grâce auquel tout devient possible. Cela se remarque jusque dans le vocabulaire employé pour décrire une même situation.

Plutôt que de dire ceci	*Reformule avec cela*
Je n'ai pas les moyens. →	Comment puis-je financer ce projet ?
Le marché est saturé. →	Que puis-je apporter pour faire la différence ?
On va me voler mon idée business. →	Parler de mon projet me permet de l'enrichir
Tout existe déjà. →	De nouveaux besoins naissent chaque jour !

Reprogrammer ton cerveau avec des pensées positives

Maintenant que tu as identifié tes pensées limitantes autour de l'argent et de l'estime de soi, il est temps de les remplacer par des pensées positives. Pour cela, tu peux compter sur plusieurs méthodes, notamment les thérapies cognitives et comportementales et la programmation neurolinguistique dont on a déjà parlé.

Je te conseille aussi toute **pratique sportive, créative ou méditative** qui permet de reconnecter son esprit avec son corps, dans l'instant présent, pour s'exprimer et pour ressentir ses émotions (yoga, techniques de respiration, danse, dessin, etc.).

Ma préférée, c'est la technique du « ***tapping*** » qui consiste à tapoter du bout des doigts des endroits identifiés comme points énergétiques forts (le long des méridiens du corps, comme en acupuncture). Il est possible d'apprendre et de pratiquer cette technique seul.

Lorsque je doute de ma propre valeur, je récite ce que j'ai envie de croire en tapotant mes méridiens avec la technique ci-dessus. J'ai fait **une liste de mantras** qui reviennent assez régulièrement dans la pratique de mon métier de formatrice freelance.

- ***En formation et même sans préparation préalable, je dis toujours les bonnes choses aux bons moments.***
- ***Je n'ai pas besoin d'être parfaite pour être aimée.***
- ***J'ai le droit de m'amuser au travail, sans faire une croix sur des revenus confortables.***
- ***Le travail peut être facile et rémunérateur.***

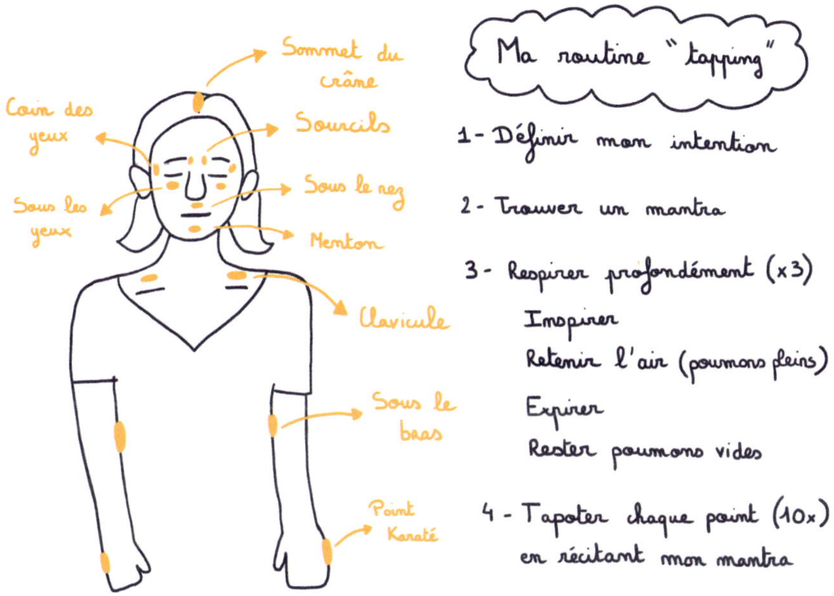

Ces méthodes peuvent sembler ésotériques. Mais tu n'es pas obligé d'adopter des outils avec lesquels tu n'es pas aligné. Pour te réconcilier avec ta valeur, tu peux simplement :

- **te fixer des revenus idéaux** à atteindre,
- **identifier les moments** où tu perds confiance en ta capacité à atteindre tes objectifs financiers,
- **noter les pensées limitantes** qui te freinent lorsqu'il s'agit d'argent,
- **tester des méthodes** pour être en accord avec toi-même à l'annonce de tes tarifs !

Ne pas se laisser influencer par les peurs des autres

Parfois, lorsqu'on a peur de ne pas pouvoir vivre d'une activité professionnelle, il est facile d'abandonner l'idée pour choisir un métier qui semble plus « réaliste ». Mais ne baisse pas les bras avant d'avoir au moins essayé !

Ça me rappelle d'ailleurs une anecdote. Dans les rayons de ma bibliothèque d'adolescente, il y avait un vieux livre aux pages jaunies. Il s'agissait d'un ouvrage sur le thème du journalisme. J'ai appris que ma grande sœur était passionnée par ce métier. Elle hésitait entre celui-ci et l'archéologie. Mais ma mère répétait souvent que c'était un milieu difficile dans lequel les places étaient chères.

C'est une pensée limitante, et c'est bien dommage, car ma sœur a peut-être manqué sa vocation à force d'entendre ce type de discours.

Les autres projettent leurs propres craintes sur nous dès que nous exprimons nos rêves. C'est pour cela qu'**il est indispensable de créer une barrière imperméable entre nous et les biais des autres**.

Aucun avis n'est une vérité universelle, et encore moins celle des personnes qui n'ont pas de données chiffrées ni d'expertise dans le secteur.

« Tout le monde a un avis sur tout.
Mais toute opinion n'est pas bonne à prendre. »

En plus d'être extrêmement décourageantes, ces pensées limitantes peuvent devenir des prophéties autoréalisatrices pour ceux qui décident de les suivre.

Si tu as envie de devenir artiste, tu seras certainement limité avec cette idée qu'il n'y a pas de place pour tout le monde. C'est vrai, mais combien de personnes ont le courage de se lancer ?

Si tu n'essayes pas, tu ne le sauras jamais. Peut-être que toi, tu arriveras à te faire une place dans un marché saturé grâce à ton talent et ta persévérance.

Et si ce n'est pas le cas, tu auras forcément gagné quelque chose de cette expérience. Comme l'a dit Oscar Wilde :

« Il faut toujours viser la lune, car même en cas d'échec, on atterrit dans les étoiles. »

À TON TOUR

Brise les pensées limitantes autour de l'argent

Je te propose de noter toutes les croyances que tu as autour de l'argent. Pratique l'écriture intuitive en rédigeant ta liste le plus rapidement possible.

- ***Pour moi, l'argent est :*** ____

____

- ***Lorsque je pense à l'argent, mes réactions corporelles sont :*** ______

____

- ***Mes parents m'ont toujours dit que l'argent :*** ______________________

____

- ***Lorsqu'il s'agit d'argent, je me sens :*** __________________________

____

- ***Si je gagne beaucoup d'argent, je vais devenir :*** __________________

____

- ***Si je gagne beaucoup d'argent, mon entourage va :*** ________________

____

- ***Quand je pense à mes objectifs financiers, je me dis que*** __________

____

Relis ensuite toutes les phrases.

Ajoute un + lorsque ta pensée est positive (c'est-à-dire qu'elle te réconcilie avec l'argent comme un outil au service de tes ambitions) ou un – lorsqu'elle est négative (c'est-à-dire que c'est une croyance dont tu souhaites te débarrasser).

Lorsque tu auras terminé, ton travail consistera à changer de vision sur tous les points négatifs.

Revendiquer la valeur de son travail

CRÉER UNE OFFRE ALIGNÉE

Le métier de Mathilda consiste à créer des images qui font sens, qui permettent à ses clients de révéler le meilleur de leurs produits ou services au travers d'une expérience visuelle. Ainsi, elle souhaite porter la casquette de « *visual storyteller* »[5].

De manière plus commune, on pourrait dire qu'elle est directrice artistique et photographe. D'ailleurs, c'est elle qui est à l'origine de la couverture et de la maquette de ce livre.

Mathilda n'a jamais été salariée : elle s'est lancée en freelance à la fin de ses études en 2015. Passionnée d'arts visuels depuis toujours, elle a alterné graphisme et photographie lors de ses projets et n'envisageait pas d'exercer une activité plutôt que l'autre. Ce sont deux compétences complémentaires qui, selon elle, peuvent décupler encore plus la puissance des images. Aujourd'hui, Mathilda a bien saisi toute la valeur de son travail, et ses clients aussi.

---

5 — *Visual storyteller* : anglais pour « conteur visuel ».

Les mots de Mathilda Perrot

Mon travail ? Augmenter la valeur perçue d'une offre. J'ai plusieurs typologies de clients, mais je dirais que ce que travailler avec moi leur apporte, c'est de la valeur perçue pour leur clientèle. Ce qui peut leur permettre de vendre avec plus de facilité, à un tarif plus élevé, ou encore de fidéliser leur clientèle. On pourrait dire que je travaille dans le secteur du luxe. Ce qui m'intéresse, c'est de raconter une histoire, donner un aperçu d'une expérience d'exception, qu'elle soit gustative, sensorielle, physique...

J'aime travailler avec les entreprises qui souhaitent offrir la meilleure expérience possible à leur clientèle, et leur permettre de donner un aperçu de cette expérience à travers mes visuels. C'est tout simplement du *storytelling*, que je vais appliquer à leur *brand design*[6] et à leurs photos. **Le but est d'envoyer le message, qui attirera la clientèle qu'ils visent.**

J'ai beaucoup de clients dans le secteur de la gastronomie et des spiritueux. Tout simplement car ces personnes sont passionnées et ont un véritable savoir-faire à transmettre !

Les débuts étaient flous. Je me suis lancée un peu à l'aveuglette, presque « sans faire exprès ». Au démarrage, mes clients venaient tout seuls via le réseau que je m'étais construit dans le passé. Je proposais un peu tout type de services, en m'éparpillant sur des missions toutes très différentes. **Je n'arrivais pas à être claire sur ma réelle plus-value.**

À l'époque, je n'avais pas de référentiel (par rapport à mon travail ou à mon marché). De plus, mon état d'esprit était celui que mon école m'avait transmis : j'avais un profil junior et face à mon manque d'expérience je pensais qu'il ne fallait pas demander « trop cher ». Il existe une vraie culpabilité autour de l'argent dans les métiers créatifs, comme s'il fallait facturer peu parce que ce n'est pas toujours considéré comme un vrai travail ! **À mes débuts, il m'arrivait donc de devoir faire de la pédagogie pour justifier mes tarifs**. Et c'est bien normal : j'ai été lâchée dans la nature, sans aucune connaissance du monde du « freelancing » et sans aucune notion des bons tarifs ou de la relation client.

Dans ce cas, il est difficile d'avoir confiance en soi et en ses services. Mais depuis que j'ai travaillé mon positionnement et mes offres, cela n'arrive pratiquement plus. **Je ne défends plus mes compétences ni mes tarifs** en rendez-vous avec mes prospects.

6 — *Brand design* : anglais pour « design de la marque ».

J'ai pris confiance en moi (et en ma valeur). Tout a changé lorsque je me suis formée. J'ai appris à la fois sur le terrain, mais aussi grâce à des accompagnements et à du coaching. Ces programmes m'ont permis d'améliorer mes compétences en marketing, tarification de mes offres, négociation, relation client... et j'ai surtout travaillé mon *mindset*.

Finalement, je me rends compte que **c'est l'état d'esprit qui est le plus important.** À quoi bon connaître tout un tas d'astuces marketing si je n'ai pas la confiance nécessaire pour les appliquer ? **Je suis désormais plus à l'aise pour parler d'argent.** Depuis que je suis au clair avec mon positionnement et mes offres, j'ai beaucoup moins de difficultés à annoncer mes tarifs ou à percevoir la valeur de mes prestations. Je suis arrivée à cette aisance grâce à tout le travail que j'ai réalisé sur moi-même.
Évidemment, j'ai de temps en temps des doutes. Cela se produit lorsque je fais face à de grandes nouveautés, comme m'atteler à un projet ambitieux que je n'ai jamais réalisé auparavant.

Le doute revient face à des situations qui me font sortir de ma zone de confort.
Dans ce cas, je me pose les questions suivantes : est-ce que cette mission correspond à mon projet ou à mon client idéal ? Si j'accepte cette proposition, est-ce que je vais progresser dans mes compétences et faire évoluer mon business dans le bon sens ? Lorsque la réponse est positive, alors je prends sur moi et donne le meilleur.

Le mot de la fin

Travailler ton positionnement et tes offres te permettra de vendre sans effort, de prendre confiance en toi et de faire la différence par rapport à tes concurrents. Il est aussi indispensable de s'entourer de personnes talentueuses et bienveillantes, qui réussissent et qui connaissent leur valeur. Une maxime célèbre dit qu'on a tendance à devenir la moyenne des 5 personnes que l'on côtoie le plus.

Tu te rendras vite compte que tu te limites seul et que tu n'as aucune raison de douter de ton travail ou de tes tarifs.

CHAPITRE 19

Le pouvoir de l'organisation

L'une des craintes (irraisonnées) les plus fortes, c'est d'avoir « trop » de demande de clients. En réalité, ce problème n'arrive presque jamais. Et lorsque c'est le cas, c'est un problème de riche : il est alors possible de faire face en augmentant ses prix (pour filtrer les clients), en utilisant une liste d'attente (pour garder au chaud les prospects qui ne sont pas pressés) ou en envoyant les contrats vers d'autres confrères.

Si tu as peur de retomber dans une situation d'épuisement, dis-toi que bien souvent, **ce n'est pas la charge de travail qui crée l'épuisement mais plutôt le manque de sens**. Quand tu as l'impression de vivre le rythme « métro, boulot, dodo » et de vivre pour payer des factures alors là, oui, chaque heure de travail est extrêmement difficile. Si tu ne trouves pas l'utilité dans ce que tu fais, il y a de quoi devenir fou ! Si tu te sens surmené, c'est simplement que tu auras eu peur de perdre de l'argent car tu n'auras pas su dire non ou négocier une date de démarrage plus lointaine. Lance-toi à fond et fais-toi confiance. Tu sauras gérer les flux de projets en temps voulu.

Par contre, **il est indispensable de savoir évaluer le temps nécessaire pour chaque mission** et de t'organiser afin de ne pas laisser ta vie professionnelle déborder sur ton équilibre (c'est-à-dire faire des nuits blanches ou te priver de vacances parce que tu n'auras pas su gérer ton planning).

Si tu factures tes clients à l'heure, fais bien attention à ne pas te prévoir des journées complètes, enchaînées les unes après les autres. Et ne te laisse pas te faire presser comme un citron : je connais des indépendants qui travaillent avec des logiciels de *tracking* du temps passé et qui font des pauses au chronomètre lorsqu'ils vont se faire un thé.

De la même façon, certaines plateformes de « freelancing » permettent aux clients de filmer l'écran des prestataires pour suivre le déroulé des missions. C'est *Big Brother* version organisation du travail, on est vraiment tombé très bas. N'accepte jamais ce type de flicage malsain. Fais tes heures avec intégrité, mais n'oublie pas que tu es humain et que si ton client n'accepte pas cela, alors il vaut mieux changer de contrat.

Idée reçue*

LA PRODUCTIVITÉ, C'EST TRAVAILLER EN PLEINE CONCENTRATION 8 HEURES PAR JOUR !

Nous ne sommes pas des machines. Même si aujourd'hui, beaucoup de techniques d'optimisation de son organisme et de son temps sont apparues (biohacking, sommeil polyphasique, « miracle *morning* »), il est important de se respecter soi. On est tous différents.

Ne soyons pas ridicules dans notre recherche de productivité. Si tu as besoin de faire une grasse matinée tous les jours et que tu travailles mieux en soirée, **honore ton propre rythme biologique**.

Enfin, il ne sert à rien de vouloir planifier trop de tâches dans une journée. **Ton cerveau a aussi besoin de temps de repos.** Certes, peut-être que tu pourras travailler 8 heures derrière ton écran de façon concentrée en ayant l'impression d'être productif. Mais ton travail sera-t-il vraiment à la hauteur ?

Plutôt que d'essayer d'inclure trop de travail dans ton quotidien, **fais de la place dans ton planning**. Et c'est là que ça devient difficile : **choisir, c'est renoncer**. Tu dois faire de l'espace en osant dire non, pour que tes priorités puissent être honorées.

Se fixer des objectifs pour être plus productif

La principale erreur des freelances qui veulent s'organiser consiste à plonger tête baissée dans la recherche de méthodes et d'outils dédiés à la productivité plutôt que de **se concentrer sur les objectifs à atteindre**. Ceux-ci doivent être *SMART* !

Spécifique → Un seul objectif à la fois, détaillé avec précision.
Mesurable → Déterminer un indicateur de performance chiffré.
Atteignable → Décliner les étapes pour atteindre cet objectif.
Réaliste → Affecter les ressources nécessaires à l'objectif.
Temporel → Se fixer une deadline pour réussir !

Par exemple, il ne suffit pas de dire que tu souhaites trouver tes premiers clients. À la place, voici les objectifs que tu pourrais te fixer :

Spécifique → Signer un devis avec un premier client.

Mesurable → Contrat d'au moins 1 000 €.

Atteignable → Prise de contact via les cercles de connaissances ou l'envoi d'e-mails aux fondateurs de l'entreprise.

Réaliste → Une startup ayant levé des fonds a du budget. Le montant de la mission semble abordable pour la plupart des entreprises.

Temporel → Clôturer la vente sous 1 mois (ou moins).

Faire un rétroplanning pour se mettre au travail

Une fois que tu auras déterminé tes premiers objectifs, tu pourras commencer à t'organiser pour passer à l'action et ainsi te donner les chances de réussir. Mais le plus souvent, les indépendants bloquent à cette étape. En effet, il est facile de se retrouver seul derrière son écran d'ordinateur et de jongler entre les pages ou de passer d'une tâche à l'autre sans avoir de véritable stratégie d'exécution.

Pars de l'objectif final avec la date limite souhaitée pour le réaliser puis détaille les étapes nécessaires pour l'atteindre avec des livraisons intermédiaires. S'il s'agit d'un objectif commercial, par exemple tu pourras prendre en compte la durée de ton cycle de vente[1].

Si tu sais qu'il te faut en moyenne 4 mois pour signer un contrat avec ta clientèle, alors tu devras planifier tes efforts commerciaux à l'avance. Une fois que tu auras fixé une date pour trouver une future mission, tu pourras décliner les étapes menant à ce succès. Par exemple, tu pourras y indiquer les moments où il faudra commencer à prospecter, à faire des appels découverte ou à négocier. Ensuite, à toi d'honorer les dates que tu te seras fixées pour être dans les temps.

---

1 — Au besoin, relis « Un bon vendeur est méthodique plutôt que séducteur » p. 225.

Tu peux également utiliser le rétroplanning pour chacune des missions que tu auras avec tes clients. Une fois les étapes intermédiaires et dates fixées, tu pourras utiliser les fameuses techniques d'organisation et de productivité pour t'assurer de réussir à tenir les délais.

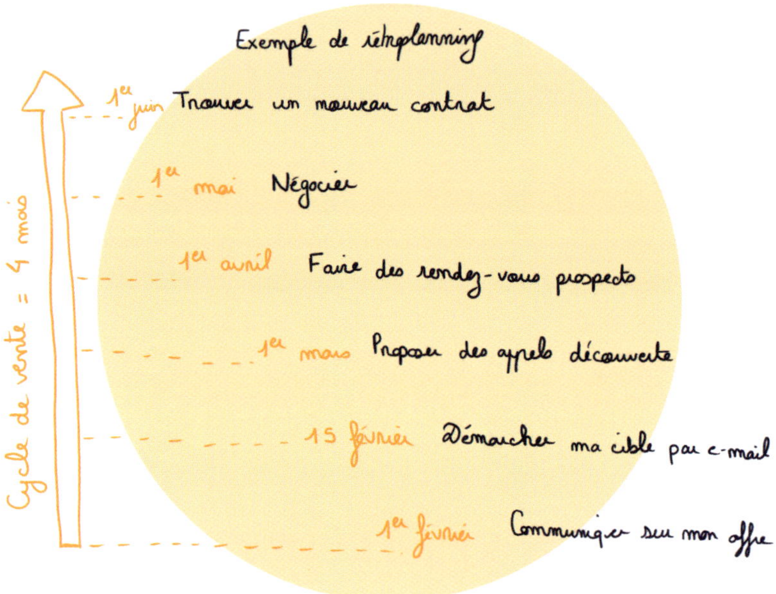

Les OKR pour transformer sa vision en réalité

L'une de mes méthodes d'organisation préférées est celle des OKR[2] : **elle permet de se souvenir du sens** (ou de la vision de son entreprise), **de savoir où on va** (avec des objectifs précis) **et de comprendre comment y aller** (avec des indicateurs à définir et à mesurer régulièrement). Enfin, des listes de tâches appelées « *to do* » sont déclinées pour pouvoir, un pas après l'autre, se rapprocher de chaque résultat attendu !

Finalement, la méthode des OKR permet de transformer une stratégie floue en véritable plan de bataille sur une période de 3 mois.

2 — OKR (*objectives and key results*) : anglais pour « objectifs et résultats clés ».

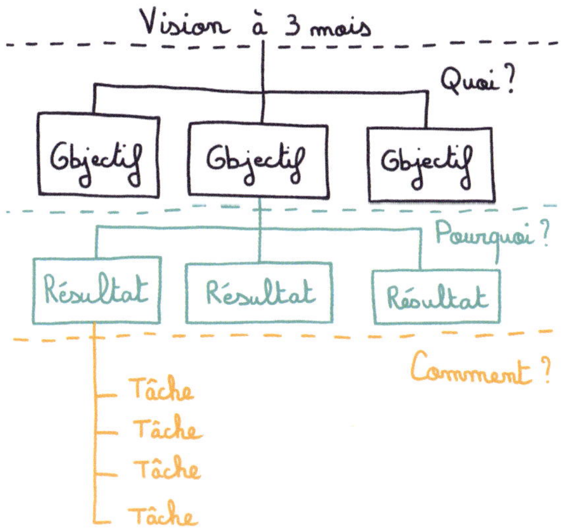

Par exemple, si tu souhaites devenir le copywriter de référence, tu pourrais te fixer les objectifs suivants pour les 3 prochains mois :

- **signer avec un client prestigieux**,
- **gagner en notoriété** avec ton blog et ton site internet,
- **obtenir de la preuve sociale** en aidant tes clients à réussir à vendre davantage grâce à tes prestations de services (notamment des pages de vente et des séquences d'e-mailing).

Pour l'objectif de notoriété, il pourrait être à nouveau décliné en plusieurs résultats, cette fois-ci davantage chiffrables et tangibles :

- **apparaître dans le premier résultat de recherche** pour la requête « copywriter freelance Paris »,
- **rédiger un article par semaine** pour augmenter l'autorité et le référencement du blog,
- **être partagé par une personnalité influente** de l'écosystème business en France chaque mois.

Enfin, chacun de ces résultats pourra être décliné en *« to do list »*. Si je souhaite rédiger un article optimisé par semaine, alors je dois :

- **faire une recherche des mots-clés pertinents** pour mon secteur d'activité et ma cible,

- **installer Wordpress et activer le module blog**, si ce n'est pas déjà fait, pour pouvoir partager mes articles,
- **rédiger un article avec les bons mots-clés** chaque semaine et publier ces articles avec régularité. Au total, il y aura 16 articles sur les 3 mois du cycle OKR,
- **mesurer les résultats** en matière de nombre de visiteurs sur le site, mais aussi sur le blog et sur chaque article. Repérer les contenus qui performent le mieux pour se nourrir des bonnes pratiques et adapter sa rédaction par la suite.

Le « timeboxing » pour organiser sa semaine avec sérénité

En tant qu'indépendant, tu seras sollicité de tous les côtés. Pour t'assurer d'être productif et de trouver du temps pour réaliser toutes tes tâches, la technique du « *timeboxing* »[3] pourrait t'être utile. C'est celle que je préfère car elle m'apporte de la clarté sur les prochaines étapes de mon business.

Le « *timeboxing* » consiste à **bloquer des créneaux** dans son agenda pour réaliser certaines tâches (avec ou sans récurrences). Par exemple, un freelance pourrait décider de limiter l'ouverture et la réponse à ses e-mails à 2 créneaux chaque jour. Cela évite la perte de temps qui consiste à rafraîchir sa boîte mail toutes les 2 minutes. Pour autant, il faut éviter d'en mettre trop : si tu planifies des créneaux à chaque heure éveillée, tu seras sous pression. Il y aura toujours des problèmes de dernière minute à régler ou des moments où tu ne seras pas en grande forme. **Un bon planning doit rester aéré.**

De mon côté, j'aime beaucoup me réserver des journées entières chaque mois pour créer mon contenu pour les réseaux sociaux et donner un grand coup de balai à ma comptabilité et à mon administratif. En général, je laisse mon lundi matin et mon vendredi après-midi totalement libres, mais c'est aussi parce que j'aime l'idée de pouvoir prolonger mon week-end.

---

3 — *Timeboxing* : anglais pour « gestion par bloc de temps ».

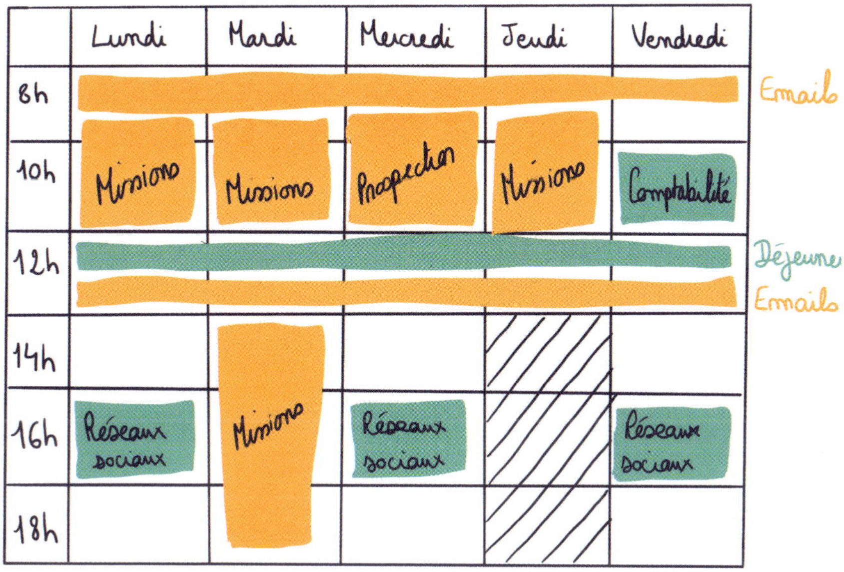

Travailler en pleine concentration avec la méthode Pomodoro

Se fixer des créneaux de travail dans un agenda ne va en rien faciliter l'exécution. D'ailleurs, ça peut devenir très vite anxiogène s'il n'y a pas de passage à l'action. Il manque donc un dernier rouage dans notre machine de productivité : celle de **pouvoir s'asseoir et se concentrer sur un temps donné**. Et pour cela, la méthode Pomodoro[4] est ma préférée. Elle consiste à travailler par période de 25 minutes, puis s'offrir une pause de 5 minutes. Au bout de 3 ou 4 cycles, on peut faire une pause beaucoup plus longue. Finalement, avec cette méthodologie, il est facile de ne pas voir passer le temps et de réussir à se plonger dans un état de productivité intense, tout en honorant son besoin de divertissement.

---

4 — Méthode Pomodoro : technique de gestion de temps développée par Francesco Cirillo à la fin des années 1980.

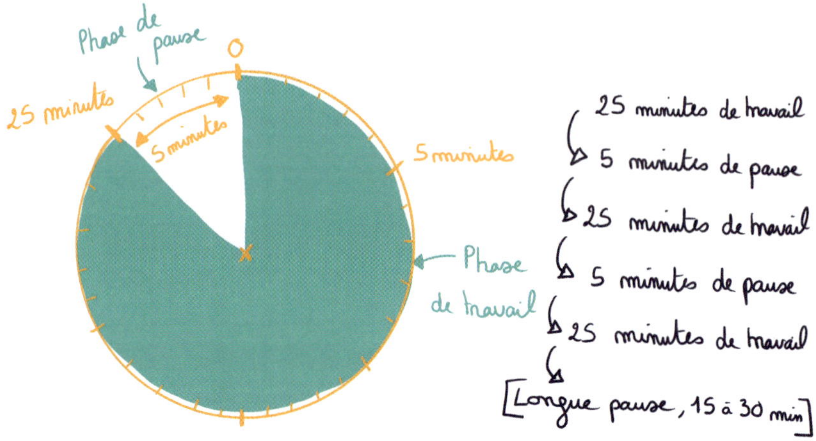

Identifier les voleurs de temps dans son activité

Il y a des tâches qui vont te prendre une énergie folle sans que tu le réalises forcément. Dans ce cas, tu auras l'impression que les journées passent bien trop vite et que tu n'as pas le temps d'avancer sur ta liste de tâches à faire. Si tu te reconnais dans ce scénario, tu es certainement **victime des voleurs de temps** ! Ce sont des événements qui vont te déconcentrer, voire te voler de précieuses minutes et qui vont s'accumuler au fil de la journée pour en faire une perte de temps non négligeable pour ton activité On peut notamment penser aux éléments suivants :

- **les notifications** de ton téléphone ou ordinateur qui clignotent au point de te distraire ;
- **les confrères** de l'espace de coworking qui vont avoir une envie folle de papoter et qui vont proposer une pause-café et cigarette de « juste » 5 minutes qui se transforment en 30 minutes, le temps de refaire le monde une énième fois ;
- **l'indécision** te fait voguer sans but d'une tâche à l'autre sans pour autant réussir à avancer sur tes priorités ;

- **les réunions trop fréquentes** avec des prospects ou clients, sans pour autant que celles-ci débouchent sur des résultats intéressants ;
- **les sollicitations extérieures** pour « obtenir rapidement ton avis » sur ta zone de génie (le tout sans rémunération) ;
- **les visites frénétiques** sur tes réseaux sociaux pour savoir si ta dernière publication a fait le buzz puis pour se perdre à regarder des vidéos de chats pendant des heures ;
- **le syndrome de l'objet brillant**, à savoir cette curiosité naturelle que nous avons et qui nous pousse à essayer de nouveaux outils ou méthodes en passant trop vite d'une stratégie à l'autre, sans donner suffisamment de temps à l'une d'entre elles pour pouvoir lui donner une chance de fonctionner.

Si tu arrives à identifier tous ces moments qui te volent ton temps précieux au quotidien, tu vas pouvoir **déterminer des actions pour diminuer leur impact** et ainsi augmenter considérablement ta productivité.

La procrastination, ennemi public n° 1 du freelance

En freelance, **le temps est littéralement de l'argent**. La procrastination n'est donc pas seulement un vice qui te fera passer de sacrées nuits blanches. Il s'agit aussi d'un défaut qui va te faire perdre de l'argent, puisque tu réduiras mécaniquement ta capacité à produire tes services. Tu seras efficace pendant moins de temps dans la semaine et tu devras prendre moins de projets.

La procrastination n'est pas de la fainéantise. Elle peut être active par exemple, en faisant des tâches non prioritaires pour éviter de faire face à un travail plus pénible. Ce n'est pas une « maladie », mais plutôt le « symptôme » d'un sentiment plus profond.

On procrastine généralement pour une ou plusieurs raisons :

- **le besoin de se divertir** parce qu'on a été privé de moments de loisirs trop longtemps,
- **l'envie de renouveau** pour fuir les routines ou les tâches répétitives,
- **le besoin de gratification immédiate**, c'est-à-dire de prendre du plaisir de suite (par exemple en engloutissant la dernière saison de sa série préférée). Dans ce cas, on s'est habitué à trop de temps de loisirs, ce qui rend le goût de l'effort très amer,
- **le perfectionnisme** qui fait qu'on aura peur de s'atteler à une tâche jugée trop ambitieuse et de rendre un résultat qui ne sera pas parfait. Dans ce cas, la paralysie décisionnelle est très forte : on ne fait rien par peur de mal faire,
- **le manque de connexions humaines**, notamment lorsqu'on travaille de chez soi et entièrement en ligne. Dans ce cas, il est facile de plonger dans une utilisation des réseaux sociaux exacerbée pour se sentir moins seul,
- **le manque d'alignement** avec un projet en cours (ou plus simplement, ne pas avoir envie de faire un travail que l'on considère comme peu intéressant).

Une fois la racine du mal identifiée, il est plus facile de passer à l'action. Mais repousser son travail n'est pas toujours perçu négativement. Certains freelances aiment travailler sous pression, à la dernière minute. Là où il faut opérer un changement et arrêter de procrastiner, c'est quand la qualité de vie et la satisfaction ne sont plus au rendez-vous.

« La procrastination devient un frein lorsqu'elle t'empêche d'avancer. »

La solution doit être adaptée à la cause de la procrastination. Il faut donc que tu comprennes ce qui t'empêche de travailler, et que tu te mettes dans les bonnes conditions pour relever ces défis.

Cause de la procrastination	*Solution pour se mettre au travail*
Manque d'alignement avec un projet →	Se souvenir du bénéfice à court terme (gagner de l'argent) puis refuser tous les projets similaires à l'avenir.
Manque de connexions humaines →	Travailler depuis l'extérieur (dans un lieu fréquenté par d'autres freelances) et s'aménager des moments conviviaux avec ses proches.
Perfectionnisme →	Commencer par un premier jet en se donnant le droit de « mal faire » puis améliorer son livrable.
Besoin de divertissement →	Instaurer des routines pour se détendre et faire de vraies pauses dans ses journées.
L'ennui →	Explorer sa créativité et son envie de renouveau en cherchant des projets alignés.
Besoin de gratification immédiate →	Habituer son esprit à l'effort, petit à petit, en se faisant violence pour réussir à se concentrer longtemps à nouveau !

Parfois, il faut également toucher le fond pour se rendre compte que **l'on a envie de vivre différemment**. À force d'être fatigué de tes propres excuses ou comportements et de voir que tu perds des opportunités de contrats, tu trouveras certainement la force de changer.

Cela passe aussi par la prise de conscience que **ton temps est limité**. C'est la ressource la plus rare dont tu disposes. À la différence de l'argent, le temps est irrécupérable. S'il est perdu à mauvais escient, tu te prives de moments de vie intense.

Tu as suffisamment de temps pour réaliser toutes tes ambitions

Même si la vie est courte, tu disposes de suffisamment de temps pour mener à bien tous les projets qui te tiennent à cœur. Ce qui est important, c'est de **décider de prioriser ce qui a le plus d'importance à tes yeux** et de ne pas te laisser distraire par le reste. Si tu t'organises bien et si tu restes curieux, tu lanceras certainement d'autres business et tu pourras vivre plusieurs vies en une seule.

La meilleure façon d'atteindre tes rêves, c'est de les rendre mesurables. Cette liste ambitieuse ne sera réalisable qu'avec une organisation solide. J'ai donc posé quelques questions à Maxime Barbier pour savoir comment il restait productif au quotidien face à sa vision de la vie si ambitieuse.

Quelques conseils de Maxime sur le rapport temps-productivité-réalisation

C'est une méthode employée par Maxime Barbier, gourou de l'organisation personnelle et entrepreneur accompli. Il a écrit sa liste des 100 choses à faire avant de mourir dont certaines ont déjà été réalisées.

#1 Être plus productif ne veut rien dire !

Le concept de productivité est galvaudé. Pourquoi ? Parce que c'est non mesurable. Vouloir être productif, c'est comme vouloir être plus sportif ! Qu'est-ce que ça veut dire ? Lorsqu'on utilise les mots « plus » ou « moins » sans méthode de mesure, l'objectif est voué à l'échec.

Si tu estimes que tu n'es pas assez efficient dans ta vie d'entrepreneur, pose-toi la question suivante : qu'est-ce que tu cherches à accomplir pendant tes journées ? Et est-ce que tu y arrives ou pas ? Si la réponse est « non », soit c'est lié à un problème d'organisation, soit à une mauvaise priorisation de tes tâches quotidiennes.

#2 Ne pas avoir le temps est un non-sens.

Nous disposons tous de 24 heures dans nos journées. Nous dormons 8 heures environ, ce qui nous laisse 16 heures pour vaquer à nos occupations. La plupart des gens veulent faire trop de choses, même lorsque leur liste semble humainement possible. Ce n'est pas un problème de capacité mais simplement de priorisation.

Par contre, s'il s'agit de passer trop de temps sur certaines tâches, alors c'est un sujet de productivité et d'organisation. Dans ce cas, il faut mesurer ce que veut dire « être productif » en matière de livrables ou de tâches réalisées.

#3 Prends le temps de définir tes priorités.

Le matin, autour de ton café, demande-toi ce que tu as envie d'accomplir aujourd'hui. Tu peux placer cela dans 16 cases, comme les 16 heures de ta journée et voir ce qui entre. Si tu n'as pas réussi à tout placer, voire à tout réaliser, c'est que tu n'es pas organisé ou que des choses ont glissé.

Par exemple, tu as peut-être perdu une heure à jouer sur ton portable ou à faire dérouler ton fil d'actualité. Dans ce cas, tu as décidé de reprioriser ta journée et tu as peut-être mal géré ton temps. Et si c'est facile de fixer des priorités à froid, c'est plus difficile de les tenir dans la journée.

#4 La plus grande source de malheurs, c'est de se mentir à soi-même.

Énormément de gens ont des ambitions mais rien dans leur journée ne vient soutenir cette vision-là ! Pourtant, ils ont envie de changer mais ils ne choisissent pas les actions qui les feront avancer au quotidien.

C'est avant tout un problème de système qui ne fonctionne pas et dans lequel ils restent bloqués. Pour en sortir, il y a 3 étapes : **identifier ce que tu cherches à accomplir** (1), **comprendre pourquoi c'est important** (2) **et savoir comment le rendre mesurable** (3).

Le « Pourquoi » est fondamental car souvent, les actions ne correspondent pas à l'objectif vraiment recherché. Si quelqu'un se lance dans un marathon pour perdre du poids, cela n'a pas vraiment de sens. Il serait bien plus efficace de se concentrer sur un rééquilibrage alimentaire. Enfin, pour escalader la montagne, **il ne faut pas négliger la première étape** (mettre un pied devant l'autre) et décomposer son projet. Que puis-je faire dès demain pour avancer ?

Je te conseille de **traquer tes résultats pour prendre conscience de tout ce que tu as accompli au fil d'une journée**, d'une semaine ou d'une longue période. Ma technique préférée pour cela est de tenir une « *did list* ». À l'inverse de la « *to do list* », qui énumère les tâches à effectuer sur un laps de temps donné, la « *did list* » permet de prendre conscience de tout ce qui a été fait.

C'est un outil extraordinaire pour les freelances qui se remettent en question une bonne partie de la journée. Il est facile de penser que l'on travaille beaucoup, parce qu'on est assis une grande partie de la journée derrière un écran d'ordinateur. Mais la « *did list* » permet de faire le point sur le travail réellement abattu dans une journée.

À TON TOUR

Prends conscience du temps dont tu disposes

Le site *Wait But Why*[12] propose une expérience de pensée intéressante : celle de colorier les mois passés pour voir ce qu'il nous reste à vivre (si jamais nous arrivions à l'espérance de vie moyenne d'un être humain basé en Occident).

Je trouve cet exercice intéressant car il nous confronte à une réalité : un jour, nous cesserons d'exister.

Cette prise de conscience permet parfois un changement d'état d'esprit. Le temps est court, autant le mettre à profit dans des projets intéressants plutôt que de procrastiner ou de repousser au lendemain son lancement !

Dans le tableau ci-contre, une case représente un mois de vie et chaque ligne compte deux années. Le tout s'étale jusqu'à 80 ans. Je t'invite à colorier le temps déjà passé. Si demain n'est jamais une certitude, je te souhaite une longue vie en pleine santé. Elle passera très vite, à toi de t'en souvenir pour te lancer à la poursuite de tes rêves.

---

12 — Retrouve cette expérience sur leur site : https://bit.ly/2QHR0Ee

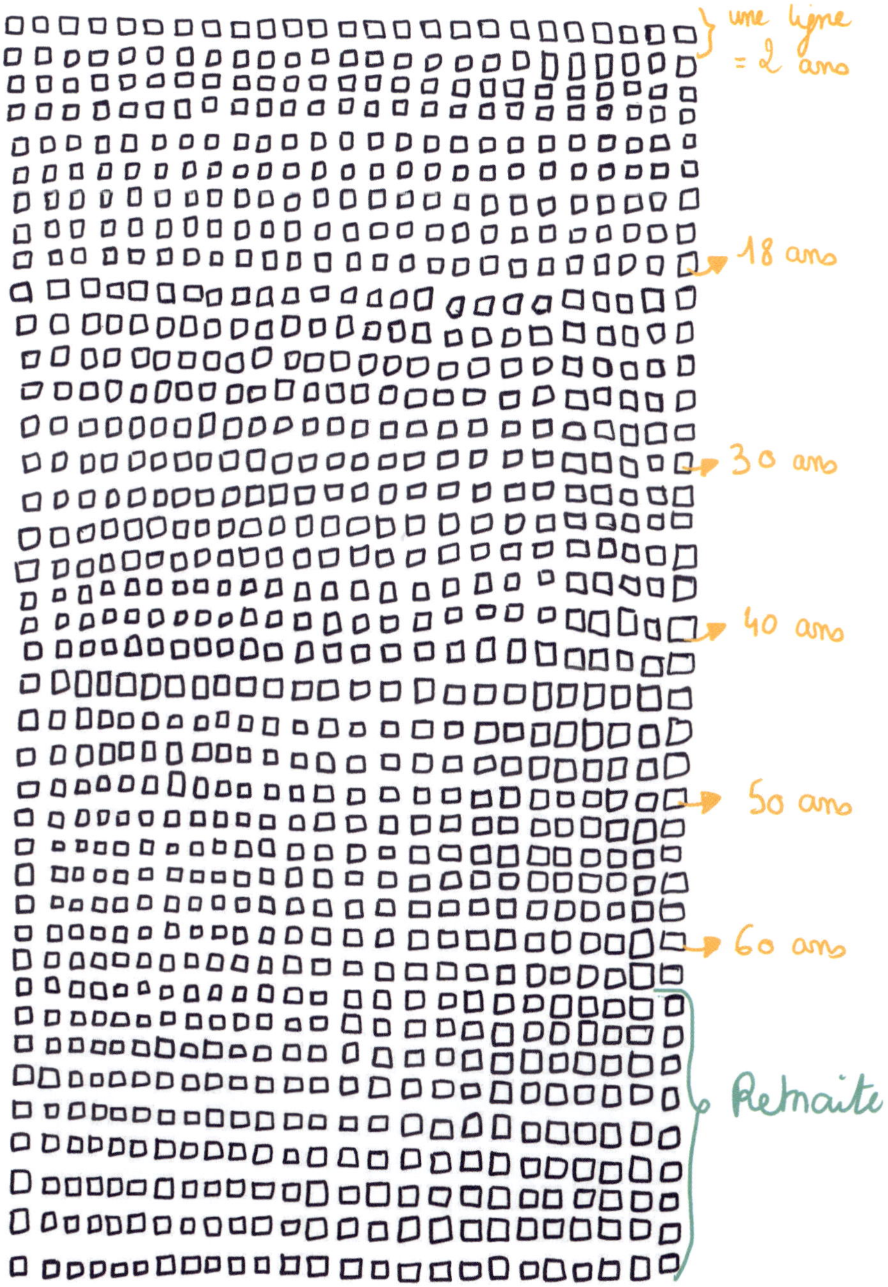
une ligne = 2 ans
18 ans
30 ans
40 ans
50 ans
60 ans
Retraite

CHAPITRE 20

Le « growth mindset » pour ne jamais cesser de grandir

Il est facile de baisser les bras lorsqu'il s'agit d'acquérir de nouvelles compétences, surtout à l'âge adulte. **Mais nous sommes capables de tout apprendre**, nous avons simplement perdu la confiance en nous et la patience. Car apprendre peut prendre plus ou moins de temps. L'entrepreneuriat ne fait pas exception à cette règle.

Face aux difficultés liées à l'apprentissage, certains font preuve de fatalisme. Ils pensent ne jamais pouvoir y arriver. Ces personnes qui pourraient changer mais qui sont pour l'instant résistantes aux changements, sont fermés aux expériences d'apprentissage et illustrent le « ***fixed mindset*** »[1]. De l'autre côté, certains individus sont curieux et acceptent d'**investir du temps et de l'énergie pour se former et pour développer de nouvelles compétences**. Elles font preuve d'un « ***growth mindset*** ». Et pour réussir en freelance, tu dois rejoindre leur clan !

Adopter la bonne attitude pour apprendre

Lorsqu'on ne connaît pas quelque chose, il n'y a que deux issues possibles : **apprendre ou abandonner**. Les personnes qui réussissent à dépasser leurs limites ont simplement adopté la bonne attitude. Celle d'avoir une perception positive des adaptations personnelles à effectuer pour progresser.

---

1 — *Fixed mindset* : concept développé par Carol Dweck dans son ouvrage *Mindset: The New Psychology of Success* paru aux éditions Ballantine Books en 2007, 320 pages.

Fixed Mindset		*Growth Mindset*
Je ne sais pas faire.	→	Je vais apprendre.
Je suis nul.	→	Comment puis-je m'améliorer ?
C'est trop dur !	→	Je vais m'entraîner.
J'abandonne.	→	J'essaie différemment.

Qu'il s'agisse de peaufiner ton expertise métier ou de devenir un entrepreneur aguerri (avec des formations en vente, marketing et management), **le « freelancing » va te pousser à devenir meilleur** dans tous les domaines que tu vas toucher.

Comment s'attaquer à une grande courbe d'apprentissage ?

Il est facile d'avoir le vertige face à une grande courbe d'apprentissage (aussi appelée « *learning curve* » dans le jargon entrepreneurial). En général, il faut un peu de temps pour se mettre en route et comprendre comment fonctionne le « freelancing ». Puis, l'accélération est rapide : c'est lié au tour d'horizon que l'on fait au démarrage et qui donne une meilleure idée de tous les aspects de cette nouvelle activité. Au bout d'un moment, on a l'impression de stagner. Cela peut nous pénaliser pour le reste de notre vie professionnelle. Nous entrons en réalité en **phase de croisière**. À cette étape, l'apprentissage sera au rendez-vous pour le reste de notre vie !

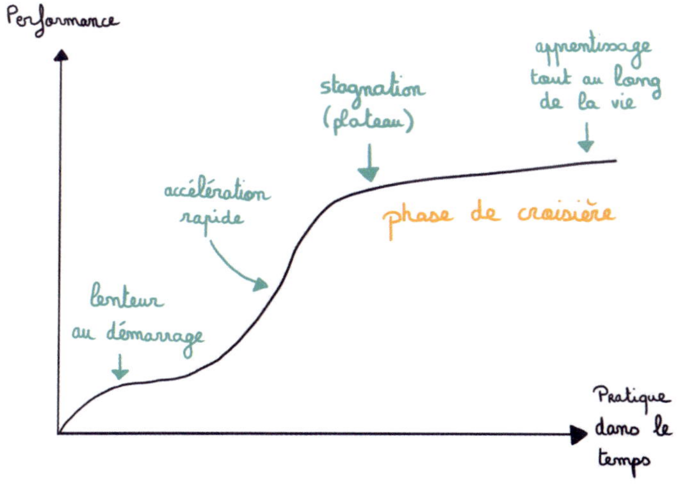

Lorsqu'il s'agit de courbe d'apprentissage, rien n'est plus ingrat que le « freelancing ». Si, il y a peut-être le surf, l'un des sports les plus difficiles au monde ! Ce qui me fait penser à Gaston Schenone, que j'ai interrogé sur les secrets pour être patient et progresser, non seulement parce qu'il a relevé des défis dans sa vie d'entrepreneur, mais aussi parce qu'il a choisi de prendre des risques dans l'un des sports les plus exigeants du monde.

Quelques conseils de Gaston pour progresser

Gaston a 3 restaurants et vient de lancer Surf Club, un centre d'entraînement pour la haute performance en surf. Mais le plus impressionnant, c'est qu'il n'a pas froid aux yeux et s'attaque à des vagues de la taille d'immeubles, aux quatre coins du monde.

#1 Pour progresser, il faut rester humble.

Certains démarrent le surf en espérant devenir bons en un mois. Ce n'est pas comme cela que ça se passe. Mais ceux qui s'amusent tout au long de leur apprentissage (qui dure toute la vie) sont ceux qui un jour passeront du statut d'élève à maître. L'humilité permet également de relever des défis parce qu'en cas de lente progression, l'ego ne sera pas touché par une quelconque frustration.

#2 La peur est un signe de courage.

En surf, même après des décennies d'expérience, la peur est toujours là. Sinon, ça serait de l'inconscience. Lorsqu'on part à la conquête de grandes vagues, on pratique notre sport dans des volumes d'eau impressionnants et notre vie est en jeu. Bien entendu, nous ressentons des craintes, mais nous les affrontons. Et lorsque nous retournons sur la terre ferme en entier, c'est une sensation très satisfaisante.

#3 L'effort fait partie de l'aventure.

Au fil du temps, on s'habitue à faire des efforts jusqu'à ce qu'ils deviennent des moments de plaisir. Ils sont agréables, comme le bon stress d'ailleurs. Ce qui compte, c'est de rediriger ces sensations pour atteindre des résultats. Si tu as un projet avec une date limite de rendu, le stress va t'aider à te lever le matin et à accomplir des tâches. Il peut te rendre productif. Mais encore faut-il s'attaquer aux bons objectifs pour soi en aimant les projets dans lesquels on s'investit !

« Avoir peur est normal, être terrifié par les défis à venir ne l'est pas ! »

On pense à tort que les experts sont savants sur l'intégralité des thématiques qu'ils abordent, mais c'est faux ! **Même les spécialistes ont des doutes.** Mais ils savent où aller chercher l'information en cas de doute. Leur force, c'est la science du déjà-vu. Mais ils n'ont pas réponse à tout.

D'ailleurs, il faut éviter de faire confiance à quelqu'un qui prétend ne jamais se tromper ou qui manque d'humilité. Il se trouve certainement au sommet de la fameuse « montagne de la stupidité » : il s'agit de l'effet Dunning-Kruger[2]. Lorsqu'on commence à apprendre, on se sent pousser des ailes et on a l'impression d'être très doué. Mais la réalité nous ramène vite sur terre et nous devons faire preuve d'humilité après quelques échecs. Enfin, **on reprend confiance en soi pour atteindre un stade de consolidation dans son expertise**.

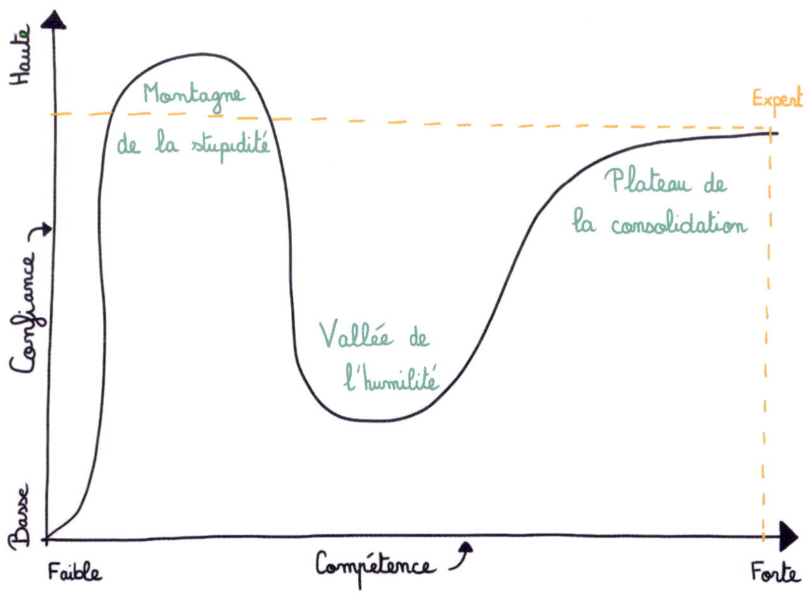

2 — L'effet Dunning-Kruger permet d'expliquer pourquoi les commentaires sur les réseaux sociaux sont aussi virulents. L'information circule abondamment : il est facile de penser maîtriser un sujet alors que l'on en connaît que quelques lignes, lues sur un média lambda.

Kaizen : le mot d'ordre pour faire de ta vie un chef-d'œuvre

Le « *growth mindset* » permet aussi d'accepter que **tu n'es pas parfait** et que tu as certainement beaucoup à apprendre pour réaliser tes ambitions. La méthode Kaizen est parfaite parce qu'elle permet de mettre en place une amélioration continue dans son business et son développement personnel. C'est un cycle continu en 4 étapes :

- #1 – **Identifier** les opportunités de changement (pour croître et s'améliorer).
- #2 – **Planifier** des actions pour pouvoir modifier ce qui te semble pertinent.
- #3 – **Exécuter** les changements requis (te remonter les manches, tout simplement).
- #4 – **Analyser et mesurer** les résultats obtenus pour en tirer des conclusions et apprentissages.

Ensuite, il suffit de répéter le tout sans jamais s'arrêter. Tu t'assureras de rester à la pointe de l'innovation dans ton métier et ton secteur d'activité, tout en acceptant de ne pas être *superman* ou *superwoman* et en acceptant tes limites.

D'après la méthode Kaizen, tu es en quelque sorte **un chef-d'œuvre en constante amélioration**. Pour commencer ta progression, fais la liste de ce que tu dois apprendre. En attendant que tu prennes assez de confiance en toi, **tu peux te présenter comme un spécialiste** à la place. Il n'y a pas besoin d'une quelconque légitimité pour se positionner sur une thématique. Tu peux aussi **travailler en sous-traitance** pour te faire la main et obtenir des références avant de te lancer seul sur ton marché ou alors **citer des auteurs ou procéder à des interviews** d'autres personnes pour ta création de contenus. Tu gagneras en visibilité en partageant leurs parcours et opinions, ce qui t'apportera de l'assurance pour, un jour, te mettre toi aussi en avant.

Le progrès n'est pas linéaire

Lors de ton parcours d'apprentissage, tu pourras stagner, voire avoir l'impression de revenir en arrière. C'est tout à fait normal, tout le monde atteint un plateau à un moment donné. **Il faut persévérer même si c'est démotivant**. Même si ça prend plus de temps que prévu, en t'accrochant tu ne pourras aller que dans un seul sens : vers le haut !

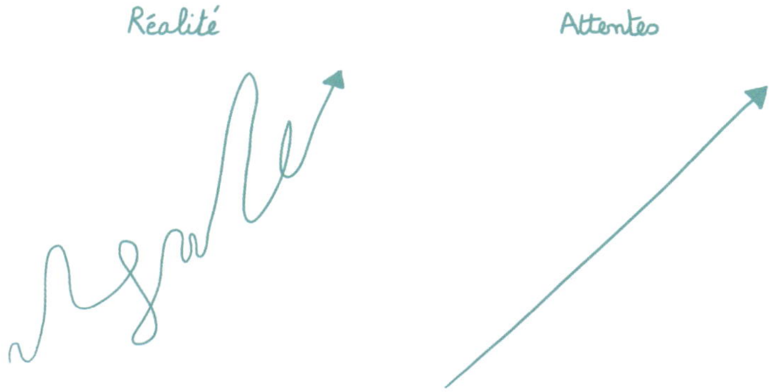

D'ailleurs, tu auras sûrement peur à certains moments de tes apprentissages. Ils feront remonter des parties de toi sur lesquelles tu as besoin de travailler, au niveau personnel et émotionnel. Cela me fait penser à l'une de mes pratiques sportives. Il y a peu, j'ai décidé d'essayer l'un des sports qui m'a le plus mise au défi au niveau de l'apprentissage : l'apnée !

Évoluer sous l'eau sans respirer est une épreuve terrifiante. Pourtant, la plupart des êtres humains disposent des capacités physiques pour retenir leur respiration pour une durée allant entre 3 et 5 minutes sous l'eau. Après tout, nos poumons pleins contiennent entre 6 et 8 litres d'air ! C'est énorme. Alors pourquoi ressentons-nous l'urgence de respirer après quelques secondes à peine ?

Notre esprit prend le dessus, nous avons l'impression que nous allons mourir. C'est directement lié à nos craintes ainsi qu'à des sensations physiques désagréables (notamment l'augmentation du dioxyde de carbone dans notre organisme, ce qui nous donne des contractions et des fourmillements dans les membres).

En ayant conscience de ceci et en s'exposant à des conditions d'apnée, **on entraîne son corps mais surtout son mental à devenir résilient** et à pouvoir rester de plus en plus longtemps sous l'eau. Mais ce progrès n'est pas linéaire, il y a beaucoup de retours en arrière et de stagnations. D'ailleurs, chaque sortie à la piscine ou à la mer peut être un échec si le mental n'est pas bien préparé le jour J.

En freelance, tu avanceras souvent en apnée. Tu auras l'impression de devoir retenir ton souffle plus d'une fois, mais tu vas survivre. C'est juste un mauvais moment à passer. Et pour continuer à persévérer, souviens-toi de plusieurs choses.

- Il y aura toujours de mauvaises journées, et elles seront certainement **un reflet de ton état émotionnel**. Dans ce cas, rappelle-toi que le progrès n'est pas linéaire.
- Plus tu seras confronté à un environnement (comme celui de ton marché), plus tu développeras une connaissance fine de celui-ci et **une résilience face aux difficultés**.
- En connaissant la théorie, tu peux te rassurer sur ta capacité à survivre. Le simple fait de lire cet ouvrage va t'apporter une grande sérénité dans ton activité parce qu'il y aura moins de mauvaises surprises. **Tu sauras repérer les dangers et réagir** parce qu'ils t'auront été présentés auparavant.

« Il n'y aura pas de place pour la panique ! »

La stratégie des petits pas pour se rassurer

Quels sont tes rêves les plus ambitieux ? S'ils te semblent réalistes dans l'immédiat, peut-être qu'il faut voir plus grand. Mais si tu as des papillons dans le ventre à l'idée de ces beaux projets auxquels tu veux donner vie, tu es sur la bonne voie. Tu as ce qu'on appelle une vision pour ta vie ou ton activité freelance. Pour la matérialiser, **tu peux la découper en étapes** ou selon une échelle de temps qui te semble facile à gérer. C'est la stratégie des petits pas. Plutôt que d'imaginer toute la distance à parcourir, **fixe un itinéraire et progresse un mètre à la fois.**

Les objectifs pourront changer au fil du temps : personne ne peut affirmer avec certitude qu'il aura envie de la même chose d'ici un an. Moi non plus. Mais j'ai une idée d'où je veux aller dans ma vie professionnelle. Et j'ai découpé cet objectif en étapes mesurables sur le long terme.

Cela me fait penser à Anneline, une freelance designer d'objets que j'ai accompagnée. Lorsqu'elle m'a parlé de son activité freelance, elle avait des étoiles plein les yeux. Elle était inspirée par le parcours de Shea et Syd McGlee, les célèbres designers, créateurs d'une ligne d'objets et présentateurs de la série « Ma Maison Rêvée ». Anneline a une vision similaire pour son futur. Pour autant, elle n'a pas démarché dès son lancement les producteurs d'émissions télévisées pour leur proposer son propre programme. Elle a toute **une notoriété à construire** avant d'en arriver là, et cela ne la décourage pas. Bien au contraire.

Anneline travaille aujourd'hui en sous-traitance avec des agences, ce qui lui permet d'approcher des clients prestigieux et de construire son portfolio. À côté, elle développe son propre style pour des clients en direct. Peut-être que les prochaines étapes seront celles d'un lancement d'un premier produit rien qu'à elle, de la construction de sa propre agence, de contrats avec des clients de notoriété importante (pour avoir une belle visibilité), de son marketing de contenu ou encore de l'écriture d'un livre. Mais plutôt que de rêver à des jours glorieux, Anneline a **posé des fondations à son activité** et se donne les moyens de se rapprocher chaque jour de sa vision.

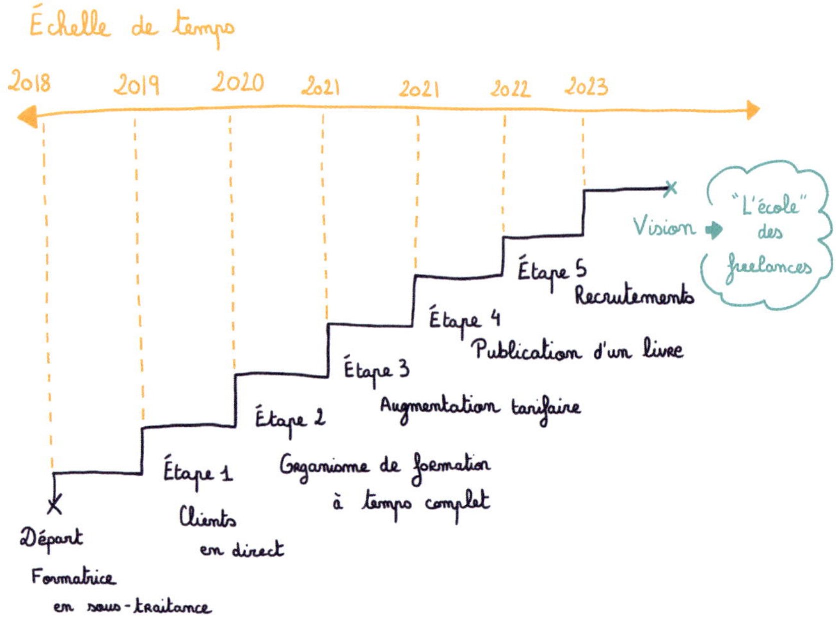

J'ai démarré mon activité d'indépendante en 2018 (après avoir fait d'autres projets dans l'entrepreneuriat) et mes prestations étaient principalement de la sous-traitance. Un an plus tard, j'ai commencé à ajouter des clients en direct. Ensuite, je suis passée sur mon organisme de formation à temps plein. En 2021, j'ai décidé d'augmenter mes tarifs pour qu'ils reflètent la valeur ajoutée apportée à mes clients, et parce que **j'ai aussi gagné en notoriété et en preuve sociale** (de plus en plus d'anciens clients partagent leurs témoignages positifs et leurs résultats encourageants sur les réseaux sociaux).

Actuellement, je suis sur l'écriture du livre que tu tiens entre les mains. Tout cela me conduit doucement mais sûrement vers ma grande vision, celle de construire l'école référente du « freelancing ». Mais pour y arriver, **je vais devoir m'entourer et déléguer**.

> *« Le "freelancing" n'est pas une stratégie à court terme. C'est un projet de vie ! »*

À TON TOUR

Découpe tes ambitions en étapes actionnables

Une grande vision peut faire peur. C'est pour cela qu'il vaut mieux la découper en étapes, puis construire son succès brique par brique.

Cette vision va certainement évoluer au fil des années. Choisis celle qui t'anime le plus aujourd'hui. Il ne s'agit pas de faire des plans sur la comète, mais simplement de te fixer une destination. Tu pourras changer d'avis plus tard.

Commence par déterminer ta grande vision. Ensuite, imagine toutes les étapes intermédiaires qui te mèneront à cette grande ambition (entre 3 et 10 étapes en général) avec une date que tu te donnes pour y arriver.

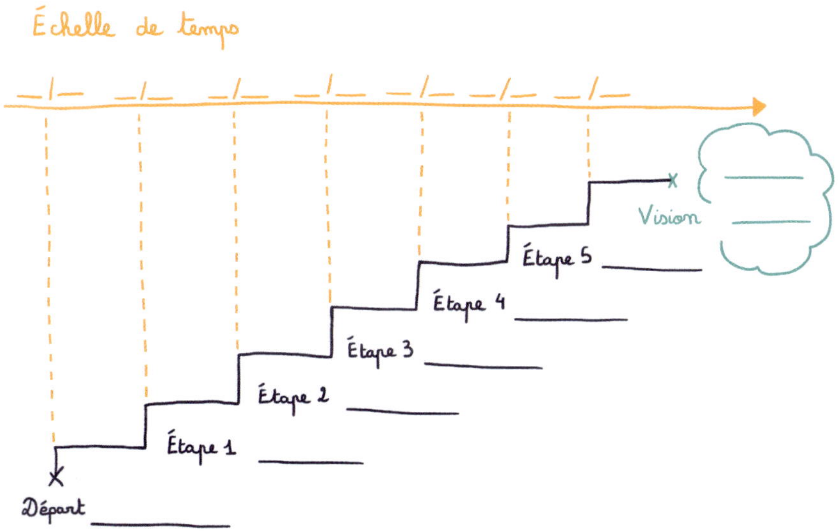

Bravo, tu viens d'activer le mode « growth mindset » pour planifier ton développement en freelance !

Bouleverser une industrie traditionnelle

OSER DYNAMISER SON MONDE

Pauline rêvait d'exercer son métier d'éditrice depuis son plus jeune âge. Elle a toujours voulu accompagner les auteurs pour transmettre leurs savoirs et contribuer à fabriquer de beaux livres avec des textes clairs. Au fil de ses explorations, et notamment de sa passion pour les maths, elle s'est spécialisée dans l'édition de manuels scolaires et de sujets scientifiques.

D'abord salariée, Pauline s'est jetée à l'eau il y a quelques années en devenant éditrice freelance pour de grandes maisons d'édition. Elle aimait son ancien job, qui lui a permis de se faire un réseau et des amis, mais l'envie de créer sa propre maison d'édition a germé.

Derrière ce projet se trouve l'ambition de modifier le fonctionnement de cette industrie qui peine à se moderniser, au détriment des auteurs et des collections. Elle a donc lancé les éditions Caliopea (et elle mouille d'ailleurs sa chemise avec le livre que tu as entre les mains) !

Les mots de Pauline Bley

En devenant freelance, je n'ai pas coupé les ponts avec mon industrie. Au moment de me lancer, j'étais arrivée à une période de ma vie personnelle où j'avais besoin d'autre chose. La vie parisienne ne me convenait plus, et je voulais développer ma propre maison d'édition. Or, si j'étais restée salariée, je n'aurais jamais fait le pas.

J'ai annoncé mon projet à mon entourage professionnel qui, au départ, n'y croyait pas. Ils ont projeté sur moi leurs croyances limitantes : « Tu n'y arriveras jamais, tu ne peux pas réussir à changer les codes. » Mais je savais que c'était leurs peurs, pas les miennes. **Et ça ne m'a jamais atteint.** Au contraire, j'ai renforcé encore plus mon projet.

J'ai envoyé un e-mail à chaque personne de mon réseau pour expliquer mon passage en freelance. Mes anciens chefs sont naturellement venus chercher mes services. Me connaissant personnellement, ils savaient que le travail serait bien fait et à la hauteur de leurs attentes. Finalement, que je sois salariée ou freelance, cela ne leur changeait pas grand-chose.

Innover peut prendre des formes multiples. Il faut sans cesse innover pour progresser, mais nous n'avons pas tous la capacité de le faire. De mon côté, je ne me considère pas comme innovatrice, mais je suis visionnaire et idéaliste : je sais me creuser la tête pour identifier la meilleure solution face à un problème. **Innover pour la beauté du geste n'est pas utile.** L'innovation doit se produire quand on cherche à progresser vers un objectif spécifique ou à consolider une base déjà efficace.

Mais comme nous désirons toujours faire mieux, notamment dans nos conditions de travail (rémunération plus élevée, embaucher pour se développer, réduire ses horaires à un mi-temps, etc.) un freelance devra forcément innover à un moment donné. Il faudra le faire à son rythme.

Se lancer à contre-courant n'est pas sans risques. Chaque freelance se repose sur son cœur de métier : le mien consiste à éditer un livre et pour cela, j'ai deux casquettes. J'accompagne les auteurs dans leur création (pour qu'ils donnent le meilleur d'eux-mêmes) et je conçois un livre qui va combler les lecteurs.

Entre le salariat et l'indépendance, je n'ai rien changé à ma manière de travailler. Mais la différence aujourd'hui, c'est la prise de risques. J'avais plus de pression avant, mais la responsabilité était portée par mon employeur. J'étais un maillon de la chaîne et je ne pouvais pas suivre les ouvrages dans le temps.

Aujourd'hui, le risque est sur ma tête. Je dois prouver aux auteurs qu'ils peuvent me faire confiance malgré ma petite structure, et ma responsabilité consiste à aller jusqu'au bout avec la commercialisation du livre.

En cas d'échec (côté ventes), les répercussions ne seraient pas les mêmes pour moi que pour une maison d'édition traditionnelle. Je dois donc me battre pour mettre en avant chaque référence que je publie.

Je me suis lancée pour redonner du sens à mon industrie. L'édition est une industrie dont les codes ont deux cents ans : elle n'est pas réputée pour se remettre facilement en question. À l'ère du tout numérique, des réseaux sociaux et de l'instantanéité, le lecteur a toujours autant de mal à trouver le livre qui répondra à ses questions. Et avec 70 000 nouveautés par an, il y a forcément un ouvrage qui pourrait apporter la bonne information. Mais le problème, c'est qu'il n'est pas chez le libraire du coin ou que celui-ci n'a pas eu le temps d'étudier toutes les sorties littéraires.

Aujourd'hui, l'édition vit donc un problème de généralisme. Nous pensons, à notre échelle, que tous les éditeurs sont les mêmes. Il manque un positionnement clair de leur part. Certes, il existe le principe de collections, mais ça n'est pas suffisant pour faire sortir du lot des ouvrages différents aux yeux des lecteurs et pour leur permettre un meilleur référencement.

J'ai fait le pari d'une idéologie forte pour ma maison d'édition. Avec Caliopea, nous faisons du développement personnel. Les thématiques sont variées : nutrition, santé, entrepreneuriat, éducation, parentalité... Néanmoins, elles sont toutes reliées par la même idéologie. Nos ouvrages sont dédiés à la transmission d'expérience pour se remettre en question et pour trouver des réponses sur les sujets qui nous tiennent à cœur. Notre pari, c'est que le lecteur acquiert le réflexe de chercher les livres de Caliopea lorsqu'il a envie d'apprendre.

Ce positionnement implique d'utiliser d'autres canaux de vente, et c'est surtout cela qui casse les codes. Nous cherchons à prendre contact avec le lecteur final, à aller le chercher là où il se trouve plutôt que de dépendre d'intermédiaires.

Nous éditons aussi peu, mais mieux. Étant donné la quantité d'ouvrages publiés chaque année, de nombreuses références ne sont pas abouties. Elles répondent à un besoin de nouveauté en parutions pour les maisons d'édition. Mais est-ce que ces livres apportent une vraie valeur ajoutée à leur domaine ?

Combien de fois as-tu été déçu d'un livre qui a eu un bon marketing mais qui est creux au milieu ? Je préfère sortir peu de livres plutôt que de saturer le marché, et j'aime aller au bout du projet.

En entrepreneuriat, il faut se préparer aux zones de turbulences. À plusieurs reprises, j'ai voulu abandonner face à tout l'inconnu que représentait ce nouveau schéma d'émancipation professionnel et personnel. Mais l'envie de baisser les bras permet de prendre du recul pour se recentrer sur ce qui compte vraiment et atteindre ses objectifs. Lorsque le doute nous assaille, nous mettons enfin des mots sur nos peurs.

Sortir de sa zone de confort n'est pas agréable, mais cela arrive tout le temps lorsqu'on s'installe à son compte. À chaque fois qu'on pense avoir créé une stabilité, une opportunité (ou zone de turbulence, aïe) vient perturber l'équilibre. Mais lorsqu'on prend 5 minutes pour regarder en arrière, on se rend compte du chemin parcouru : et il est incroyable.

Enfin, si tu es réellement aligné avec tes valeurs et ton activité, l'envie d'abandonner passera. Pour moi, ça a toujours été le cas. Je suis encore là, et fière d'être la petite éditrice indépendante qui ne fait jamais rien comme tout le monde mais qui commence à être prise au sérieux.

Le mot de la fin

Ce livre commence par la phrase suivante : « Aujourd'hui est peut-être le premier jour du reste de ta vie. » J'ajouterais simplement : « Ne le gâche pas à ne pas accomplir ce que tu souhaites. »

Prends le temps de mûrir ton projet et lance-toi. Il vaut mieux aller dans l'action et parfois se planter (car c'est toujours rattrapable) que de regretter de ne jamais l'avoir fait.

Le sentiment d'accomplissement sera intense, et avec le temps et les essais, tout peut être concilié : vie personnelle et professionnelle, rémunération satisfaisante, métier vraiment cool et même des moments d'apéros sur le balcon !

Partie 5*

Greffer le « freelancing » à sa vie !

Nous avons tous une liste d'objectifs personnels que nous souhaitons accomplir.

Apprendre de nouvelles compétences, progresser dans un sport, faire le tour du monde, rencontrer l'âme sœur, fonder une famille, acheter un bien immobilier, prendre sa retraite à 40 ans... **La réussite personnelle aura un visage différent pour chacun d'entre nous.**

La clé du succès reposera sur la persévérance, la discipline et surtout une bonne stratégie. Il faut aller dans le bon sens ! Même si tu mets du cœur à l'ouvrage, tu n'obtiendras rien si tu avances dans la mauvaise direction.

Le « freelancing » est un projet de vie qui va venir impacter tes choix personnels bien plus que tu ne le penses. Il peut aider ou briser tes plans, décaler ou confirmer un projet bébé, chambouler tes envies de devenir propriétaire, repousser l'âge de la retraite ou encore te donner le courage d'entreprendre un business bien plus ambitieux que ce que tu aurais pu imaginer. Tu vas te lever, manger, dormir, rêver, penser et pleurer « freelancing ». **La frontière avec les aspects personnels sera poreuse**.

Pour autant, tu vas pouvoir utiliser l'entrepreneuriat pour lever tous les freins qui t'empêchent d'avancer dans les autres domaines de la vie : ceux qui t'empêchent de rêver grand, ceux qui te donnent des excuses pour remettre tes envies à demain, et ceux qui te font abandonner à la moindre difficulté. Tu apprendras à être sans relâche dans la poursuite de tes objectifs personnels.

CHAPITRE 21

S'affranchir de la solitude entrepreneuriale

Le freelance est souvent représenté comme un travailleur solitaire, comme si ce type de contrat déterminait la connexion aux autres. Pourtant, il existe des salariés qui sont enfermés seuls dans des bureaux toute la journée, sans parler à d'autres collègues, parce qu'ils sont en télétravail ou qu'ils exercent leur métier en totale autonomie.

À l'inverse, un indépendant pourrait être invité à travailler depuis les locaux du client et être en mission avec une grande équipe. En freelance, **il est donc possible de travailler en synergie ou en collaboration directe** avec ses clients, avec leurs équipes ou avec d'autres indépendants.

Mais la solitude ne vient pas forcément de l'entourage que l'on a au moment de se poser pour travailler. Cette déconnexion et ce mal-être peuvent venir du sentiment d'être incompris ou perdu.

De mon côté, je me sens surtout seule lorsque j'aimerais que l'on me dise ce que je dois faire. Qu'on me guide, qu'on me rassure dans mes choix, qu'on me dise que je fais du bon travail et que ma stratégie est la bonne. Sauf que ça n'existe pas dans l'entrepreneuriat. Alors je me contente de me faire confiance et de bien m'entourer.

Obtenir le soutien de l'entourage personnel

Lorsqu'on se lance, nos proches ne comprennent pas toujours nos choix. Parfois, ils nous font douter ou remettent en cause notre envie de quitter notre CDI confortable pour nous lancer en freelance.

Leur perception est celle de personnes externes à l'entrepreneuriat qui ne comprennent pas vraiment comment ça fonctionne. S'ils te découragent, c'est pour te protéger. Cela part d'un bon sentiment.

Rappelle-toi que **le rôle de ta famille et de tes amis n'est pas de te suivre dans tous tes choix de vie et opinions.** S'ils trouvent que le « freelancing » est une mauvaise idée, c'est leur droit. On a tendance à s'énerver et à critiquer nos proches lorsqu'ils ne sont pas encourageants, plutôt que de **prendre le temps de les convaincre par le dialogue ou par la preuve.**

« Tes proches n'ont pas à être d'accord avec toi. »

Tu as 2 choix : protéger tes rêves en filtrant l'information que tu partages avec ton entourage ou être pédagogue et engager une démarche de dialogue. Dans le premier cas, il suffit d'en dire le moins possible et de rester vague. Dans le second, **tu peux les aider à se projeter dans ton quotidien** pour qu'ils adhèrent à ta vision du travail et de la vie.

10 questions pour obtenir le soutien de ta famille au démarrage

- ***Qu'est-ce qui t'inquiète dans mon lancement en freelance ?***
- ***Quel est l'avenir dont tu rêves pour moi ?***
- ***Que trouves-tu rassurant dans le salariat ?***
- ***Qu'est-ce que tu aimerais que je t'explique pour que mon lancement te rassure ?***
- ***Que puis-je faire pour t'aider à comprendre ma décision de me lancer ?***
- ***Ce lancement me tient à cœur, peux-tu me soutenir émotionnellement ?***
- ***Est-ce que tu comprends ce que je souhaite faire en freelance (projet et métier) ?***
- ***Si tu avais la chance de devenir ton propre patron, qu'est-ce que tu ferais ? Où est-ce que tu vivrais ? Comment est-ce que ta vie évoluerait ?***

Grâce à ces questions, tu vas pouvoir aider l'autre à se projeter dans tes choix et ton quotidien, et à verbaliser les éléments manquants pour qu'ils puissent adhérer à ton projet ou à minima ne pas t'en décourager.

Mais la pédagogie ne fonctionne pas avec tout le monde. Dans ce cas, j'aime adopter **la technique des platitudes** : je réponds des banalités. Par exemple, si on me demande : « Quand vas-tu reprendre un CDI ? » Je réponds : « J'ai déjà un job, merci. »

S.O.S. repas de famille

Question anxiogène	Réponse apaisée
Ton projet, ça avance ? →	Des hauts et des bas, mais je suis content
Tu t'en sors financièrement ? →	Je m'en sors
Ton idée existe déjà →	Oui, mais il y a de la place pour moi
(JOKER) →	Ne parlons pas boulot ce soir

Idée reçue

LE FREELANCE TRAVAILLE SEUL.

À l'heure où j'écris ces lignes, je suis en compagnie du collectif « Le Hub Nomade »[1]. Lorsque l'envie de se réunir est là, ses différents membres se rejoignent pour quelques jours de *coliving*. C'est bon pour le moral : on se sent compris et les idées de projets et stratégies fusent dans tous les sens.

À notre époque, travailler seul en freelance est un choix. Il est désormais possible de s'entourer de multiples façons. On l'a déjà vu au chapitre « Travailler d'où on veut, une utopie ? », p. 51.

1 — Retrouve l'interview de Margaux Roux, la fondatrice du « Hub Nomade », p. 76.

Si tu aimes travailler dans ton salon en pyjama, c'est très bien aussi. Tu pourras compter sur les communautés d'entrepreneurs en ligne, tels que les groupes Facebook de freelances ou les amis indépendants que tu te feras grâce aux réseaux sociaux. **Mais ne tombe pas dans le piège du « tout digital ».** Même si c'est juste ta bande de potes autour d'un café en fin de journée, ne te coupe pas du reste du monde.

Choisir ses nouveaux collègues

L'avantage du « freelancing », c'est que tu peux choisir les personnes avec lesquelles tu vas travailler. **Tu as la possibilité de te créer un écosystème bienveillant.** Pour cela, il faut aussi savoir donner : on attire souvent les personnes qui nous ressemblent. S'il n'y a pas de dynamique entrepreneuriale sur ton lieu de vie, tu devras en créer une.

C'est arrivé au Costa Rica, dans la ville où j'ai posé mes valises pour quelque temps. Nous étions des centaines de télétravailleurs à nous croiser dans le coworking du coin, mais aucun lieu, événement ou groupe structuré ne nous fédérait. Jusqu'au jour où l'un des membres de la communauté a choisi de rassembler tout ce beau monde dans un groupe WhatsApp qui a cartonné. **Les autres freelances n'attendaient qu'une chose : être connectés**.

> *« Lutter contre le sentiment de solitude, c'est TON travail. »*

Où et comment trouver de nouveaux collègues ? Une petite recherche sur internet ou sur les réseaux sociaux pourrait t'aider à rencontrer d'autres personnes.

Ton écosystème bienveillant sera composé de 4 grands axes : **l'humain** (les gens qui t'entourent), **les lieux** (pour travailler), **les partenaires** (qui vont soutenir ton projet entrepreneurial), et enfin **ceux qui porteront haut et fort les mêmes valeurs que toi.**

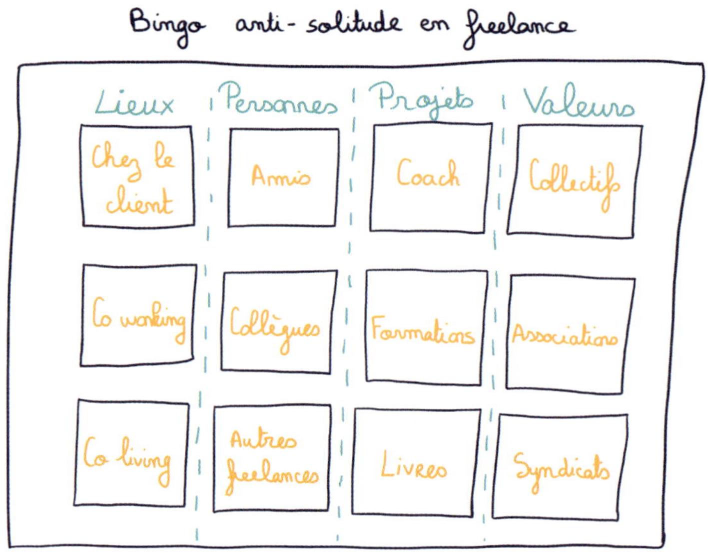

L'humain

Ça sera principalement ton entourage personnel (amis et famille), tes collègues (clients et membres de leurs équipes) et d'autres indépendants ou entrepreneurs qui deviendront parfois tes binômes **pour travailler, te soutenir ou échanger des idées**.

Pour les amis, je t'encourage fortement à garder un équilibre et à **rester ami avec des salariés**. Il est très facile de ne choisir que des gens qui nous ressemblent, et on se ferme dans une bulle pour finir par être déconnecté de la réalité. Même si tu les vois avec parcimonie, garde un ancrage varié. Ne te coupe pas du reste du monde.

Concernant tes clients, je t'invite à **choisir ceux qui te feront suffisamment confiance pour te donner des missions stimulantes** qui t'aideront à développer tes propres compétences. Ce sont les fameux clients « licornes ». Ils sont rares, mais ils existent.

Les lieux

Au niveau de **l'espace de travail**, tu ne pourras pas dire que tu es contraint de bosser de chez toi : les lieux pour travailler en communauté sont aujourd'hui pléthores[2]. Certes, une location a un coût, mais cela fait aussi partie des frais liés à l'entrepreneuriat. Ne sois pas économe sur les dépenses qui favorisent ton bien-être et ta productivité.

Les partenaires

Pour t'aider à développer tes projets, tu pourras compter sur les professionnels de l'accompagnement avec des formations ou du coaching, mais aussi les livres comme celui que tu tiens en ce moment ! La littérature entrepreneuriale est très riche car tous les problèmes ont déjà été rencontrés (et résolus) par d'autres.

Pense à investir régulièrement dans ton développement personnel et professionnel, non seulement parce que c'est bon pour ton chiffre d'affaires, mais aussi parce que tu te sentiras compris et moins seul.

Tout freelance porte des valeurs : il peut s'agir de la bienveillance, de l'entraide, de la transparence, de l'intégrité, de la sincérité, de la créativité, de l'éthique, du développement durable... Il est important de **rechercher des communautés qui nourrissent aussi ton besoin de sens dans le travail.**

Les syndicats et fédérations de représentation professionnelle sont très nombreux : parfois, il s'agit de métiers ou d'industries et d'autres fois d'organisations pour freelances. Leur rôle est de défendre les intérêts d'un groupe, de partager une veille juridique et d'actualité ou encore d'organiser des événements pour **créer des synergies entre membres**.

Les associations, quant à elles, ont une mission de bien commun à accomplir. Il en existe de nombreuses, par exemple pour la promotion du numérique, le développement de l'entrepreneuriat ou encore pour le mentorat entre indépendants.

En faisant des recherches et en t'ouvrant aux autres, il est impossible que tu restes seul derrière ton écran toute la journée. Mais pour cela, il faut adopter la fameuse qualité de tout entrepreneur : **la proactivité !**

---

2 — Je t'invite à relire « Choisir l'endroit pour travailler qui nous correspond », p. 55.

Nomadisme digital et solitude : une réalité

Les freelances qui optent pour le nomadisme digital à long terme pourraient se sentir seuls. De mon côté, j'ai fréquemment le mal du pays. Mais j'ai appris à vivre avec, et je reviens souvent en France.

Le plus difficile reste le fameux **choc culturel**. Toute arrivée dans un pays provoque une montée forte d'émotions positives : au début, tout est beau, différent, captivant. Mais très rapidement, c'est la chute : ce qui est familier commence à nous manquer. Nos repères ne sont plus là. On doit alors **s'adapter pour retrouver à nouveau du bien-être** à l'étranger. Si l'on n'y arrive pas, on fait alors un rejet de la culture locale (et dans ce cas, il vaut mieux rentrer).

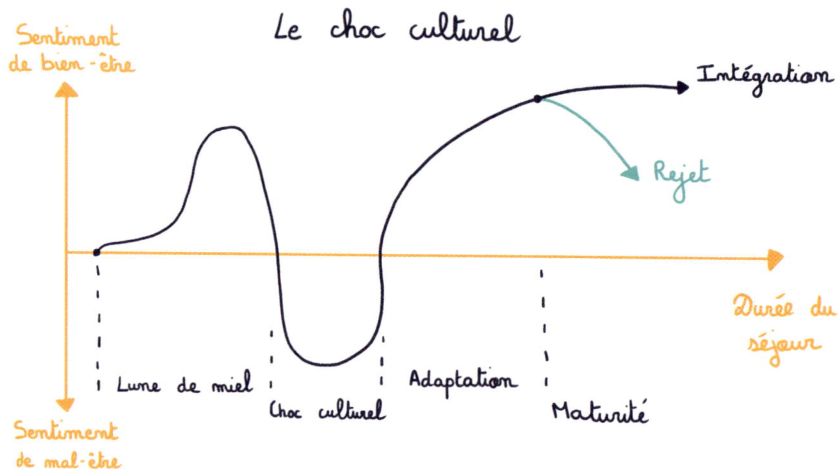

À chaque changement d'environnement, tu pourrais aussi ressentir de la solitude. Ce n'est pas réservé qu'aux voyageurs. Tu vas te sentir incompris et n'arriveras pas à te connecter immédiatement aux autres.

Enfin, n'oublie pas que **tes anciens problèmes ne vont pas s'arrêter du jour au lendemain**. Une fois la lune de miel passée, ton quotidien prendra le relai et ils te reviendront en pleine face, jusqu'à ce que tu les résolves.

Bienveillance et amitié

Ce que j'ai de plus précieux, ce sont mes amis. Je pense particulièrement à Emma, que j'ai rencontrée lors de ma première année d'étude et avec qui je parle presque tous les jours depuis 10 ans. Notre amitié repose sur une dynamique très puissante que j'appelle « *empowerment* »[3] !

« On ne peut rien accomplir seul ! »

Lorsque j'ai lancé ma première boîte durant mes études, nous étions colocataires et j'avais transformé notre salon en immense salle de réflexion stratégique : il y avait des *Post-its* partout. Je pouvais compter sur Emma pour célébrer les hauts de l'entrepreneuriat, mais aussi pour me soutenir lors des remises en question et des doutes.

Je ne pense pas que j'aurais réussi à tenir sans son soutien. Si tu n'as pas encore ce type d'amitié, je t'invite à **prioriser les rencontres** pour bien t'entourer. Ça change la vie !

Avoir le droit d'être soi

Le milieu du « freelancing » pourrait faire des efforts en matière de diversité de profils et d'inclusion sociale. Pour ceux dont l'identité ne colle pas avec la majorité représentée (ethnique, physique, sociale), il peut être très difficile d'avoir confiance en soi et de se lancer en freelance.

« Peu importe qui tu es : le "freelancing" est aussi pour toi ! »

L'indépendance est un mode de travail, il t'est donc aussi accessible qu'un contrat de type CDI ou CDD. Si tu as envie de liberté et de te lancer, le monde du « freelancing » peut aussi devenir TON monde.

3 — *Empowerment* : peut-être traduit par « empouvoirement » en français. Mais qui, pour moi, signifie l'entraide entre personnes permettant de s'élever mutuellement vers des objectifs personnels ou l'accès à des opportunités.

Enfin, si tu te sens appartenir pleinement au « freelancing », deviens un allié pour ceux qui n'ont pas ce privilège ! J'ai demandé à Daniela Felletti, consultante en recrutement inclusif, de nous aider à y parvenir.

Quelques conseils de Daniela sur l'inclusion et la diversité dans le « freelancing »

#1 Déconstruire ses propres biais.

Lorsqu'on appartient à une minorité sous-représentée, il faut rechercher en nous une force supplémentaire pour **identifier nos propres biais inconscients**. Il s'agit de limites que nous avons intégrées. Elles créent un fort syndrome de l'imposteur et nous font nous sentir illégitimes. Surtout à l'époque actuelle où il faut se mettre en avant pour communiquer : ça n'est pas facile lorsque personne ne nous ressemble dans notre secteur. Ces biais inconscients existent dans la société en créant des normes sociales qui nous limitent et nous conditionnent. Il faut un effort chaque jour pour les identifier, les corriger ou les éradiquer.

J'ai mis beaucoup de temps avant d'oser dire que j'étais d'origine indigène. J'ai grandi au Brésil, mais je suis aussi italienne. Chez moi, on m'encourageait à dire que j'étais européenne et à cacher mes origines de femme de couleur, comme s'il fallait en avoir honte. À l'époque, j'avais intégré ce biais et je me sentais moins légitime que les autres dans le travail.

Pour déconstruire ses biais, il est important de se connecter aux autres et de rechercher le collectif (et pas uniquement avec ceux qui nous ressemblent). En comprenant que chaque personne est différente, nous allons identifier les points positifs que nous apportons grâce à nos particularités. Il est indispensable de se connecter avec ses forces et valeurs pour oser ensuite les mettre en avant dans son business.

#2 Devenir un allié.

Se soucier de la diversité et de l'inclusion, **ce n'est pas de la charité, mais de l'innovation**. À l'échelle d'un indépendant, cela repose d'abord sur la rencontre des autres : lorsqu'on connaît quelqu'un, on a envie de porter sa voix et d'élever sa visibilité.

L'autre point de départ pour être un allié, c'est de prendre conscience de ses propres privilèges. Ainsi, il n'est plus possible d'être dans le déni face à la réalité de ceux qui souffrent de discriminations et qui n'ont pas le même accès aux opportunités.

Avoir des privilèges ne veut pas dire qu'on ne souffre pas d'un syndrome de l'imposteur ou qu'on ne se sent pas illégitime. Mais cela veut dire que la souffrance n'a pas pour origine notre identité.

#3 Choisir ce que l'on partage.

Un freelance n'est pas obligé de divulguer de l'information qui pourrait mener à une discrimination. **Si tu n'as pas envie de tout dire, tu n'en es pas obligé**.

Lorsque tu mènes un projet lié à ta particularité, tu peux raconter ton histoire, puisqu'elle sera inspirante dans ce cadre. Mais pour le reste, c'est à la société de réaliser le travail d'acceptation pour que tout profil devienne la norme.

En attendant, **tu peux clarifier tes valeurs**. En business, on pense surtout à l'argent que l'on va générer et pas assez à ses propres valeurs. En général, ça se termine en *burn-out* !

Mais **oser être soi et défendre son identité, c'est aussi mettre notre humanité et identité au cœur de notre stratégie !**

À TON TOUR

Crée ton écosystème bienveillant

Remplis les cases avec des noms de lieux, personnes, partenaires de projets ou de valeurs avec lesquels tu aimerais interagir pour te sentir moins seul.

Nourrir ses amitiés professionnelles

S'ALLIER POUR MIEUX AVANCER

Cyrielle est graphiste écoresponsable depuis presque une année. Elle aide les entreprises à réduire leur impact environnemental et à mettre en place une communication qui reflète leurs engagements pour un développement durable.

Après un bref passage en agence, cette jeune indépendante a décidé de sauter le pas et de s'installer à son compte. Installée dans la région bordelaise, elle a très vite sollicité ses contacts en local pour s'entourer et se créer un réseau bienveillant.

Qu'il s'agisse d'aller démarcher des clients directement dans leur boutique ou de créer des binômes avec d'autres freelances partageant ses valeurs, Cyrielle a constitué petit à petit un entourage qui lui apporte des conseils et du soutien au quotidien.

D'ailleurs, certaines indépendantes sont devenues des amies avec lesquelles elle organise des sessions de travail ou de codéveloppement pour se tirer mutuellement vers le haut !

Les mots de Cyrielle Michaud

Lors d'un stage de fin d'études, j'ai découvert la RSE (Responsabilité sociétale des entreprises).
C'est là que j'ai commencé à m'intéresser au sujet et à voir comment je pouvais l'intégrer à mon métier créatif de graphiste et designer. Depuis, **je suis passionnée par l'écoconception**, une démarche qui intègre les enjeux environnementaux dans la conception et la réalisation d'une identité visuelle et de supports de communication.

J'ai perdu mon emploi à cause du Covid-19. Au départ, je suis devenue indépendante le temps de retrouver un poste de graphiste salariée.
Mais les jobs auxquels je postulais ne m'intéressaient pas tellement. Or, j'ai adoré l'expérience de mes petites missions en freelance. Un jour, j'ai pris la décision de me lancer à fond dans l'aventure de l'entrepreneuriat.

Je pars à la rencontre de mes prospects. La majorité de mes clients sont en région bordelaise, autour de chez moi. J'apprécie de pouvoir faire certains rendez-vous en physique ou d'aller travailler dans leurs locaux.

Je suis bien entendu ouverte au travail à distance : j'adopterais peut-être un jour les missions à 100 % sur internet pour ne pas avoir de contraintes géographiques.
Mais sortir du monde virtuel est plaisant : **je cible ma prospection à proximité** parce que j'aime ce contact.
Avec la pandémie, je privilégie les appels ou les rendez-vous en visio, mais j'ai hâte que la situation s'améliore pour reprendre mes déplacements.

Je me suis entourée d'amis indépendants. J'ai noué un réseau d'amis freelances avec lesquels nous faisons du codéveloppement.
Je pense notamment à mon amie photographe avec qui nous nous entraidons. Nous avons organisé plusieurs sessions pour réaliser des photos pour nos comptes Instagram respectifs.
Nous repartons toujours de nos shootings avec de beaux visuels, ce qui valorise beaucoup notre communication.

J'échange aussi régulièrement avec d'autres freelances grâce aux réseaux sociaux. Nous parlons de nos problématiques du moment, nous nous soutenons dans les périodes difficiles...

Et même si je me sentais un peu isolée au début de mon activité, je pense que j'ai désormais réussi à bien m'entourer.

En fin de compte, je ne ressens le manque de collègues que lors de ma pause déjeuner. Lorsque j'étais salariée, cela m'offrait un moment de détente et d'échanges et ça me permettait de couper ma journée de travail en deux. Néanmoins, travailler toute seule ne me dérange pas tant que cela. **Je préfère une ambiance calme à un bureau bruyant**. J'arrive mieux à me concentrer en étant isolée.

Sortir de l'isolement prend du temps. Il faut consacrer des moments chaque semaine pour réseauter et faire de nouvelles rencontres. Celles-ci pourront ensuite être utiles pour de futures collaborations ou obtenir de nouvelles opportunités de mission. Il ne faut pas non plus hésiter à lancer des conversations sur les réseaux sociaux avec les autres freelances et même ses « concurrents ».

Le mot de la fin

Pour ne pas s'isoler, il est important de sortir du virtuel. Il y a bien sûr la possibilité de se construire un réseau d'indépendants pour pouvoir faire du coworking, mais partir à la rencontre de ses prospects et se rendre directement dans les locaux des clients sont aussi des solutions.

À chacun de trouver ce qui fonctionne pour lui.

CHAPITRE 22

Concilier indépendance et vie de famille

Si mes amis devaient se prononcer sur le futur de ma vie amoureuse et familiale, ils feraient certainement le pari de la célibataire endurcie qui finira dévorée par ses chats. Alors quand il a été temps de rédiger ce chapitre, j'ai procrastiné. Pourquoi ? Parce que je ne me sentais pas légitime. Après tout, je ne suis pas experte des relations amoureuses, et encore moins de la vie de famille.

Jusqu'à aujourd'hui, je croyais qu'il y avait une catégorie de personnes douées pour les relations, et puis qu'il y avait les autres. Nous. Moi. Du moins, c'était la catégorie dans laquelle je souhaitais me ranger jusqu'à ce que j'écrive ces lignes.

Ma perception a alors changé : je pensais avoir échoué dans toutes mes relations amoureuses, mais était-ce vraiment le cas ? **Les apprentissages accumulés dans des relations passées sont autant d'atouts pour mieux se connaître**, et mieux choisir son futur partenaire.

*« On sait toujours ce que l'on perd,
mais jamais ce que l'on gagne. »*

Enfin, il faut surtout beaucoup de courage pour mettre fin à une dynamique qui n'est pas satisfaisante et tout recommencer à zéro. Enchaîner les rendez-vous amoureux à nouveau. Demander à un inconnu sa couleur préférée ou sa vision de la vie autour d'un verre de vin, pour se rendre compte qu'on n'aime pas sa façon de cligner des yeux... Finalement, rompre, c'est un peu comme quitter un CDI confortable pour se lancer dans l'inconnu du « freelancing ».

Se prioriser avant toute chose

La personne la plus importante de ta vie, c'est toi ! La question de concilier ta vie d'indépendant avec ton couple ou ta famille est très importante. Mais n'oublie pas de réserver des moments juste pour toi. **Si tu n'as pas de fondations solides, comment vas-tu pouvoir être un soutien (ou repère) pour les autres ?** Si tu n'as pas décidé d'honorer ce qui compte pour toi, comment pourrais-tu construire une bonne dynamique dans ta vie personnelle ?

De plus, **développer un business va te changer**. C'est l'une des choses les plus difficiles que tu feras. Mais ça t'aidera aussi à mieux choisir ton partenaire de vie ! N'abandonne pas ce que tu veux vraiment, garde le cœur ouvert et une disponibilité émotionnelle. Surtout, sois confiant : **devenir entrepreneur va te rendre encore meilleur dans tes relations**, que tu sois célibataire ou en couple !

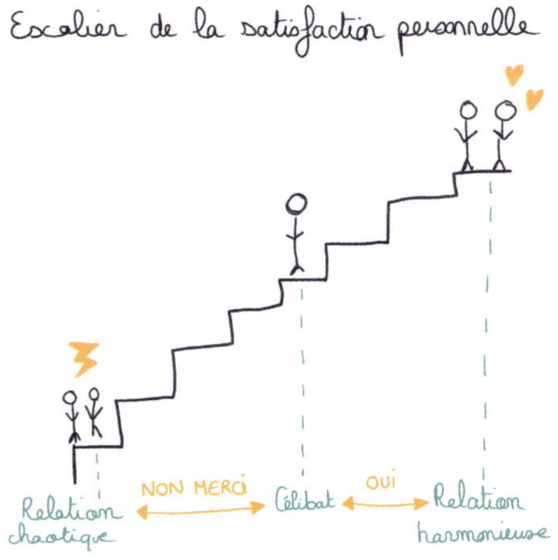

Un entrepreneur a besoin de quelqu'un qui peut lui donner de l'espace pour grandir, tout en étant émotionnellement disponible à ses côtés. C'est vrai pour tout le monde, mais c'est indispensable pour un indépendant.

« Il vaut mieux être seul que mal accompagné ! »

Prends d'abord le temps de te connaître et de savoir ce que tu veux. En attendant, souviens-toi qu'être célibataire n'est pas une mauvaise chose, en dépit de ce que la société veut nous faire croire. Si ce n'est pas une relation qui apporte du positif à ta vie et qui te fait grandir, il vaut mieux passer ton tour !

Célibat et « freelancing » : chaud devant !

Si tu es célibataire et à la recherche de l'Amour (avec un grand A), je vais te partager une statistique qui risque de ne pas te plaire. Les Français sont nombreux à trouver leur partenaire sur leur lieu de travail[1]. Si tu n'es pas un gros fêtard, tu auras du mal à faire des rencontres. Enfin, **si tu es nomade digital, attends-toi à découvrir le vrai visage de la misère émotionnelle !**

Pour certains, c'est comme partir en année Erasmus, mais avec un budget de jeune actif. Les excès sont nombreux, l'appétence à s'engager est maigre. Cela veut dire que tu devrais faire un poil plus d'efforts pour sortir du célibat, si tel est ton désir.

Idée reçue

NE MÉLANGE PAS BUSINESS ET AMOUR.

Qu'il s'agisse de sortir avec un collègue/client ou de débuter une entreprise avec son conjoint, **il est possible de mélanger amour et business, mais pas n'importe comment.**

Si tu as craqué sur un client, il vaut mieux attendre la fin du contrat pour exprimer ton intérêt. Sinon, ça peut vite devenir très inconfortable. Évidemment, suivre son cœur implique une certaine part de risque. Mais si tu te plantes, tu pourrais perdre le contrat en plus du mal d'ego qui vient avec un râteau.

Le pire serait de mettre mal à l'aise la personne concernée, surtout si vous travaillez ensemble souvent. J'en profite pour faire un rappel sur la nécessité du consentement : on ne flirte pas comme un lourd au travail, on ne fait pas de blagues vaseuses et on ne harcèle pas ses collègues. Merci.

Quant à l'association avec un conjoint, c'est un avantage incroyable : celui de bien se connaître et de partager la même vision de la vie (sur laquelle venir aligner la vision business). Par contre, **il faut être sûr d'être compatible sur la question du travail,** en faisant un essai par exemple.

---

1 — Source : étude « Répartition des lieux de rencontre du conjoint des hommes français en couple 2018 » publiée par *Statista Research Department* le 17/07/2018, https ://bit.ly/3g25h8E

En cas de création d'entreprise commune, **il vaut mieux prévoir un contrat**. Ce n'est pas glamour, mais la répartition des parts et les règles de gouvernance doivent prévoir une situation de conflit. Si l'un d'entre vous sort du projet, que se passe-t-il pour l'autre ? Ces questions doivent être évoquées dès le démarrage.

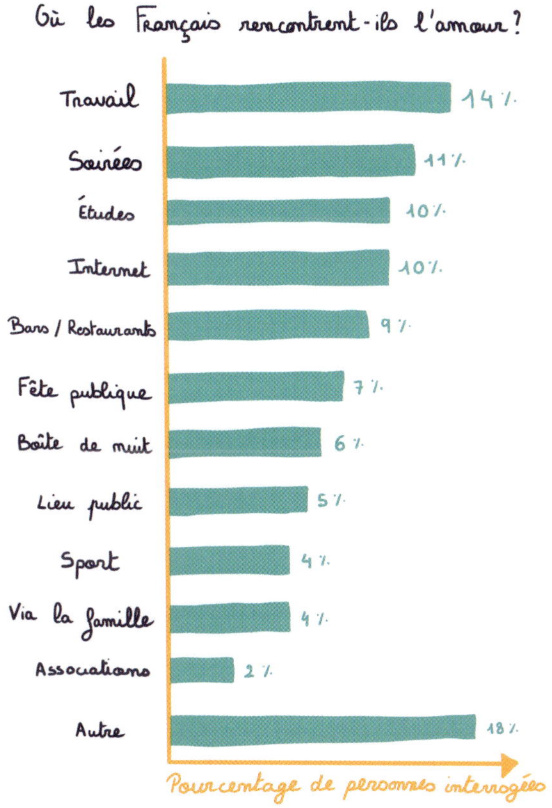

L'entrepreneuriat pour un meilleur couple

Être freelance t'aidera à créer un couple harmonieux. Peut-être que ça ne résonne pas trop avec toi, là, tout de suite. Les nuits blanches passées sur ton écran laissent peu de place pour inclure quelqu'un d'autre dans ta vie. Quand tu construis un business, tu as peu de temps à consacrer à la recherche de l'âme sœur. Et tu ne devrais pas, d'ailleurs.

« L'équilibre vie pro / vie perso n'existe pas en phase de démarrage. »

C'est une utopie. Il faudra beaucoup donner à ton projet pour lui insuffler une première dynamique. D'ici là, pense à toutes les qualités que tu vas développer dans l'entrepreneuriat qui te permettront d'être un meilleur partenaire de vie :

- **tu acceptes les échecs et tu peux rebondir rapidement**,
- **les promesses ne te suffisent pas**. Tu es ancré dans l'action,
- **tu n'as plus peur des conversations difficiles**. Tu en as tous les jours avec tes clients, ton équipe (si applicable) et avec toi-même,
- **ton intelligence émotionnelle ne cesse de se développer**, et c'est super sexy,
- pour finir, **tu apprendras à être confortable dans la solitude**. Le jour où tu décideras d'ouvrir ton cœur à quelqu'un, ça ne sera pas parce que tu te sens seul. Ça sera un choix.

L'entrepreneuriat peut détruire ton couple

Lorsque tu deviens freelance, deux grosses épreuves pourraient ruiner ta relation amoureuse.

#1 Si ton partenaire n'est pas entrepreneur, tu risques d'évoluer plus vite que ton couple.

Ce changement professionnel va bouleverser ton style de vie, tes croyances et ta personnalité. Tes projets vont évoluer et tu n'auras plus envie des mêmes choses. Tu auras peut-être moins de patience ou de tolérance pour les petits désagréments du quotidien, ceux qui te font perdre du temps que tu préfèrerais désormais investir pour développer ton activité.

De mon côté, j'ai 7 ans de bouteille à mon compte et je vois à quelle vitesse je me transforme. Toutes les remises en question, l'incertitude et les changements de projets en cours de route font que mon quotidien ne m'aurait pas permis de construire une vie commune.

Peut-être que tu te réveilleras un matin avec l'envie de partir télétravailler depuis une plage à Bali ou au fin fond de la Corrèze, et que ta moitié aura des envies différentes. Cela peut même arriver aux salariés.

Mais avec l'entrepreneuriat, cette évolution est une certitude. C'est pour cela que le meilleur partenaire de vie pour un entrepreneur, c'est **une personne qui te soutient dans ton évolution** et qui est prête à te voir grandir.

Tout le monde n'a pas cette capacité d'adaptation. Sans compter les conjoints qui n'auront pas compris que tu n'es pas de corvée de récupérer les enfants à la crèche quand ils sont malades, sous couvert de flexibilité.

#2 Si ton conjoint est entrepreneur, alors vous pourriez devenir collègues et colocataires plutôt que partenaires de vie.

Pour autant, se mettre en couple avec quelqu'un qui est indépendant n'est pas de tout repos non plus. Il y a une connexion intellectuelle et émotionnelle très forte, puisqu'**une expérience de vie est partagée**.

Quoi de plus plaisant que de pouvoir parler de marketing digital ou d'innovation avec la personne que l'on aime, et d'avoir ses retours, sa validation et ses conseils en cas de besoin ?

Mais il est aussi plus facile de se laisser dépasser par sa charge de travail et de délaisser son couple. Remplacer un resto en amoureux par une séance de *brainstorming*, une fois, deux fois... C'était quand le dernier cinéma ?

L'amour, c'est un sentiment, mais aussi un choix. C'est une décision que l'on prend chaque jour, celle d'investir dans la relation pour entretenir la flamme.

> *« Il faut choisir : es-tu marié avec ton travail ou ton conjoint ? »*

Lorsqu'on donne tout à son projet, que reste-t-il ? Il n'y a rien de romantique à passer ses soirs et week-ends à faire sa comptabilité, côte à côte. Ou pire, s'envoyer des invitations Google Agenda pour ses rendez-vous galants (#çasentlevécu).

Trop d'indépendance tue le couple

Il est facile de jouer la carte de l'entrepreneur occupé pour se désengager de son couple. Soit, tu es avec quelqu'un et tu joues le jeu à fond. Soit, tu reprends ta liberté pour te concentrer à fond sur tes projets.

Mais tes besoins comptent autant que ceux de ta moitié. C'est la définition même d'un **style d'attachement**[2] « *sécuritaire* ».

Le « freelancing » est un besoin égoïste, et il n'y a rien de mal à cela. **Aimer l'indépendance, c'est aimer choisir sans contrainte**. Si on veut devenir nomade digital mais que sa moitié ne peut pas venir, faut-il pour autant imposer son choix de vie à l'autre, en partant seul ou en ayant de la rancœur lorsqu'on subit le sédentarisme ?

Je suis la première à oser partir solo, même lorsque je suis en couple. Mais plus j'explore le monde, et plus je me demande si ce n'est pas caractéristique d'une indisponibilité émotionnelle. Cette soif de découvrir de nouveaux horizons m'apporte une énergie folle, mais elle me fait craindre la stabilité de routines et de liens trop présents.

> *« La soif de liberté vient souvent avec un besoin de détachement ! »*

Ce n'est ni grave ni anormal. Cela veut simplement dire que beaucoup d'entrepreneurs (dont moi) sont câblés différemment. Mais le savoir me permet de connaître le type de personnes avec lesquelles je suis compatible.

D'autre part, en en ayant conscience, je peux rectifier le tir pour être une meilleure personne en couple et en business. Les deux zones de vie sont poreuses entre elles. Combien d'indépendants, dont moi, craignent de s'engager sur des projets à très long terme de peur d'être coincés ?

---

2 — Le style d'attachement est une façon de construire ou de fuir la proximité émotionnelle dans une relation amoureuse. Les styles d'attachement ont été théorisés par Amir Levine et Rachel Heller dans l'ouvrage « *Attached: The New Science Of Adult Attachment And How It Can Help You Find - and keep - Love* » paru aux éditions TarcherPerigee en 2012, 304 pages.

Tout cela s'explique avec le concept des styles d'attachements. Il en existe 4, répartis entre le type de comportement (évitant ou non, anxieux ou non). Ces attitudes reflètent à la fois le rapport que l'on entretient avec soi-même (l'amour propre) et notre vision de l'autre, qu'elle soit positive ou négative.

Prendre conscience de ses croyances est important, puisque cela permet de reprendre le contrôle et éventuellement de changer ses actions pour changer sa réalité. En effet, si je n'ai pas confiance en moi et que je pense qu'être en couple me freinera dans mes projets, comment puis-je espérer vivre une relation amoureuse qualitative ?

Les 4 styles d'attachement

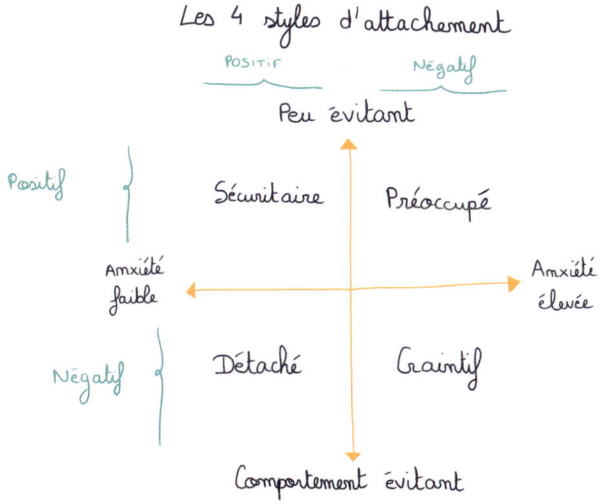

#1 – **Le style sécuritaire** regroupe des personnes autonomes qui n'ont pas besoin de l'autre pour être heureuses, mais elles ont la capacité à s'engager pleinement dans une relation intime au niveau émotionnel.

#2 – **Le style craintif** fuit les relations à toute vitesse car il les perçoit comme problématiques. Les personnes craintives n'ont pas confiance en elles et ne comprennent pas comment elles pourraient mériter d'être aimées.

#3 – **Le style détaché** représente les gens bien dans leurs baskets, mais qui n'ont pas envie de s'engager pleinement. Même lorsqu'elles sont en couple, ces personnes n'ouvrent pas facilement leur cœur et redoutent les projets ensemble. C'est l'indépendance à l'état pur.

#4 – **Le style préoccupé** peut avoir tendance à la codépendance émotionnelle. Ce sont des personnes qui doutent beaucoup, qui ont peur d'être abandonnées et qui redoutent la solitude. Elles tirent leurs sentiments de valeur des autres plutôt que d'elles-mêmes.

Nous pouvons passer d'une catégorie à l'autre selon les épreuves et moments de la vie. Le partenaire que nous choisissons peut aussi nous rendre plus fragiles ou, au contraire, nous sécuriser. C'est de l'humain, et non une science exacte.

Pourquoi est-ce si important de connaître son style d'attachement, en tant qu'entrepreneur ? Parce que dans une relation harmonieuse, **tes besoins comptent autant que ceux de ton partenaire**. Si tu tiens à ton couple, n'oublie pas cela lorsque tu devras faire un arbitrage entre indépendance et intimité émotionnelle.

Communiquer pour durer

On le sait tous, **la communication est une base indispensable** pour entretenir une relation longue et pour construire à deux. Fort heureusement, **l'entrepreneuriat va faire de toi un meilleur communicant**.

Tu n'auras pas le choix, puisque tu devras t'exprimer avec des prospects et des clients. Tu n'auras plus peur des discussions difficiles. Et c'est tant mieux ! Quel cadeau d'**oser partager ce que tu penses et ce dont tu as besoin** !

Pour cela, tu peux utiliser la technique de la communication non violente[3], pratique pour toutes les interactions humaines, mais aussi partager ton « *love language* »[4] à ton conjoint et à tes proches. Concrètement, il s'agit d'une théorie qui explique que nous avons tous une façon différente d'aimer et de nous sentir aimés.

Certains conflits dans nos couples sont liés à un manque d'alignement entre notre façon de montrer nos sentiments ou nos peines lorsque nous ne nous sentons pas appréciés. Peut-être que tu montres ton affection

---

3 — Je t'explique les bases de la CNV p. 247.

4 — *Love language* : anglais pour « les langages de l'amour ». Théorisé par l'auteur Gary Chapman dans son best-seller « The 5 Love Languages » paru aux éditions Northfield Publishing en 1992.

en prenant quelqu'un dans les bras. Mais si la personne en face n'est pas tactile, alors ça ne lui fera absolument rien. De son côté, elle aura peut-être plutôt besoin que tu lui offres des fleurs pour se sentir aimée.

Tu vois le concept ? Connaître ton propre *love language* et celui de ton conjoint te permettra de gagner la palme du meilleur amoureux, même lorsque le « freelancing » prendra le pas sur ton agenda et ta disponibilité émotionnelle.

On compte 5 langages de l'amour. Même s'il est facile de se reconnaître dans chacun d'entre eux, nous avons en général notre petit préféré parmi les suivants.

Love Language	*Explication*
Paroles →	Verbaliser ses sentiments et entendre des mots doux, rassurants ou valorisants qui viennent de notre moitié.
Toucher →	Contact physique qui témoigne de l'affection que l'on porte à quelqu'un ou de l'amour dont l'autre fait preuve envers nous.
Instants de qualité →	Passer un bon moment ensemble, en donnant et en recevant le temps et l'attention de l'autre sur une période satisfaisante.
Cadeaux →	Biens tangibles et démonstrations matérielles pour témoigner de l'amour que l'on ressent.
Services rendus →	Donner ou recevoir un coup de pouce en cas de besoin, sur demande ou (encore mieux) de façon spontanée.

Peut-être que tu auras besoin d'un mélange de 2 ou 3 langages pour te sentir vraiment connecté à ton partenaire. Ces besoins peuvent varier tout au long de la vie.

En freelance, **ton temps est ce que tu as de plus précieux**. Mais n'oublie pas d'en **réserver une partie pour rappeler à ton couple qu'il a tout autant d'importance dans ta vie**.

Répartir les rôles de façon équilibrée

Il est courant pour un freelance d'hériter de plus de tâches domestiques qu'un conjoint salarié. Cela est encore plus vrai pour ceux qui travaillent à la maison. La charge mentale est d'autant plus importante qu'on peut facilement scanner son environnement avec les yeux et remarquer la vaisselle qui traîne ou la poussière sur le coin du meuble. Pourtant, **s'occuper du domaine domestique durant ses horaires de travail n'est pas optimal**.

Une façon de contourner le problème consiste à **se bloquer des plages horaires de *deep work***, c'est-à-dire de travail en pleine concentration (pendant 60 à 90 minutes). Cette méthode de productivité peut être conciliée avec un travail à domicile, puisqu'on peut prévoir des pauses pour vaguer à ses occupations.

Si tu vis en couple ou en famille, pense à **fixer une liste de non-négociables**, c'est-à-dire des règles pour lesquelles tu n'es pas prêt à déroger. Il peut s'agir d'affaires professionnelles auxquelles il est interdit de toucher (pas de jeux pour enfants sur le téléphone professionnel, par exemple).

L'organisation des tâches quotidiennes doit aussi être équilibrée. Lorsqu'on n'a pas d'horaires, il peut être tentant d'aller faire les courses en journée. Mais ce temps doit être rattrapé plus tard. Or, lorsque tout le monde rentre à la maison, ce n'est pas facile de se replonger dans le travail.

Pour vivre ton « freelancing » sans fatigue ni rancœur, pense à clarifier puis à **communiquer ton organisation** aux autres membres de ta famille. Inclus-les également à ton projet : comment peuvent-ils t'aider ? Je ne parle pas ici de faire sa part dans les tâches domestiques (ce n'est pas de l'aide, c'est de la participation et c'est normal de partager cela avec tous ceux qui vivent sous le même toit !). Mais quand tu as un gros projet à gérer, de quoi as-tu besoin à la maison ?

Un couple qui m'inspire beaucoup est celui de Sophie et de Shubham[5]. Ils ont développé un système pour la logistique du quotidien. Cela leur permet notamment de planifier les repas sur une semaine : chacun a un rôle, entre la cuisine et les courses. Le dimanche, ils préparent les prochains déjeuners et dîners et passent les moments de qualité les autres jours. Ils ont trouvé leur rythme à deux et ont communiqué leurs besoins, ce qui est une base saine et solide pour concilier projets entrepreneuriaux et vie en communauté.

---

5 — Retrouve l'interview de Sophie, p. 381 et les conseils de Shubham, p. 386.

À TON TOUR

Fixe tes non-négociables à la maison

Rédige puis partage les règles que tu souhaites mettre en place pour pouvoir travailler efficacement sur tes projets tout en cohabitant harmonieusement avec ta famille.

- J'ai besoin de ne pas être dérangé de ____ h à ____ h.
- Je fais des pauses de ____ h à ____ h, durant lesquelles j'accepte d'être sollicité.
- Mes affaires professionnelles à ne pas toucher sont :

____

____

- Au niveau des tâches ménagères à la maison, je me charge de :

____

____

- Les membres de la famille sont chargés de :

____

____

- En temps normal, j'aimerais être aidé avec :

____

____

- En période de forte activité, j'ai besoin de :

____

____

Préparer un projet bébé

S'il y a bien un projet imprévisible, c'est celui de faire des enfants. Attendre un bébé peut arriver rapidement par surprise ou se faire attendre un moment. Comment composer une vie d'entrepreneur (à 100 à l'heure) avec un désir d'enfant ? La solution consiste à **se préparer au maximum avant l'arrivée de celui-ci** (voire même avant la grossesse).

Depuis peu, les parents indépendants ont les mêmes droits que les salariés concernant le congé maternité ou paternité. Cependant, **il faut avoir cotisé un minimum**. Cela veut dire que pour les freelances fraîchement lancés, il faudra soit repousser le projet bébé, soit vivre de ses économies, car il n'y aura pas d'indemnités de congé parental.

Ne néglige pas non plus la question de la garde : selon le mois de naissance, **tu pourrais attendre plus longtemps pour une place en crèche et plus tard à l'école maternelle**. C'est un élément important à prendre en compte puisque tu ne pourras pas travailler avec un bambin à la maison. C'est impossible, du moins en journée. Et tu auras besoin de gratter toutes les heures de sommeil possible le soir, lorsqu'il sera couché.

« Il faut anticiper son projet bébé le plus tôt possible. »

Alors oui : ça n'est pas très féérique de devoir synchroniser un projet bébé avec des avantages sociaux ou les systèmes de garde disponibles. Mais ça serait dommage de passer à côté d'une vraie pause pour profiter de son enfant si l'on doit jongler entre les couches et les missions de ses clients. L'administratif ne sera pas une partie de plaisir non plus, et il faut s'attendre à un sacré casse-tête qui demandera des heures de travail.

D'ailleurs, les futures mamans freelances auront d'autant plus besoin d'organiser leur quotidien, puisqu'elles devront créer une vie personnelle en parallèle de leur activité professionnelle jusqu'à leur arrêt pour congé maternité. Avec les rendez-vous médicaux et la fatigue de la grossesse, il leur faudra trouver le bon rythme entre la casquette de cheffe d'entreprise et de future maman. Et non, elles ne pourront pas tout concilier à 100 %. Elles seront obligées de faire des choix et de réduire le rythme.

Cheffe d'entreprise et congés maternité

En France, en tant que travailleuse indépendante ou gérante majoritaire, tu peux bénéficier de 2 types de prestations maternité :

- **l'indemnité journalière forfaitaire d'interruption d'activité**, qui est calculée selon le montant moyen annuel des revenus d'activité[6] cotisés en tant qu'indépendante (sur la base des 3 dernières années qui précèdent le début de ton congé) ;
- **l'allocation forfaitaire de repos maternel**, qui est égale à 3 428 euros (qui correspond au plafond mensuel de la sécurité sociale au 1er janvier 2021) et qui est versée en deux fois.

Ces prestations sont versées sous réserve que tu aies cessé toute activité pendant toute la durée du congé prévu et au moins pendant 8 semaines, dont 6 après l'accouchement.

Si le montant moyen de ton revenu des 3 dernières années est inférieur à 4 046,40 euros, tu ne percevras que 10 % des montants correspondant à ces 2 prestations.

Le montant brut de l'indemnité journalière forfaitaire d'interruption d'activité est de 56,35 € au 1er janvier 2021. Les prélèvements sociaux (0,5 % pour la CRDS et 6,2 % pour la CSG) n'ont pas été déduits de ce montant.

Congés paternité

Depuis juillet 2021, les futurs papas bénéficient d'un allongement possible de leur congé paternité à 25 jours calendaires (pour une naissance simple).

Outils (très) utiles

- Livret officiel CPAM 2019 « Vos démarches de prestation maternité en toute simplicité » pour cheffe d'entreprise[7]

- Estimation du montant de ses indemnités sur le site Ameli[8]

---

6 — En microentreprise, ton revenu d'activité correspond à ton chiffre d'affaires (CA) annuel moins les abattements forfaitaires.

7 — https://bit.ly/3pQgSLb

8 — https://www.ameli.fr/assure/simulateur-maternite-paternite

Pour bien vivre ton congé maternité ou paternité, **tu peux demander du soutien à ton réseau.** Peut-être que tes clients seront d'accord pour suspendre la mission le temps de ton absence ou que des collègues pourront reprendre tes projets en sous-traitance (sous forme d'apport d'affaires ou échange de bon procédé).

Ne t'inquiète pas : tout ne s'écroulera pas parce que tu ne seras pas aux commandes pendant quelques mois. **Tu es censé être à l'arrêt complet lorsque tu es indemnisé en congé parental.** Il est tentant d'aller consulter ses e-mails ou de bosser sur un coin de table entre les biberons : j'ai rencontré de jeunes parents qui voulaient déjà se remettre dans le bain du « freelancing » juste après la naissance de leur enfant. Mais tu risques de créer de la frustration (au mieux) et un épuisement (au pire). **Donne-toi le temps de trouver un nouvel équilibre familial.**

Jongler entre boulot et vie perso

L'équilibre est difficile à trouver, et **chacun doit faire un arbitrage entre les moments réservés à soi, ceux dédiés à son projet et enfin le temps passé en famille**. La pire solution consiste à faire son travail et à se rendre disponible du temps « qui reste ». **Il ne restera probablement rien !** Toute relation demande un travail constant pour fonctionner. En freelance, tu ne peux pas donner le reste de ton temps en pensant que ça sera suffisant.

Qu'il s'agisse d'un conjoint, d'enfants ou de parents, personne n'a envie d'être relégué au second plan. De ton côté, tu dois trouver ce qui est important pour toi et tes proches. Puis, il faudra faire de la place côté business et côté vie personnelle pour que tout puisse rentrer dans ton planning **sans pour autant te négliger toi**.

Autant le dire de suite : tu n'arriveras pas à tout faire parfaitement. Pour ma part, je choisis de prioriser 2 de ces 3 éléments chaque jour. Sur le long terme, tous les aspects de ma vie s'équilibrent et j'ai l'impression d'être en intégrité avec chacune de mes responsabilités.

Alors, comment faire pour concilier tous les aspects de sa vie familiale sans sacrifier ses rêves ? La réponse, c'est de s'organiser et de lâcher prise !

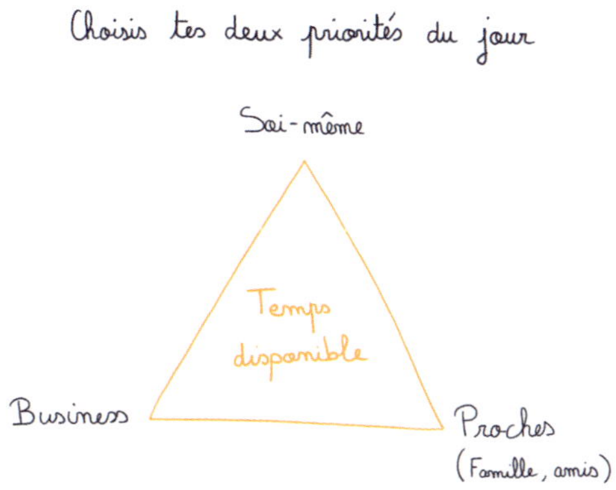

L'organisation passe principalement par l'installation de routines. Si tu développes des rituels en famille et que tu les rends non négociables dans ton agenda, tu garderas des moments de qualité. Tu auras aussi de la visibilité autour des créneaux réellement disponibles pour ton projet freelance.

Le lâcher-prise, quant à lui, consiste à **accepter que tu ne puisses pas tout faire**. Il faut **réévaluer ta liste de choses à faire** assez régulièrement pour te délester de certains objectifs et projets. **N'oublie pas d'inclure ta famille dans tes discussions et arbitrages** pour t'aider à choisir les priorités et les responsabiliser sur le soutien dont tu as besoin.

Idées de rituels à mettre en place

S'organiser

- Se réunir tous les soirs autour de dîners en famille.
- Ne pas apporter l'ordinateur dans sa chambre à coucher.
- *Digital detox* le soir (pas d'écrans, ni applis, ni notifications, ni de traitement d'e-mails).
- Prendre tous ses week-ends (et refuser de travailler sur ce temps).
- Ne pas travailler avant de déposer ses enfants à l'école.

Lâcher-prise

- Demander une rallonge de délais de livraison pour un projet client.
- Refuser les missions ayant peu de valeur ajoutée pour ton business.
- Se concentrer sur un seul projet à la fois.
- Repousser à plus tard le lancement de services.
- Déléguer des projets / recruter.
- Prendre 25 jours de congés par an.
- Accepter de ne pas être parfait !

Dans ton agenda, chaque créneau laissé vide va se remplir de la priorité du moment. Il faut donc trouver le juste équilibre : planifier les activités obligatoires tout en gardant du temps disponible pour les imprévus du quotidien.

Enfin, il est important de ne pas laisser les missions freelances déborder du temps prévu (et facturé).

Au démarrage, il est tentant de faire plein de cadeaux à ses prospects et clients, surtout en offrant son temps (puisqu'on a l'impression qu'il est gratuit). Mais est-ce que tu n'aurais pas plutôt envie de fermer l'ordinateur pour aller prendre l'air avec ta famille ?

« La nature a horreur du vide. »

Dans ta liste de *to-do*, pense à affecter une quantité d'heures maximale à chaque tâche. Lorsque tu n'as plus de temps disponible, tu dois t'arrêter et accepter un résultat fait (plutôt que parfait).

Ce principe repose sur la fameuse loi de Parkinson. **Les activités prennent le temps qu'on leur laisse !** Par exemple, tu pourrais décider d'écrire chaque e-mail de prospection en 15 minutes ou en 1 heure : dans les deux cas, tu auras raison. Pourtant, les bénéfices de passer 3 fois plus de temps par tâche ne seront pas forcément beaucoup plus élevés.

Malgré toutes les précautions prises, tu auras aussi des moments où tu seras complètement dans le jus. Mais c'est la même chose avec le salariat. Il faut accepter de ne pas être le conjoint ou le parent parfait, et laisser tomber la culpabilité de ne pas pouvoir tout gérer d'une main de fer. **L'équilibre n'est pas linéaire : c'est savoir naviguer entre les hauts et les bas de la vie.**

Entreprendre avec sa moitié

ENTRETENIR UNE HARMONIE

En choisissant l'indépendance, Jeanne a changé de métier mais aussi de style de vie. Jadis cheffe de projet en agence de publicité sur Paris, elle est devenue social media manager en tant que nomade digitale freelance. Son compagnon, Ludovic, a également décidé de se lancer à son compte.

Jeanne et Ludovic passent beaucoup de temps à deux. En plus de parcourir le monde ensemble et de travailler côte à côte sur leurs projets respectifs, ils ont monté un média. Ils développent « *Nomade Path* » pour diffuser la culture du nomadisme digital et guider ceux qui aimeraient aussi prendre le large.

Aujourd'hui, ils ont trouvé un équilibre très inspirant pour construire des choses ensemble, tout en respectant leurs envies individuelles qu'il s'agisse du « freelancing », des voyages ou de leur rôle respectif en tant qu'associés.

Les mots de Jeanne Philippe & Ludovic Fouchan

Je suis restée 6 ans dans mon ancienne boîte et plus le temps passait, moins je me voyais évoluer dans le domaine de la publicité. Aucun poste ne me donnait envie, je ne voulais plus de cette vie-là. Je ne pensais qu'à mes vacances et à mes week-ends. Je me suis rendu compte que **ce n'était pas comme ça que je voulais continuer ma vie et que je ne voulais pas attendre la retraite pour en profiter au maximum**. Je me suis donc renseignée pour devenir freelance et partir bosser depuis l'étranger. C'était mon rêve depuis des années et un simple tour du monde en une durée limitée ne m'aurait pas suffi. Avec Ludovic, mon compagnon, nous étions alignés sur cette envie de voyages et de « freelancing ». Nous nous sommes lancés en même temps.

Nous avons nos activités et nos clients respectifs. En parallèle, nous avons cofondé « Nomade Path » pour raconter notre vie de nomades digitaux et inspirer ceux qui souhaitent adopter le même style de vie. Depuis 2 ans, nous parcourons le monde tout en travaillant, dans des destinations telles que Bali, la Malaisie, le Canada, le Portugal et le Mexique.

Je déteste la routine et j'apprécie de changer d'environnement de travail. Cela m'apporte de l'énergie et me permet d'être beaucoup plus créative. Comme nous sommes tous les deux indépendants, nous avons besoin d'avoir chacun notre « espace vital ». Nous travaillons souvent dans des pièces différentes pour éviter de nous déconcentrer ou de parler toutes les 5 minutes. **Nous n'avons pas de véritable équilibre entre la sphère privée et le travail** car nous aimons mélanger les deux. Et comme nous sommes passionnés, nous ne pourrions pas nous empêcher de parler du « freelancing » lorsque nous en avons envie. Souvent, nous prenons un moment de *débriefing* en fin d'après-midi pour partager nos journées (comme lorsque nous étions salariés, finalement).

Il faut une période d'ajustement. Au début c'est délicat de travailler côte à côte car se retrouver avec la personne que l'on aime le plus au monde peut distraire : ça peut

vite être la porte ouverte à vouloir discuter toute la journée.
Je me suis également beaucoup comparée à mon compagnon et à son rythme de travail. Il est très matinal et productif le matin et moi, à l'inverse, je suis plutôt efficace l'après-midi.
J'ai appris à m'écouter : nous sommes tous différents, et se caler sur les routines de l'autre n'est pas bon pour la productivité.
Travailler ensemble n'est donc jamais facile au début. **C'est comme dans un couple, il faut communiquer au maximum et apprendre à écouter l'autre, ses envies et ses points de vue**.

Aujourd'hui, on commence à bien connaître nos façons de travailler. On s'est donc dispatché certaines tâches pour notre média commun : lui se charge de la newsletter et du montage de nos vidéos.
Je gère les réseaux sociaux et les différents messages qu'on reçoit de notre communauté. Évidemment, nous avons aussi des tâches ensemble, comme la planification et le tournage de contenus.

J'ai besoin d'écoute et de soutien. Ça me semble indispensable en tant qu'indépendant.

Lorsqu'on rencontre un problème que la personne d'en face a déjà traversé, c'est d'autant plus facile de le résoudre ensemble. Seul, on peut mettre des mois à avancer.

Nous parlons business ensemble tous les jours. C'est naturel. Nous nous sollicitons aussi pour obtenir le point de vue de l'autre, par exemple sur une difficulté ou un échange avec un client.
Quant à notre entreprise commune, Nomade Path, nous nous accordons pour en discuter. Mais il nous arrive souvent d'avoir des idées en plein milieu d'un dîner et dans ce cas, nous commençons à les explorer spontanément.

Il y a beaucoup d'avantages à entreprendre avec son conjoint. Nous nous connaissons très bien, et encore mieux depuis que nous travaillons ensemble. **Il est important de connaître les forces et faiblesses d'un associé pour faire avancer un projet.** De plus, nous avons les mêmes envies et rêves à l'instant *T*. Nous sommes alignés sur la vision de l'entreprise, car nous nous en servons pour travailler tout en voyageant à temps plein. Mais peut-être que travailler ensemble aurait été plus compliqué si nous n'avions pas les mêmes envies.

Enfin, **il est difficile de vraiment séparer le professionnel du personnel**.

Si quelque chose nous contrarie dans le travail avec un conjoint, il y a de fortes chances pour que cela se répercute dans la sphère privée. Il faut apprendre à différencier les deux, pour réduire l'impact sur le business.

Le mot de la fin

À deux, on peut aller plus vite et plus loin, mais il y a des règles clés. L'écoute et la communication sont essentielles pour échanger lors des désaccords et permettent d'avoir le même niveau d'information. Il faut aussi connaître les forces et les faiblesses de l'autre : cela permet de s'entraider, d'avancer plus vite et de proposer plus de choses.

Enfin, il est important de mettre de côté l'aspect couple lorsqu'on travaille pour ne pas que cela vienne empiéter sur la vie perso.

CHAPITRE 23

Réussir ses projets de vie

En devenant freelance, tu choisis un mode de travail émergeant dans la société. De nombreux mécanismes sont conçus pour fonctionner avec le salariat, mais pas avec le « freelancing ». Ainsi, **tu devras redoubler d'efforts** pour louer ou acheter un bien immobilier.

Tu choisis de nager à contre-courant des autres et tes projets de vie seront peut-être ralentis. Pour autant, il ne faut pas renoncer à tes rêves les plus fous, mais plutôt **les planifier pour qu'ils trouvent leur place dans ton nouveau quotidien**.

Nous n'avons plus le courage de rêver

Il est normal de poser la question de l'incertitude lors de la construction de projets. Mais plonger la tête la première dans le fatalisme ne l'est pas. Pourtant, la plupart des *millenials*[1] (comme moi) ont hérité de cette construction sociale qui consiste à prévoir le pire.

Notre génération a été sacrifiée de multiples façons. Nous n'arrivons pas à acheter de biens immobiliers. Nombreux sont ceux qui ont ramé pour trouver un premier job malgré un Bac+5.

Le réchauffement climatique et les enjeux environnementaux commencent à nous tomber dessus. Les salaires ne sont pas bien élevés et nous laissent peu de budgets pour nos loisirs. Les loyers sont de plus en plus chers. Alors oui, nous avons arrêté de nous projeter positivement dans l'avenir.

1 — *Millennials* : se dit de la génération Y née pendant les années 1980 ou 1990.

Nous n'osons plus faire confiance. Ni à nous ni aux autres. Parfois, nous nous demandons pourquoi nous sommes « coincés » sans nous rendre compte que nous sommes le chef d'orchestre de tous nos malheurs. En arrêtant de rêver, nous avons laissé la peur guider nos choix jusqu'à nous créer un quotidien fade, voire triste, à nos yeux.

> ***« C'est presque comme si rêver était devenu synonyme de désillusion ! »***

Il paraît que le monde et l'économie vont mal, certes... mais nous oublions que nous pouvons être l'exception à la règle. **Avec de la patience et de la résilience, des opportunités finiront par se présenter.** Deux secteurs de vie illustrent parfaitement cette dynamique malsaine que nous avons autour de nos rêves, à l'âge adulte : l'amour et l'argent. Dans les deux cas, nous nous attendons à galérer plutôt que de croire que le meilleur est à venir.

Attitude de désillusion		*Attitude d'espoir*
Le prospect va dire que c'est trop cher.	→	Mes clients idéaux comprennent ma valeur.
Il y a trop de concurrence sur mon marché.	→	Je vais me faire une place sur ce marché.
Presque personne ne répond à mes e-mails de prospection.	→	J'ai juste besoin de quelques retours, je vais persévérer.
C'est impossible d'être bien entouré.	→	Mon énergie va attirer le bon réseau.

Nous nous attendons à ce que nos prospects trouvent nos prix trop chers. Nous choisissons parfois un job alimentaire plutôt que la carrière de nos rêves, parce qu'il paraît qu'il y a peu de débouchés. Une personne attirante pourrait nous regarder avec insistance, nous penserions que nous ne sommes pas assez bien pour elle. **Nous doutons constamment de notre valeur.**

Nous devenons émotionnellement indisponibles dans notre propre relation avec la vie et les petits miracles du quotidien aussi appelés « coups de chance », car ce qui a l'air facile semble trop beau pour être vrai.

Oser réclamer ses rêves

La plupart des freelances avec lesquels j'échange sont pessimistes lors de leur lancement : ils doutent de leur capacité à devenir rentables rapidement, voire de réussir. C'est quand même fou d'oser créer son entreprise sans y croire, non ? Et s'ils n'ont pas d'espoir, ils ont intérêt à avoir une belle raison d'entreprendre pour tenir le coup (comme une passion ou un « Pourquoi »[2] très fort). Si c'est ton cas, je t'invite à **faire la liste des raisons pour lesquelles tes projets de vie vont fonctionner** :

Raisons de réussite		*Ce que je vais mettre en place pour réussir*
Je suis doué dans mon métier.	→	Je communique sur la valeur ajoutée de mes services régulièrement.
J'ai quelques économies de côté.	→	Je fais un prévisionnel financier pour atteindre la rentabilité avant d'avoir épuisé mes économies.
Mon réseau est bienveillant.	→	Je contacte individuellement toutes les personnes de mon réseau pour demander des introductions.
Je suis plein de ressources.	→	À chaque difficulté, je développe une stratégie pour trouver des solutions.

Il n'y a aucune honte à échouer. Et il n'y a aucun échec auquel on ne puisse survivre avec le temps. Pourtant, nous avons tendance à attendre de nous sentir en sécurité plutôt que de nous jeter à l'eau.

« Il faut prendre des risques en toute vulnérabilité. »

Par exemple, nous préférons attendre que le prospect aborde la question du prix plutôt que de donner notre devis avec confiance. Et en amour, nous ne montrons pas notre affection avant d'avoir eu un feu vert de l'autre côté.

---

2 — Au besoin, relis le passage « Trouver du sens dans son activité », p. 66.

Quand tu n'agis pas, tu perds des opportunités. Et à force d'être déçu, tu vas te construire encore plus de mécanismes de protection. Aujourd'hui, tu as certainement des dizaines de murs autour de ton cœur, et pour oser rêver il va falloir les abattre un à un.

Apprendre à être vulnérable sera une immense force en entrepreneuriat et dans tes projets personnels. Tu n'auras aucun regret. Tu rebondiras plus vite que ton ombre.

Anticiper ses projets

Si tu souhaites réaliser des projets de vie, **il faut les planifier**. Qu'il s'agisse d'un bébé, d'un tour du monde, de dégager du temps pour une pratique créative, d'acheter un appartement ou de déménager dans une nouvelle ville, tu peux y arriver même en étant indépendant !

Être à son compte veut dire que tu as **une liberté totale sur l'organisation de ton temps, de tes ressources et de ta créativité**. Tu as envie de travailler d'arrache-pied pour te constituer un petit capital à investir ? Il te suffit d'accepter plus de clients (ou de facturer plus cher) ! Tu aimerais prendre 3 mois de congés pour faire un long voyage ? Rapproche-toi de collègues freelances qui reprendront tes projets pendant ton absence... Bref, s'il y a bien **un mode de travail qui permet d'être libre à 100 %**, c'est le « freelancing ».

Mais le risque est aussi de se laisser enfermer dans une nouvelle prison dorée par peur de manquer d'argent ou de temps. On se retrouve rapidement à travailler beaucoup, sur des projets non alignés, juste pour percevoir une rémunération.

On retrouve les inconvénients du salariat sans les avantages. Pour que cela n'arrive pas, **reste intentionnel sur tes projets de vie**. Pense à les planifier, et à organiser toute ton activité autour de leur réussite ! Pour cela, tu peux commencer par créer ta *bucketlist* (ou liste d'envies).

Attention à ne pas rendre glamour des projets de vie qui t'attirent uniquement sur le papier. Souvent, on pense à l'objectif final, mais pas au cheminement.

Cela va paraître cliché, mais profite du voyage. En te détachant des résultats, tu auras de la gratitude pour tous tes apprentissages et tu pourras mieux rebondir face aux éventuels échecs de ces projets de vie !

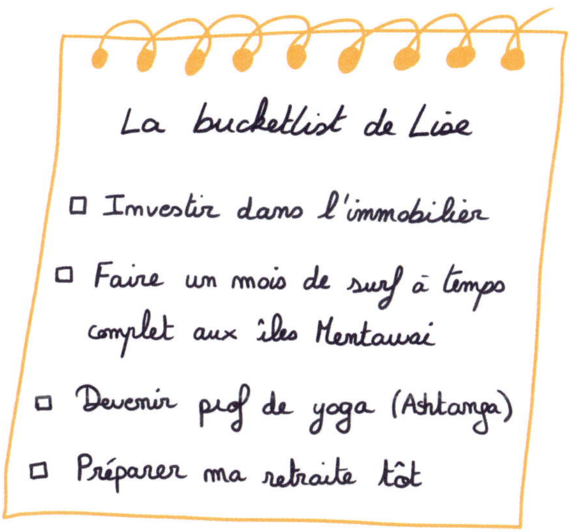

Se fixer une timeline

Une *timeline* (ou ligne de temps) permet de **visualiser les différents projets que l'on souhaite construire**. Cela permet aussi d'y affecter des ressources (comme du temps ou de l'argent), de se fixer une date butoir et de lister les efforts à réaliser pour y arriver.

La pire erreur, c'est d'oublier que tout s'améliore dans la vie (normalement). Tes revenus vont augmenter au fil du temps. Ta capacité de résilience et d'apprentissage aussi. Lorsqu'il s'agit de projets sur le long terme, **ne te limite donc pas à tes circonstances actuelles**.

Voici quelques exemples de ma propre *timeline*, tirée de ma *bucketlist*.

Projet	Date	Date	Efforts
Acheter mon premier bien immobilier	**Faire un séjour de surf d'un mois aux îles Mentawai**	**Devenir prof de yoga**	**Partir à la retraite à 62 ans avec assez d'argent pour bien vivre**
Janvier 2023	Décembre 2023	Janvier 2025	Janvier 2050
Ne pas toucher à mes économies pour avoir assez d'apports.	3 500 € de budget.	4 000 € de certification et voyage en Inde.	Un minimum de 500 000 € de capitaux placés en Bourse.
• Faire 6 mois de portage salarial pour avoir des fiches de paie. • Travailler 1 mois à temps partiel pour avoir le temps de visiter des biens.	• Mettre 150 € de côté par mois, pendant 2 ans. • M'entrainer pour avoir le niveau.	• Faire du yoga tous les jours. • Aller faire mon *Yoga Teachers Training* en Inde. • Mettre 100 € de côté par mois pendant 4 ans.	Investir au moins 350 € par mois dans mon assurance-vie à 7 %.

Trouver un nid douillet en location

Quand il s'agit de baux de location, les indépendants auront des difficultés à accéder au parc immobilier classique. Pourquoi ? La plupart du temps, les propriétaires ont peur des revenus peu réguliers, et les agences immobilières ne sont pas familières avec les revenus des indépendants. De plus, l'assurance spéciale loyers impayés ne fonctionne que pour les salariés en CDI gagnant au moins 3 fois le montant du loyer ou les solides garants.

Pour te loger, tu devras donc **trouver quelqu'un qui accepte de te louer un bien avec un bail traditionnel, hors assurance**.

Le chemin le plus simple, c'est celui de tes connaissances (puisqu'on te fera confiance) ou en direct avec le propriétaire. Néanmoins, on peut avoir de bonnes surprises avec certaines agences.

D'expérience, il faudra pouvoir montrer « patte blanche ». En microentreprise, tu peux montrer un relevé Urssaf qui justifie des revenus perçus et de tes cotisations sociales. En société individuelle, tu peux montrer tes bilans et ta déclaration d'impôt sur le revenu. À termes les agences et les propriétaires devront revoir leur mode de sélection de locataires, car il y aura de plus en plus d'indépendants dont certains ont des revenus beaucoup plus élevés et réguliers que des salariés.

Enfin, si tu n'as pas envie de vivre seul, **la colocation peut être une bonne solution**. La plupart du temps, tu seras lié aux autres colocataires par un bail solidaire. Cela rassure les propriétaires car si l'un d'entre vous fait défaut au paiement de loyer, les autres devront assurer. **Tu peux aussi avoir une caution bancaire ou un garant** pour convaincre du sérieux de ton dossier.

Acheter un bien immobilier

L'achat, c'est un peu là où ça se corse ! De mon côté, j'ai essayé d'acheter sans succès. Pourtant, j'avais un bon apport et un chiffre d'affaires conséquent. Mais je n'entrais pas dans les cases de la dizaine de banques contactées. Je ne laisse pas tomber pour autant, je compte bien ré-essayer prochainement.

Mon cas est commun, mais il est possible de contracter un prêt immobilier en étant indépendant, je te l'assure. Ce n'est qu'une histoire de persévérance et de bonne banque.

La marche à suivre pour acheter

- Avant même de rechercher des biens, tu dois être capable de savoir combien tu peux emprunter, pour quelle mensualité et pendant combien d'années. Ces données te sont propres à toi et dépendent complètement de ta situation.

- Compare ensuite tes espérances de prêt avec la réalité du marché immobilier. Si tu espères un prêt de 200 000 euros à coups de 500 euros de crédit pour avoir un 100 mètres carrés en plein centre d'une grande ville, c'est irréfléchi. Ton projet doit être réaliste.
- Prends rendez-vous avec ta banque et un courtier pour **valider tes hypothèses et la faisabilité de ton prêt**. Puis pars sérieusement à la recherche du bien immobilier qui te plaît. Si tu es dans une zone tendue, tu devras pouvoir réagir rapidement, voire faire une offre au moment de ta visite.
- Lorsque tu auras trouvé la perle rare et que ton offre sera acceptée par le vendeur, signe un compromis de vente. **Pense à mettre des conditions suspensives** comme disposer de 3 mois pour trouver un prêt immobilier au taux désiré.
- Dès que tu auras ton compromis signé chez le notaire, **prends rendez-vous avec toutes les banques possibles**. Tu devras sérieusement dégager du temps. Tu auras énormément de refus, mais il te suffit d'un seul « oui » pour concrétiser ton rêve. Attention aux courtiers qui promettent monts et merveilles. Le mien n'avait contacté que 2 banques partenaires et j'ai perdu un temps précieux à cause de son manque de proactivité. Si tu passes par un courtier, demande-lui le détail des banques contactées pour savoir où diriger tes recherches en cas de refus. Cela ne t'empêche pas de continuer tes propres recherches en parallèle.
- Si tu as moins de 3 années d'activité en freelance, tu pourrais avoir une vraie difficulté : tu ne rentreras pas dans les cases pour les organismes qui assurent les prêts immobiliers. Dans ce cas, il faudra **demander d'utiliser le mécanisme de l'hypothèque**. Propose-le aux banques qui refusent ton dossier au premier abord.
- En cas de refus, **garde les courriers des banques**. En général, il t'en faudra 2 ou 3 pour pouvoir te libérer de tes engagements et récupérer l'argent versé au notaire lors de la signature du compromis de vente.

Les pièces indispensables

- Tes 3 derniers relevés bancaires en compte personnel (attention aux dépenses dans les mois qui précèdent ton achat immobilier).
- Tes relevés de comptes épargne.
- Tes 3 derniers relevés bancaires de compte professionnel (là aussi, pense à faire un peu de ménage et assainir tes dépenses).
- Un apport d'au moins 10 % du prix du bien, ce qui permettra de couvrir les frais de notaire, les éventuels honoraires d'agence immobilière et les frais de dossier pour ton prêt.
- Au moins 3 années d'antériorité dans ton activité (pour entrer dans les clous des assurances).
- Une rémunération versée qui est au moins égale ou supérieure à 3 fois le montant des mensualités de ton futur crédit.

Bien entendu, **il existe des exceptions à ces règles**. Mais la plupart des banques attendront ces documents pour te donner une réponse positive. Si tu achètes avec quelqu'un d'autre, ça sera certainement plus facile.

Une autre astuce est de **passer par le portage salarial**[3]. En utilisant ce mécanisme pendant les 3 ou 4 mois précédant ton achat immobilier, tu pourras bénéficier de fiches de paie et d'un contrat en CDI. En donnant ces documents, les banques n'iront pas chercher plus loin.

Seul inconvénient : les charges et frais seront d'environ 55 % de tes factures. Si tu génères 5 000 € de chiffre d'affaires par mois, tu ne toucheras que 2 250 € en salaire net. Et cela veut dire que ta mensualité de crédit ne pourra pas excéder 750 € par mois (pour garder un taux d'endettement inférieur à 33 %).

Certes, la protection sociale est aussi élevée que celle d'un salarié (avec notamment cotisation à l'assurance chômage). Mais de nombreux indépendants préfèrent être moins bien couverts côté prestations

---

3 — Retrouve les détails du portage salarial, p. 91.

sociales au démarrage et choisir un statut avec des cotisations plus faibles pour pouvoir s'en sortir ! Dans ce cas, **il vaut mieux attendre d'avoir un TJM élevé et un carnet de commandes bien rempli** pour avoir recours au portage salarial et acheter un bien.

Préparer un voyage

Il existe plusieurs façons de partir parcourir le monde : prendre de vraies vacances pour se concentrer entièrement sur son voyage ou travailler et bourlinguer en même temps.

Avec la première option, il faudra tout simplement prévoir suffisamment d'économies et de temps pour pouvoir tenir la durée du séjour. La seconde option, celle du nomadisme digital, est plutôt de voyager régulièrement tout en générant des revenus en ligne.

Quant à l'expatriation, il sera souvent bien plus simple d'y arriver avec un emploi qu'en étant entrepreneur si l'on souhaite respecter les lois d'immigration locales.

Dans certains pays comme le Costa Rica ou l'Indonésie, les indépendants s'installent et travaillent avec un simple visa de tourisme, à renouveler tous les 3 mois. C'est mon cas : je suis toujours résidente fiscale en France même si j'y passe une petite partie de l'année.

Il me faudra des années pour obtenir le statut de résidente au Costa Rica, et je ne suis pas sûre de vouloir y construire toute ma vie... alors en attendant je jongle avec ce qui est à ma disposition.

Pour planifier ton projet de voyages en freelance, pose-toi les questions suivantes.

- ***Combien de temps vais-je partir ?***
- ***Quels sont les pays que je vais visiter, et à quel rythme ?***
- ***Quel sera mon budget prévisionnel chaque mois ? Et chaque jour (restaurants, alimentation, sorties, hébergement, coworking, sports, etc.) ?***

- ***Combien dois-je économiser pour pouvoir partir sereinement ?***
- ***Si je dois travailler en même temps, combien dois-je générer chaque mois (charges et cotisations incluses) pour soutenir ce style de vie ?***
- ***Quel matelas financier de sécurité dois-je avoir de côté, en cas de pépin ? Et combien va me coûter une assurance pour voyager à long terme ?***

Si tu songes à partir loin et longtemps, souviens-toi que personne ne peut être résident fiscal nulle part. **Même si tu voyages, tu resteras redevable des impôts en France**, tant que tu as une domiciliation ici.

Si tu souhaites partir, alors il faudra probablement que tu deviennes résident ailleurs (avec une démarche administrative). Mais ça, c'est à régler avec un avocat spécialiste de l'immigration dans ton futur pays d'accueil.

À TON TOUR

Dessine ta timeline

Détermine tes grands projets de vie, puis ajoute des dates, des ressources (financières ou en temps) et la liste des efforts à réaliser pour y arriver.

Projet	Date	Ressources	Efforts

Investir en immobilier

« FREELANCING » ET PRÊT BANCAIRE

Fabien est CTO (ou directeur technique) indépendant à temps partagé. Il est aussi consultant en automatisation de processus, c'est-à-dire qu'il analyse le fonctionnement d'une entreprise et propose des solutions techniques pour gagner en efficacité, en productivité, et en temps libre.

L'une des raisons qui l'a poussé à quitter le salariat était de gagner cette liberté géographique pour pouvoir travailler d'où il veut et avec qui il veut.

Mais il voulait aussi pouvoir s'assurer une sécurité financière par la constitution d'un patrimoine. Deux ans après son lancement en freelance, il a décidé de devenir propriétaire de son premier bien immobilier.

Depuis, il enchaîne les achats d'appartements et jongle entre investissements, gros travaux et projets informatiques.

Les mots de Fabien Bousquet

Dans la vie, je suis consultant CTO. On peut aussi dire directeur technique indépendant. **J'accompagne les entreprises dans la mise en place de solutions techniques** : que ce soit le développement d'un prototype rapide (type MVP[1]), la digitalisation des processus, ou encore l'analyse et la mise en place de solutions techniques.

Comme mon activité fonctionnait bien, **j'ai souhaité me constituer un revenu complémentaire à long terme** et commencer à investir dans l'immobilier. **J'ai choisi de ne pas investir dans ma résidence principale** pour avoir un logement de qualité supérieure à celui que j'aurais pu me payer en tant que propriétaire pour la même mensualité.

C'est une pratique qui va à contre-courant de la croyance populaire « Achète ta résidence principale ! », mais ça m'a permis de ne pas avoir à choisir entre vivre en plein centre d'une grande ville, avoir un grand appartement, et garder ma liberté.

Et puis, je n'arrivais pas non plus à me projeter sur un horizon de temps supérieur à 3 ans dans le même logement. Et à Lyon, à moins de rester au moins 7 ans dans le même logement, on ne rentabilise pas tous les frais engagés (notaires, etc.). J'ai donc préféré utiliser ma capacité d'emprunt pour investir tout en conservant ma liberté.

Quand on achète sa résidence principale, on a tendance à vouloir s'endetter au maximum pour acheter le meilleur logement possible. Mais cela ne colle pas avec mes valeurs, je préfère rester locataire et être libre et autonome financièrement plutôt que de devoir beaucoup travailler pour payer un logement (trop) cher.

Je souhaite travailler pour vivre et non pas vivre pour travailler. Et je ne sais pas si je resterai 5 ans au même endroit.Comme je l'ai expliqué, je préfère comparer les options et prendre la meilleure pour mon cas personnel. **Aussi, je ne voulais pas diminuer mon reste à vivre** et m'endetter au maximum lourdement, j'ai donc choisi de faire dans un premier temps des investissements locatifs, tout en utilisant l'argent de la banque

---

1 — MVP : abréviation de l'anglais « *minimum viable product* ». Il s'agit d'une première version d'un produit qui est conçue très rapidement et avec le budget le plus réduit possible.

pour me payer du patrimoine. Chaque situation est différente, je pense que l'on doit acheter sa résidence principale en fonction de son projet de vie.

Si l'on souhaite à tout prix devenir propriétaire et que cela n'a qu'un faible impact sur le reste à vivre, pourquoi pas. Mais aujourd'hui, il faut tenir compte du marché et de l'évolution des prix de l'immobilier dans le lieu souhaité, sans même parler de la bulle spéculative de l'immobilier et de l'impact de la pandémie de Covid-19 sur l'achat de sa résidence principale.

J'ai donc préféré conserver ma liberté et rester locataire. Et **ça n'a pas empêché la banque de me prêter même si je n'avais pas de résidence principale**.

Au tout début, j'étais quand même un peu stressé pour obtenir mon prêt, car je n'avais qu'un seul bilan (même si celui-ci était bon). J'ai alors fait 4 ou 5 banques différentes, avant d'avoir finalement opté pour un courtier. En fait, quand on est indépendant, il faut réellement se dégager le temps de faire les banques. Et il va falloir en faire beaucoup pour trouver la perle rare !

Pourquoi ? C'est très simple, j'ai vu des banquiers qui ne comprenaient rien à ma situation, pourtant assez simple. Je suis indépendant, je facture des clients réguliers pour des prestations de services. J'ai des entrées et des sorties, et je suis en société donc j'ai un bilan certifié par un comptable.

Je me suis rendu compte qu'**une grande majorité de ces banquiers n'ont pas de formations adéquates** : incapables de lire un bilan d'indépendant ou de comprendre comment fonctionne une entreprise.
Sans parler des banquiers qui m'ont mené en bateau et qui retournent leur veste au dernier moment, après de nombreux déplacements.
C'était pénible de voir autant de banques, mais j'ai finalement trouvé quelqu'un qui a bien compris mon dossier et qui m'a fait confiance.
Je pense qu'ils ne sont pas nombreux et qu'il faut être prêt à les chercher partout.

Avec la pandémie de Covid-19 et l'évolution des modes de travail, je pense que **le monde de la banque devra faire un effort et s'adapter aux indépendants**, en revoyant autant leurs formalités que le niveau de formations de leurs conseillers professionnels.

Au final, pour mon premier prêt, on m'a simplement demandé d'**apporter les frais d'agences, les frais de**

notaires, et les frais bancaires (y compris l'hypothèque) en apport, afin de faire baisser le risque de la banque quant à mon activité. Les conditions du prêt étaient correctes (achat sur 15 ans, 1 an de différé bancaire, et taux très attractif).

Certes, l'emprunt sur 15 ans aurait pu être plus long, mais **je savais qu'on pouvait faire racheter le crédit quelques années plus tard**, tout comme je sais maintenant qu'on peut renégocier les assurances des crédits. Et c'est exactement ce que je suis en train de faire aujourd'hui, je renégocie mon premier prêt avec une nouvelle banque.

Par la suite, j'ai trouvé tout seul (sans courtier) un autre banquier qui m'a fait confiance, alors que je n'avais que deux bilans. Il ne m'a même pas demandé les frais d'agences ni les frais de notaire, et m'a octroyé un différé de 3 ans pour les travaux. Comme quoi, tout est possible.

Le mot de la fin

Je conseillerais à tout indépendant qui veut acheter de monter un super dossier avec les chiffres attendus par le banquier (reste à vivre, calcul de charges et de mensualités, situation après le projet) et d'aller voir un conseiller d'une agence locale (les banques en lignes et les agences globales ont très mauvaise réputation pour les indépendants).

Il faut ensuite présenter le dossier à plusieurs banques, si possible à un conseiller pro ou directeur d'agence, ce sont eux qui « ont la main » pour décider de valider ou non un dossier.

Je privilégierais aussi les banques des petites villes car il y a moins de concurrence et les banquiers sont souvent à la recherche de clients « pro », c'est un bon levier de négociation.

CHAPITRE 24

Protéger son avenir dès le premier jour

La sécurité d'un entrepreneur ne dépend pas de ce qu'il a sur son compte en banque ni de son réseau ou diplôme. **Ce qui nous sécurise, c'est notre capacité à pouvoir tout refaire à partir de zéro.**

Cette certitude est grisante : je suis aujourd'hui persuadée que je pourrai toujours vivre de l'entrepreneuriat (à l'échelle d'un versement de salaire).

Si demain je décide d'ouvrir un café, de vendre des chaussettes fantaisie ou de me reconvertir dans le dressage de poney en Ardèche, je saurais comment me lancer et trouver mes clients. Et c'est aussi à ta portée. Pour cela, **tu dois investir en toi** pour non seulement développer les bonnes compétences, mais aussi pour avoir l'énergie nécessaire pour de nouveaux départs.

Pour investir en toi, tu peux commencer par des outils gratuits ou très peu onéreux. Je te conseille aussi de faire des formations. En France, tu as **des droits ou mécanismes de prise en charge** (tels que le CPF et les OPCOs) qui te permettent de financer une partie ou la totalité de programmes éligibles. Même si tu deviens indépendant, **tu continueras à bénéficier de fonds de formation**. Profites-en !

Cela va te permettre d'augmenter ton chiffre d'affaires (ou ton plaisir de travailler en freelance) d'année en année plutôt que de vivoter. Les indépendants qui galèrent font TOUS la même erreur : ils arrêtent d'apprendre et d'investir. Or, ne dit-on pas que la folie, c'est de faire la même chose sans arrêt et de s'attendre à des résultats différents ?

En freelance, la meilleure des sécurités sera donc :

- **d'investir pour professionnaliser ton activité** en déléguant et en s'équipant d'outils qui te feront gagner du temps et qui augmentent ta valeur perçue ;
- **de rester au top de ton expertise** grâce à des formations ;
- **de savoir vendre** (avec une bonne stratégie de prospection ou de communication) pour ne jamais être à court de clients ;
- **d'avoir assez de côté** pour ne pas accepter de contrats qui ne sont pas alignés par peur de manquer d'argent ;
- **de préparer tes projets et ton avenir** avec de l'épargne et des investissements qui font sens pour toi.

Être présent en ligne est indispensable

On a déjà vu comment rechercher des clients et faire du chiffre d'affaires[1]. J'aimerais simplement ajouter que pour te sécuriser, il faut absolument **développer un canal de vente en ligne**. Au XXIe siècle, c'est nécessaire. Et j'ai deux anecdotes à te partager pour te montrer à quel point le digital peut te sauver la mise.

J'ai rencontré Nicolina, une prof de danses latines, au Costa Rica. Venue de Suède pour rejoindre son conjoint, son activité a été bouleversée par la pandémie.

Elle n'avait plus le droit de donner de cours de salsa ou de bachata, étant donné le risque de propagation du Covid-19. Seuls les cours particuliers étaient encore autorisés. De façon timide, Nicolina a commencé à faire des cours en ligne. Mais cela prend du temps et une nouvelle organisation. Comme beaucoup d'indépendants, il a été difficile de rattraper cette perte de chiffre d'affaires.

1 — Tu peux relire « Créer une offre de services irresistible », chapitre 8 p. 110 et « Communiquer pour se faire connaître », chapitre 13 p. 188 pour définir ton offre, la vendre et communiquer dessus !

À l'inverse, David, un masseur que j'avais consulté à Paris, avait toujours pris soin de créer une superbe newsletter. Il était difficile d'exercer son métier en pleine pandémie, alors il a improvisé en envoyant deux options à sa base de contacts : acheter (et réserver) un massage pour plus tard avec un tarif réduit ou participer à un atelier hebdomadaire d'automassage. **Il était mieux préparé que ses confrères** parce qu'il avait déjà une liste d'e-mails de prospects qualifiés.

Peu importe ton activité, il te faut une présence en ligne. Oui, même si tu fonctionnes au bouche-à-oreille, que tu te déplaces chez tes clients ou que tu n'as pas besoin de faire beaucoup d'efforts pour trouver des contrats parce que ton métier est très demandé. Pour autant, cette présence n'a pas besoin d'être très complexe.

Il peut s'agir d'un profil sur les plateformes de « freelancing » sur lequel tu vas **agréger des recommandations et avis à chaque fin de mission**. Ainsi, si tu as besoin de chercher de nouveaux clients à l'avenir, tu auras une preuve sociale quelque part. Il peut aussi s'agir de **rassembler les contacts de tes clients dans une newsletter** (en demandant leur accord) pour envoyer un e-mail lorsque tu auras de nouvelles offres à leur proposer.

Utiliser un job ou une activité freelance pour faire un effet levier

Avant de te lancer à fond dans le « freelancing », **pense à valoriser ton réseau et ton job !** Au Costa Rica, j'ai fait la connaissance d'Alejandro, un photographe spécialisé dans le surf.

Il est manager d'un hôtel spécialisé dans le yoga et ce sport de glisse. Tous les visiteurs qui passent par là sont de potentiels clients pour lui. Avec l'accord de son employeur, il propose désormais ses services de photos aux hôtes qui viennent en vacances.

Ainsi, il a pu se construire un portfolio, des avis positifs et une clientèle, à côté de son boulot. Cela lui permet de **développer sa notoriété et de financer son matériel** en attendant d'avoir les reins suffisamment solides pour se lancer à temps plein.

Peut-être que ton employeur n'est pas aussi bienveillant, mais il ne tient qu'à toi de faire cet effet levier, dans le respect de ton contrat de travail (et notamment des clauses de confidentialité et de non-concurrence). Il ne s'agit pas d'aller faire son marché pour voler la clientèle ou les informations de ton entreprise, mais plutôt de **penser aux ressources qui sont à ta disposition** et à la façon dont tu pourrais les mobiliser pour gagner du temps le jour où tu passeras à ton compte.

Mettre de côté en cas de pépin

Aux difficultés que l'on peut avoir dans la vie quotidienne (comme une voiture qui tombe en panne ou une machine à laver qui ne fait plus le job) s'ajoutent les péripéties du freelance.

Un ordinateur qui lâche, un contrat qui se termine prématurément ou encore une période de vaches maigres liée à un événement incontrôlable (comme une pandémie) peuvent mettre tes finances à rude épreuve.

Si tu n'as rien de côté, tu ne seras pas serein et tu risques de prendre le premier contrat venu, même si peu rémunérateur, juste pour faire entrer de l'argent et payer tes factures.

L'argent, c'est aussi avoir le choix. Plus tu en as de côté, plus tu auras la liberté de choisir. Pour un freelance, c'est bien d'avoir au moins 6 mois à 1 an de rémunération d'avance.

« L'argent de secours doit être liquide. »

Cela veut dire qu'il faut pouvoir le sortir facilement de ses comptes, à tout moment. **Le livret A est le produit d'épargne par excellence**, parce qu'il permet d'avoir de petits intérêts (pour accompagner l'inflation), mais que les montants placés restent disponibles en cas de besoin. L'épargne est en cela différente d'un investissement.

De mon côté, je fais confiance à des professionnels et je me concentre sur ma zone de génie : l'entrepreneuriat. En effet, **faire grandir son patrimoine d'entrepreneur, c'est aussi un placement avec la possibilité de monétiser l'ensemble ou faire une plus-value un jour**. Pour le reste, je diversifie en déléguant les choix et la gestion de mon portefeuille financier.

C'est plutôt facile : la plupart des banques et gestionnaires affichent leurs performances passées, ainsi que des avis clients.

	Épargne	Investissement
Horizon	Court terme	Moyen et long terme
Pourquoi ?	• Se protéger des risques • Compenser les écarts de trésorerie dans son entreprise • Financer des projets à court terme	• Protéger son avenir • Préparer sa retraite, les études de ses enfants ou un projet de vie (naissance, mariage)
Liquidité	Immédiate	Restreinte (parfois, il est impossible de débloquer les fonds pendant un certain temps)
Produits	• Livret A • Livret développement durable Compte titre Compte courant (non recommandé)	• Assurance vie • Plan d'épargne logement PEL • Plan d'épargne en actions PEA • Immobilier • Achat de parts dans des startups / TPE / PME
Avantages	• Capital garanti • Liquidité instantanée	• Fiscalité • Bons rendements possibles selon la prise de risque

Dans ce tableau, je ne parle pas des investissements plus exotiques tels que les cryptomonnaies ou l'échange de monnaies (aussi appelé Forex). Pourquoi ? Car nombreux sont ceux qui s'y sont frottés pour s'y brûler les ailes (et perdre leur argent).

Prévoir les problèmes de santé et accidents de la vie

La maladie peut frapper tout le monde, à tout instant. Les mutuelles, tu connais certainement déjà... tu en avais aussi une en tant que salarié. **Mais en indépendant, cela ne suffira pas. Il te faudra souscrire à une « prévoyance des indépendants »**, notamment pour l'indemnité en cas d'arrêt maladie.

Les prévoyances sont un autre outil au service de ta tranquillité. Elles te permettent de maintenir ton revenu, de façon ponctuelle ou pour toujours si tu as un incident qui t'invalide de façon ponctuelle ou à vie. Certes, cette protection a un coût : à toi de faire l'arbitrage entre risque et tranquillité d'esprit. Pour moi, « la question est vite répondue ! »

Je te recommande aussi de te renseigner sur **les assurances de responsabilité civile professionnelle**. Elles te permettent de sécuriser tes locaux et ton activité **en cas de dommage causé à un client ou à un tiers**, dans le cadre de ton travail.

Que se passe-t-il, par exemple, si tu as un retard qui cause un gros manque financier à ton client ? Ou si tu renverses ton café sur l'ordinateur d'un client ? Si tu as un litige avec un prestataire qui ne t'a pas livré la marchandise convenue ?

Ces scénarios sont plausibles, et une assurance RC pro te permettra d'être accompagné (la plupart ont des assistances juridiques) et de te protéger en cas de sinistre ou de conflits avec un client ou un prestataire.

Préparer ses vieux jours

Peu importe tes croyances sur la survie de notre système de retraite, **tu dois comprendre comment il fonctionne pour décider d'y participer ou t'organiser seul si tu n'y crois pas.**

Tu contribues aux caisses de retraite lorsque tu te verses un minimum de rémunération (pour les sociétés) ou que tu encaisses un minimum de chiffre d'affaires (pour la microentreprise). Si tu ne cotises pas, alors tu vas soit décaler ton âge de départ à la retraite, soit partir avec moins d'argent. C'est aussi simple que cela.

La retraite en France fonctionne avec **un système de répartition**. Nous sommes solidaires. Les actifs (qui travaillent) cotisent pour financer les pensions des retraités. Ce que tu paies chaque mois n'est donc pas économisé pour plus tard : c'est utilisé pour les pensions actuelles. Par contre, **tes efforts sont comptabilisés sous forme de trimestres et de points**.

Le régime de base repose sur les trimestres et est géré par la CNAV (Caisse nationale d'assurance vieillesse) dont les freelances dépendent aussi, via la Sécurité sociale des indépendants s'ils sont TNS (travailleurs non salariés). Lorsque tu paies des cotisations, elles vont t'ouvrir des trimestres dans cette caisse, mais aussi **financer le régime complémentaire obligatoire**. Là, on parlera de points.

La caisse complémentaire dépend de ton activité[2] (la CIPAV pour les professions libérales, l'ARRCO pour les professionnels du secteur privé, l'AGIR pour les cadres, etc.). Pense à **garder une version digitale de tous les documents** de versement de cotisations et d'affiliation, surtout si tu passes d'un statut à un autre.

Pour partir à la retraite avec un taux plein, **il faut avoir suffisamment de trimestres** (165) **et atteindre l'âge de départ** (62 ans). Parfois, il est possible de partir plus tôt, notamment lorsqu'on a eu plusieurs enfants ou commencé sa carrière très tôt.

Côté montant, **tu recevras une pension de la part de la CNAV**. Pour le montant, cette caisse prend les **2 meilleures années** pour estimer un montant annuel (plafonné). Tu toucheras environ 50 % de ce montant, si les règles ne changent pas d'ici là. Ensuite, ta complémentaire obligatoire transformera ton nombre de points par leur valeur à date du départ[3].

Grosso modo, si rien ne change, **tu devrais toucher 60 à 80 % de ta rémunération** (à moins de dépasser le plafond qui est élevé, et c'est ce que je te souhaite). Mais que se passera-t-il si tu as besoin de plus d'argent, par exemple si tes enfants sont à l'université ? Ou si jamais le système change et que les retraites s'amoindrissent ? C'est là qu'une préparation individuelle peut t'aider à compléter.

Une retraite, ça se prépare mieux à 20 ans ou à 30 ans. Pourquoi ? Parce que tu pourras faire des efforts plus faibles (en ce qui concerne l'argent à placer) puisque tu auras plus d'années durant lesquelles les **effets cumulés de tes investissements viendront faire grossir ton patrimoine financier**.

---

2 — Pour connaître la caisse dont tu dépends, consulte https://www.info-retraite.fr/portail-info/home.html

3 — Simule ta retraite ici : https://simulateur.info-retraite.fr/accueil

Ainsi, si tu places 1 000 € à 32 ans et que tu verses 350 € par mois pendant 30 ans dans un portefeuille rapportant 7 %, tu obtiendras 435 000 € de capitaux pour ton départ à la retraite.

À l'inverse, si tu attends 40 ans, tu devras verser 830 € par mois pendant 20 ans pour obtenir le même résultat. Et tu auras « perdu » environ 30 % d'intérêts par rapport au premier scénario, c'est-à-dire que sur le capital final, plus d'efforts viendront de ta poche que du travail de ton argent.

« Souviens-toi que le temps est ton meilleur allié. »

Pour préparer ta retraite le plus tôt possible, tu peux :

- **investir dans l'immobilier**, dans ta résidence principale (attention, ça peut être un gouffre financier plutôt qu'un actif[4]) ou dans des investissements locatifs ;
- **placer de l'argent tous les mois dans une assurance vie** dont les capitaux seront investis en Bourse, pour te rapporter entre 3 et 10 % selon le type d'actions ;
- **construire une entreprise avec un patrimoine** (un blog avec du trafic, des locaux, une clientèle, un logiciel maison...) dont l'actif pourra être revendu au moment du départ à la retraite.

---

4 — L'achat d'une résidence principale peut ne pas toujours faire sens. Si l'on a besoin de changer régulièrement de ville ou de logement, ce n'est pas rentable. Il en va de même pour les villes très chères où le calcul montre qu'entre la maintenance et le prix au mètre carré, on aurait mieux fait d'investir de l'argent en Bourse et de rester locataire.

À TON TOUR

Prépare tes cartes SOS pour pouvoir rebondir

Choisis les options qui vont t'apporter de la sécurité à un horizon de court, moyen ou long terme. Indique l'effort à réaliser chaque mois (sur le plan financier) pour t'apporter ce filet de sécurité.

Économie de départ : ________________ €

Risques mensuels	Détails	Coût
• Mutuelle :	__________ €	__________ €
• Prévoyance :	__________ €	__________ €
• RC pro :	__________ €	__________ €
Projet		
• Épargne liquide :	__________ €	__________ €
• Moyen terme :	__________ €	__________ €
Investissements long terme		
• Stratégie 1 : ________________	__________ €	__________ €
• Stratégie 2 : ________________	__________ €	__________ €
• Stratégie 3 : ________________	__________ €	__________ €

Développer son patrimoine

INVESTIR ET GÉRER SON ARGENT

Sylvain est ingénieur informatique depuis 6 ans. En parallèle de sa vie de freelance, il se passionne pour l'économie et les finances personnelles. Il tient même *Le Millennial Indépendant*, un blog sur le sujet. Son envie a toujours été d'être le plus libre possible. Il a compris que pour satisfaire ce besoin, il devait apprendre à maîtriser ses finances.

Aujourd'hui, Sylvain a construit une stratégie qui lui permet à la fois de se protéger des aléas de la vie, mais aussi d'épargner et de faire fructifier son argent grâce à des investissements diversifiés, avec plus ou moins de risques.

Son approche est simple et à la portée de tous, mais elle demande juste un peu d'organisation au démarrage. Il montre qu'investir est possible à toutes les échelles de revenus : il y a toujours une option accessible pour son budget, et il n'est jamais trop tard ou trop tôt pour commencer.

Les mots de Sylvain Coulomb

Je compte sur moi-même avant tout. Aujourd'hui j'ai une mutuelle, mais pour le reste, je n'ai pas cherché à me sécuriser avec des contrats de prévoyance particuliers. Je ne suis pas convaincu par la protection contre les aléas et le contrat de base de la retraite.

Tout pourrait changer, et j'ai l'impression de dépendre du bon vouloir des assurances. J'ai donc choisi une solution annexe, moins avouable : **je préfère me constituer un patrimoine personnel avec des rentes**.

Il peut s'agir de loyers perçus dans le cadre d'un bien immobilier, de revenus de dividendes, de placements en Bourse, de revenus passifs…

Si demain il m'arrive une tuile, j'aimerais continuer à vivre de ces différentes sources. Et si je décède, ma famille sera protégée car elle héritera de l'essentiel de ces biens.

Je suis loin d'avoir un patrimoine sécurisant pour l'instant, mais j'y travaille. Et d'ici là, je croise les doigts pour qu'il ne m'arrive rien. Est-ce une erreur de ma part ? Probablement.

Si tu te sens rassuré à l'idée d'avoir une assurance, alors prends-en une. Mais **sois bien sûr des termes du contrat** que tu vas signer. Il n'y a rien de pire que de se trouver dépourvu au mauvais moment.

Quant à la base de la sécurité financière, **il est très important d'avoir un matelas de sécurité accessible facilement**. Un montant qui représente 3 à 6 mois de revenus, placé sur un livret A par exemple, permet de rebondir en cas d'imprévus et d'arrêter de vivre à flux tendu. Cela donne aussi du temps entre les missions si besoin. Et lorsqu'on gagne plus qu'avant en tant que salarié, il vaut mieux continuer sur son ancien train de vie et placer l'excédent pour se constituer un patrimoine.

Je dirais que **les clés de la sécurité financière et des finances personnelles en général, c'est qu'il faut voir l'argent comme un jeu**.

Je ne dis pas que l'argent n'est pas important et qu'il ne faut pas faire attention. Ce que je souhaite faire comprendre, c'est que comme un jeu, **il faut apprendre à maîtriser les règles, les paramètres, en connaître toutes les subtilités et établir une stratégie**.

On a l'habitude d'entendre « le temps c'est de l'argent », mais en réalité c'est l'inverse. **C'est cette maîtrise de l'argent qui vous permettra de vous dégager du temps.**

Si vous avez besoin de 2 000 € par mois pour vivre, alors avoir 12 000 € sur un compte vous permettra de tenir 6 mois. C'est ce qui vous permettra de prendre le temps de trouver une autre mission, de vous reposer en cas de *burn-out* et, dans le meilleur des cas, prendre une retraite anticipée.

Pour se sécuriser, il faut explorer.
Voici quelques pistes pour être un freelance sécurisé : tout d'abord, il faut rester « employable ». Un indépendant est recruté pour son expertise dans un domaine bien précis. Il augmente d'autant plus ses chances si le marché en question souffre de pénurie de main-d'œuvre (comme en informatique).
Ainsi, **en maintenant ses compétences à jour, on s'assure de toujours trouver des missions**.
On peut également se sécuriser **en se rendant indispensable pour un client**. C'est mon cas, un peu malgré moi. Je n'ai pas une expertise unique au monde, mais j'ai une grande connaissance d'un projet et il serait trop coûteux de me laisser filer. À l'inverse, la sécurité peut aussi être de **multiplier les clients pour ne pas dépendre d'un seul gros contrat**.

Enfin, il est peut-être pertinent de **diversifier ses revenus de freelance**. Dans mon cas, je suis prestataire dans l'informatique à titre principal. À côté, je développe des cours sur une plateforme d'apprentissage en ligne. Cela m'apporte un petit pécule qui grossit tous les mois.

Certains rêvent de retraite anticipée.
Le mouvement F.I.R.E (*Financial Independance / Retire Early*) nous vient des États-Unis : il prône un arrêt du travail tôt dans la vie, facilité **par une meilleure gestion de ses finances personnelles**.
Il s'agit d'économiser radicalement tout au long de sa carrière en plaçant cet argent pour ensuite avoir suffisamment de côté pour subvenir à ses besoins toute sa vie.
Le mouvement se base donc sur le frugalisme pour pouvoir **investir un capital important, qui sera placé dans des actions et obligations** (peu risquées) au moment du départ à la retraite. Des retraits de 3 à 4 % permettent donc de vivre des rendements de son portefeuille, sans toucher au capital.

Cette méthode permet de quantifier le montant exact à générer pour vivre de ses réserves. Par exemple, tu dois avoir 600 000 € de côté si tu as besoin de 2 000 € par mois pour vivre (car il s'agit de 4 % de ce capital). Pour arriver plus vite à la liberté financière, il est également possible de **réduire son train de vie** pour réduire le capital à rassembler.

Il ne faut pas se leurrer : **il faut soit avoir un capital de base, soit développer une stratégie pour l'atteindre**.
En revanche, lorsqu'on se documente sur les finances personnelles, on s'aperçoit qu'il est très facile de **faire de petits changements** qui améliorent grandement sa vie, même sans atteindre le Graal de l'indépendance tout de suite.

Par exemple, **avoir de l'argent de côté apporte une tranquillité d'esprit** non négligeable par rapport à des personnes qui vivent au jour le jour. De même, faire quelques investissements bien placés (comme l'immobilier ou la Bourse) permet de développer son patrimoine au fil du temps sans trop forcer.
En réalité, ce qui importe le plus n'est pas d'être plus riche que son voisin, mais d'être dans une meilleure situation que celle du passé.

Le mot de la fin

Apprends à gérer ton argent. Nous, les Français, avons une très mauvaise culture financière. Probablement parce c'est un sujet tabou dans notre culture.

Mais si tu fais le choix d'oublier tout ce qu'on t'a déjà appris sur l'argent et si tu fais l'effort de réapprendre, alors tu atteindras peut-être ce que tu as cherché à atteindre en passant en freelance : ***savoir être réellement indépendant.***

CHAPITRE 25

Voir au-delà du « freelancing »

Même s'il est possible de rester prestataire de services indépendant toute sa vie, on a généralement envie de changement ! Surtout lorsqu'on est créatif et que l'on souhaite nourrir un besoin de variété au quotidien. Alors, comment procéder lorsqu'on a fait le tour de son business ? Il existe 4 grandes options :

- rester indépendant, mais **améliorer l'existant pour grandir** ;
- opérer un virage à 360° avec **une réorientation professionnelle**, en freelance ou dans le salariat ;
- changer de modèle économique, c'est-à-dire **vendre autre chose que ses propres services** (en développant un logiciel, un produit digital ou en créant une agence par exemple) ;
- passer d'un projet individuel à **une dimension collective**.

Mais il existe de multiples possibilités hybrides. J'aime matérialiser les chemins possibles par une rose des vents, parce qu'aucun itinéraire n'est meilleur qu'un autre. Par contre, **il faut choisir une direction pour avancer** et s'y tenir, au risque de tourner en rond !

Le « freelancing » peut ainsi être un point de départ pour une carrière qui sera faite de virages et de changements de trajectoire. C'est un outil incroyable de développement personnel. C'est exaltant de se dire que dans 5 ou 10 ans, nous aurons des vies professionnelles complètement différentes. D'ailleurs, 85 % des métiers de 2030 n'existent pas encore[1].

Le gros avantage d'un freelance, c'est qu'il sait s'adapter. **Sécuriser son avenir, c'est être capable de changer d'activité tel un caméléon** sans peur ni résistance. Avec cet état d'esprit, l'avenir ne peut être que radieux.

---

1 — Source : article « 85 % des emplois de 2030 n'existent pas encore » paru sur pole-emploi.fr http://plmpl.fr/c/jz9Cz

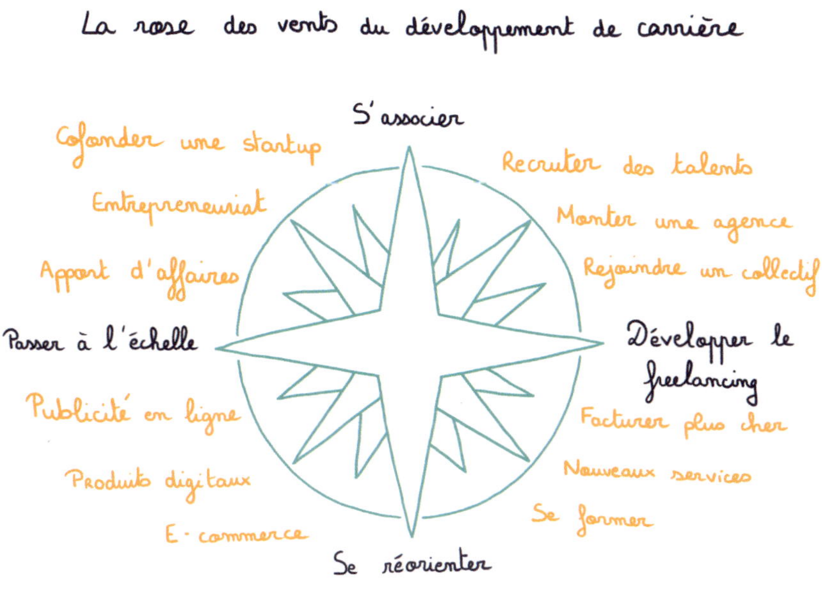

Développer son activité

Et si tu gardais le même métier en freelance, mais en consolidant tout simplement cette base ? Pour faire progresser ta carrière, tu peux :

- **te former à de nouvelles compétences** (logiciels, techniques, méthodes, langages) ;
- **ajouter de nouveaux services** ;
- **développer une marque personnelle forte** (pour te positionner comme expert ou spécialiste d'un sujet particulier) ;
- **augmenter tes tarifs** pour te faire soutenir par une petite équipe et te concentrer sur ta zone de génie.

C'est personnellement l'option que j'ai choisie, pour l'instant. Je ne me verrais pas, dans l'immédiat, faire autre chose que de la formation et de l'écriture à mon compte. Mais j'ai aussi investi énormément pour développer ma marque personnelle, ainsi que dans mon bien-être et mes compétences.

À TON TOUR

Calibre ta rose des vents

Écris ce que tu aimerais faire pour te développer à côté de la direction que tu souhaites choisir. Attention à ne pas tout sélectionner, au risque de te disperser !

Cela te permettra de naviguer vers ta vision long terme.

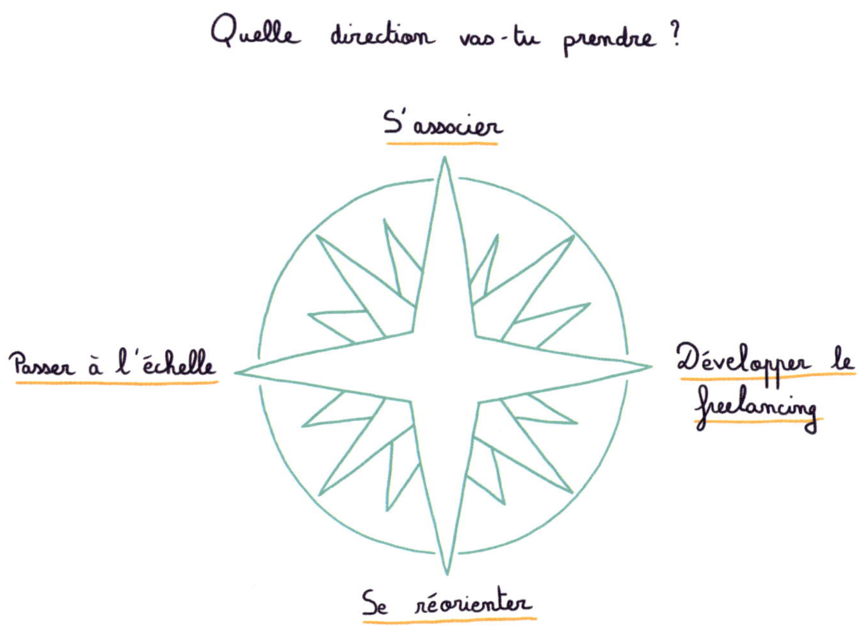

Changer complètement de cap

Peut-être que tu auras envie de repartir à zéro. Te former, te réorienter vers d'autres métiers… pourquoi pas ? Dans ce cas, tu vas entrer dans le marché du travail à un niveau junior à nouveau, et ce n'est pas grave. Tu pourrais être freelance ou salarié, mais **il faudra à nouveau faire tes preuves et te bâtir une réputation** dans ce nouveau domaine.

Avant de te réorienter, **tu peux passer par un bilan de compétences** qui te permettra de faire le point sur tes forces et tes envies. C'est l'idéal si tu ne trouves toujours pas d'idée de business malgré tes explorations.

De plus, il n'est plus nécessaire de se lancer dans des études très longues pour changer de voie. Surtout si tu veux être freelance : **privilégie l'expérience de terrain** plutôt que les longues études, car tes clients voudront voir tes capacités à délivrer et ton portfolio plutôt que tes diplômes.

Passer à l'échelle

Bien souvent, les indépendants cherchent à croître avant d'avoir démarré. **Il faut des bases solides sur lesquelles construire**, au lieu de se jeter dans le passage à l'échelle. Le cas le plus fréquent, c'est celui des publicités. On pense à tort qu'il suffit de donner un peu d'argent à Facebook ou Google pour déclencher des ventes. Mais si un système ou argumentaire de vente n'a pas fait ses preuves, la publicité ne sera pas magique. Elle ne va pas résoudre tes problèmes de vente, et elle permet encore moins de se cacher et d'éviter de parler aux clients.

Passer à l'échelle, c'est donc **partir d'une base saine et rentable** pour faire plus de chiffre d'affaires, le plus souvent en s'extrayant au maximum du travail. Il peut s'agir d'investir dans des logiciels, de la publicité, de créer des produits digitaux (*ebook*, formations) pour vendre davantage sans y mettre du temps personnel, voire de créer un site e-commerce pour commercialiser des produits. Une profession qui fait cela très bien, c'est celle des illustrateurs qui proposent souvent des affiches ou produits avec leurs créations !

Joindre ses forces pour se développer

La dimension collective peut manquer à tout projet freelance. Mais tu peux très bien t'entourer de plusieurs façons :

- **déléguer une partie ou la totalité de tes missions**, avec de la sous-traitance ou en créant une agence. Dans ce cas, tu auras un rôle commercial et de gestion de projets, plutôt que de réaliser toi-même le travail. C'est une façon naturelle d'évoluer dans la prestation de services ;
- **t'associer avec d'autres entrepreneurs** pour créer un projet plus ambitieux, c'est-à-dire nécessitant plus de ressources pour un gain potentiel plus important ;
- **recruter**, soit à temps partiel, soit à temps plein. Il peut aussi s'agir de freelances plutôt que de salariés. Attention à ne pas te planter sur les premiers recrutements : c'est un sacré coût, et ça peut faire plonger une boîte !

Se construire un patrimoine

Quand on pense patrimoine, on pense à l'immobilier, à la Bourse et à de l'argent placé sur un compte épargne ou une assurance-vie... Mais **un patrimoine, c'est aussi l'ensemble des atouts de ton entreprise** que tu peux utiliser pour vendre davantage ou que tu pourras céder un jour pour partir à la retraite ou faire autre chose.

En 2014, j'ai cofondé ma première entreprise qui était une agence de sous-titrage. Plutôt que de simplement exécuter un service (la traduction de film), nous avons développé un logiciel en ligne qui permettait de (1) fédérer un large réseau de freelances (testés en amont) et (2) de pouvoir travailler directement sur la plateforme pour créer ces sous-titres.

Ce fonctionnement permettait d'avoir un système similaire à Uber : dès qu'une mission était disponible, le premier freelance avec du temps pouvait s'y mettre. Cela réduisait le temps de livraison de façon très importante, et ça avait beaucoup de valeur sur le marché de la postproduction cinématographique, puisque les délais de travail sont en général très courts !

Nous avons revendu ce business en 2017 à un leader du marché. Pourquoi ? Parce que nous avions un patrimoine à valoriser : le logiciel et le réseau d'indépendants.

« Tout freelance peut développer un patrimoine. »

Il peut s'agir d'un compte Instagram avec beaucoup d'abonnés, d'un blog qui reçoit un trafic important chaque mois, d'une clientèle large, de l'achat de locaux... Le patrimoine, **c'est quelque chose que tu détiens et qui peut être cédé**, de façon temporaire ou permanente, à d'autres personnes. Tu pourrais te faire de l'argent avec :

- de l'affiliation ou de l'apport d'affaires ;
- l'écriture d'un livre ;
- du sponsoring et du marketing d'influence ;
- la vente de formations et de produits digitaux ;
- la sous-traitance de missions auprès d'autres indépendants, en prenant une commission ;
- le développement d'une agence visant la même clientèle ;
- la promotion de services complémentaires (en étendant ton activité) ;
- la revente de ta clientèle, de ton site, de tes réseaux sociaux, de ton fonds de commerce ou des parts de ton entreprise.

Idée reçue

FAIRE PLUSIEURS ACTIVITÉS EN PARALLÈLE EST NÉFASTE.

Le problème n'est pas d'être *slasheur* c'est-à-dire de cumuler les activités. Si tu as besoin d'un quotidien varié pour t'épanouir, alors fonce ! Par contre, souviens-toi que **ton temps est limité et que ton offre doit être cohérente pour chacun de tes clients**.

Si tu proposes de multiples offres à un même marché avec la même marque, tu vas créer de la confusion et avoir un positionnement qui paraîtra low cost.

La solution, c'est soit de diversifier ton activité avec des offres et services qui font sens pour ta marque personnelle (autour d'un même fil conducteur), soit de créer une autre entreprise. Attention, je ne parle pas de statut (tu pourrais faire la même chose avec la même entité juridique), mais de stratégie, de démarche commerciale, de nom de marque, de site web...

Ça sera la même charge de travail que pour ta première activité. Oui, ça sera chronophage et on ne peut pas être à la ville et au moulin. Mais si tu as envie d'avoir plusieurs casquettes, que cela te rend heureux et que tu es quand même rentable, alors fonce. En matière de *side-project*, j'ai été très inspirée par l'histoire de Shubham Sharma.

Quelques conseils de Shubham pour faire évoluer sa situation

Shubham est développeur web en freelance et sa marque personnelle est très forte. À côté, il se dégage du temps pour une autre de ses passions : la création de contenus.

Sur sa chaîne YouTube, il vulgarise le monde de l'informatique et plus particulièrement des technologies *no code* qui permettent de construire des systèmes technologiques sans avoir besoin de coder, en agrégeant des logiciels entre eux. Ses vidéos ont des dizaines de milliers de vues, et il a profité de cette visibilité pour commercialiser des formations sur le sujet.

#1 Facturer sa vraie valeur.

L'un de mes auteurs préférés, Jim Rohn, a posé la question suivante : « Est-ce normal qu'on paie quelqu'un 1 million par an ? » Tout le monde lui répondait que non, c'était trop. Puis, il a reformulé : « Et si ce professionnel rapportait 100 millions à sa boîte ? »

Dans ce cas, les réponses étaient positives, à l'unanimité. Nous avons tous un salaire incroyable aux yeux de certains et modeste aux yeux des autres. Pour décider de sa rémunération, **il faut se baser sur la valeur apportée à son client**.

En tant que profil technique, on a tendance à garder en tête que la valeur vient du produit. C'est vrai, mais ça ne permet pas de vendre. C'est le *packaging* qui le permet : comprendre son client, savoir faire des appels et l'écoute active ne sont pas des compétences que l'on peut acquérir en un claquement de doigts. Cela s'apprend toute sa vie.

#2 Savoir négocier.

Avoir de l'argent de côté permet de ne pas tout accepter tout le temps. Je ne donne jamais mon TJM, mais je demande plutôt « combien » ma prestation va rapporter jusqu'à définir un pourcentage que je vais facturer en fonction de la prise de risque.

Il faut aussi avoir des prix ambitieux et être content de sa vente. À chaque contrat, j'essaie d'augmenter mon prix. Sinon, ça veut dire que je pédale dans la semoule : je fais tourner la maison, mais je n'augmente rien. On peut stagner toute sa vie mais lorsqu'on a de vraies ambitions, c'est insupportable.

#3 Rester freelance à vie !

Je veux rester freelance. Quand quelqu'un veut de mon temps, je le vends. Si j'offrais mon temps, cela aurait de l'impact sur mes projets personnels. Ça serait du temps que je n'aurais plus pour ma famille et mes loisirs.

On peut réfléchir à son temps comme un investissement : de mon côté, je garde 20 à 30 % de ma capacité de travail pour mes projets personnels, comme ma chaîne YouTube et ma formation. Le reste, je le vends à des clients. Mais j'ai commencé le « freelancing » il y a 12 ans. Il ne faut pas griller les étapes avant de se diversifier.

À quel moment faire évoluer son activité ?

Le signal le plus fort, c'est la baisse de motivation. Si tu as du mal à te lever le matin, que tu détestes les projets sur lesquels tu travailles, que tu n'as plus envie de voir tes clients (pourtant si adorables) et que la moindre question t'agace… il est temps de changer quelque chose !

Parfois, il suffit d'augmenter ses prix ou de simplifier ses offres pour retrouver l'alignement et se sentir à nouveau amoureux de son projet. Mais **attention à ne pas tomber dans le piège de la comparaison**, et de vouloir changer pour faire comme le voisin, parce qu'il a l'air plus heureux et que ses photos édulcorées sur les réseaux sociaux laissent penser qu'il y a plus d'argent ou de bonheur à se faire ailleurs.

Arrêter de croire que les autres ont toujours l'air d'avoir plus de chance

La comparaison est un voleur de joie. L'entrepreneuriat ne fait pas exception à cette règle. Il est facile de comparer son business à celui des autres. Dans ce cas, on pense souvent faire « moins bien ». Et on se demande pourquoi c'est si difficile pour nous alors que ça a l'air d'une simplicité déconcertante pour le voisin.

Les médias sont en partie responsables, parce qu'ils présentent les *success stories* d'entrepreneurs qui semblent avoir cartonné du jour au lendemain. Le plus souvent, ils sont présentés comme des humains providentiels. Ils se sont construits seuls, puisqu'on oublie de parler de leurs équipes présentes dès les débuts.

Ils ont levé des financements à partir d'une simple idée gribouillée sur une serviette en papier. Les plus grandes entreprises semblent s'arracher leurs services. Quand on croit à ces contes de fées et qu'on a du mal à signer un devis à 1000 €, c'est très frustrant.

En réalité, ce type de réussite est très rare. Lorsque nous nous comparons à ça, **nous sommes victimes d'un biais cognitif : celui du survivant**. Nous voyons les quelques élus qui ont raflé tous les honneurs en oubliant que la majorité des entrepreneurs se plantent ou connaissent des succès modestes (ce qui est déjà très bien). Je ne dis pas cela pour te décourager.

Je te souhaite de réussir tout ce que tu entreprends. Mais lorsque tu vas douter, rappelle-toi simplement que **le processus entrepreneurial a toujours l'air plus facile pour les autres**. Il ne l'est pas. C'est la même galère pour tout le monde ! Ainsi, si tu penses qu'avoir une agence, une startup ou un site e-commerce sera plus facile qu'être freelance, tu te trompes.

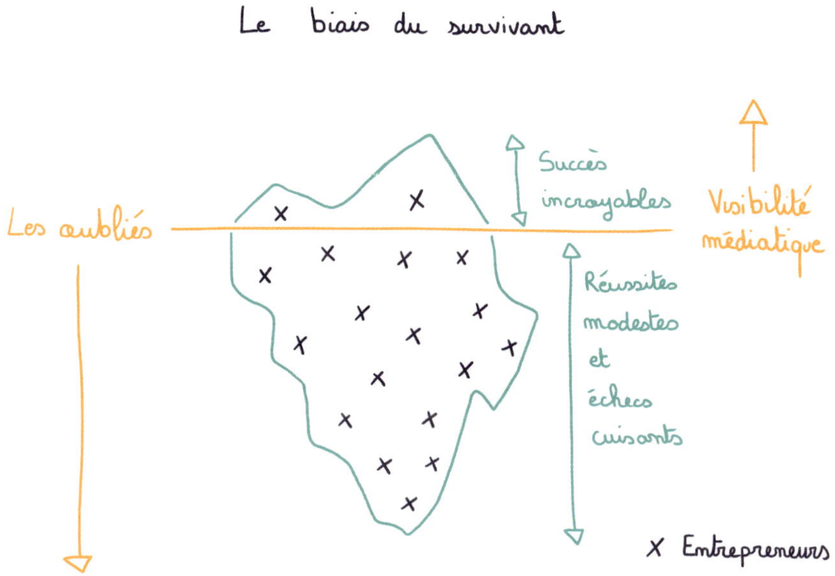

De nombreuses publicités en ligne vantent les mérites du *dropshipping*, du trading en bourse, du marketing multiniveau, du coaching et de la formation. Pour être formatrice, je peux te garantir que ce n'est pas une partie de plaisir tous les jours. C'est un secteur extrêmement concurrentiel, tout comme le coaching.

Il ne suffit pas de se lancer pour générer 1 million par an grâce à la publicité Facebook. Si tu regardes bien, tu peux compter sur les doigts d'une main les entrepreneurs qui ont bâti des empires dans ce secteur d'activité.

Tes difficultés vont te suivre, même si tu changes de modèle économique. Si tu ne sais pas vendre en freelance, ça ne sera pas mieux en agence. Va jusqu'au bout des choses.

« Ne fuis pas tes problèmes en changeant d'activité. »

Évidemment, si tu as tout donné et que ton activité ne décolle pas, il faudra aussi avoir la sagesse d'arrêter les frais au bon moment. Mais j'ai vu trop de freelances changer de métier, d'offres, d'industrie, voire de faire un virage à 360° en pensant qu'un autre business sera salutaire. Le plus souvent, c'est une nouvelle déception.

Choisir par envie plutôt que par dépit

Ta décision de quitter ton activité indépendante ne doit pas être une fuite. La meilleure des configurations, c'est quand tu as envie d'aller ailleurs. Ton futur projet, au-delà du « freelancing », doit être un vrai choix.

À l'époque où j'étais un peu perdue dans mon orientation professionnelle, j'ai travaillé avec une coach américaine. Quand je devais faire un choix, elle me posait la question suivante : « *Is it a full body YES ?* »[2] Mon corps m'envoie des signaux clairs pour prendre des décisions. On appelle cela l'intuition, et toi aussi tu en as une ! Encore faut-il savoir l'écouter.

Quelques signaux corporels auxquels prêter attention

Intuition (à suivre)		*Angoisse (à éviter)*
Se tenir droit.	→	Courber l'échine.
Augmentation de sa vibration énergétique.	→	Fatigue intense (visuelle, corporelle).
Peur exaltante (comme de l'adrénaline).	→	Peur qui paralyse (sentiment de menace).
Envie de s'exprimer (danser, rire, chanter).	→	Envie de s'effacer (procrastiner, dormir).

Ton corps va réagir différemment selon ta manière de ressentir les émotions. Il trouve sa façon de te dire « oui » et « non ». Aie le courage de suivre ton intuition, tu te tromperas rarement.

Enfin, avant de tourner la dernière page du « freelancing », réfléchis à ce futur voyage. As-tu envie de fuir ce mode de travail ? Ou as-tu réellement envie d'explorer de nouveaux horizons ?

Allez, bon vent !

---

2 — On pourrait le traduire littéralement par : « Est-ce que ton corps dit un grand "OUI" ? »

Faire grandir son activité

ÉVOLUER EN AGENCE

Grâce à plusieurs années en agence, Sophie a touché à tous les aspects du marketing digital : l'événementiel, le *print*, la communication institutionnelle, l'acquisition payante de clients (publicité Facebook et Google notamment) ainsi que les réseaux sociaux.

Au travers de ses expériences, elle a non seulement créé des campagnes de façon opérationnelle, mais a aussi géré les aspects commerciaux et la relation client.

C'est ce riche bagage de compétences que Sophie a souhaité utiliser lors de son lancement en freelance, tout d'abord à côté du salariat puis à temps complet. À l'origine, elle souhaitait simplement se faire de l'argent pour financer sa marque de lingerie pour hommes, C.U.M. (*Creative Underwear for Men*). Finalement, son plan B est aussi devenu un plan A, puisqu'elle mène désormais les deux activités de front !

Les mots de Sophie Gambet

Au départ, je touchais à tout. Je n'avais pas d'expertise précise. Au fil de mes missions, j'ai adoré travailler dans l'acquisition de clients grâce aux réseaux sociaux et à l'achat de média (comme Facebook Ads, par exemple). Je me suis spécialisée sur ce créneau et je me suis progressivement entourée de freelances pour m'aider. C'est ainsi que mon agence BonTon Digital a vu le jour !

Aujourd'hui, je m'occupe de l'élaboration, de la stratégie et de la mise en œuvre de campagnes de visibilité sur les réseaux sociaux comme Tik Tok, Instagram ou encore Pinterest. Certaines sont organiques et d'autres sponsorisées. Mes clients sont, pour la plupart, des sites e-commerces et des startups installés en France ou à l'étranger.

En parallèle, j'ai créé une marque de lingerie pour hommes. J'ai eu cette idée parce que mon petit ami de l'époque portait mes sous-vêtements. Impossible de lui trouver de la belle lingerie faite pour lui.

Quand j'ai quitté le salariat en 2018, ce n'était pas pour devenir freelance, mais pour avoir le temps de monter ma boîte de sous-vêtements. Les choses ont pris plus de temps que prévu, et je me suis prise au jeu du « freelancing » afin de **générer des revenus pour financer mon projet e-commerce**. J'étais très épanouie par la prestation de services, et j'ai donc laissé le reste de côté pour la développer en priorité.

J'ai rapidement évolué en agence. Mon activité a grandi par défaut : j'avais trop de clients pour tout gérer toute seule, alors j'ai commencé par déléguer certaines parties... jusqu'à devenir une agence ! Certains clients me faisaient aussi confiance pour la partie acquisition et avaient besoin de prestations transversales. Avant, je les mettais en relation avec mon réseau.

L'agence m'a permis d'adopter un modèle plus intéressant pour être rémunérée sur ce travail d'introduction et de coordination de talents freelances. Quant à mon projet e-commerce, j'ai eu la chance d'être rejoint par une amie de longue date qui est devenue mon associée. Aujourd'hui, je continue de m'entourer. Je partage mon temps entre l'agence (à 40 %) et ma marque de lingerie (à 60 %). Tout est différent !

Dans les années à venir, je souhaite mener deux projets en parallèle. D'un côté, **j'ai envie de faire grandir ma marque** de sous-vêtements et, de l'autre, je souhaite **travailler ma marque personnelle** de freelance. Je veux devenir une référence sur les sujets des publicités payantes et de l'acquisition client.

D'ailleurs, je crois sincèrement que ces deux activités se complètent. Elles se nourrissent l'une et l'autre de par mes apprentissages et me permettent de devenir meilleure dans chacune d'entre elles.

Le mot de la fin

Le « freelancing » est une vraie chance : celle d'apprendre de nouvelles choses, de faire du réseautage, d'avancer dans son métier, de s'améliorer en tant que personne.

De mon côté, après 3 ans d'indépendance, je suis passée du marketing en général à une spécialisation dans un domaine demandeur.

Une fois lancé, n'oublie pas de penser à la suite : le « freelancing », ce n'est que le début !

Bonus

Pour aller plus loin

Ressources

Des ressources complémentaires, notamment d'autres interviews de la communauté de freelances sont disponibles sur :
https://laminutefreelance.fr/bonus-livre

Certains livres ou articles sont en anglais, non encore traduits.

Économie du « freelancing » et mutations du travail

Livres

· *Du labeur à l'ouvrage* de Laëtitia Vitaud, paru aux éditions Calmann-Levy en 2019, 332 pages.

· *Le précariat. Les dangers d'une nouvelle classe* de Guy Stangin, paru aux éditions de l'Opportun en 2017, 461 pages.

· *Disruption* de Stéphane Mallard, paru aux éditions Dunod en 2019, 256 pages.

· *Le travail* de Dominique Méda, paru aux Presses Universitaires de France en 2018, 128 pages.

· *Profession slasheur* de Marielle Barbe, paru aux éditions Marabout en 2017, 320 pages.

Podcasts

· Podcast de l'OCDE, diffusé sur https://bit.ly/3qjAtDz

· *Travail (en cours)* présenté par Marie Semelin et Camille Maestracci, diffusé sur https://bit.ly/3xGSmiq

Film et documentaire

· *Sorry we missed you* réalisé par Ken Loach en 2019.

· *Work In Progress* réalisé par Samuel Durand en 2021, https://bit.ly/2SSVEjL

Blogs et newsletters

· *Billet du futur* de Samuel Durand, https://bit.ly/3vLmTKA

· Ma future recrue d'Emmanuelle Chegrane, https://bit.ly/3xB0bpE

Articles et vidéos en ligne

· « L'avenir appartient-il au travailler indépendant ? » de Patrick Aulnas paru sur contrepoint.org le 29/01/2016, https://bit.ly/39uMgYI

· « Le freelancing en France », étude Malt de 2019, https://bit.ly/2SUVqbp

· « *John Doerr: Entrepreneurs Are Missionaries* » de l'université de Stanford paru sur YouTube le 27/07/2009, https://bit.ly/2SnQKuY

· « *What Motivates Employees More: Rewards or Punishments?* » de Tali Sharot paru sur Havard Business Blog le 26/09/2017, https://bit.ly/33ff2c8

Développement d'un business

Livres

· *Votre empire dans un sac-à-dos* de Stan Leloup, paru aux éditions Eyrolles en 2020, 250 pages.

· *E-Myth, le mythe de l'entrepreneur revisité* de Michael E. Gerber, paru aux éditions Alisio en 2017, 319 pages.

· *Je veux mieux vendre* de Sylvain Tillon, paru aux éditions Eyrolles en 2016, 138 pages.

· *Tout le monde n'a pas eu la chance de rater ses études* de Olivier Roland, paru aux éditions Alisio en 2019, 608 pages.

· *Le livre de la jungle* de Younes Rharbaoui et Annabelle Bignon, paru aux éditions Dunod en 2019, 367 pages.

· *Ikigaï* de Francesc Miralles et Héctor Garcìa, paru aux éditions Fleuve en 2017, 192 pages.

· *Start With Why* de Simon Sinek, paru aux éditions Penguin en 2009, 256 pages.

· *La semaine de 4 heures* de Tim Ferris, paru aux éditions Pearson en 2010, 320 pages.

· *Père riche, père pauvre* de Robert Kiyosaki, paru aux éditions Un monde différent en 2017, 336 pages.

· *L'Art de la guerre* de Sun Tzu, paru aux éditions Flammarion en 2008, 338 pages.

· *Pro en Freelance*, paru aux éditions Flammarion en 2008, 338 pages.

Podcasts

· *Tribu Indé* d'Alexis Minchella, diffusé sur https://bit.ly/3qfAEjo

· *Young, Wild and Free* de Thomas Burbidge, diffusé sur https://bit.ly/3gOJTTo

Développement personnel

Livres

· *Les quatre accords toltèques* de Miguel Ruiz, paru aux éditions Jouvence en 2018, 141 pages.

· *Le personal MBA* de Josh Kaufman, paru aux éditions Alisio en 2013, 477 pages.

· *Devenez riche* de Ramit Sethi, paru aux éditions Alisio en 2016, 328 pages.

· *Comment se faire des amis et influencer les autres* de Dale Carnegie, paru aux éditions Quebecor en 2014, 202 pages.

· *Comme par magie* de Elizabeth Gilbert, paru aux éditions Calmann-Lévy en 2016, 320 pages.

· *Mindset: The New Psychology of Success* de Carol Dweck paru aux éditions Ballantine Books en 2007, 320 pages.

Podcasts

· *Budget Chéri* de Delphine Pinon, diffué sur https://bit.ly/3qpipbu

· Les podcasts de Chloé Bloom, diffusés sur https://bit.ly/3vRMUb0

Blogs

· *Le Millenial Indépendant* de Sylvain Coulomb, https://bit.ly/3zTSNrk

Communautés

· « Freelances Travel » de Nolwenn Nasri, https://bit.ly/3gOklXT

· « Le Hub Nomade » de Margaux Roux, https://bit.ly/3vleRSt

Index

A

B

C

D

E

F

G

I

L

M

N

O

P

R

S

T

V

Remerciements

It takes a village !

Contrairement aux idées reçues, écrire un livre n'est pas une expérience solitaire mais un travail d'équipe. Merci à Pauline, mon éditrice, d'avoir cru en moi alors que mon projet était encore flou, à Mathilda d'avoir si justement cerné l'identité de ce livre jusqu'à la décliner sur la couverture et dans la maquette. Merci à Pauline pour son œil attentif lors des relectures. Merci à Julien pour la mise en page qui a dû parfois lui donner du fil à retordre.

Je remercie Annie, Beck, Nicolas, Nicolin et Valeria, mes amis du Costa Rica pour leurs encouragements alors que j'écrivais chacune de ces 400 pages. J'ai refusé à maintes reprises vos invitations à aller surfer ou à boire une noix de coco sur la plage et pourtant, vous ne m'en avez jamais tenu rigueur. J'ai non seulement trouvé l'inspiration dans ce lieu magique, mais aussi des amitiés précieuses.

Ma profonde gratitude pour Emma et son soutien indéfectible cette dernière décennie, malgré les hauts et les bas de l'entrepreneuriat et du quotidien.

À mes amis, clients et collègues de l'économie freelance, qui m'ont inspirée ces dernières années et qui ont bien voulu se prêter au jeu des interviews, des citations et des retours d'expériences : merci pour vos témoignages qui viendront, j'en suis certaine, toucher le cœur des indépendants vivant des réalités similaires.

Enfin, je ressens une gratitude immense pour la nature du Costa Rica et les émotions qu'elle a pu déclencher en moi, jusqu'à inspirer l'écriture de ces lignes.

Je suis convaincue que le business est avant tout une expérience humaine.

Rédiger du contenu sur le sujet ne m'est possible que lorsque je nourris mon besoin de sens et de contemplation.

Ainsi, je remercie notre belle planète pour m'avoir donné le privilège d'observer les vagues depuis le large, sur ma planche de surf, alors qu'elles s'écrasaient en pulvérisant des rideaux d'eau et des arcs en ciel sur leurs passages.

Je remercie les singes hurleurs et les déluges tropicaux pour le réveil à 5 heures du matin. Merci à la jungle pour l'expérience de prendre mon premier café enivrée par l'odeur de la nature après la pluie.

Merci à cet endroit magique pour la beauté d'avoir pu plisser les yeux lors de nuits claires et étoilées, jusqu'à pouvoir distinguer la voie lactée et me sentir si minuscule dans cette immensité qui donne le vertige.

Quelle chance d'être en vie et d'être sensible à ses plus beaux miracles. N'en gâchons plus une seconde.

Lise